融媒体时代
电视新闻节目的创新与转型发展研究

陈 硕 刘 淏 何向向 著

电子科技大学出版社
University of Electronic Science and Technology of China Press

图书在版编目（CIP）数据

融媒体时代电视新闻节目的创新与转型发展研究 /
陈硕，刘淏，何向向著. -- 成都：电子科技大学出版社，
2019.7

ISBN 978-7-5647-7358-8

Ⅰ.①融… Ⅱ.①陈… ②刘… ③何… Ⅲ.①电视新
闻–电视节目–研究–中国 Ⅳ.①G222.3

中国版本图书馆CIP数据核字(2019)第185471号

融媒体时代电视新闻节目的创新与转型发展研究

陈　硕　刘　淏　何向向　著

策划编辑　　杜　倩　李述娜

责任编辑　　罗国良

出版发行　　电子科技大学出版社
　　　　　　成都市一环路东一段159号电子信息产业大厦九楼　邮编　610051

主　　页　　www.uestcp.com.cn

服务电话　　028-83203399

邮购电话　　028-83201495

印　　刷　　定州启航印刷有限公司

成品尺寸　　170mm×240mm

印　　张　　19

字　　数　　364千字

版　　次　　2019年7月第一版

印　　次　　2019年7月第一次印刷

书　　号　　ISBN 978-7-5647-7358-8

定　　价　　89.00元

前　言

　　近些年来，互联网以前所未有的速度迅速发展，催生了以微博、新闻客户端、手机自媒体为代表的新媒体，新媒体的出现极大地拓展了信息获取的途径，改变着人们的阅读习惯。作为当下最主流的媒体，电视的传播效用和公信力遭遇了比以往任何时候更大的挑战。如何在融媒体时代重拾电视新闻的话语权，成为当下迫在眉睫的课题。

　　随着数字科技的迅猛发展，互联网的发展不仅打破了媒介之间的时空局限，也使媒介融合成了不可逆转的趋势。在媒介融合的背景下，网络媒体、手机媒体等多种新媒体层出不穷，给传统电视新闻节目带来了巨大挑战，但也是一个极好的发展机遇。媒介融合可以促使不同媒介之间借鉴彼此的优点和成功经验，借以更好地扩大传播效果。媒介融合问题，在目前来看，还属于一个相对比较新的研究方向，还需要更多的相关理论去支撑，更需要对它提出实践性的建议。新媒体的应运而生，给媒体带来了新的传播平台和传播渠道。与此同时，传统媒体之间的竞争进一步加剧，为应对日益强烈的竞争态势，各种形态的媒体之间开始寻求融通、合作，媒体之间的界限逐渐模糊，形成了新的媒介生态格局。

　　电视新闻节目作为电视节目的主要组成部分，在各级电视台中处于主导地位。在媒介融合形势下，电视媒体需要思考以下问题：要怎样开创我国电视节目发展的新局面，巩固电视媒体在观众中的重要地位？怎样通过吸收其他媒体的信息资源为我所用，以电视新闻节目创新的形式，为观众提供更高品质的新闻资讯、满足现代受众的多样性需求？

　　电视节目是电视一切传播活动的最终组织形式。而电视新闻节目是公信力和影响力较大的电视节目类型，是各级电视台立台的根本。电视新闻节目形态，是电视新闻节目的骨骼和框架，直接影响节目的制作水平和传播效果。因此，电视新闻节目形态的创新水平，在一定程度上决定着电视媒体在全媒体时代的竞争能力和发展前景。

本书基于融媒体时代背景，就中国电视新闻节目的发展、融媒体时代电视新闻节目制播原则、融媒体时代电视新闻节目的样态、融媒体时代电视新闻节目存在的问题、融媒体时代电视新闻节目的创新思维、融媒体时代电视新闻节目的创新元素和策略进行了分析，最后对融媒体时代电视新闻节目案例分析及转型发展进行了研究，希望为媒体从业者和相关研究者提供一定的参考和借鉴。

　　本书是由南阳理工学院陈硕，洛阳师范学院刘淏，郑州师范学院何向向共同撰写。共包含九章内容，第一、二章介绍了融媒体时代的到来和中国电视新闻节目的发展。第三章分析了融媒体时代电视新闻节目制播原则，第四章分析了融媒体时代电视新闻节目的样态，第五章研究了融媒体时代电视新闻节目存在的问题，第六至八章融媒体时代电视新闻节目的创新思维、创新元素和创新策略，第九章研究了融媒体时代电视新闻节目案例分析及转型发展。本书第一、二、四、九章是由陈硕老师负责撰写（共约20万多字），第六至八章是由刘淏老师撰写（共约10万多字），第三章和第五章是由何向向老师撰写（共约6万多字）。本书在编写过程中参考和借鉴了一些文献资料和专家学者的论著，在此表示诚挚的谢意！囿于编者的自身学识和能力所限，书中难免有些错漏之处，殷切期盼广大读者在使用过程中，提出宝贵意见，以帮助我们对本书进行不断修正和完善。

目　录

第一章　融媒体时代的到来 / 001

第一节　融媒体的概念 / 001
第二节　融媒体的形式 / 002
第三节　融媒体的特征 / 003
第四节　融媒体的发展趋势 / 004

第二章　中国电视新闻节目的发展 / 006

第一节　电视新闻节目的概念 / 006
第二节　电视新闻节目的特性 / 008
第三节　电视新闻节目的发展历程 / 012
第四节　电视新闻节目的传播特征 / 029

第三章　融媒体时代电视新闻节目制播原则 / 032

第一节　新闻性原则 / 032
第二节　政治性原则 / 038
第三节　电视化原则 / 041
第四节　系统化原则 / 045

第四章　融媒体时代电视新闻节目的样态 / 052

第一节　科技新手段：联播类电视新闻节目 / 052
第二节　大小屏联动：直播类电视新闻节目 / 055
第三节　通民情导舆情：专题类电视新闻节目 / 085
第四节　多平台快输出：短视频电视新闻节目 / 088

第五章　融媒体时代电视新闻节目存在的问题 / 108

　　第一节　电视新闻节目的表面化融合 / 108

　　第二节　电视新闻节目的娱乐化倾向 / 113

　　第三节　电视新闻节目滥用微博现象 / 114

　　第四节　电视新闻从业者的媒介素养有待提升 / 115

第六章　融媒体时代电视新闻节目的创新思维 / 118

　　第一节　讲好新闻故事——情节跌宕起伏 / 118

　　第二节　抓住新闻主角——思维平民意识 / 129

　　第三节　强调新闻魅力——寻找新闻落点 / 150

　　第四节　重视表现手段——体现媒体融合 / 157

第七章　融媒体时代电视新闻节目的创新元素 / 162

　　第一节　电视新闻节目的取材创新 / 162

　　第二节　电视新闻节目的体裁创新 / 163

　　第三节　电视新闻节目的叙事元素创新 / 164

　　第四节　电视新闻节目的视听元素创新 / 165

第八章　融媒体时代电视新闻节目的创新策略 / 167

　　第一节　多种节目形态的组合和拼接 / 167

　　第二节　全媒体人才的培养 / 168

　　第三节　电视新闻节目的结构方式创新 / 171

　　第四节　电视新闻节目的发展走向创新 / 178

　　第五节　科学合理地利用融媒体平台 / 182

第九章　融媒体时代电视新闻节目案例分析及转型发展 / 192

　　第一节　案例：融媒体中心全终端"央视新闻＋" / 192

　　第二节　案例：新闻＋监督＝无锡"作风面对面" / 231

　　第三节　案例：长兴县级融媒模式"长兴新闻" / 243

　　第四节　融媒体时代公共新闻理论在我国的创新应用 / 279

　　第五节　融媒体时代电视新闻节目的发展趋势与展望 / 291

参考文献 / 296

第一章　融媒体时代的到来

第一节　融媒体的概念

其实，目前学术界，并没有对"媒介融合"的概念，做出一个统一定论。而"媒介融合"这一概念最早的提出者，则是美国的马萨诸塞州理工大学的普尔教授。在当时科学技术发展的前提下，他认为，"媒介融合"包括了一切媒介及其有关要素的结合，"融合主要代表了各种媒介表现出一体化、多功能的形式。而这种媒介更多的是报纸、杂志以及电视信息等媒介融合为一体"。

中国人民大学教授蔡雯老师，是在中国最早提出"媒介融合"概念的第一人。蔡雯老师在详细地考察了国外在"媒介融合"发展脉络的研究后，认为"媒介融合"传媒行业界内还属于并未得到完全研透的领域，研究空间依旧非常广泛。

另外，也有很多的学者对"媒介融合"进行了一个比较全面、比较整体性的概括。他们认为，"媒介融合"就是所谓的"媒体融合"。尤其在当今数字科技的迅猛发展和网络化的大力普及之后，媒介融合则以最大化地满足终端使用者要求为目的，逐渐转化为内容的融合、网络的融合、传播平台的融合和终端的融合等。

在对融媒体的概念界定时，应该关注与其类似的词语，即"全媒体"和"媒介融合"。栾轶玫在《建议用"融媒体"代替"全媒体"》一文中对融媒体做出定义，"媒体的介质品类齐全只是基础设施建设，真正的大融合是各媒介之间互通有无、优劣互补、融会贯通地运用，用最小的运营成本达到最大的传播效果。"百度百科词条关于融媒体的解释是，将媒介载体作为核心，把电视、纸质媒体、广播进行全方位的融合，这些媒体本身既有相类似的特点，也有差异。融合的主要目的是形成互补，在融合上主要针对的是内容、宣传以及人力，从而形成一种兼容并蓄的新媒体。"全媒体"只能说广泛地概括了技术发展所带来的各种媒介存在，而不能概括各种不同特质和功能的媒介在信息传播上相互交融运用带来最大效益的事实。因此，笔者更加认可，"媒介融合"的时代或者融媒体时代，正影响着信息的生产与传播，融媒体时代的目标在于实现"资源融通、内容兼融、宣传互融、利益共融"这一观点。

目前国内学术界对于融媒体一词的定义不甚明确，百度百科的定义被相当大一部分学术论文引用，很多国内学者都是根据美国学者提出的媒介融合概念来定义融媒体。从技术角度来看，融媒体的概念可以从广义与狭义两种视角理解。从狭义上来看，融媒体指的是形式相异的两种媒体通过融合从而形成某种全新的媒体形式，往往能够发挥一加一大于二的效应，如电子杂志、互联网电台、互联网电视等；从广义上来看，融媒体则同时涵盖了媒体的各种形态以及其他相关要素，从表面看是媒体形态之间的融合，从深层次来看还包括这些媒体形态的内容资源、采编流程、传播渠道、组织架构、销售方式等要素的融合。综合两个角度的理解，融媒体可以定义为：在以互联网技术和信息技术为基础的助力下，各种媒介形式，如报纸杂志、广播电视、手机、网络等通过相互激发，边界逐渐消融，不断融合，实现将相关资源和要素融合到一个平台上共享和集中处理，从而生产出各种形式内容的新型媒体。

第二节　融媒体的形式

融媒体时代，融合趋势已不可逆转。传统的纸媒也可以利用微信、微博或者自身客户端发布视频内容，而电视节目除了将生动的视频内容呈现在观众面前外，也能在网站、微信公众号、官方微博、专属客户端通过图文推送的方式发布最新消息。这样一来，传统媒介之间，传统媒介与新兴媒介之间在内容、网络或终端领域上慢慢趋同而导致边界日渐模糊。同时，数字电视和网络电视的出现，完全改变了观众对电视节目的认识，观众从以前单一的被动的受众变为如今拥有数不清的选择权，受众地位的改变使一些绯闻新闻闹得满城风雨，而科学家默默几十年奋斗出的科研成果新闻却无人问津。同样，相对于公众对娱乐新闻热情的持续高涨，我国的电视新闻节目已处于岌岌可危的境地，这就使我国的电视新闻从业者在融媒体时代不得不从生产制作的源头，即传播内容和传播形式的策划上来找出问题并寻求迎合时代发展的策略。

纵观国内外学者专家对媒介融合概念与理论的探讨与分析，不难看出，很多学术界专家对媒介融合这一热点现象的发展形式做出了进一步的研究与调研。从目前的文献资料和实地考察中可以大致梳理出媒介融合的三种形式：媒体技术上的融合，内容上的融合，产业上的融合。

媒体技术上的融合。所谓技术的融合，主要是指所有媒介元素的数字化，文字、图像、声音等各种媒介内容均被转化为数字信息后，就大大扩展了各自之间潜在的联系了。同时，会使它们在不同媒介传播平台之间可以自由的流动与穿梭。例如，现在已经广为流行的微博、微信等形式。

内容上的融合。媒介元素的数字化，可以最大化地开拓与共享媒介传播平台。不同媒体之间既可以更方便地相互关联与嵌入，更可以根据某一时段，不同受众群体与受众市场的需求，重新进行媒介内容间的重组与构造，使各个媒体产品的呈现方式与平台更加丰富与多元化，以求更好地达到媒介资源共享。

产业上的融合。尽管数字化属于媒介融合中极为基础的形式转变，因此不能将媒介融合简单地理解为电视新闻节目的数字化。数字化的平台建设与共享，更凸显的是将会打消不同产业间的隔阂，拉动多面产业链的发展。例如，电视业、娱乐业、信息产业及其他传统的制造业等。而媒介融合的跨产业界的拉动也将毋庸置疑地带动产业的发行、电视的收视率以及互联网的使用及其点击率，引发多方位、全球化的经济效益。

第三节　融媒体的特征

电视新闻节目在观众心中的分量十分倚重，从诞生到发展的几十年里，节目形态随着社会的发展和技术手段的更新而不断发生变化，每一次转型的成功都离不开对历史教训的汲取和理论的总结，通过对未来的发展趋势进行预设，从而为发展提供理论基础和指导。电视新闻节目是人们了解社会、国家和世界的重要节目类型和媒介形式，融媒体时代所面临的改革不再是单纯的媒介形式的改变，而是从根本上影响着社会的转型和发展，从而对社会变革产生深远的影响。融媒体时代，全新的媒介形式正以前所未有的技术和传播优势冲击着以电视新闻为代表的传统媒体。在日益严苛的生存背景下，通过剖析电视新闻当下的境遇，并针对融媒体时代的大背景，对电视新闻传播策划的概念和对策提出新的思路，就显得格外重要。借助于对其特性与潜能的研究，以此来衡量其通过何种方式来借助新媒体的力量以谋求自身的发展和转型，并对其发展趋势做出展望，这对电视新闻乃至电视媒体都具有一定的可操作性和实践价值。

通过具体地了解媒介融合的具体特征，我们才可能对媒介融合的发展脉络与趋势有更深切的梳理，才可以更好地对媒介融合的具体实践有更准确的把握。媒介融合的特征目前可以大致分为三种：网络化的信息传播，多元化的终端设备功能，模糊化的传统媒介产业边缘。

网络化的信息传播。新的科技力量的加入，是媒介融合过程中必然的趋势，同时呈现出全新的媒介传播特点。

多元化的终端设备功能。这也是媒介融合最为显著的特征，即被数字化的文字、图像或声音等可以不受局限的在多种传播平台中播放，而大众也可以按照自己的需求自主选择终端设备，获取不同讯息。

模糊化的传统媒介产业边缘。媒介融合背景下，传统媒介与新媒介二者之间的界限越发模糊，甚至消除了媒介产业之间的壁垒。

第四节　融媒体的发展趋势

虽然促进媒介融合的发展因素有很多，但纵观国内外对其研究的文献史料可以发现，其发展的最根本的动力还是科技的迅猛发展。但在一定程度上，还与各产业相互间的激烈竞争，不同受众群体的需求以及国家层面针对电视传媒行业的有关政策是分不开的。

刘沁学者所言，"在中国近十年来的发展中，正是由于信息传播技术和处理技术的迅速发展，以及在这两种技术前提下的网络技术发展，才最终促使中国的传媒行业有了颠覆性的变化"。在激烈的竞争与融合并存的过程中，传统媒体与新媒体也都各自从中汲取了有利于自身发展的科技力量，并在竞争中和在互补中完成了各自的华丽转身。

随着科技的发展，人们的生活方式也随之发生了变化。人们对于文化、消息等多种需求的日益增加，也促使了媒体行业市场开始了白热化的竞争。而不同的消费群体也不再局限于通过单一的媒体途径进行消费或娱乐。

在新媒体日新月异的发展中，传统的媒体行业为了防止被新型媒体产业形态所代替，在努力保持固有的优势条件与资源外，也在不断地进行高端新传媒产品的研发，还努力向全新的传媒领域进行尝试，国内的多个地域之间也纷纷开始了内在资源的整合与利用，如广播电视集团，报业集团等。而在"十一五"规划期间提出的建立中国全面小康社会中，就明确指出，要进行互联网、电视网和电信网的"三网融合"。

"媒介融合"概念由美国著名传播学者依契尔·索勒·蒲尔在 1983 年最早提

出，虽然现在已成为新闻传播学的重要研究课题，但根据语境的不同，仍然被学者赋予了不同的内涵。其中对"媒介融合"定义影响较大的是美国学者安德鲁·纳齐森，他认为："媒介融合是视频的、音频的、印刷的、互动性数字媒体组合之间的战略性文化联盟。"随着对"媒介融合"研究的深入，其他西方学者也从不同的角度提出了其他含义。

以"融媒体"为关键词，在中国知网检索项搜索篇名，匹配度选择精确，时间选择1989年到2017年，搜索结果显示，关于融媒体的学术论文共有601篇，其中2016年以后发表的文章有301篇，达到搜索结果的一半，2014年到2015年共有215篇，2014年以前共有85篇。从研究内容看，作者多数没有给出融媒体明确的概念解释，研究的焦点也大多集中在传统媒体转型发展的实务方面，关于学科理论框架建构的尝试不多。但从近两年学术文章的集中爆发，可以表明学术界对融媒体发展前景的重视。

媒体融合，是当今世界传媒业面临的一个共同挑战，也是一个巨大的机遇。2014年中央全面深化改革领导小组审议通过了《关于推动传统媒体和新兴媒体融合发展的指导意见》，媒体融合发展上升为国家战略。国家主席习近平提出了"融合发展"关键在"融为一体、合而为一"的要求。这一系列文件和重要讲话是我国媒体融合进一步深化的根本遵循，2014年也被称为中国媒体融合发展的元始之年。

2014年媒体融合正式确定发展方向，在2015年融合发展加快的大态势之下，2016年媒体融合也发展到攻坚阶段，经过三年多的融合实践探索，媒体融合继续深化。同时，新旧媒体之间的争夺战愈发激烈，呈现出"竞合"的局面。伴随着全面创新的开展，遵循自上而下与自下而上两条路径，坚持自外而内与自内而外相结合，2015年至今我国的媒体融合正成为一场"深入转型、深度融合、深层变革"的自觉追求，呈现深刻、多元、立体的新特征——从"传统媒体+"到"互联网+"的思维转换、从平台融合到传播融合的战略布局、从"简单相加"到"深度相融"的经营探索。中国的媒体融合已然步入变革和创新的攻坚阶段，已经全面进入了融媒体时代。

李良荣认为："融媒体的本质，就是指各种媒体形态的边界逐渐消融，多功能复合型媒体逐渐占据优势的过程和趋势，它不是单纯媒体形态的融合，更是一种全方位深层次的融合。"融媒体的传播优势突出体现在：能够实现内容的快速聚合，传播渠道上实现多媒体传播、微传播，在传播状态上有传统媒体的一对多变为多对多，从而能够实现个性化信息的传播，同时能够消除传统媒体的线性传播方式，明显增强了受众的参与性和互动性。

第二章 中国电视新闻节目的发展

第一节 电视新闻节目的概念

新闻作为人们日常生活中不可缺少的信息元素，在现代传媒技术不断发展与进步的今天依旧散发着它独有的魅力。目前，新闻的数量越来越多，而且人们也越来越想通过新闻去了解和发现这个世界正在发生的事情。电视新闻视听兼备、声画并茂的传播优势成为当代新闻传播媒介中的主力军，并以深刻而广泛的影响力成为电视节目的主力和骨干。

掌握电视新闻，首先要对什么是新闻有一个认识。牛津简明词典说："新闻是经过报道的、新鲜有趣的消息、信息和最近发生的事情。"本·布拉德列说"新闻是历史最初的草稿"。弗里达·莫里斯认为，"新闻是那些能迅速影响我们生活的重要的事情"。我国学界、业界关于新闻的定义很多，但大多受到徐宝璜、陆定一、范长江等新闻界前辈的影响。徐宝璜认为，"新闻者，乃多数阅者所注意之最近事实也"。据此，徐宝璜的新闻定义就有了双重含义：在显性层面，它是一个操作标准，意在说明什么是新闻及如何选择，解决不必事事皆新闻的问题；在隐性层面，它是一个哲学命题，即事实是一个客观存在物，它可以被人注意从而被选择，但不可被办报之主者——编辑和记者更改、制造或歪曲，否则就不是事实，也就不是新闻。陆定一从新闻本源论述新闻事实，在《我们对于新闻学的基本观点》一文中提出"新闻的定义，就是新近发生的事实的报道"。陆定一在对定义的阐释中分析了事实与新闻的关系："事实是第一性的，新闻是第二性的，事实在先，新闻在后。"[1]范长江对新闻的定义是"新闻是广大群众欲知、应知而未知的重要事

---

[1] 陆定一.陆定一新闻文选[M].北京：新华出版社，1987：2-11.

实"。"欲知"是指群众所关心的事物，这是从群众出发；"应知"则是从领导的角度考虑，群众应该知道的事物；"未知"是记者还要考虑其未知的方面和程度。[1]关于电视新闻的概念，如同"新闻"一词的定义，仁者见仁，智者见智，如杨秉林"电视新闻是用电视作为传播媒介对新近发生或正在发生的政治事件或社会事件的报道"。[2]黄匡宇"电视新闻是凭借电视媒体传播的新闻"。[3]朱羽君等人"电视新闻是以现代电子技术为传播手段，以声音、画面为传播符号，对新近或正在发生、发现的事实的报道"。[4]李岩"电视新闻是运用电视媒介对受众欲知而未知的新近事实的适时报道"。[5]根据上述学者对电视新闻的定义，我们认为，电视新闻是以现代电子技术为传播手段，以声音、画面为传播符号，对新近或正在发生、发现的事实的报道。这里的"正在"，即时间上两个同步：事件发生和报道的同步，报道和传播的同步。这里的"发现"具有多重含义：一是过去发生的事情现在刚刚发现，即发现还未被了解的事物；二是现代新闻报道中特别需要强调的，特指新的观点、新的见解的发现，即对已发现事物的重新解读。

由于观众收视习惯的缘故，通常又把电视新闻分为狭义和广义两种概念。狭义上的电视新闻，常常是指各级电视台的"新闻联播"等消息类的电视新闻报道；广义上的电视新闻，是指电视节目中有传播新闻信息的各种新闻节目的总称。

如今，利用广播、电视、音像、电影、出版、报纸、杂志、网站等不同媒介形态，通过融合的广电网络、电信网络以及互联网络进行传播，最终实现用户通过电视、电脑、手机等多种终端均可完成信息的融合接收，实现任何人、任何时间、任何地点、以任何终端获得任何想要的信息的发展趋势，新闻业再次迸发其旺盛的生命力并朝向多元化、产业化的方向延展。电视新闻节目也迎来了一个崭新的发展空间，新闻在电视荧屏中演化为各种新闻节目形式，通过传递给以家庭为单位的电视终端来发挥其各种功能。

[1] 范长江.记者工作随想[M].北京：新闻出版社，1981：314.

[2] 杨秉林.电视词典[M].武汉：湖北辞书出版社，1989：7.

[3] 黄匡宇.电视新闻学[M].上海：华东师范大学出版社，1990：25.

[4] 朱羽君，王纪言，钟大年.中国应用电视学[M].北京：北京师范大学出版社，1993：152.

[5] 李岩，黄匡宇.广播电视新闻学[M].北京：高等教育出版社，2010：131.

第二节　电视新闻节目的特性

一、题材元素特性

题材元素是指电视新闻节目报道的具体题目范围，又是指表现主题思想的材料。按照题材的领域来划分，电视新闻节目有经济新闻、政治新闻、法律新闻、体育新闻、科教新闻、军事新闻等。

按题材的受众年龄来划分，有不同年龄段的新闻节目。少儿新闻节目，如中央电视台的《新闻袋袋裤》、中央教育电视台的《少儿新闻》、浙江电视台的《小智情报站》、武汉电视台的《武汉少儿新闻》等。

按照题材的地域来划分，可以分为国际新闻、国内新闻。例如，中央电视台的《环球记者连线》《世界周刊》等均以世界新闻为主。福建海峡电视台的《今日海峡》节目主要以海峡两岸为关注点，内容涉及中国台湾岛资讯、两岸经贸文化交流以及大陆台胞等"跨两岸"的题材，是了解两岸信息的重要来源。

按题材的新闻性来考虑，主要有真实性、时效性、重要性、新鲜性、接近性等几大元素。从时效性来看，随着手机、社区网站、微博的发展，很多网民纷纷承担起"新闻播报"的职责，使新闻消息能在第一时间传播，而电视则在此方面显示出自己的弱势。电视新闻节目要与新媒体竞争，也要在时效性上下功夫。2008 年 5 月 12 日 14 时 28 分，汶川发生特大地震。中央电视台核实有关情况后在当天 14 点 50 分，以滚动字幕方式做出报道；15 时，央视新闻频道整点新闻进行头条口播；15 时 20 分，央视新闻频道推出直播特别节目《关注汶川地震》，震发 3 个多小时后，第一批记者赶赴现场发回报道，在温家宝抵达成都机场 10 余分钟后，《新闻联播》播出了总理在专机上的讲话，充分体现了新闻节目的时效性。从接近性来看，很多省市县电视台以当地新闻为主要内容，所以当地群众更易于接受。从新鲜性来看，中央电视台走基层专栏《蹲点日记》的记者深入到基层中，采用"蹲点"的方式发现新闻，改变了传统的"先有线索再去采访"的逻辑，使新闻更加鲜活。

二、体裁元素特性

电视新闻节目按照体裁元素来划分，可以分为以下几大类。

（一）消息报道类

消息是指只报道新闻事件的概貌而不讲述其中细节的一种新闻体裁。因其简短、明晰、客观等特性，消息成为新闻节目最常用的表现题材。按照中国广播电视新闻奖的评选标准，"短消息"时间在1分30秒以内（含1分30秒），"长消息"时间在1分30秒至4分钟之间。消息报道类节目以播报消息为主，有助于扩大信息量，增强节目的时效性、客观性，是人们获取新闻信息的主要渠道。例如，中央电视台的《新闻联播》《新闻30分》《新闻直播间》等都是以消息报道为主的新闻节目。辽宁卫视《说天下》的《新闻速读120秒》等形式能够在短时间内传达丰富信息。

（二）新闻专题类

新闻专题是就某一新闻题材所做的深度报道，这种报道比较详尽且有深度，是对新近发生的重大事件的充分报道。目前我国新闻专题节目主要呈现的形态有调查性报道、故事类新闻等。

调查性报道是一种较为系统、深入的以揭露问题为主的新闻报道形式。节目主要针对某一事件、人物、现象或问题，以暴露和揭丑为核心，还原不为人知的真相，往往与人的利益切身相关，充满悬念、矛盾和冲突，能够吸引观众的普遍关注。中央电视台《新闻调查》就是一档深度调查类节目，节目关注我国社会变革中的重大新闻事件，以记录式的拍摄方式为主，以记者独立的调查为主要表现手段，通过发现新闻背后的新闻而探寻事实真相。

故事类新闻是指以讲故事的手法来真实记录发生在老百姓生活中的新闻事件。此类节目详细交代事件的来龙去脉，注重事件的叙事方式，有时加入主持人适当的点评，主要突出事件的矛盾和情绪等，有层层设置的悬念、跌宕起伏的情节、感人至深的细节，具有感染力、戏剧性、冲突性和完整性。例如，江西卫视的《传奇故事》每期讲一个"传奇"的新闻事件，通过节目巧妙的编排、主持人通俗易懂的讲述与精彩的点评等营造"传奇"的氛围，使新闻生动有趣的同时产生正面的引导效果，传达真善美的价值。类似的有南京新闻频道的《周涛讲故事》、辽宁卫视的《王刚讲故事》等。

（三）新闻评论类

新闻评论性节目是从新闻事件出发，以说理为主要表现手段，着重从思想、政治、伦理等角度分析具有普遍意义的新闻事实、社会现象或社会问题，旗帜鲜明地表达态度，阐述自己的见解和主张，以指导当前的社会实践，影响和引导社会舆论。代表节目有中央电视台的《新闻1+1》、辽宁卫视的《老梁观世界》等。凤凰卫视的《时事开讲》也是一档时事评论节目，每期针对最新的新闻时事邀请时事评论员，如曹景行、阮次山、杨锦麟等做出相关解释、解答和点评。

（四）新闻谈话类

新闻谈话节目，是在主持人的主持下，邀请嘉宾和观众（也有的节目不设现场观众），就社会当前关注的热点、焦点问题，进行平等的对话交流，为各种意见、观点、见解的表达、沟通提供一个平台。中央电视台的《面对面》注重采访人物的新闻性，通过主持人对嘉宾的访问来解读新闻，记录历史。CBS的《拉里·金直播》中，谈话嘉宾具有极高的知名度，多为美国政界、商界、娱乐界的著名人士，甚至包括历届美国总统等，讨论内容多为时事话题或热点事件。该节目是第一个在世界范围内开通热线的栏目，观众可以对节目嘉宾或主持人进行提问。

（五）新闻直播类

新闻现场直播是指广播电视利用电子信号把新闻现场的声音或图像直接发送并同步播出的节目形式。新闻直播节目目前以新闻现场内容为主，以记者采访报道为辅，以演播室主持或访谈为主要衔接调度和补充评论手段。

三、叙事元素特性

这里主要从叙事主体和叙事方式来论述。

主持人是新闻叙事中最重要的主体之一。很多国家的电视新闻节目，尤其是欧美等国家，主持人是新闻节目的灵魂，是节目的品牌象征。主持人的风格特征、专业技能直接影响节目的收视率。例如，迈克·华莱士自1968年主持《60分钟》以来，直至2006年才离开，共主持节目38年。他以辛辣、强硬、不留情面的"侦探式"采访风格，进行追踪式报道，揭露社会问题。《60分钟》创办人、美国著名电视制片人唐·休伊特曾经说："我们这里的一切好事之所以会发生，原因就是从一开始我们这儿就有个迈克……迈克·华莱士对《60分钟》节目的贡献简直无法描述；又如我国的《南京零距离》节目，曾经的主持人孟非睿智、理性、幽默的风格成为节目的核心竞争力。再如《财经郎眼》的监制兼主持人王牧笛表示："郎咸平的个人风采和本节目的真诚对话是《财经郎眼》最重要的因素。"

关于叙事方式，主持人在叙述过程中，可采用播报、讲故事等多种表达方式。

例如，黑龙江电视台《天下夜航》的板块《天下相声会》中，主持人以诙谐调侃的东北语言风格来讲述新闻故事。吉林电视台都市频道的《说实在的》，其主持人通过角色演绎的方式，表现市井巷陌中的故事，在谈笑之间将新闻加以串联、品评。

此外，叙述可采用录播或直播的制播方式；在编排方式上可采用系列报道、组合报道、连续报道等多种方式。电视系列报道主要针对某一重大题材从不同角度，不同侧面来报道，多为主题性新闻报道，即通过多次报道来体现某种主题。组合报道指集中一组稿件反映同一时间不同地点的同类情况或同一主题不同门类的情况。电视连续报道节目通常针对重大复杂的新闻事件，追踪新闻的最新动向，连续深入地展开报道。

四、视听元素特性

（一）视觉元素

电视新闻节目的视觉元素，包括演播室和画面等。电视新闻已进入"内容为王，视觉为后"的阶段，充分利用视觉艺术达到高效传播是电视创新的一大手段。

（1）演播室。新闻传统意义的演播室主要在室内，形式较为固定，形态比较单一。新闻节目在经过多年的发展后，其环境设计也发生了一定的变化。比如，美国经典电视节目《今天》的主持人身后并非演播厅的背景，而是曼哈顿的流动街景。又如，日本 TBS《御法川法南一早就一针见血》的开场板块是一个巨型新闻板；又如，CNN 在 2009 年改版中，一个标志性的变化就是在演播室里设计了很多区，在不同位置放置 LED 显示屏，每个屏是一种不同的讲述视角。根据地域区分，不同屏幕播放不同地域的新闻，如亚洲新闻、欧洲新闻等。这样节目内容虽然没有变化，但是通过立体化、分层次的新的演播形式，让受众更容易识别新闻的来源。

（2）画面。画面一方面包括现场录制的画面，还包括字幕、动画、漫画、统计图表、模型等元素。字幕是电视新闻节目中应用最为普遍的一种手段，包括标明新闻标题与主要内容、插播新闻动态、显示重要信息等。对字幕的开发有效克服了图像的限制，通过其精炼的概括可以有效传递主题、丰富报道信息、美化节目画面，而动态的字幕所产生的流动感更可以给人强烈的视觉冲击。动漫可以将抽象的文字叙述转为直接可感的非语言符号。在电视新闻节目中，将动漫作为表现新闻的一种形式已经非常普遍。一方面借助动漫可模拟新闻事件，使表达更加客观、科学、直观，如一些复杂的交通事故，可以通过动画的方式还原原貌；另一方面，动漫可以直接表达新闻观点，构成评论的一部分。

画面叙事元素的丰富、多种手段的引入口有助于提升新闻节目的表现力，使新闻节目更加生动。这样，新闻节目既能报道现场记录的事件，同时能展示无法拍摄的画面、过去发生的事件以及对未来的预测等。

（二）听觉元素

电视新闻节目的听觉元素包括现场同期声、解说词、音乐和音响等。现场同期声真实记录新闻拍摄现场的声音，包括人物对话、讲话等，与画面同步，具有真实性和客观性，有效提高了节目的说服力。

因受新闻的时效性以及真实性等因素制约，电视新闻节目有时在拍摄较为完整美观的画面时存在一些困难，这时听觉因素便是对电视新闻节目的重要补充，借助解说词或者主持人的语言可以使新闻更加连贯和丰富。

音响包括自然音响、动物音响、噪音音响以及现场音乐等，能够交代背景、渲染节目气氛、传递真实信息。人为添加的音乐和音响在新闻节目早期发展时曾经是很多消息类节目的构成要素，如今多已不再使用。但在一些新闻故事类节目中，会借助音乐来烘托情感、渲染气氛，如江西卫视的《经典传奇》中，在讲到动情之处时，往往会有抒情的音乐出现，在讲述悬疑故事时，又会借助音响来增强叙事效果。

第三节　电视新闻节目的发展历程

从与中国电视同时起步开始至今，中国电视新闻走过了几十年的历程。透过这些年的跌宕风景，历数所有的成功与失败，展现在我们面前的是中国电视新闻从无到有、由弱变强的绚丽画卷。45年间，中国电视新闻完成的不仅仅是节目形态与内容上由单一到多元的转变，更是传播理念和手段上由落后到先进的跨越。从口播到录播再到直播，从短片到栏目再到频道，从"慢、长、空"到"快、新、活"，中国电视新闻在不断地创新与变革中，完成了自己一次又一次的升华，也成就了中国电视新闻事业的蔚为大观。

一、中国电视新闻节目的成长足迹

中国的电视新闻，如果从1958年5月1日算起，至今已过不惑之年，从最初的播电影新闻纪录片、口播文字稿，到播新闻照片，再到用 ENG 拍摄、编辑后播出，可以说我们无法用"中国特色"这一概念来形容国内电视新闻的历程，因为世界各国电视新闻不约而同地都走过了同样一段路。处于"不老不少"地位的中国电视新闻这几十多年成长岁月中的点点滴滴无疑是我们对中国电视新闻的第一声叩问。

（一）"姗姗学步"期

1958 年 5 月 15 日，北京电视台（中央电视台的前身）成立后刚好半个月的时间，就第一次播出了自办的电视新闻节目——《图片报道》，由此出炉了中国电视新闻的最初形态，就是将新闻图片分切组合，再配以解说的新闻报道形式。

半年后，开播于同年 11 月 2 日的《简明新闻》则是一种口语形态的消息类新闻节目，一般被安排在晚间节目结束前播出，每次时长约 5 分钟。稿件当时基本上由中央人民广播电台新闻部提供。

从中国电视新闻起步始，在此后长达 20 年之久的岁月里，拥有电影厂、电影学院背景的中国第一代电视工作者采用的是"电影化"的制作观念，于是"用电影方式制片，用电视手段传播"成为一段时期的常态。当时播出的《电视新闻》，其图像新闻源自中央新闻电影制片厂的纪录片和《新闻简报》，并非定期播出，每星期大约播 2 ～ 3 期。由于《电视新闻》主要播送《新闻简报》的内容，时效性不强，反映面也很窄，因此吸引不了观众的兴趣和注意。

这一阶段塑造了中国电视新闻的第一代模式——图片新闻、胶片新闻和口播新闻成为电视新闻报道的三张脸孔，新闻电影的手法还在沿用，时效性被忽视，报道内容也基本与社会生活沾不上边。严格地说，那时的新闻节目还不能叫电视新闻，只不过是一种形象化的记录罢了。尽管如此，就如同没有人会嘲笑自己幼年时期刚学走路时的那股稚嫩劲一般，现在回首中国电视新闻最初的一刹那，我们要说的是，有开始就意味着有希望。

（二）"初长成"期

时间步入 20 世纪 70 年代，1976 年 7 月 1 日，中央电视台在各地电视台的协作之下，开始试办新闻联播节目。当时只有国内新闻，没有国际新闻，也没有口播新闻，每次播出时间为 10 ～ 15 分钟，栏目名称仍为《电视新闻》。

1978 年元旦这天，在日后的中国电视新闻史上留下了永恒的一笔，而这一笔的精彩与否暂且不论。那一天，中央电视台正式开办了《全国电视台新闻联播节目》（简称《新闻联播》）。由各地电视台向中央台提供新闻，经过编辑以后播出，再由各地电视台向全国联播。《新闻联播》的出现，标志着我国全国性电视新闻网的初步形成。也正是《新闻联播》的栏目化，培育了中国观众在其他电视节目尚显稚嫩时就已定时收看电视新闻的良好收视习惯。

此后，《新闻联播》一直是中国亿万观众获知新闻的重要渠道之一，电视新闻的地位在我国由此确立。与此同时，中国电视新闻的第二代风格模式也渐渐出炉——新闻告别冗长沉闷，开始趋于短小，题材也开始与社会生活相关联。

几十个地方媒体的转播，使《新闻联播》成了央视收视率最高的新闻节目。即使在各省台上新的情况下，其时段收视份额仍占总收视份额的一半以上。也许，我们可以这么说，同一年一度的春节联欢晚会一样，《新闻联播》已经不再是一档单纯的新闻节目，而成了一种社会符号和表征。

从 20 世纪 80 年代起，中国电视新闻传播开始了内容先于形式的探索路程。传播内容的拓展是中国电视新闻传播职能从单一向多样演进的第一步，也是电视新闻改革中迈出的至关重要的一步。

而具体来看，我国电视新闻的内容拓展是由国际新闻辐射影响到国内新闻，由中央台带动地方台，从 20 世纪 80 年代初的"推陈"向 90 年代中期的"立新"一步步转折的。

1979 年 1 月，中央电视台率先放宽了国际新闻的报道面，决定今后凡重大国际政治新闻、社会新闻、文体新闻等领域都可以酌情客观报道。

1980 年 4 月 1 日，中央电视台开始通过国际通信卫星收录英国维斯新闻社和英、美合资的合众独立电视新闻社的新闻节目，使中国的电视观众次日就得以获知世界范围的重大新闻事件。同年 5 月，中央电视台把《国际新闻》并入了《新闻联播》，《新闻联播》由此成为报道国内国际新闻事件的相对完整的新闻节目，时间也从 15 分钟增加到了 30 分钟。

1981 年 7 月 1 日，《新闻联播》迈开了电视新闻改革的第一步，它将原有的国内新闻、口播新闻、国际新闻三大块的强硬模式打乱，辅之以中央人民广播电台提供的国内新闻口播，按内容混合编排，并且缩短了单条新闻长度，增加了新闻提要，这样一来，单位时间内的新闻内容更加丰富。从 1981 年中央电视台改进《新闻联播》开始，电视新闻总算是渐渐跳出了"形象化政论"的圈子。

（三）"推陈出新"期

1982 年 9 月 1 日，为配合"十二大"的召开，有关部门批准重大新闻发布时间由先前的每晚 20 点中央人民广播电台的《各地人民广播电台联播节目》提前到 19 点，从此央视可以在《新闻联播》中首播国内外的重大新闻，电视新闻的时效性由此有了增强，《新闻联播》的权威性也得以逐步强化。

1984 年 4 月，中国正式加入亚广联 A 区新闻交换，同时接收 B 区、C 区部分国家的图像新闻，一举打破了多年来国际新闻单纯依靠维斯新闻社和少量合众独立电视新闻社供稿的局面。同年 6 月，中央电视台通过厦门电视台收录中国台湾《华视新闻》择要选用，并派出驻中国香港记者，以便港台地区的重大新闻能及时出现在荧屏上。从 1984 年开始，中央电视台新闻大家族连年增丁添员。1984 年 1 月 1 日，央视增设了《午间新闻》；1985 年 3 月开办《晚间新闻》；1986 年又开办《简明新闻》。不过开办过一年的早上的《简明新闻》，因收视率太低而最终夭折。现在想来，这种夭折提供了一种讯息：当时中国电视观众的收视习惯还集中在晚上。

央视的改革神经也牵动了地方台电视新闻改革之弦，成就了地方台新闻改革队伍中的若干先行者。

1986 年 6 月，上海电视一台开办了国内第一个新闻杂志栏目《新闻透视》，下设"纵与横""当代人""长焦距""快节奏""社会广角"等小单元。同年 10 月 2 日，杭州电视台推出了每周三次、每次 15 ~ 20 分钟的《早晨好》栏目，主要是报道夜间和凌晨发生的最新消息，预告当天气象信息、交通状况、市场动态，介绍当天省、市报纸主要新闻，融新闻、信息、报摘、服务为一体，为电视观众提供晨间服务，这在全国电视台中还是第一家。栏目下设"本市新闻""国际新闻""报纸摘要""气象预报"等几个子栏目，由于栏目生动活泼，内容贴近实际，开播后受到当地观众的普遍欢迎。由此，对电视新闻的一种新的认识逐渐浮现，这就是电视媒体不仅是"上令下达"或"下情上传"的工具，而且还可以是一种媒体取向与受众趣味保持同一视角的信息传播载体。

1987 年元旦，广东电视台开办了以新闻专访为特色的《早晨》节目。在这一阶段，中央电视台和各地方电视台的共同实践使电视新闻在第二代模式的发展中，栏目化成为一种潮流。

（四）"容光焕发"期

1993 年 3 月 1 日，中央电视台第一套节目的新闻播出频率由 4 次增加到 13 次（包括体育新闻），实现了整点播出、新闻直播和重要新闻滚动播出，全天播出总量由 65 分钟增至 165 分钟，并提出了一个响亮的口号——把任何一次新闻节目播出时间都作为新闻的首发窗口，以最快速度把刚刚收到的消息传送出去。

接下来提及的是 20 世纪 90 年代中国电视新闻发展史上不该忘记也不可能被忘记的时刻与面孔。

1.《东方时空》——开启中国电视新闻节目的栏目化运作时代

1993 年 5 月 1 日，中央电视台将一档 40 分钟的杂志型新闻节目——《东方时空》推到了全国观众面前,《东方时空》很快成为名牌栏目,具备了"新闻杂志"栏目的雏形。它的呱呱落地标志着中国电视新闻进入了栏目化运作阶段,也标志着中央电视台建台 35 年来终于有了自己的早间新闻栏目。

该节目首个版本的主要组成单元有以下几个:

"东方之子":通过面对面地访谈当代的政治、经济、文化精英,从而"浓缩人生精华",塑造鲜活、典型的人物形象。该单元秉持"今天的新闻是明天的历史"的专业理念,努力借由电视媒介留下一页页珍贵的口述的历史。尽管之后母栏目《东方时空》几度改版,但"东方之子"一直保留了下来,算得上是中央电视台开办时间最长、影响力最大的一档人物访谈节目。

"生活空间":运用纪录片的方式来展示普通老百姓的生活百味,映射出社会转型期人们的生存状态,其广告语"讲述老百姓自己的故事"在中国几乎家喻户晓。很长一段时间以来,普通大众一直是媒体俯视的对象,"生活空间"无疑开创了国内荧屏"百姓新闻"的先河,它的出现使上述俯视大众的电视观念产生了颇有意义的变化,普通百姓的言行、情感一跃成了主流媒体叙述的主体内容。正如陈虻提出的创作指导思想:"在飞速变化的社会背景下,实现人文关怀,为未来留下一部由小人物构成的历史。"

"焦点时刻":在选题和叙事方式上强化了焦点问题的深度报道形式,在新闻界吹起了一股清新之风——批评性报道,并最终催生出新的独立栏目《焦点访谈》。

如果说 20 世纪 80 年代中期央视《简明新闻》的夭折意味着当时的中国电视观众还存有晚间收看电视的惯性思维的话,那么《东方时空》的问世改变了中国大陆观众早间一度"绝缘"电视的习惯,被誉为是"开创了中国电视改革的先河"。栏目在整体上获得了巨大成功,其中 1998—2000 年的年度收视率分别为 2.07%、2.11%、1.98%。(数据引自中央电视台总编室编《收视分析报告》)

《东方时空》作为电视新闻杂志在中国拓展了电视新闻的意义,使电视新闻不仅仅局限于《新闻联播》和整点新闻之类的各种消息类新闻,更有了无论在容量和内涵上都更为深广的人物访谈和深度报道,新闻人物和新闻事件由此日益故事化、贴近生活、贴近观众。

在开始回首 20 世纪 90 年代中国电视新闻发展历程中的无限风景时,我们理应把目光首先聚焦于新生派新闻大家族的母系——《东方时空》的几度变脸上。

(1)弃留改三招理定位——东方时空的首度"变脸"。1996 年 1 月 27 日,《东方时空》首次变脸。从第 1001 期起,《东方时空》的"焦点时刻"节目改为"时空报道",原有的"音乐电视"被取消,增加了"面对面"单元,并开始设栏目总主持。这一变革强化了节目的整体性，使其被明晰地定位为电视新闻杂志栏目。

（2）大肚量做大文章——东方时空的二度"变脸"。2000 年 11 月 27 日，《东方时空》酝酿了幅度最大的一次改版。据索福瑞 INFOSYS 系统调查显示：在 6 点至 7 点这一时段，央视原来的早间节目设计定位存在误区，缓慢的节奏与早间时段特征不相吻合。针对上述问题，二次改版后的《东方时空》从 40 分钟猛然扩为 150 分钟，涵盖了早间 6：00 ~ 8：30 的大时段。改版后的《东方时空》包括"早新闻""传媒链接""时空资讯""直通现场""面对面""百姓故事"等版块，定位清晰，节奏明快，以演播室为调度中心，用直播方式将最新新闻、实用资讯、新闻专题等诸多内容有机串联。具体设置为以下几点。

"早新闻"首先是国际新闻，接着是昨日晚间后发生的重要国内新闻、昨日要闻，特点是信息量大，新闻味浓，时效性强。以《东方时空》2000 年 11 月 27 日的二版首播为例，其中"早新闻"的头条便是凌晨 3 点电话采访棉花掺假案处理的最新进展。第二天，当假棉事件成为传媒热点时，《东方时空》已经有了国家权威部门对此事的最新表态。

"时空资讯"包括气象、交通、文体、时尚等紧贴生活需求的实用资讯服务，全面介绍全国重要的水、陆、空交通信息，尤其注重对异常情况给予及时报道。这也是国家媒体在资讯传播领域进行的一次探索。

"传媒链接"由 4 位主持人以聊天的方式来聊新闻。"传媒链接"接下来是由原《东方时空》的专题节目改变的三个专题："直通现场""面对面"和"百姓故事"。其中需要提到的便是"直通现场"，这是一个以"重大新闻事实、鲜活新闻现场"为报道方向的新闻专题节目，也是《东方时空》中唯一的新闻专题节目。它的前身是诞生于 1993 年的《东方时空》的子单元"焦点时刻"，之后又改名为"时空报道"。它从 1993 年开播起，便以"关注社会热点"的鲜明风格，首开了中国电视媒体关注社会现实、勇于舆论监督之先河，并为此后《焦点访谈》《新闻调查》等电视新闻深度报道栏目的诞生积累了经验、铺平了道路。

此外，《东方时空》还推出了特有的周末版节目，以此构成了浑然一体的大型早间新闻杂志型节目。周末版在保留"早新闻""时空资讯"的基础上增加了"世界""纪事""直播中国"3 个子栏目。其中"世界"对国际焦点事件和人物进行深度报道、评点，以帮助人们对新闻事件进行全景式了解；"直播中国"则每周在全国选取一个直播点，利用直播报道的形式和手段，从自然、地理、人文、民生的角度来报道中国。然而，直播现场同步的特性决定了其优势在新闻报道上才能充分发挥，"直播中国"所定位的人文地理类节目的魅力则在于展现深厚的文化积淀，此类题材缺乏过程性和不可预见性，因此最终陷入了形式和内容不相符合的窘境。

总体来看,《东方时空》的此次改版无论从单位时间还是从整体角度来看,信息量较之先前都变大了,凸显了注重信息的服务性与实用性的趋势。兄弟媒体评价改版后的《东方时空》为"是实际上的'中国新闻晨报',成为中国新世纪传媒新动向的代言人,已经成为电子媒体发展的趋势"。

电视人的锐意改版换来的无疑是收视率层面的回报:1998年1月至1999年7月,《东方时空》的首播收视份额处于绝对优势,平均达55%。由于早间电视市场竞争的日趋激烈化,1999年7月至2000年11月改版前,《东方时空》的首播平均收视份额下滑了11%,接近44%。改版后的新《东方时空》使中央电视台一套早间节目的市场收视份额全面提升。改版后的6:00~8:30这两个半小时内,节目平均占有率为47%,其中6:00~7:00这一时段,市场平均占有率比改版前这一时段的节目占有率提高了62%;7:00~8:30这一时段,市场平均占有率比改版前提高了12%。

（3）不断出新——东方时空的三度"变脸"。2001年10月,《东方时空》再次改版,将新闻及资讯节目分离出去。原来从早上6:00开始到8:30结束的长达两个半小时的《东方时空》具体分为《新闻》栏目和《东方时空》栏目两部分。而其中6:00~6:30、7:00~7:15是两档整点新闻,7:15~8:00是调整后的《东方时空》栏目,8:00~8:30播出新辟的新闻栏目《新闻早八点》。

在保留原有的"东方之子""百姓故事""世界""纪事"各子栏目的基础上,《东方时空》推出了新的子栏目"时空连线"。"时空连线"在当时是一档全新的栏目,它借鉴了国外最先进的节目样态,以演播室主持人的调度为轴心,以多视窗的形式由主持人对新闻事件的当事人进行互动式采访。同时,处于不同空间的各当事人的观点相互渗透,交叉碰撞,从而最终完成了对新闻事件的透视分析。

对于这次改版,制片人陈虻是这样说的:"多数人认为改了以后更好,这就是理由。简单地说,变才能永恒。"但从之后的诸多评论来看,《东方时空》的这次改版较之前一轮改版在效果的回报上显然有点不尽如人意。

尽管几度变迁,时至今日,没有谁可以否认《东方时空》早已成为中国电视新闻业的一大品牌代言人,在整整十年的积淀和锤炼中,其"关注社会、激浊扬清、锐意进取"的栏目风格也早已深入人心。

2.《焦点访谈》——开启中国电视新闻的"二解"时代

1994年4月1日:《东方时空》的大弟——《焦点访谈》诞生,至此完成了央视19点第一黄金时段的栏目建构。

如果说20世纪80年代改革开放初期,一切处于上升期的话,那么接下来的90年代则是一个发展期,或者说整个社会处于转型期状态;如果说80年代人们吆喝的是要"解闷",那么90年代人们更多的是想"解气"和"解惑"。在这样的背景下,深度报道类的电视新闻节目得以伸展拳脚就成为一件水到渠成的事。于是《东方时空》就有了《焦点访谈》这个大弟。

作为一个以深度报道为主的电视新闻评论性栏目,《焦点访谈》每期13分钟,每天19点38分在中央电视台第一套节目播出,次日8点22分在该套节目中重播。栏目定位为"时事追踪报道、新闻背景分析、社会热点透视、大众话题评说"。

同样经历了十几年磨炼的《焦点访谈》现已成为中国观众家喻户晓的电视新闻栏目之一,也是央视收视率最高的栏目之一。其收视率稳定在30%左右,每晚收看这个栏目的观众约有3亿,每天有上千名观众给这个栏目打电话、写信、发传真和电子邮件,反馈他们的收视意见,提供大量的报道线索。由于坚持了"领导重视、群众关心、普遍存在"的选题原则,节目开播以来,受到了上至党和国家领导人、下至普通老百姓的广泛关注和重视,颇有些"顶天立地"的味道。国务院前总理朱镕基称"每日必看《焦点访谈》,从中可以得到第一手的材料",并多次以《焦点访谈》报道的内容为依据阐述国家的方针政策,对有关方面的工作做出决策指导。他甚至说《焦点访谈》"是中央工作的一部分",这个评价的分量应该不算轻。1998年10月7日,朱镕基到中央电视台视察时,特意为《焦点访谈》赠言:"群众喉舌、舆论监督、政府镜鉴、改革尖兵"。而广大观众则认为,《焦点访谈》是"正义之剑、民主之盾"。无论如何,《焦点访谈》进行的舆论监督标志着中国的改革开放和民主法治建设上了一个新台阶。

值得一提的是,《焦点访谈》在节目管理和制作上采用制片人制。央视新闻评论部是国内将制片人体制引入新闻节目制作的第一家,而《焦点访谈》则是这种国际上通用的先进管理方法的第一批试验田。在这一体制下,制片人是栏目的管理者和节目创作的组织者与把关人,也是节目的第一责任人,对节目的全程制作、经费使用、人员调配具有决定权。

在节目形态上,《焦点访谈》采用演播室主持和现场采访相结合的结构方式,述与评相辅相成。该栏目推出的一批观众较为认可的"记者主持人",通过不懈的努力朝着中国第一代电视新闻评论员的方向在一步步前进。

由《焦点访谈》先行而后风行于全国的20世纪90年代中国电视新闻深度报道,基本上形成了相对于单纯动态消息报道而言的全新新闻类别。

3.《实话实说》——开启中国电视新闻的"脱口秀"时代

1996年3月16日:《东方时空》的二弟——《实话实说》诞生。《实话实说》是中央电视台新闻评论部于1996年春季推出的一个新栏目,节目形式为群体现场交谈。节目主持人通过有意识的引导,让嘉宾和现场观众就社会生活或人生体验的某一话题展开讨论，达到各抒己见、增进参与者之间交流和理解的目的。

《实话实说》在推出的当时应该说是一种新型的节目样式，它是中国第一个Talk Show，类似的电视谈话节目在国外一般具有较高的收视率。

把一定时期内人们普遍关心的热点话题搬上电视荧屏，从而使电视媒介变成了一个"大众话题评说"的空中客厅、一个社会舆论表达的公共场所，无疑也是20世纪90年代以来我国电视新闻发展历程中的又一道风景线。

4.《新闻调查》——开启中国电视新闻的"加深加厚"时代

1996年5月17日：《东方时空》三弟——《新闻调查》诞生，这是中国目前最长的新闻评论性节目。

1996年年初，《新闻调查》栏目开始组建，在中央电视台晚间9点时段节目竞标中，《新闻调查》以排名第一的实绩脱颖而出，夺得周五黄金时段。5月17日，《新闻调查》播出第一期节目《宏志班》。双机拍摄、记者现场采访、现场评述、对事件多角度分析、递进式探究，这些涵盖形式和内容两方面的尝试一下子呈现在了观众面前。

如果说1993年5月1日开播《东方时空》是中央电视台加强新闻评论性节目的第一步，1994年4月1日推出《焦点访谈》，让评论性节目进入晚间黄金时段是加强新闻评论性节目的第二步，那么1996年《新闻调查》的创办可算是这一思路的第三步具体实施方案。

在对《东方时空》的家族史做完回顾后，接下来一些略嫌零碎的片段依然要被纳入我们的回顾视野。

1995年4月3日，央视《新闻30分》正式开播，在每日12点至12点30分播出。带着些"拾遗补缺"的意味，《新闻30分》填补了以前电视新闻播出时段的一大空白，定位于为广大观众提供一道了解最新国内外大事及一些重要社会新闻、轶闻趣事的"正午快餐"，契合了观众的午间收视需求。事实证明，《新闻30分》形成了白天时段的一个收视高峰。

在节目编排上，《新闻30分》突破了一般新闻栏目的先国内后国际以及国内新闻量大而详细、国际新闻量小而简略的不协调模式，切实从新闻的价值含量角度出发进行合理排，所以给人耳目一新的感觉。

由此，中央电视台第一套节目就形成了以早间新闻、午间新闻、新闻联播、晚间新闻报道时段为四大骨干新闻时段的新闻栏目结构。

之后，1996年元旦，《新闻联播》改版，以直播形式与观众见面。

1997年5月5日，每天早晨6点央视又增加了一次15分钟的《早间新闻》，与此同时，《晚间新闻报道》播出时间增加到45分钟，成为央视跨时最长、报道量最大、报道面最宽的一个新闻节目。

另外，不得不提到的是，1997年被业界称为"中国电视直播年"，这一年香港回归、十五大召开、世纪奇观海尔·波普彗星与日全食同现苍穹、黄河小浪底工程、长江三峡顺利实现大江截流等重大新闻事件通过现场直播这一电视新闻的极大优势呈现在了观众面前。该种形式因为契合了信息时代人们生活的快节奏和不断增长的对新闻时效的需求，而逐步为广大观众所喜闻乐见。

1999年7月5日，中央电视台推出了《现在播报》。《现在播报》的推出之所以引起关注，除了其节奏上快、时效性强、信息量大等特点外，最大的变化在于新闻内容更具贴近性，而新闻主播形式也令人顿觉新鲜。

《现在播报》在题材的选择和新闻价值的判断上，以受众对新闻的关切度和新闻对受众的吸引力为主要目标，侧重提供涉及国计民生、社会普遍关注的新闻报道，更多地运用解释性新闻、调查性新闻等报道方式，揭示新闻事件与民众的关系。央视对该栏目的定位是："汇集天下大事，关注老百姓和社会生活的方方面面。"由此可见，为受众服务，不再停留在口号上，更多地已融入了新闻实践中。作为国家级电视台的新闻节目能真正开始关注百姓生活，开始意识到新闻应该有用，这不能不说是我国电视新闻改革的一个良性征兆。

20世纪90年代的中国电视新闻如同一驾奔跑着的马车，在改革的道路上一路狂奔。这一时期所形成的第三代模式特点可归纳为：新闻时效性日益凸显，报道全方位，题材普遍注重社会热点，现场报道、追踪报道、主持人明星化是普遍采用的手段。

2003年5月1日早晨6点，这同样是一个将在中国电视新闻史上留下印迹的时刻。罗京、李瑞英、白岩松、敬一丹四位主持人宣读了中央电视台新闻频道的开篇辞："看见新闻的发生，看着新闻的发展。让我们一起通过新闻频道，把握时代的脉搏，感受世界的变化，重塑我们崭新的生活。"开篇辞的结语依然透着央视这一国家级电视台特有的"大气"。

央视新闻频道的诞生赶上了一个极好的时机：之前的伊拉克战争，吸引了公众对国际大事的全程关注，紧接着SARS又聚焦了全国乃至全世界的目光。首先，由于很多是专题性的东西，所以真正新闻性的东西就显得少了，这无疑与央视"看见新闻的发生，看着新闻的发展"的开播辞不太相符；其次，真正的新闻频道应以直播和现场为主，然而，新闻频道自开播以来在LIVE（现场直播）和SNG（卫星新闻转播）技术方面应用得还很不够，直播和现场类的内容还是相对太少，许多节目采用录播，时效性较差；再者，新闻频道中原创类的节目所占比例不大，大多数节目系从一套"移花接木"。

不过，正如凤凰卫视中文台副台长刘春所言："尽管在目前我们可以轻而易举地找到这个频道的缺点，但它肯定会将中国的新闻改革推向一个新的平台。所以，它是央视的一大步，也是中国的一大步，其蕴涵的历史意义将会在未来岁月中尽情彰显。"让我们对新闻频道的成长拭目以待。

二、中国电视新闻节目的新气象

今天的电视新闻节目与创业初期的"慢、长、空"已经不可同日而语，今天的电视新闻节目从形态到内容，都已经进入了一个丰富与多元的时期。对于中国电视新闻的今天来说，探讨由于社会的发展与变革使人们对信息的需求日益膨胀的原因已经不再重要，更为重要的是如何跟上这种需求、满足这种需求。正是在这样的终极目的的指引下，中国电视新闻节目呈现出诸多令人欣喜的新鲜景象。

（一）重大新闻事件开始直播

对于中国电视新闻界的从业者而言，直播似乎总是一道不愿轻易碰触的线。目前，国内的直播大多用于非新闻类节目或可预知性的重大新闻事件上，而动态性较强的新闻突发事件的现场直播报道则显得相对矜持。每回发生一些重大的突发性新闻事件，人们总是希望打开电视机，就能瞅到我们自己的电视台在进行"现场直播"，然而这样的默契往往并不多。即便如此，却也没有人能否认，要想在激烈竞争的媒介市场上抢占先机、拔得头筹，电视新闻现场直播是必不可少的手段之一。

一直以来，国内的电视人依然没有摆脱对电视新闻现场直播的过度"敬畏"，总觉得新闻现场直播一定得贴足"大而全"的标签：题材要重大、影响要重大、投入同样要"求大"，好像没有这般阵势就得对新闻现场直播说"NO"。也就是因为这一点"看得太重"，我们的新闻现场直播被置于了一种"高处不胜寒"的境地，"直播日常化"就更难提上议事日程了。

远的也就不说，很多人在 2001 年就体会到了"直播之痛"。2001 年的 9 月11 日，美国纽约世贸大厦遭到恐怖分子袭击时，美国国内和其他各国的电视新闻台几乎全部中断正常节目播出，当机立断转入对此事件的连续直播，LIVE 字样更是频频在屏幕上现身。中国香港凤凰卫视的新闻触角也立刻伸展开来，其停止了正常的节目播出计划，同步传输美国福克斯电视网的节目信号，在第一时间向国内电视观众传递了这一震惊世界的消息。在长达 36 小时的直播报道中，凤凰卫视让中国观众同步看到了纽约世贸大厦惊心动魄的燃烧和倒塌，看到了在场人们惊恐万分的眼神，看到了布什总统、美国高官乃至多国领导人的现场讲话……

遗憾的是，当时国内只有上海卫视做了 1 个小时的连续报道，而作为国家级大台的中央电视台在此次重大新闻事件报道中，却依然按部就班地执行原有节目安排，不仅没进入连续直播状态，更谈不上 LIVE 连线状态。曾经有一种观点是，电视新闻不应该有栏目，它应该就是每时每刻不停地把新闻往外播。然而只是因为在遇到重大的突发事件我们看不到消息时，这种想法才越发急迫起来，对新闻的需求才会出现"井喷"的局面。

　　业界以为：新闻生于直播，死于录播。电视通过对海湾战争、9·11 事件等的直播，彻底地改变了新闻人对电视新闻传播时效性和客观性的理解，也扭转了观众传统的新闻收视模式。电视新闻的现场直播通过使受众从时间轴线上最大限度地接近新闻本源，从而有效地实现了新闻规律与受众心理的双重契合。在直播状态下，新闻事件发展的不可控性、不可重复性将会极大地满足受众的获知欲。

　　也许是应了一句俗语：痛定思痛，当时间跳到了 2003 年，北京时间 3 月 20 日上午 10 点 33 分，伊拉克战争爆发。

　　这一回反思了前次教训的中央电视台终究告别了"失语"状态，三个频道从第一时间就开始滚动播报战事，达 6 小时之久，直到当日确无进一步战事发生。其中上午 10 点 35 分美国开始攻打伊拉克后不久，中央电视台就在它政治影响力最大的第一套开始直播战争进程和各方反应。直播从上午不到 11 点开始，一直持续到下午 3 点半，连一向准时在中午 12 点播出的《新闻 30 分》也被临时取消，为直播让路。电视直播结束后，央视仍在每小时一次的整点新闻中继续报道伊拉克战争的最新进展，报道的密集程度甚至超过了几天前结束的"两会"报道。中央电视台 4 套则持续报道达 9 小时。与此同时，上海电视台新闻频道和东方电视台新闻娱乐频道也采取了同样的持续滚动播报方式。不约而同地全天候滚动追踪报道突发新闻事件，这对中国电视媒体而言还是破天荒头一遭。

　　翻开世界传播史，第一次用电视直播战争是在 1991 年，当时美国有线新闻网连续 17 个昼夜向全世界直播海湾战争。中央电视台终于在 12 年后的伊拉克战争中史无前例地采用了这一传播模式。为报道这场战争，央视不惜成本，派出采访分队到伊拉克、约旦等地，采用了同步报道全方位直播的方式，在形式上调动了如演播室专访、讨论、卫星电话连线、多画面双视窗、流动字幕等各种报道方式。

　　让观众"在重大国际事件中看到中央电视台记者的报道"，无论如何这一小小的变革，已经是中国电视新闻革命的先兆。"它本身也像其所报道的伊拉克战事一样，第一轮只是试探性和象征性的锋芒小试，接下来必定会有一连串排山倒海、摧枯拉朽的冲击波。"（引自《伊拉克战争触发中国媒体革命》原载：文化先锋网 2003.3.21）

（二）新闻在"俗"中扎根本土

在已经过去的 2002 年和正在进行的 2003 年里，区域性电视媒体凭借新闻本土化的战略在电视新闻领域的大胆突围不能不让业界瞩目。在此，不能不提到的便是令全国其他地区电视同行颇为瞩目的"南京现象"。

2002 年 1 月 1 日，一个全新的新闻栏目《南京零距离》亮相于江苏广播电视总台城市频道，它开播不久就吸引了众多南京市民的眼球，收视率频频创出新高，开播 8 个月，就跃居南京所有电视节目尼尔森收视排行榜榜首。也许是《南京零距离》开创了电视新闻节目超越电视剧和综艺娱乐节目夺得收视率桂冠先河的成绩给了业界不小的震撼，它独占鳌头的收视率也扭转了电视新闻只能有社会效益而谈不上经济效益的传统观念，一下子，电视人发现原来新闻节目还是大有作为的。

新闻节目在红红火火地争夺受众，这不仅在南京电视史上史无前例，在全国也属实罕见。《南京零距离》的宣传片里打出了"打造中国电视新闻新模式"的口号，事实上也是如此，节目主要包括社会新闻、生活资讯、投诉热线三个单元。按照传统意义上的新闻定义，《南京零距离》播的很多东西算不上是新闻，但戏剧化的是，用一种全新的眼光去看这才是真正的新闻，我们过去的新闻恰恰不是新闻。虽然这个栏目与时下规范的新闻模式有很大距离，但正是这种打破了传统电视新闻一些旧有的条条框框，既追求新闻的真实性、时效性，又强调资讯的实用性、服务性，兼有热线的参与性、互动性的新闻栏目，正是其中蕴含的统一的价值基本点——让老百姓看了有用，才第一次清晰地诠释了电视新闻是为人而做的理念。《南京零距离》不关心塔利班战火，不关心"9·11"，它关心的是南京的民工族、南京的老城区改造、南京的下岗再就业、南京的公交 1C 卡等等。《南京零距离》主持人孟非有句话："您解决不了的事，我们帮您管。"能不让人们的心里热乎乎的？偏偏就爱插手锅碗瓢盆家长里短的《南京零距离》也许会被一些人说成"俗"，但如果说若干年前《东方时空》那句"讲述老百姓自己的故事"开创了国内荧屏"百姓新闻"先河的话，那么今天的《南京零距离》则可以说是真正在中国电视新闻业掀起了"百姓电视"的浪潮。正是以"鸡毛蒜皮"为主打内容的《南京零距离》让媒体、受众不约而同地明白了原来在会议新闻等内容之外，还可以有以百姓唱主角的新闻。

从实践来看，《南京零距离》的播出想来动摇了很大一部分人对中国电视新闻无法贴近普通人日常生活的固有看法，它的成功有力地证实了都市新闻资讯的强大生命力。于是 2003 年 3 月 23 日，南京电视台新闻综合频道推出了《直播南京》，这是一档全国首创的 90 分钟大型直播互动新闻栏目，开播的第一天，收视率不过 3.9%，开播后第一个星期的收视率也刚达到 4.0%，而根据 AC 尼尔森收视率调查统计，《直播南京》从 5 月 5 日到 5 月 11 日的平均收视率已经达到了 8.2%，其中最高点达到了 11.7%。《直播南京》开办之初就定位在雅俗共赏上，既不能远离百姓生活，也不要过于媚俗。例如，其子栏目之一的《东升工作室》就旗帜鲜明地提出了 "为政府分忧，为百姓服务" 的宣传语，实行首问负责制，对市民反映较多的问题一追到底，服务到底，由此在市民中反响强烈。目前仅该栏目每天能接到 500 多个热线电话。而《直播南京》的另一子栏目《时事要闻》则强化南京台在时政新闻上的资源优势，但更注重用平民化的视角和具体化的事件去报道时政要闻，该版块的平均收视率由 0.9% 迅速攀升到 6%。所有的单元设计都很明确地传达出这样一个信息，我们的电视新闻节目在不断加强对市民的人文关怀，我们的摄像镜头在更多地加强对小人物和小事情的观察与关注。上述这些恰恰是电视观众真正关心的内容。

无独有偶，上海电视台新闻综合频道的《新闻坊》一经推出就成了观众喜爱的名牌栏目。该节目充分利用了城市各区有线电视站的信息资源，以活泼生动的方式串联包装起有上海特色的市民新闻。节目下设 "弄堂口" "城市风" "市民呼声" 以及 "生活服务信息" 等多个小单元，既有与市民利益息息相关的政策新闻和社会新闻，也有反映市民意愿的消息，更有提供服务的实用信息。由此可见，在国内新闻界，新闻告别 "阳春白雪" 的时代走向百姓生活，在 "俗" 中回归本土已不再是 "一家之识" 了。

（三）新闻从 "播" 到 "说" 直至 "破" 的三突破

字正腔圆的 "播新闻" 方式伴随了中国电视新闻太多的岁月。所谓 "播"，它是一种语言传播样式，表现为语音规范、语言书卷化、语体结构严谨、对语境无太大依赖性。播音员每天采取正襟危坐、面目肃然的形式，一味地照本宣科，极少喜形于色，难免给人紧张、呆板之感。

直到 20 世纪末，"说新闻" 才悄然进入了我们的视野。所谓 "说"，它首先是人际交流中的语言传播样式，随后向大众传播领域逐渐渗透，表现为语言口语化、样态不受限制、语体结构松散、对语境依赖性强。"说新闻" 相对先行的应该是凤凰卫视陈鲁豫主持的《凤凰早班车》，这是一个类似 "报纸摘要" 的节目，但主持人并没有一本正经地把各家报纸拿来念一遍。从 1998 年 4 月起，每天清晨，她以 "说新闻" 而不是 "读新闻" 的主持风格，在温和与轻松的气氛中，向观众娓娓道来世界最新消息和财经资讯新闻，使报纸摘要变得与众不同，从此开了

"说新闻"的新流派，让电视机前的观众晓得了原来新闻也可以用一种温和的方式娓娓道来，由此也开启了中国电视新闻业红红火火的"说新闻"时期，掀起了一场全新的中国电视新闻语言层面的革命。2000年，上海卫视的早间新闻《上海早晨》、浙江卫视的午间新闻《阳光直播室》以及江苏卫视的晚间新闻《晚间报道》等节目相继改变风格，从"播"新闻转为"说"新闻。这种促膝谈心的方式，接近于人们在日常生活中与他人交谈时的状态，仅冲着那股前所未有的亲近感，受众在当时给予媒体的是宽容和欢迎，毕竟谁也不愿重温昔日的沉闷。

正所谓"各领风骚不几年"，"说新闻"风行了一阵，人们渐渐感觉：那只是一种表达语气的变化，真正的革命远未到来。又过了若干年，同样是起于地区性媒体的作为，我们看到了新闻还是可以谈、可以议的。《南京零距离》有一个单元叫"孟非读报"，每天都是一个6～8分钟的时段，主持人干坐在那儿说，由读报引出他对各种社会现象的一种价值判断和分析，好像很乏味，但收视率非常高。这不由地使笔者想到了凤凰卫视的《有报天天读》，该节目来自凤凰高层的创意和构思，希望通过这样的节目，荟萃每天国际媒体和海外华文媒体的讯息精华，以"说"的方式，将有关的国内外大事扼要介绍给广大观众，满足他们获取更多信息的需求。节目主持人杨锦麟先生是大半辈子的老报人，每天中午，他都亦庄亦谐、有述有评地将全球重要报刊的头条、焦点讲给观众听，虽然有友人做打油诗评价"老杨读报，吓我一跳，国语不准，英文走调，体型太胖，样子太老"，但很多人就是爱听。为什么？受众在看新闻的时候，是想听到主持人的想法的，由此和自己的想法做一比较，以这样的方式来印证自己的观点。

如果说"孟非读报"是整块时间谈新闻的话，那么在《南京零距离》中，主持人对于重要的新闻事件也会以寥寥数语进行评说，说出自己的观点。在"播新闻"的同时贯穿着一条"谈新闻"的线，传递出来的信息变得有厚度。这不一定意味着对新闻客观性的背离，而是以客观的新闻事实为由头，就事论事，让新闻变得更加鲜活。

（四）大时段新闻渐成气候

《东方时空》从二度改版后的两个半小时退回到原来的四十多分钟，使大时段新闻栏目的实验在国内还没开始就胎死腹中。时间始于2002年，大时段新闻栏目再度被提上了议事日程。在晚间18：00～20：30这个时段，南京地区同时有4档大时段的新闻栏目在争夺受众，在全国可谓是开路者。晚间18：20开始，南京电视台在新闻综合频道推出一个半小时的大型新闻杂志直播栏目《直播南京》，18：50分开始，江苏广电总台城市频道播出1小时的新闻杂志《南京零距离》；

同一时间段，南京电视台在其教育科技频道又推出 1 小时版块的《法治现场》；19：30 江苏广电总台新闻综合频道推出 1 小时的《江苏新时空》。

做大时段的每日新闻直播栏目，在这么多年后才被电视人拾掇起来，未免有些后知后觉吧。之前观众通常看到的是不超过半小时长度的每日消息类新闻栏目，如央视的《新闻联播》及各省市的《xx 新闻联播》，半小时电视新闻的内容如果以文字置换，在报纸上不过一个版，几分钟就能读完。对于之前已经从报纸上知道了几乎所有消息的观众来说，再来看电视新闻，不过是从视听层面"温故"一遍罢了。尽管我们的新闻节目总在标榜"要闻总汇，大事不漏"，但电视新闻的信息量始终是电视人和受众心中的一个结。

于是，电视新闻从业人员不得不去思考：电视新闻的信息量有法突破吗？是否可以跳出中国电视新闻栏目的习惯长度，确立重量级的栏目格局呢？现在看来，选择 60 分钟乃至更长的时段，新闻栏目的体量增大了，内容丰富了，而体量越大，它构筑的信息平台所能包容的东西就越多，就能把最好最有效的内容组合在一起，从而使栏目运作有了去劣存优的可能，对新闻的表现也能做到饱满起来。

（五）新闻信息开始走向透明化

从 2002 年底广东省首例 SARS 病例爆发到 2003 年的夏天，"非典型性肺炎"（以下简称"非典"）突然间成了我们这个国家不同城市人们已然面对的一场生存风暴。美国学者罗森豪尔特认为，危机是指"对一个社会系统的基本价值和行为准则架构产生严重威胁，并且在时间压力和不确定性极高的情况下必须对其做出关键决策的事件"。对于一个组织和政府而言，因为危机的到来，破坏了组织系统的稳定与常态，于是在这种情况下，媒体的作用就在于按照新闻传播的自身规律对危机处理过程进行干预和影响，促使危机向好的方向转化。介于政府和公众之间的媒介既受政府制约，又在一定程度上影响政府；既要引导舆论，又需要满足公众需求。

那么我们的电视媒体在这场"非典"风暴中又是如何应对的呢？遗憾的是，新闻媒体对该事件的报道出现了前后脱节的两种不同态度，经历了一个由沉默回避的被动无为阶段到全面广泛报道的主动出击阶段的转变过程。

从 2002 年底"非典"在广东和中国香港开始蔓延到 2003 年 4 月下旬的这一段时期内，国内媒体对"非典"的报道相对于疫情的发展基本上属于信息低量状态。所谓信息低量，是指社会的信息流量低于社会需求，以致难以满足社会机制的需要，更不能促进其发展。2003 年春节过后，源于广东的"SARS"流言四起，并引发了全国几个省市抢购板蓝根、食醋等的风潮，此时媒体还是以沉默或辟谣的状态处之。对"非典"的报道在 2003 年 2 月间主要集中于广东一地，内地流传的多是饶有趣味的抢购板蓝根、食醋的谈资。在 2003 年 4 月下旬以前，有关"非典"的谣传四起。当"非典"从广东省扩散到其他省份的时候，公众的相关信息储备还十分欠缺，加上政府的口径和媒体的报道都主要集中在"'非典'是可以控制的""'非典'并不可怕"的乐观基调上，这就导致了受众的信息需求与媒体所提供的信息之间的极不协调。

美国传播学者发现了这样一条规律：最重要和最不重要的消息最容易通过人际传播而扩散。由于现代社会人际传播的多样性和技术性的特点，在中国传媒集体失语的时间里，民众借助手机、网络等现代化传播工具瞬间将各种信息包括小道消息、谣言广泛传播。在正常的状态下，一个高效的媒体在面对突发事件，特别是灾难性事件时，必将给予即时、客观、充分的报道以满足受众的知情权，在此基础上进行适当的心理疏导。而由于此时我们新闻媒体的集体失语，一时引发的社会恐慌就成了一种必然。

事情在 4 月中旬以后发生了逆转。胡锦涛亲临广东调查疫情，深感事态严重，于 4 月 20 日做出了"不得瞒报、缓报疫情"的指示。当天，国务院就此召开新闻发布会，中国政府职能开始从经济工作转移到解决公共问题上来。随即，全国各个电视台几乎一瞬间都把"非典"作为了报道重心，不仅对疫情的最新发展，各地统计的确诊、死亡人数及时跟踪报道，还邀请医学专家专题讨论，向受众提供防治知识。许多此前一直否认当地没有"非典"疫情的地区，先后通过媒体报告本地发现了疫情。北京市 4 月 21 日公布的"非典"患者人数从前一天的 30 多人一夜陡增到 300 多人。与此同时，卫生部常务副部长高强也表示，将每 5 天向社会公布一次非典型肺炎疫情改为每天公布。此间，两名正部级政府要员同时去职，民间舆论一致认为他们在为瞒报疫情和处理有关事件不力负责。毋庸置疑，这种公开化透明化的报道对控制疫情蔓延具有重要的意义。

当组织与公众发生冲突，或发生突发事件，使公众舆论反应强烈，组织形象受到严重损害的时候，公共关系便处于紧急状态之中，需要动用整个组织的力量及各种传播媒介来处理危机，协调与平衡组织与公众之间的紧张关系。媒介舆论是媒介从业人员通过新闻媒体这一介质对社会舆论自觉而集中的反映。因此，媒体对危机事件的积极介入，只是危机传播的第一步。一旦危机事件发生，媒体需要去做的是把社会公众对危机的舆论引导到有利于危机解决的正确方向上来。自从"非典"传播以来，真可以用"传言满天飞"形容混乱不堪的公共舆论。"非典"是可怕的，但是混乱的公共舆论造成的影响更可怕。它一旦形成，其影响是长久的，无法短期消除的，并且会衍生出很多其他负面的影响。

混乱的公共舆论不是不可以避免，最好的办法就是做到新闻信息透明。现时舆论传播环境有了很大的变化，非正式传播渠道正大行其道。主流媒体的缺位势必导致小道消息的横行，从而加重社会的恐慌心理。虽然"非典"报道的初期，大众传媒的严重"不作为"造成的信息低量，给了人际传播方式以前所未有的发挥空间，但从总体上来说，由于人际传播方式的非权威性和随意性，这种空间也是催生谣言和恐慌的温床。换言之，在疫病等危机形势下，大众媒介传播与其他传播方式的错位并不是正常的，而是信息舆论生态失调的一种体现。信息和意见只有公开传播才能引起社会重视，造成舆论，引起决策层关注。而我国媒体惯以"塞情"代替"知情"，使受众在面对主流媒体对突发事件的处理方法上表现出信赖与排斥，信任与怀疑，肯定与否定混杂并存的双重矛盾心理。但愿未来我们的电视新闻媒体不再游离于突发新闻事件之外，为营造一个良性的舆论环境真正尽到自身"社会公器"的责任。

第四节　电视新闻节目的传播特征

电视新闻是以现代电子传播技术为传播手段，以声音、画面为传播符号，对新近或正在发生、发现的事实的报道。在电视的诸多功能中，传播新闻是其首要功能，新闻性内容渗透于电视各类节目之中。了解电视新闻的传播特性，把握电视新闻所独具的特质，是发挥电视新闻节目传播效果最大化的重要环节。

一、电视新闻节目的传播特征

电视新闻节目是通过电视媒介播报新闻的一种节目形式，其自身包含了电视媒介和新闻本身的属性特征，我们大致将电视新闻节目的传播特征分为以下六点。

（1）传播及时。电视新闻相对其他新闻的不同之处在于传播速度快、影响面广，因而其传播的效果以及价值较大。从"信源"（新闻发生）至"信宿"（受众），视听信息传递所耗费的时间短，则实效快；反之则慢。虽然电视新闻的制作过程较广播报纸等其他媒介新闻相对复杂烦琐，但其通过电子信息技术传播到受众接收端的速度惊人，尤其是如今现场直播的运用，可以将摄制与播出同时进行，以全方位的视角给观众呈现新闻讯息。

（2）新闻现场的真实性。新闻现场的真实性在突发性事件和大型群体活动的报道中易于得到最佳体现。空难、地震、火灾、洪水、车祸等都有其特定的新闻空间，空间里人物的喜怒哀乐，空间里事物发展的节奏，都有其特定的变化轨迹

（过程），绝不以记者的意志为转移，更不可能介入人为加工和导演摆布的意识。❶特别是在"现场直播"中体现最为充分，"现场直播"保证了新闻本体的"时间、空间、事件发展"的高度统一，反映的是新闻"本体"的全部，难以出现以偏概全、以点带面等虚假、虚构的成分，是对"新闻现场的真实性"这一特性的充分体现。

（3）形象生动。电视新闻是利用图像与声音传播新闻信息的，电视以图像、声音、文字等符号直接作用于观众的感知器官，具有直观和形象的特点。电视记者是把具体、可视的画面形象呈现给观众，使观众能耳闻目睹，产生身临其境之感，新闻传播更具形象性和感染力。一方面，降低了受众接收新闻信息的门槛；另一方面，镜头语言和声画配合的运用，给观众营造一种置身其中的真实感，可以将事件的现场气氛、人物的感情态度生动地传递给观众，使新闻播报更加生动形象。

（4）立体信息传播。如同红、绿、蓝这三大光学三元素一样，图、声、字便是电视传播的三大元素，图像与文字作用于眼睛，语言、音乐、音响则首先作用于耳朵，多种信息元素的传播使电视新闻传播更加立体化。在电视新闻中不仅重视传递新闻同期声、解说词等语言符号的信息，也重视神态动作等非语言符号的潜信息的传播。

（5）空间无界限。电视传播打破了地理空间的限制，可以使真实的视听符码跨山越水、翻山渡河，通过电视传播到每一个家庭空间，达到足不出户就可观尽天下事的效果。

（6）线性流程。电视传播拥有与时间同一流逝的特征，它也是顺时序的"一次过"，虽然现在由于科技发展产生了一批具有录像、回放、暂停等功能的电视，但从总体上看，其缺乏储藏性和复显性，简单地说，电视新闻具有"过时不候"，无法返回的特征。

二、电视新闻节目的优势

根据电视新闻节目上述六点的基本特征，可以总结出电视新闻节目所具备的一些优势特点。

（1）共时空效应。这个特点最大限度地展示了电视新闻节目的独特魅力，如2003年爆发的美伊战争，中央电视台在对这一世界焦点的新闻事件进行报道时，采用了主持人、特约嘉宾、前线记者交叉播报的方式进行。一方面，给观众呈现现场的真实画面，介绍事态发展的最新进展，第一时间同步现场直播有关国家政

❶ 李岩，黄匡宇.广播电视新闻学 [M].北京：高等教育出版社，2010：135.

要人物的活动、讲话，并连线中外记者报道各国各地的最新反映和动态；另一方面，节目同时进行中文同声传译，分析伊拉克战区，采用战时地图分析讲解，并通过演播室谈话的形式，邀请嘉宾对事件进行分析和评价。除此之外，屏幕经常出现双视窗、多视窗、飞字幕的方式，多渠道、多符号地传递现场的最新动态。通过这种形式对国内外重大事件进行播报，可最大限度地与电视机前的观众共享新闻发生的时间和空间。

（2）多元信息符号。电视的最大优势在于它综合了广播、报纸等传播媒介的特点，形成一种多元信息符号的表达体系。这一体系使电视新闻可以围绕主体信息进行综合性的开发。电视的多元信息符号不仅是信息和影像的整合，还有文字、报纸、图示、图表等多种信息符号的整合，它不是不同媒体符号的简单相加，而是多要素、多逻辑、多线索的集成。电视通过各种要素自身逻辑的调整，使之能够传递出更准确的信息。

（3）时效性强。和广播一样，电视新闻传播几乎是一种同步传输效果，此特点需要依托有同步或几乎同步的传输机制和技术手段作为保证。观众希望看到第一时间的新闻资讯，电视台也在不断提升自己的硬件设施来最大限度地满足观众这种需求。

（4）家庭收视。家庭收视也是电视新闻节目的一个重要特点。从社会学的角度来讲，它往往以家庭为单位。家庭是人们心目中最有安全感的环境。所以家庭式的传播对传播内容、传播效果以及电视节目与观众之间的互动，都有着强大的促进作用。

（5）明星效应。电视在走进千家万户的同时，其个性鲜明的媒介特点使电视记者、主播和嘉宾逐渐深入人心。电视这种看得见的媒介因素，相当程度上体现了人际传播的优势，拉近了人和媒介之间的距离，增加了认同感。因此，各大电视台都在不断培养具有个性的明星主持人。这是一种打造节目的品牌，提升收视率的重要手段。这些公众人物的社会地位得到了大众的普遍认同，对于媒介的传播无疑起到了推动效果。

第三章 融媒体时代电视新闻节目制播原则

第一节 新闻性原则

一、电视新闻

什么是电视新闻？电视新闻的实践工作者和理论研究者力图从各个角度各个层面来阐释电视新闻这一概念，目前业内较为认同的是《中国应用电视学》（北京师范大学出版社）中对电视新闻的陈述：电视新闻是以现代电子技术为传播手段，以声音、画面为传播符号，对新近或正在发生、发现的事实的报道。这个定义是全国电视学研究委员会主持完成的"电视新闻节目分类与界定"研究项目中专家的研究成果之一，它在界定"电视新闻"时至少有两层含义。其一，电视新闻作为新闻的分支，具有新闻的共性。早在 1943 年陆定一就指出"新闻是新近发生的事实的报道"。电视新闻也是新近发生的事实的报道，它同样遵循新闻的共性规律和原则。而且，由于新闻实践的发展，新闻的定义已经自然延伸为对新近或正在发生、发现的事实的报道，这是所有新闻的共性。其二，电视新闻作为新闻的分支，具有不同于其他新闻的个性。它以传播手段和传播符号两方面为代表阐释了电视新闻不同于报纸新闻、广播新闻而只为自己所有的个性特征，即"以现代电子技术为传播手段，以声音画面为传播符号"，这是此物区别于彼物的关键所在，也是电视新闻的"魅力"所在。电视新闻凭借其声画并茂，现场直传的特质而影响巨大，传播广泛。

电视新闻的外延又有广义和狭义之分，狭义的电视新闻通常指中央电视台《新闻联播》《晚间新闻》《新闻 30 分》等消息类电视新闻报道，广义的电视新闻则指荧屏上所有传递新闻信息的各种新闻节目的总称。

二、电视新闻传播内在规律与电视新闻传播要素

事物内部、事物之间固有的、本质的、必然的联系，我们称之为规律。任何一门学科都有规律可循，新闻也不例外。电视新闻传播规律是指任何电视新闻传播活动都必须遵循的规律。这种规律客观存在于电视新闻传播活动中，不以人们的意志为转移，无论任何时代、任何地区、任何国度，只要是电视新闻传者或媒介，就应该懂得遵循电视新闻传播规律，以求得理想的传播效果。

电视新闻传播活动内部各要素之间的必然联系，我们称之为电视新闻传播的内在规律。电视新闻传播活动与外部其他因素的关系，如政治、经济、艺术、宗教等之间的制约关系，我们称之为电视新闻传播外部条件制约的规律。

列宁曾说："规律就是关系。"要深入分析电视新闻传播的内在规律，就必须从分析电视新闻传播过程，分析构成电视新闻传播过程的诸要素以及要素之间的联系开始。

美国政治学家哈罗德·拉斯韦尔在1948年发表的一篇论文中，提出了传播研究中的一个历史性命题：通过回答五个问题第一节来描述传播行为，谁（who）——说了什么（says what）——通过什么渠道（what channel）——对谁（to whom）——取得了什么效果（with what effects），这就是通常所说的5W模式。作为新闻传播分支的电视新闻传播，从本质上看也没有离开这一传播的基本过程和基本模式，对这五个问题的回答也就延伸出了电视新闻传播的五要素。

这些要素在电视新闻传播过程中相互影响、相互制约，从而构成了电视新闻传播活动的内在规律。

（一）电视新闻传者（即新闻传播学中的传者、信源）

电视新闻传者处于新闻信息流向新闻受众的入口处，是电视新闻传播过程中具有极大"权力"和主观能动性的"把关人"，他们对于新闻信息的筛选、拍摄、剪辑行为决定了受众从他们这里能看到多少新闻，能看到什么样的新闻。但他们对权力的使用又受到许多因素的制约，他们对新闻的选择和加工必须遵循一系列的标准和原则，必须充分考虑电视受众的需求和期待，必须受制于电视媒介表现方式。而且，他们还担负着反映民情民意、反映社会舆论的职责，这都要求他们要慎重地选择和加工新闻。

（二）电视新闻信息内容（即新闻传播学中的信息）

新闻信息内容即是新闻，是指最近或正在发生、发现的事实，是电视新闻传

播的内容要素，它的两端分别连接着电视新闻传者和电视观众，是维系二者关系存在的桥梁和纽带，也是观众收看电视新闻的目的所在。一则信息要想顺利地被选择、加工并成功传递到受众那里，就必须具备真实性和新鲜性这两种核心新闻价值要素，新闻价值越大，越有可能被有效传送。电视新闻不仅传递着画面信息，还传递着声音、文字、图表等信息，诸多信息编码表现形式的综合作用才构成了完整的电视新闻信息。

（三）电视新闻媒介（即新闻传播学中的信媒、媒介）

电视新闻媒介是帮助电视新闻传者实现其传播目的的中介，也是电视新闻传者传播内容的载体，具体的传输方式是通过地面无线电传输、卫星传输，或者有线网络传输来实现。电视新闻传者将加工好的新闻节目通过电视信号发送给观众，观众通过这些途径接收新闻。电视新闻传播过程中，电视新闻媒介是联系传者和受众的渠道。没有了电视新闻媒介，二者的传受关系就无从发生，电视新闻传播也就无从谈起。和印刷媒介、广播媒介相比，电视媒介具有视听兼备、瞬时传播、功能全面、受众广泛等先天优势，尤其是后来居上的有线电视和数字电视，又以其大容量、高分辨率、数字压缩技术等优势而为电视媒介的发展开辟了更为广阔的空间，但其顺时播出所导致的选择性和保留性差又成为电视新闻媒介发展中一个有待解决的新问题。

（四）电视新闻观众（即新闻传播中的信宿、受者）

电视新闻观众是指通过电视媒介接受新闻信息的人，是"新闻源——媒介——受众"这一电视新闻传播过程中的最后一个环节，是电视新闻传播活动的归宿和最终指向。当新闻传播给电视观众后，这一轮的电视新闻传播活动便宣告结束，同时作为接受新闻内容的主体，电视新闻观众又开启了新一轮的传播：反馈。

与电视新闻传者一样，电视新闻观众也是整个传播活动中非常活跃的一环，并且是最不稳定的一个因素：他们所处的社会地位社会环境、性别、年龄、个性、心理特征以及知识结构等因素都影响着他们选择、接受信息的方向和范围；他们总在根据自己的意识来判断或确定是否赞同和接受所获得的信息，即便面对同一信息，他们也有不同的理解；他们随着新闻与自己的相关度大小而时隐时现；他们有时非常强烈地表现自己的观点，有时又表现得很淡漠。

（五）电视新闻传播效果（即传播学中的反馈）

电视新闻传播效果，是指电视新闻观众在接受新闻信息后，在思想、感情、态度和行为等方面受到的影响与发生的变化。这些影响和变化或大或小，或显著或隐晦，或积极或消极，或有利或有害，它们共同构成了电视新闻传播活动成功与否的检验标准。电视新闻传者希望通过新闻传播实现报道新闻信息、引导社会舆论、沟通上下情况的目的，电视新闻观众希望通过收看电视获得所期待的新闻信息，但双方的预设效果能否顺利实现，还受到传者的信息信誉、新闻内容与观众需求的契合程度、传播渠道的畅通与否等因素的限制。

通过以上对电视新闻传播要素的简要分析，我们至少可以获知两点电视新闻的规律性认识。

其一，电视新闻传者受电视新闻媒介和电视新闻观众制约，他既根据电视新闻媒介的特性和优势采制、传输新闻，也根据电视新闻观众的选择、接受电视新闻的特性来取舍、编码电视新闻信息。就电视新闻媒介而言，电视新闻传者越是了解电视新闻媒介的特性，就越是能发挥电视新闻媒介的优势，电视新闻传者就越能有效地达到自己的传播目的。就电视新闻观众而言，电视新闻传者通过电视收视率、满意度以及广泛的电视新闻观众调查获知电视新闻观众特性，再依据电视新闻观众的特性有针对性地进行传播，可以极大地提高电视新闻传播效果。

但是，电视新闻传者在电视新闻传播过程中又具有反作用电视新闻媒介和电视新闻观众的特点。电视新闻传者可以改造电视新闻媒介，也可以引导电视新闻观众的注意力、提高电视新闻观众的素质水平。

其二，电视新闻媒介的地位至关重要。电视新闻媒介既是电视新闻传者实现传播目的的"中介"，也是电视新闻观众满足其"新闻需要"的"中介"。没有电视新闻媒介，就不会发生电视新闻传播关系。

三、电视新闻制作与播出的新闻原则内涵

（一）真实性

所有的新闻传媒都应该告诉受众"请看事实"，而在看事实的过程中，电视较之其他媒介更是有着得天独厚的优势，它能以自己声画结合、声情并茂的实录方式，确定无疑地将新闻现场"带至"观众家中，从而满足观众"眼见为实"的心理。从这种意义上来说，观众对电视新闻的信任度要高于报纸和广播，这就更要求电视新闻传者珍惜并好好运用这一特权，让真实性原则贯穿自己工作的始终。

电视新闻传者在节目采制中坚持真实性原则，包括两方面含义。第一，电视新闻内容真实。对确实发生过或正在发生的事实，对事实的解释、评论分析也应该保持真实，不能以偏概全。而且，从宏观和长远看，要通过连续不断的电视

新闻报道向人们展示一幅现实社会的真实图画，使个别真实与整体真实、现象真实与本质真实长期地统一起来。第二，电视新闻表现手法真实。首先画面必须真实，要是在事件发生现场捕捉到的鲜活画面，任何事后的补拍、重拍或导演拍摄都会把本来真实的事件搞假了。其次，画面组接要真实，不能因组接失当而扭曲新闻事实的本来面貌，引起观众误解。再次，声画结合也要真实，文字游离画面、声画脱节都会造成总体形象上的不真实感。此外，摄像的色温、声音的电平等掌握不好，也会使现场录像的形、光、色失真，观众也会认为不真实，对这些人为的技术问题都应该有充分准备，最大限度地进行防范。

（二）时效性

电视新闻传播的载体是电波。电波的速度每秒达 30 万千米，人们发出的电波信号在任何地方都是同步接受的，时间差几乎是零。这就是电视新闻传播能实现"现场即时传播"的原因。

电视新闻贵在"新"，时效上失去了"新"，再有价值的事件也丧失了成为电视新闻的理由。而"新"的含义也在随着电子技术的发展而不断变化。曾经有人说最旧的东西就是昨天的新闻，这个说法放到今天不知道该如何改写。今天电视新闻在时间上、空间上真正实现了新闻事件的进程和报道、传播同步进行，关于香港回归、澳门回归、美国世贸大楼被炸和伊拉克战争的直播报道让观众深刻体会了电视新闻"新"的魅力。

电视新闻的时效性，一靠电视报道的技术基础，二靠电视新闻传者的时效意识和对新闻的敏锐洞察力。今天，电视新闻滚动播出、电视卫星现场直播等报道形式使时效性大大增强。在这种情况下，电视新闻传者时效意识变强，就能在政治导向正确的前提下，尽可能地缩短信息流通时间，尽快将新闻信息传递给电视观众，或者直接采用现场直播等方式，在现场为观众解说事件进展。

（三）公正性

新闻要客观、真实、公正、全面，这一思想一直被新闻工作者奉为经典并沿用至今。公正性原则要求电视新闻工作者在采制新闻过程中，能从公众的利益和视角来架构新闻，而不是从记者个人的倾向和偏好出发。

但是，由于新闻从选材、采写、拍摄到后期剪辑制作都是电视新闻传者发挥主观能动性的结果，个人思维在其中起了作用，而且作为社会一员，他们的政治立场、个人观念等在新闻制作全过程中也发生着作用，所以新闻报道是具有倾向性和主观性成分的，绝对公正的新闻报道是不存在的。这就要求电视新闻传者坚持公正性与个人倾向性的统一，"寓公正于事实选择之中"，求得自身利益、观点、角度与公众利益、观点、角度的一致性。

公正的反面就是不公正，李希光在《新闻学的核心》一书中列数了新闻中存在的主要不公正问题：事实的不准确、不完整、不深入、没有解释、没有背景、没有语境，此外，还有新闻的事先策划，拒绝报道某件新闻、拒绝更正失实报道，记者采访过程的傲慢无礼，报道传言、报道谎言，不核实事实、无信源报道、匿名信源报道，煽情、渲染暴力、侵犯隐私等。实际上，这些不公正不仅是新闻本身的不公正，更是对社会对观众的不公正，无形中侵犯了观众的知情权。

（四）社会性

电视新闻的社会性原则包括三层含义。

一是电视新闻传播的内容与形式要有益于社会的公共利益，要负责阐明社会美德和目标，要将社会利益与公众利益放在首位，对社会这个有机体的健康发展担负责任。

二是电视新闻是通过电视新闻媒介这个渠道，面向社会广泛传播的新闻事实，具有"社会公开"的特质，这一点使电视新闻有别于"内部图像资料"或不宜公开的情报和"内参"等。

三是电视新闻传播需要观众参与到传播活动中来，参与到传播过程中来就需要注意群众对新闻报道的意见，注意观众来信，进行观众收视调查。电视新闻传播是一个双向循环活动。从新闻事实的采集到播出是一个过程，而电视新闻播出后，观众反应如何，社会各界评价如何，电视新闻媒介应该及时进行电视新闻传播效果的调查，并以此为依据，改进电视新闻传播形式和内容，这又是一个过程。电视新闻传者应按照上述双向循环过程形成传受双方的良性循环。

四、电视新闻传者的新闻思维

分析电视新闻传播五要素，阐明电视新闻传播内在规律，坚持真实性、时效性、公正性、社会性的新闻原则，说到底，是要求电视新闻传者具备一种新闻思维，这种新闻思维会成为电视新闻传者日常思维的一部分，它会把电视新闻传者新闻思维随时随地带入积极的新闻采制与编播的状态中。而求新、求真、求有传播价值的新闻就是这种新闻思维的主要内涵。

求新是电视新闻传者的职业精神。"新"包括时间新、事实新、角度新。哪里有"新"，哪里就有电视新闻传者，新闻现场是电视新闻记者的阵地，在第一时间赶到新闻现场永远都是每一位有责任心的电视新闻传者的职责和义务。争取最先报道新闻，报道独家新闻，报道立意、新角度新的新闻，是电视新闻传者的职业追求，也是世界各国媒体竞争的主要战场。一直鲜为人知的半岛电视台，也因独家报道本·拉登的录像讲话而声名鹊起，还被誉为"阿拉伯世界的CNN"。

求新之外还要求真。当今社会处在利益、价值多元化的时代，事实的真相、事实间的因果关系有时远非一次采访几个现场镜头可以说明，这就要求电视新闻传者本着求真的态度，追寻新闻的最真实面貌。中央电视台《新闻调查》栏目的记者可以说是我国电视新闻记者追寻新闻真相的代表。在《新闻调查》克服重重阻力播出了《与神话搏斗的人》之后，学者刘姝威才得以有效地将蓝田集团的内幕公之于众，她与蓝田集团的搏斗才获得了社会公众的广泛关注和支持。

求有传播价值的新闻。有传播价值的新闻，通常指重要性、显著性、趣味性、地域接近性等新闻价值要素比较突出的电视新闻。这样的电视新闻往往同观众生活密切相关，多是观众需要知道、应该知道、想要知道的新闻。这样的新闻一经传播，不仅能娱乐观众，而且在某种程度上还会引发观众思考，甚至指导其工作、生活，能产生较大的正面效果。比如对非典时期医生、护士坚守工作岗位的报道，在他们身上发生的事件就很有传播价值，不仅能起到在特殊时期进行社会沟通和情感交流的作用，还能鼓励、引导社会良性发展。又如，对注水猪肉、金华火腿等损害人民利益的恶劣事件的报道也很有传播价值，一方面能提醒人们关注自己的健康和权益，另一方面还倡导了社会正义。

第二节　政治性原则

一、政治性原则（党性原则）的内涵

所谓电视新闻媒介和电视新闻传者的政治性原则（党性原则），就是电视新闻媒介和电视新闻传者在其采制、编播电视新闻的活动中要以党的立场、观点、主张为是非标准和行动准则，坚持我国社会主义电视新闻媒介的根本性质。

电视新闻媒介和电视新闻传者的党性原则问题，既是新闻学中的重大理论问题，也是我国新闻事业中的重大实践问题，它从理论上解决了党的新闻事业和新闻工作的性质、方向、任务、方法等一系列问题。我们党自从有自己的新闻事业以来，就一直要求它毫不动摇、旗帜鲜明地坚持党性原则。虽然随着时代的变迁，党性原则的具体内涵发生了一些改变，但它仍是无可代替的理论指南。从事党的电视新闻事业，必须坚持党性原则，在过去的计划经济时代是如此，在市场经济体制逐步完善的今天也是如此，等到将来市场经济体制充分发展完善之后还是如此。电视台媒介和电视新闻传者，作为我国社会主义新闻事业的重要组成部分，自然必须毫不动摇地坚持党性原则。

具体地说，电视新闻工作者坚持党性原则主要有以下三方面的内容：在思想上，要坚持马列主义、毛泽东思想和邓小平理论以及"三个代表"重要思想；坚持辩证唯物主义和历史唯物主义的世界观和方法论；坚持一切从实际出发、实事求是的科学态度。在政治上，必须同党中央保持一致，全心全意为人民服务。在组织上，坚持和服从党的领导，贯彻民主集中制，遵守党的组织原则和新闻宣传工作的纪律。其中，坚持实事求是的思想路线，坚持对党对人民负责的一致性，自觉服从党的领导和严格遵守宣传纪律等内容，是新闻事业党性原则中的精髓，在任何时代都有着非常重大的意义。

二、电视新闻与舆论导向

电视新闻媒介和传者作为社会主义新闻事业的组成部分，作为国内外要闻总汇和舆论中心，一定要发挥党、政府和人民的喉舌作用，紧密配合党、政府的中心工作来组织舆论、引导舆论，服从、服务于全党全国工作的大局，这一点，任何时候都不能模糊、不能动摇。电视新闻通过大量的日常报道，长期的潜移默化，使观众在心目中形成了关于这个社会、这个时代辨别是非的舆论标准；通过新闻评论、时事分析，对社会上的热点和焦点问题进行深入剖析，引导一种舆论态度；通过适合的"议程设置"，即新闻报道的选择，引导群众关注一些问题或冷落一些问题，从而把"焦点""热点"提请人们关注，把过分激化的事情暂时冷却，通过这些新闻程序，在遵循新闻规律，不违背真实性和客观性的前提下对社会产生舆论导向作用。

各种新闻媒介都是舆论的反映者和引导者，它们通过新闻传播，扩大和强化正确的、有利的舆论，抑制和减弱错误的、不利的舆论，从而正确把握舆论的发展方向。就电视而言，由于其传播面广，声情并茂，在舆论引导方面更具有独特的优势和魅力。在电视进入千家万户的今天，一条重要新闻，一个社会热点报道，往往可以引起社会轰动效应。电视已经每时每刻、有意无意地影响着社会舆论，影响着人们的思想和行动。

舆论引导，关键是导向正确。舆论导向正确，人心就会凝聚；舆论导向错误，就可能造成严重后果。如何进一步提高电视新闻舆论引导水平，使舆论引导更准确、更鲜明、更生动、更有特色以及更充分地发挥作用，是我们电视新闻传播者需要深入研究和解决的重要课题。

人民日报原总编辑范敬宜曾经指出，在以下几种情况下最容易发生导向错误：第一，对基本理论、基本路线、基本方针似懂非懂的时候；第二，对全局情况了解若明若暗的时候；第三，在形势出现错综复杂局面的时候；第四，对有些新闻背景不清楚的时候；第五，在感情冲动的时候；第六，在众说纷纭，特别是小道消息盛行的时候；第七，不遵守宣传纪律的时候；第八，对中央的态度不了解的时候。范敬宜所总结的以上八条，对于电视新闻媒介和电视新闻传播者防止出现导向错误，很具有启迪意义。

三、电视新闻工作者的政治性思维

电视新闻工作者要坚持党性原则，坚持正确无误地反映舆论、引导舆论并监督舆论，就需要具备极强的政治性思维。这样在面对纷繁复杂的新情况、新问题时，才能够熟练运用政治思维来思考问题，用马克思主义的基本观点和原理进行科学的分析，也才能明辨是非，揭示事物的本质，分清主流支流，而不因一些个别现象而迷失方向，或被一时假象所左右，做出对国家和人民不利的电视新闻报道。

政治性思维的形成和熟练，来自不断地学习、思考和实践磨炼中的成长。具体说来，电视新闻工作者可以从以下几方面严格要求，重点培养。

（一）学习党的理论

电视新闻工作者要全面系统地理解和掌握马克思主义的思想体系，认真学习毛泽东思想、邓小平理论，研究领会"三个代表"重要思想，并将之与中国的实际相结合，始终坚持理论结合实际，解放思想、实事求是，在电视新闻传播活动中把党的路线、方针、政策贯彻始终。

（二）熟悉国家政策法律法规

电视新闻工作者必须掌握国家的法律法规，严守新闻纪律。电视新闻工作是政治性、政策性很强的工作，电视新闻工作者如果对国家的政策法律不懂、不熟悉，就不可能做好宣传工作，甚至会出现误导，给党和人民带来不应有的损失。

（三）坚持群众路线

电视新闻工作者要有群众立场、群众观点、群众感情，密切联系群众，采制新闻坚持从群众中来，编播新闻坚持到群众中去，善于在群众中做调查研究工作，紧扣时代的脉搏，为广大群众的工作和生活服务。

（四）严守新闻职业道德

新闻职业道德较之其他职业道德，具有更为鲜明的政治色彩。作为电视新闻工作者，在每天的电视新闻报道中会涉及大量政治内容，每个电视新闻工作者的政治立场和政治品质都在电视新闻报道中表现出来。新闻职业道德打上了深深的政治烙印。

不同国家的新闻职业道德反映出不同政治属性的新闻职业道德。我国的电视新闻工作者，首先是要遵守基本的职业道德操守，如不收红包，不搞有偿新闻等。其次，更重要的是严守新闻职业道德的政治规范，如防止泄密事件、有害国家的新闻传播等等。

第三节　电视化原则

一、电视新闻的特点

电视新闻是一种立体信息场的传播，它拥有多种视听表现元素，每一种元素都承载着不同的信息参与到传播过程中，多种元素综合作用，造就了声画并茂、形象生动的荧屏世界。从视觉画面上看，它有新闻人物形态和现场发生的事实，有照片、图表、动画及文字图像等；从听觉形象上看，它又有旁白、解说、同期声、音乐、音响等。声、形、光、色等元素在节目中相互结合、碰撞，形成一个活跃的信息场，在扩大信息量的同时，能调动观众的参与意识，引发观众想象、思考乃至延伸到可视可听的新闻事实之外的潜在信息，从而获得电视新闻的最佳传播。

二、电视新闻表现元素

在这种立体信息场的传播中，每个元素都负载着不同的信息内容，发挥着不同的作用。对这些元素进行分析，将帮助我们深入理解每一种元素的作用、特点和表现力。总体说来，这些元素可分为两部分：图像和声音。

（一）图像元素

画面（形象）：新闻现场拍摄来的纪实的画面形象是电视新闻的传播基础，没有它们也就没有电视新闻的传播特色。新闻报道中有些内容很难用文字和语言来表达，但几个镜头就足以让观众一目了然，理性思维的运用也必须建立在形象画面基础上，不然就成了无的放矢的空谈，没有生命力和说服力。但是电视新闻不是任意画面的堆砌，它所使用的画面应该能提供该新闻最重要的事实，具有启示性，能触动观众的情感，并激发观众的思维，只有这样的画面组合才能打动和感染观众，调动观众的长时记忆。这也是为什么过了这么久，我们依然能想起九八抗洪和非典报道等新闻节目中的许多画面的原因之一。

字幕：字幕是很重要的视觉符号，具有独立的表意功能，能弥补形象和声音语言的不足。目前的字幕运用可分为说明性字幕、信息性字幕和强调性字幕。普通字幕新闻和滚动字幕新闻属于信息性字幕，新闻内容提要属于强调性字幕。字幕的表现形式和呈现方式很多，但除了用整屏文字播报政令、声明的内容之外，一般而言，字幕是作为形象的附属物出现的。

地图：在电视新闻报道中运用地图，既能给观众增加感性认识，又能补充形象的不足，加深对新闻报道的理解。有些新闻，涉及地点较多，如产品销售网点、铁路沿线城市等，用地图就十分清楚。再如，一架飞机在一个鲜为人知的地方坠毁，在地图上标一个圆点要比用语言介绍该地的位置要简明有用得多。

漫画：漫画一般会在一些特殊情况下使用。《实话实说》中的崔永元也会偶尔使用漫画作为道具。

此外，动画、图表等也会在一些特殊场合使用，帮助观众理解和增强节目的直观性和形象性。

（二）声音元素

解说：解说是记者理性思维的直接外化，是由新闻记者对客观事件进行主观描绘和对新闻事件处理和提炼之后形成文字稿，或者是由播音员播报出来的有关新闻内容的有声元素，是构成电视新闻的主体要素之一。解说囊括了画面和同期声不能包含的其他信息内容，新闻的五要素基本上是由解说来完成的，解说可以帮助画面阐明思想、引申含义、省略时间和突出细节。文字解说对相关新闻背景的交代还起到传播知识、加强新闻文化厚度的作用。

同期声：同期声包括记者在现场报道、采访的语言，被采访对象向记者反映、提供情况的语言，以及新闻现场的人与万物发出的声音，它是新闻报道中准确传达信息的重要渠道。同期声不仅能使观众观其形，还能闻其声，它再现了人际传播中"面对面"的交流：现场进行采访的记者和电视观众的面对面交流；记者和被采访对象的面对面的交流；被采访对象和观众的面对面交流。这一接近于人际传播的特点缩短了观众与荧屏的距离，能有效激发观众的认知和参与意识。

实况音响：电视新闻中除去人的语言和音乐之外的生活环境发出的声音称为实况音响。实况音响是电视声音元素中的一个独立的构成元素，由于它来自实况现场，因此它在表现现场气氛时具有独特作用。电视新闻摄制时应用画面和音响同步摄录，录的音响可以不用，但不能不录。

音乐：电视新闻中的音乐往往是为了创造一种情绪和气氛而在后期制作时配上的音乐。在消息类的电视新闻中，一般不配乐。

三、电视化思维

电视新闻的特点和表现元素让我们进一步明确，电视区别于广播和报纸，具有许多独特的传播特点和表现方式。电视新闻节目创作中，电视化思维要贯穿始终，我们要用它来选取和整合材料，选择那些既具有新闻价值又适合用电视来表现的新闻题材，还要用它来编辑、加工新闻素材，通过可视化的形象、运动性的人与物、和谐的节奏、生动的细节、典型的语言等元素，整合出作用于观众的完整视听形象。它是电视新闻工作者必须掌握的基本功，这一基本功驾驭成熟与否，直接影响到新闻报道质量的好坏。具体而言，电视化思维又可分为以下几种。

（一）蒙太奇思维

夏衍在《写电影剧本的几个问题》（中国电影出版社，1980年）一书中有这样一段论述："所谓蒙太奇，就是依照着情节的发展、观众注意力以及关心的程序，把一个个镜头合乎逻辑地有节奏地连接起来，使观众得到一个明确、生动的印象或感觉，从而使他们正确地了解一件事情发展的一种技巧。"电视化原则——电视新闻工作者用声画结合的形象做文章。

狭义的蒙太奇是剪辑台上的艺术，也就是画面组接的章法技巧。广义的蒙太奇则是指影视构成形式和内容的总称，强调蒙太奇的结构作用。

在电视新闻的前期拍摄过程中，在不违反新闻真实性的前提下，新闻记者需要运用蒙太奇思维对事实和画面、声音进行构思和组织，用蒙太奇思维判断、过滤、联想事实，实现去粗取精，有的放矢。在新闻现场，这种思路越清晰，拍摄采访就越顺利。在后期的编辑制作阶段，蒙太奇思维对报道的主控作用表现得更为明显，每个镜头的剪辑过程中都体现出蒙太奇语言的作用，所以说，蒙太奇思维贯穿于节目采制的全过程，即开始于记者采访构思中，体现在记者的拍摄提纲或节目台本上，完成于编辑台上。

（二）现场思维

现场思维要求电视记者始终提供给受众以新闻现场，或者让受众尽可能多地体会到现场感。心理学研究表明，人类最高级的感知形态是"亲临其境"，直接参与到事件的进程中去。实践也告诉我们，对于重大新闻事件，观众总渴望能亲眼观之。观众的现场期待使电视新闻记者的现场思维成为必须，电视技术条件又使这种思维的实现成为可能。现场报道、时空连线采用"现在进行时"的报道方式，记者始终代表观众站在现场，以目击者或参与者身份边观察边报道，真真切切地把观众带入现场，满足他们凭现场感知去判断事实的认知愿望。

具体工作中，现场思维要求电视记者必须到现场拍摄新闻，要时刻立足于"现场"，把新闻现场的环境、氛围、细节，以及现场各方反应等都直接展现在观众面前，直接诉诸观众的视、听。还要求电视新闻表现手法上具有"现场感"。对于时空相对集中的新闻题材，宜用追随摄影手法，追随报道主体，再现生活的原生状态；对于多时空的新闻题材，则适宜追随记者足迹，再现记者在现场调查、采访进行过程的纪实手法。

（三）表现元素多样化思维

电视立体信息传播的特征，自然而然地要求电视新闻工作者在采制电视新闻时，要像一个交响乐队的指挥者一样，充分了解自己掌握的多种元素的作用、特点和表现力，对他们做全盘的、妥善合理的调动和安排，实现电视新闻内容与形式的完美结合。电视新闻工作者还应从信息的质与量、信息传播的方式以及激发受众的注意、兴趣、情感以及保持记忆等方面，发挥电视新闻媒介的优势和特点，从而充分体现出电视新闻的独特魅力。

比如，在声画结合上，什么时候声像同步，什么时候用现场声画配解说旁白，什么时候用现场声画配屏幕文字，都需要电视新闻工作者运用表现元素和多元化思维来整合构思。如何发挥字幕迅速及时的优点又不至于干扰画面形象使观众生厌，也需要运用这种思维来精心组合使用。

（四）受众需求思维

随着社会主义市场经济体制的建立和日益完善，电视新闻媒介也逐步被推向市场，和企业一样成为市场活动的主体，这就要求电视新闻媒介运作不仅要遵循新闻规律，还要遵循市场规律，而这两种规律的结合点就是电视新闻观众，就是电视新闻观众对电视新闻的需求。电视新闻工作者为观众提供新闻信息，观众是电视新闻工作者的服务对象，观众反馈而来的电视传播效果又是判定某一新闻传播活动成功与否的客观依据。观众越来越受重视的地位，既是电视新闻媒介健康发展的标志，也是我国电视新闻真正走入市场和国际接轨的开始。电视观众作为顾客，也逐渐从一个虚空的服务对象的含义而成为实实在在影响着电视新闻采制每一个环节的重要因素。

重视观众，重视观众的新闻期待，就要有观众需求思维作指导，真正让电视新闻为观众服务，关注观众关注的，报道受众需要的，在提高新闻信息的质量上下功夫，在满足观众正当的合理的新闻需求方面下功夫。只有这样，才能取得较好的传播效果，在观众心目中树立良好的信誉，在电视媒介市场竞争中获得主动地位。

第四节　系统化原则

一、关于系统

系统论创始人贝塔朗菲说："系统是由两个或两个以上的要素组成的具有整体功能和综合行为的统一集合体。"我国著名科学家钱学森说："把极复杂的对象称为系统，即由相互作用和相互领带的若干组成部分结合成具有特定功能的有机整体，而且这个系统本身又是它们从属的更大系统的组成部分。"在这个定义基础上，通常我们把系统内部各组成部分称为要素，把各要素之间在时空方面的联系和相互作用的方式或秩序称之为系统的结构，把系统在它的外部环境作用下做出反应的能力称为系统功能，系统的结构决定系统功能。

"处处皆系统"。系统论的原理早已渗透进各个理论和实践领域，系统思维也在切切实实地指导着众多的理论和实践工作者。每期电视节目从制作到播出就是一个整体的节目系统，单条新闻或板块新闻组合之后又形成中观上的电视新闻栏目系统，新闻栏目和非常规节目又构成了新闻频道这一宏观节目系统，诸多频道又构成电视台大系统，而电视台本身又属于电视新闻事业大系统。依此类推，每一事物都是一个完整的系统，其中有诸多要素相互作用，而它们同时又作为一个整体被纳入比它更大的系统中成为一个要素。用系统的方法和思维来解构电视新闻，能使我们明确电视新闻的内部关系和外围联系，从而对我们在这一系统链中所处的地位和扮演的角色有一个准确的分析，以此指导我们的日常工作。

二、电视新闻频道系统

电视新闻频道系统是目前为止较为宏观意义上的电视新闻系统。新闻频道是以新闻栏目为基础和主要要素，以新闻节目为主体内容的专业化频道，是一个相对独立完整的播出系统。新闻频道的创建和发展是今后电视新闻的发展趋势之一。我国有最早的福建电视台新闻频道和现在的中央电视台新闻频道、凤凰卫视资讯台等多个新闻频道。要研究新闻频道,分析电视新闻频道的各个构成要素及其相互之间的关系是第一课。

(一)频道构成

新闻频道的构成可以分为形象构成和主体构成两部分。主体构成包括固定的新闻栏目和不固定的新闻节目,真正的新闻频道应以固定的新闻栏目和不固定的现场直播报道为主,这是未来的发展趋势。针对具体频道来分析,目前凤凰卫视资讯台作为一个独立的新闻频道,主要由主干新闻《凤凰正点播报》《凤凰早班车》,时事谈话节目《新闻今日谈》《时事大参考》,一专题节目《财经晚报》《股市直通车》等三类组成。

主体构成之外,由于电视业竞争的加剧,频道的形象构成越来越被重视,它主要包括以下几项内容。

台标:如中央电视台的 CCTV,凤凰台的凤凰鸟,一般作为一个频道最简洁的代表,位于屏幕左上角。还有演播室的风格,话筒设计等。

形象宣传片:频道专门制作,借以宣传自己理念的短片。可以是抽象的,比如中央台的"传承文明、开拓创新"系列宣传片,也可以是具体的,如以本频道主持人、名牌栏目片段组成的宣传片。

中心广告语:如 CCTV12 的"西部频道,无限可能",凤凰卫视的"掌握资讯,拥有未来","时间就是金钱,资讯就是力量",湖南卫视的"锁定湖南卫视,尽享潇湘风采"等。

总片头:为频道量身定制,集中体现了一个频道的定位、理念和内容。

此外,还有晨曲和晚曲、节目导视、请您欣赏等。

(二)频道系统结构

频道系统结构即指频道各构成要素之间的关系。这种关系往往决定着频道作为整体所能发挥的功能。常规的新闻栏目和非常规的新闻节目是构成频道的主体,它们是频道赖以生存的根本,这些栏目和节目的质量以及对它们的合理编排决定着整个频道的生存。在此基础上,频道的形象构成要素对树立频道形象、打造频道效应也发挥着重要作用。比如台标,一个简洁有力、易于识别的台标对吸引观众和方便观众寻找都很重要,观众在不停地"扫频道",某种程度上就是在"扫台标"。但是无论各个要素对于频道的意义如何,它们都是频道系统不可或缺的组成部分，它们都归属于频道系统，并在其中扮演自己的角色，为频道总体功能的发挥贡献着自己的力量。

（三）频道编排

"田忌赛马"的故事让我们更形象地理解了系统论的"非加和原理"：系统功能大于局部功能之和，系统可以具有各个局部都没有的"新"功能。如今，每一个电视台都处在几十个台的包围之中，每一个频道都处在上百个频道的围攻中，频道的增多，栏目的增多，无形中加剧了观众按动遥控器的频率。要想降低这种频率，锁定观众在某个频道，就必须让观众总能在该频道看到喜欢的节目。而要实现这个目的，制作精良的节目是根本手段，但不断地制作好节目只是频道成功的一半，另一半就是要寻找最合适的时机把节目提供给观众，让观众总能收看到，只有这样，传播效果才有可能真正实现。而后者，就需要编排，从这个意义上说，编排是竞争的产物。由于频道的各栏目和节目在播出上有历时性的特点，它们总是处于不同的时间段，所以栏目编排也是一门通过合理地分割时间，让时间产生效益的艺术。

（四）频道编排的前提和原则

进行频道编排，必须先明确以下几个方面。其一，了解频道发射覆盖范围，明确频道定位。比如，湖南卫视通过卫星传输信号，可以覆盖全国以及东南亚及部分非洲地区，所以它的定位是新闻时政频道，"让湖南了解世界，让世界了解湖南"。其二，要全面分析主要覆盖区域的受众情况，拿出详尽的受众分析报告。其三，要确立在全国及各地的主要竞争对手，做到知己知彼。其四，确立频道的支柱栏目、立台之本。做好了这几件事情，也就为频道编排走出了成功的第一步。在此基础上，频道编排还要遵循一些原则。

第一，政治第一、导向第一。电视新闻作为最主要的舆论工具，频道的所有工作都必须服从于全党、全国的工作大局，在重大节庆日安排相应的新闻节目，在重大事件发生时根据党和政府工作需要随时调整和变更播出内容。

第二，观众需要为主的原则。频道编排的目的就是为了通过节目的安排来锁定固定观众，争取无意观众，增大收视率，吸引广告额，创造新的经济增长点。所以，要重视不同时间段、不同层次观众的需求，研究不同类型观众不同的收视规律，编排出时间针对性和受众针对性较强的节目播出计划。

第三，突出重点，打造品牌。黄金时间一定要推出本频道最具有代表性、收视率最高的名牌节目，让名牌节目借助黄金时间提高声誉，让黄金时间因为名牌节目提升价值，形成互动效应，如中央电视台19：38播出的《焦点访谈》。此外，重点栏目、重点节目和自办节目一定要在最适当的时机精心安排、精心包装，并多次重播，以最大限度地发挥这些栏目的影响和作用。为了突出频道重点，有时甚至无须顾及编排的避让原则，可以直接和对手强强对抗。以早间新闻为例，中央电视台的《东方时空》、凤凰卫视的《凤凰早班车》和北京电视台的《北京您早》就在同一时段形成了三足鼎立之势。当然，这样做的前提是对本频道节目的质量有充分的把握和绝对的自信。

第四，培养观众的原则。黄金时间和亚黄金时间是有限的，只有晚上的19：00-23：00，所以，频道编排还要善于开拓其他时段来培养观众。实践已经证明，好的节目往往能改变观众的收视习惯，培养出自己的忠实观众。《东方时空》开拓了早间时段，培养了大家早上看新闻的习惯，《新闻30分》和《全球资讯榜》培养了大家中午看新闻的习惯，这些成功案例进一步确认了时段的可开发性和观众的可培养性。

第五，互相拉动原则。要充分利用重点栏目和重点节目播出前后的时间段，推出质量高、有潜力却由于某种原因还未能引起观众关注的栏目和节目，形成群体出售的格局，让观众在等待中顺便观看，从而逐步形成固定收看。一些地方台将自制栏目放于《新闻联播》前一个小时播放即是此理。

涉及频道编排的时段、竞争对手等因素都处在不断地变动中，频道编排也应随着这些变动而不断地调整、更新。而且，在不断地实践过程中我们还会总结出更多的原则来丰富我们的理论体系，指导更多的实践。

三、电视新闻栏目系统

（一）电视新闻栏目及其构成

电视栏目是电视编导在电视节目的创作中，从报纸杂志的编辑艺术中借用过来的一种电视节目包装策划理念和编排思路。通常具有固定的节目主持人，定时、定量、定期播出，相对稳定的节目定位，固定的目标收视群体，统一的风格和形式等特点。电视新闻栏目是传播新闻信息、解释与评论新闻事实的各类栏目的总称。

按报道方式可将电视新闻栏目分为四大具体形态消息类电视新闻栏目，如《新闻联播》《新闻30分》；评论类电视新闻栏目，如《焦点访谈》《新闻调查》；谈话类电视新闻栏目，如《实话实说》《面对面》；还有其他类电视新闻栏目。具体形态不同，其构成要素也有所不同，消息类或资讯类电视新闻栏目主要由多条消息编排而成，评论类电视新闻栏目由新闻主题作为其主要内容，谈话类电视新闻栏目则由主持人或出镜记者与对话人物组成，但各形态电视新闻栏目的构成要素，又都可以综合为以下三个部分。

新闻主体：包括图像新闻、口播新闻、图片新闻和现场报道等新闻内容承载方式。它们是构成各新闻栏目的核心和事实聚集点。

辅助表现手段：串联词、演播室、道具、节目包装等。其中节目包装又细分为片头、片尾、片花、节奏音乐、栏目宣传与推广等多项具体细节内容。

主持人或播音员：他们是节目内容和编辑意图的主要表达者，是栏目和节目的代言人。

特邀嘉宾：在一些特别节目或专业问题中引入的专家。

（二）电视新闻栏目编排

系统论认为，信息量的大小取决于系统的有序程度。一档新闻节目作为一个大系统，其内部结构即若干条新闻若干个板块的组织越有序，这档新闻节目的信息量就越大；反之，内部结构一片混乱，每条新闻之间排列组合毫无章法，这一节目的信息量就小。

栏目编排就是在栏目定位的基础上对构成栏目的全部要素进行整合，实现新闻板块和各条新闻间的有序组合和最佳组合。对于消息类新闻栏目来讲，栏目编排就是对每条新闻重要程度、排列顺序、表现形式、内容提要、节目串联词等进行通盘考虑，实现整个新闻节目布局合理，内容丰富，组合张弛有序。

（三）栏目编排技巧

突出重点：编排要突出重点。重点报道是栏目的灵魂，它决定了栏目最根本的价值取向，也是栏目总体水平的集中体现。精心选择和安排有分量的头条，组织好重点报道，对栏目整体优势的发挥和形象的树立很重要。

形成段落：对于时间较长的栏目要划分固定板块，时长60分钟的《时事直通车》就分有"头条新闻""香港聚焦""国际专列"等固定小板块。对于时间较短的节目，一般不做明显的板块划分，但要使其形成自然段落，有比较清晰的层次感，转接巧妙。中央电视台的《晚间新闻》时长10分钟，在编排上基本形成重点新闻、一般消息、简讯三个自然层次。

设置兴趣点：兴趣点的设置和制造，能帮助观众消除心理疲劳。具体要处理好节目关联点、新鲜点和视听冲击点。

掌握节奏：报道力度上要有重点和非重点之分，不宜平均用力；"峰谷技巧"

的使用上要注意"有趣"新闻和"无趣"新闻的搭配与组合；还要注意长短相间、庄谐相宜等。

作为一名电视新闻工作者，不仅身在电视新闻制播的宏观系统之内，而且也是具体电视新闻节目小系统的"生产者"。不管电视新闻工作者主观意愿如何，他都自觉不自觉地处在电视新闻宏观系统之内，并且用自己的"系统结构思维"生产着一个个微观电视新闻节目系统。

（一）电视新闻传者的宏观系统结构思维

在电视业界流传着一句话："电视是集体的事业。"这句话揭示了任何一个电视频道的诞生、电视栏目的创办、电视节目的制作都是一个电视团队齐心协力、共同协作完成的。制片人、记者、编辑、编导、摄像、制片、包装等都是电视制作与播出不可或缺的一部分，少了其中任何一个人的工作，电视节目就不可能完成，电视节目系统构建就会受到影响。

电视新闻传者的宏观系统结构思维就是指电视新闻传者作为电视制播大系统中的"小系统"，要有宏观系统中"一个要素"的思维，根据系统论的原理"单个要素功能的发挥有赖于整体的结构"，体电视新闻工作者要想充分发挥作用，就要跟其他"要素"共同合作，协同努力。电视新闻工作者具备宏观系统结构思维将有利于集聚电视传者群体的集体智慧，大大提高电视新闻工作者个体工作效率，优化电视制播宏观系统。

合作、协调、共赢是现代社会组织行为的内在诉求和外在目标。任何一个社会组织的行为要想成功地有效率地实现组织目标，就需要用"宏观系统结构思维"鼓励个体的合作与协调，创造共赢的良好环境。电视新闻制播的宏观系统，既是系统，又是组织，组织中的每一个电视新闻工作者的合作精神既是"宏观系统结构思维"所要求的，也是"电视集体制作"所强调的。

（二）电视新闻传者的微观系统结构思维

电视新闻工作者是一个宽泛的概念，他可能是电视编辑，也可能是电视记者，也可能是摄像，也可能是美工，也可能是播音员和主持人，但他们都是电视新闻工作者，也都有一个共同的称呼"做节目的"。每一个电视节目的素材本是杂乱无章的，而电视新闻传者需要让这些散落于各处、藏之于各人的素材积聚起来形成"系统"，还需要让这个微观"系统"主题明确、层次清楚、表达生动，这就要靠电视新闻传者"结构"的能力了。

所谓电视新闻传者的微观系统结构思维，是指电视新闻传者要自觉用系统论的方法去采集素材，用电视"结构"思维"布局谋篇"，以此指导具体的电视制作与播出工作。用微观系统结构思维指导采集素材行为，就是要做到素材的有序化、素材的全面性、素材的连续性、素材的典型性。微观系统结构思维中的"结构"方法包括：时间结构法、逻辑结构法、"画龙点睛"结构法等等。

第四章　融媒体时代电视新闻节目的样态

第一节　科技新手段：联播类电视新闻节目

联播类电视新闻栏目指采用集纳的方式，声画一体地对新近或正在发生的新闻事件予以快捷直观报道的新闻栏目类型，也就是狭义上所指的电视新闻栏目。联播类新闻栏目的基本表现形态为演播室口头播报与现场记者采访报道有机结合，它以迅速、及时、简要、客观地报道新闻事实为特点。中央电视台的《新闻联播》以及各省、市电视台的新闻联播类栏目均属此类。作为电视台实现要闻总汇功能的主要栏目，联播类电视新闻栏目可以说是天天与观众见面。

联播类新闻栏目包括整点播报、滚动播出、随时插播最新消息等多种形式。其中，整点播报使观众能够在固定的时间里看到新闻；滚动播报则满足了人们对最新信息的需求，并使新闻与时间的流动相呼应；而随时插播最新消息则又具体涉及口头插播、文字插播以及图像插播等不同样式，更是充分体现了电视新闻对突发新闻事件的应变能力。中央电视台从1993年开始的新闻改革，就包括了对联播类新闻栏目的大幅调整。无论是增加信息量，实现滚动播出，从录播改成直播，还是对早、中、晚各档新闻从内容编排到播报风格的调整，都使联播类新闻栏目整体跨上了一个台阶，体现了我国电视在发展中对电视媒介自身特性的认知。

说到联播类新闻，不能不提到其通常的伴生物——字幕新闻。广义上的字幕新闻是指"电脑控制字幕发生器，在电视屏幕打出字幕，用简洁文字向观众传播最新消息，它是电视新闻最简便的报道方式"。从狭义上看，字幕新闻是独立于电视画面，对刚刚过去或正在发生的新闻事实进行文字报道的一种样式，它多以滚动的形式出现，因此又常被称之为滚动新闻。电视新闻直播虽然已经从TNT进化到了NNN，然而由于各方面条件限制，要真正做到NNN是不可能的，字幕新闻的滚动播出就以适时更新的方式满足了观众对新闻时效性的高要求。从某种意义上说，由于有了字幕新闻，电视成了不仅可视、可听，也可"读"的媒体。联播类新闻从内容特点上可分为系列报道、连续报道等类别。系列报道即对重大新闻事件的立体化、全方位报道，它以集中宣传形成规模，扩大新闻的社会影响，能满足观众对某一新闻事件整体把握的要求；连续报道即对具有相关性的新闻在时间维度里的追踪报道，电视新闻以连续报道发挥其优势，对一个新闻事件随着它的发展进程，不断地对其做出新的报道，引入新的发展内容，直至知道最终结果，从而形成一条长长的信息链。人的刨根究底、追根溯源的天性可以在其中获得极大满足。

近年来，各个电视台竞相增加联播类电视新闻栏目的播出频率，然而从实际情况来看，目前我国联播类新闻栏目的发展还存在着若干制约。

首先，目前的联播类新闻栏目中会议新闻、外事新闻占的比例相当大，但此类新闻报道往往流于程式化，没有从受众的接近性角度切入，单调的形式常常淹没、干扰了重要信息的传播，由此造成的便是新闻缺乏信息量，观众觉得索然无味。

其次，众所周知，新闻是易碎品，在强调"Now News-Now"的今天，昨日、前日新闻在我们的联播类新闻栏目中仍占较大比例，这就丧失了口播新闻的优势。

最后，目前我们联播类新闻的报道方式显得较为拘谨，除口播新闻、场外配音式新闻外，现场报道、连续报道、系列报道等形式在新闻栏目中所占比例太少。而实际上，由电视记者进入镜头、直接向观众播报新闻的现场报道，它在时效性、现场性、可信性上都优于其他形式；连续报道与系列报道则堪称消息中的"重武器"，它充分利用了电视连续传播、整合传播的优势。但遗憾的是，目前涉猎这类报道的电视台还不多，在运用上也存在误区。举个例子，作为连续报道的常见形式，追踪报道的导语应该要提出最新信息，可我们的栏目中还是会经常出现"前不久，我们报道了某事件，今天我们继续向大家做连续报道"这种本末倒置的套词。另外，观众对联播类电视新闻长期以来所形成的觉得没看头的定势思维，原因何在？除了报道内容本身的问题之外，还有画面的选择与表现单一的问题，无数的"万能镜头"使新闻缺乏个性。如何注意画面与解说词的配合，抓取细节，恰如其分地使用同期声。

另外，考虑到电视的线性传播与受众接受的随意性之间的矛盾，联播类新闻栏目应综合运用包括提要、要点回放、标题字幕、串连词等在内的多种编排要素，使受众实现信息补偿的最大化。栏目还应注意编排节奏因素，使长短新闻、软硬新闻相间，并将表现手法不同的新闻组合串编起来。

北京广播学院广播电视研究中心主任胡正荣教授曾指出，联播类新闻栏目在单位时间里，不能单纯地追求条数多信息多，还应该追求信息的有效性。不能单纯追求说得多，还要讲求说得透，说得明白。传媒比拼的不仅是获取信息的能力，还有对信息的加工处理能力。

在一档 30 分钟的联播类新闻栏目组合中，《新闻联播》平均每天播出 20 条新闻，国际新闻在其中只占很小的比例，每天 30 分钟的《新闻联播》，国际新闻平均播出 3.9 条，总长度 2 分钟多一点，其单条长度在 20 ～ 40 秒之间。在绝大多数情况下，国际新闻都是在《新闻联播》的最后播出。国际新闻从内容上分为五类：地区热点、突发事件、国际关系、会议报道、后续报道。其中"地区热点"是指局部战争及有关报道，如巴以冲突；"突发事件"指突然出现、没有预见的事件，一般多为灾祸新闻；"国际关系"指的是其他国家间的交往，包括互访、会谈等。前四类是从内容上来划分的，第五类"后续报道"是从形式上分类的，指的是曾经被报道过的新闻事件的最新进展。五类国际新闻数量由多到少分别是后续报道、突发事件、地区热点、会议报道、国际关系，五类新闻时长也按同样规律由长到短排列。国人对世界的认识很大程度上是通过媒介内容——特别是颇具影响力的电视新闻实现的，所以国际新闻丰富内容、改进形式显然势在必行。

《新闻联播》中的国内新闻部分主体是时政新闻，无论是播出条数还是播出时间，时政新闻都超过三分之一的比例，这是相当可观的。除时政新闻外，国内新闻还包括经济、社会、科技、教育、文化、医药卫生、军事新闻等。

从时效性角度来看，在新闻中明确使用"今天"时间状语的新闻数量最多；在新闻中出现"昨天"一词或从新闻播报的日期推断出发生在昨天的新闻条数；在新闻中使用"最近""近日""不久前""日前""近期"等时间状语的新闻，还有在新闻中没有出现明确的时间状语的新闻也超过了新闻总数的 1/10；而新闻中有将来的时间，或使用"将"等时间状语的只占总数的 1.9%。

作为通过声音和图像双通道传递信息的媒体，《新闻联播》中很多新闻都以人物讲话为主要内容，往往从头到尾没有一点儿同期声，整条新闻都是画面加播音员念稿形式，很多信息由此就随着同期声的缺失而流失了。

总体而言，在《新闻联播》中播发的大多是报道性信息，观点性信息（评论）则较少，偶尔为之的少量评论大多与时政新闻有关，与人们的社会生活压根沾不上边。一般新闻媒体都很自然地承认传递最新变动的事实信息是自己的本职，而媒体对意见信息的传递则缺乏足够的重视。虽然说有《焦点访谈》这样的评论栏目，但制作周期决定了它不能作为当天的时事快评。作为国内最重要新闻栏目的《新闻联播》，应该在力争成为中国每天重要新闻事实信息总汇的同时，同样充当好意见信息的总汇。

同样是联播类新闻栏目，中央台的《新闻 30 分》《现在播报》《晚间新闻报道》等，较之《新闻联播》就更为好看。原因何在？显然，前者在制作编排上更遵循新闻规律。

1999 年 7 月 5 日开播的综合性消息新闻栏目《现在播报》，开播以来凭借栏目的内容优势及时段优势，取得了极佳的收视成绩，收视率最高时在 2000 年 2 月中上旬曾达到 25.59%。由于《新闻联播》不可避免地承载着宣传功能，于是一天中很多来不及在《新闻联播》中播出的重要社会新闻得以在《现在播报》首播，加上最能彰显电视新闻传播优势的现场报道和深度报道的广泛运用，使《现在播报》与侧重重大时政新闻、会议新闻的《新闻联播》形成了鲜明的区分度。经过几年的实践，《现在播报》已经形成简洁、明快、关注社会热点、关注百姓生活的栏目风格。

如果撇开价值观层面，我们应该承认西方的同类栏目普遍更具冲击力，更能调动观众的参与性，达到一种比较理想的观赏状态。而我国的电视新闻栏目，尤其是黄金时段的消息类新闻栏目，由于新闻中的常规事务报道过多，真正信息含量高的事件性新闻过少；"结论型"新闻过多，"过程型"新闻过少，因此总体上显得比较呆板。新闻价值法则的缺失，自然难以激发观众的观看欲望。

诚然，资历颇深的《新闻联播》在宣传国家政令、引导舆论、传播信息等方面发挥了一定的作用，但一些积弊也正在影响或削弱着它的传播效果。收视率调查研究显示，不同的新闻栏目应关注不同的收视群体。传播学研究把类似《新闻联播》的联播类新闻栏目的收视群体列为"不确定性的对象"。分析表明，这些收视群体"在新闻播出时间总是习惯性地打开电视机，但他们是不是在认认真真地收看节目还不确定"。国内联播类新闻栏目只有痛定思痛，努力摆脱几大制约瓶颈，才能拨云见日，重拾流失的受众群。

第二节　大小屏联动：直播类电视新闻节目

一、电视新闻节目的直播

（一）录播与直播

中国有 14 亿人口，经常收看电视的电视观众达到 11 亿，可以说是一个电视节目受众群庞大的国家。虽然我国是一个不断发展的电视产业大国，但比起西方国家目前还显得年轻、稚嫩，其中最明显的表现就是我国电视节目的直播量还很低，尤其是新闻类节目（包括消息类新闻节目和新闻专题、新闻评论性节目）。我国新闻类节目目前还是以录播为主，绝大部分节目都要等到录制好了才能播出，而目前西方电视最引人注目的是屏幕上总是打着"LIVE"，时刻提醒着你本台"正在直播"。相形之下，中国电视的"现场直播"的字样就很少出现在屏幕上了，尤其是新闻节目（最需要发挥电视现场同步记录功能的原生态的新闻传播）总是滞后播出。

电视节目的制作是经历了一个直播——录播——直播的转换过程的。在电视台制作节目的初期阶段，电视台播出节目的总时长很短，由于技术条件的限制，大多数节目不得不采用直播的形式，由真人直接播音或表演节目，由摄像机直接拍摄播出。随着录像机的产生，后期编辑设备的完善，电视才全面走向录播，这时可以把节目做得更精致，有更多的时间去准备素材，查资料，并且避免直播中的偶然因素带来的麻烦。但这个局面很快又被打破，电视直播卷土重来，人们更希望在第一时间看到同步发生的事件，在重大历史事件发生的同时，看到悬念被一个个地解开。

电视业曾经经历了一场录播与直播之争。20 世纪 50 年代中期，磁带录像机刚刚出世时，美国电视界就有一场录播与直播之争，尽管磁带录像机比原先采用的电影胶片在记录手段上方便了一些，但它在本质上仍是与电影相同的非同步，同样无法快速反应新闻事件，体现了电视与生俱来的特点。所以，西方评论家指出，通过录制直播的电视节目，是"罐头"而不是鲜肉。

因此，随着电视产业的不断发展，电视新闻从业者越来越迫切地感受到，有一个问题急待思考，那就是如何在新闻规律、受众心理、传媒特色的交汇点上找到最佳的新闻报道方式，以充分发挥电视的特性。几经探索，电视新闻直播终于给出了答案。

电视新闻直播就是指在新闻演播室或新闻事件的现场把新闻事实的图像声音以及记者对事件的报道（包含现场采访、解释、评价）转化为电视信号并直接发射的报道方式，它是最能体现、发挥电视传播特点和优势的新闻报道形式。

电视新闻直播一般可以分为三种类型：一是可以预知的并能事先准备的大型活动（长江三峡截流、香港、澳门回归、每年的"两会"、各国首脑互访直播……）；二是不可预见的突发性新闻事件（9·11 事件、伊拉克直播、海湾战争……）；三是正常播出的日常新闻节目。

它们有各自不同的特点：第一类，事件重大，准备时间充分，人力物力充足，规模大；第二类，事件新闻性强，发生突然，准备时间短，事件变数大；第三类，可以是可预见的，也可以是不可预见的，事件影响力不是很大，可以增加新闻的实效性。

（二）电视新闻直播注意事项

1. 何种题材适于直播

电视直播是利用电子设备在现场制作并同步公开向观众传播信息的一种方式，它的题材选择除了要符合新闻选题规则，具有新闻性外，还应考虑以下两点。

①技术上能否实现，能否在基本上保证直播质量，即可行性。

②是否能将直播新闻优势发挥出来，真正达到直播效果，否则不如采取能将节目制作得更为精美的录播。这就要求新闻从业者选择那种具有如下新闻要素的新闻事件。

A. 能给受众提供精彩、吸引人的过程的新闻事件，如体育新闻中的比赛过程、庭审直播、伊拉克战争等。

B. 可以提供"悬念"的事件，没有任何悬念，便失去了直播的意义。如果我们已经知道伊拉克战争的结果，我们还有什么兴趣观看呢？

C. 有可参与性的事件，如有些谈话类新闻节目，可现场回答观众所提出的问题。

D. 题材的选择至关重要，是成功的前提。

2. 周密的准备是成功的关键

面对直播，如果是预设事件（指可以预知并能提前准备的事件），组织者肯定会成立相应工作组，进行策划、协调、实施，以及为防范意外事件的发生做好应急处理。对于突发事件，也会尽可能调集人员，快速反应，但不论哪种直播，是否能成功地达到预期效果，关键在于是否能做到准备周密。它包括了以下几个方面的含义。

A. 组织上严密，人员配备齐全，分组细致科学，按直播流量，节目筹备过程统筹分配，把握各关键环节，做好人员和节目的备份。

B. 节目的背景资料，案头工作尽量细致周到，只有这样才能使受众了解到直播的真正含义，再知道事件的真实面目，对事件的理解更为透彻，它同时为节目的构成及报道角度提供了依据，也更能体现传播者的功底。

C. 直播是建立在高科技基础上的，所以在技术上应做好提前调研，提供可行性分析，切实保证实现的可能性，同时做好节目可能变更或因事件可能的变化而产生直播方案变化时应急的直播实现方案。

D. 应在日常工作中，建立好一个成熟的具有快速反应能力的直播体系，包括相应领导和直播人员，即直播准备军，可以不成立固定的组织和机构，人员可以有各自的日常工作，但一旦有突发的直播事件，能马上形成直播报道组，实现对新闻事件的及时直播。

E. 每一次直播完都应将相关人员聚集在一起开总结会，从稍纵即逝的直播中总结出有益经验，既是对上一次直播的总结，也是对下次直播的准备。

总之，直播是电视台实力的体现，从领导的决策能力到编辑记者、技术人员的实力以及财力、物力，都将体现在直播的节目当中。

3. 直播中的操作规范化和随机应变的关系及各工种相互协调的重要性

直播中充满着不确定因素和可能发生的意外甚至事故，源于事件本身的不确定因素会给直播带来神秘色彩和吸引力，而它与来自直播技术操作系统的不确定因素一起也构成了对直播成功的威胁，这是我们应想办法去应对的问题。那么什么么是电视新闻节目最好的方法呢？"规范化"，以不变应万变是唯一的，也是最好的出路。直播中的一系列环节，如前方记者、出镜主持人、摄像、导播、播音、音频人员、视频人员、放像、字幕等人员，如果各自工作中都规范起来，不仅能使工作清晰，不出差错，也使多工种协调同步工作时，易于衔接，增加默契，同时在出现突发变化及异常情况时，能从容面对，协调处理，减少或避免损失。

在长期直播新闻的实践中，电视台的从业人员形成了各自的相应的规范化"规程"。

导播有规范口令如下：

A. "切"（切男口、女口，片子切回主持人，主持人之间的切换）——指下一播出画面为主持人。

B. "走"（主持人导语接片子，口播接片子，片子接片子）——指下一播出画面为录像带。

C. "换"（更换字幕）。

D. "上"（上字幕）。

E. "下"（下字幕）。

导播应在播出过程中提示相应工种"时间"及下一播出顺序，可以说导播是直播的核心。

导播的规范"动作"如下：

A. 开播前倒计时"五、四、三、二、一，开始！"可以是走带，也可以是前方现场信号的切出，还可以是摇臂摇人演播室。

B. 对全体现场人员发口令：下条是……（可以是走带——"几"号机；演播室导语；口播；前方现场——前方 MC "几"）。

C.如下条是演播室播音员（不论是口播还是导语）则通过演播室对讲系统对播音员发口令"下条口播＋简单的提示性新闻内容"。

D.时刻关注倒计时，当正在播出的节目是录像带时，放像编辑有责任在倒计时"15秒""5秒"时分别提示导播，导播再提示播音员（如下一节目的口播）"10秒钟准备"或通知视频切换"下条3号机"（如下条是播放3号机录像带）。

E.同时注意上下字幕、字版及角标（栏目标志）对字幕及视频切换人员发口令"上（下）标""上（下）字幕"。

视频、音频切换人员也要按规范程序操作，对应不同信号源划分不同的组和级来处理。

放像编辑要提前找好带头，明确核对时长，做好报倒计时的准备。

编辑和值班编辑要做好"播出串联单"，说明每档直播新闻的时长、内容、顺序，每条新闻的时长，每条导语、口播片子的结束语，提供给直播的导播、视频音频切换、放像及字幕、美工、摄像人员，作为播出的依据，并采用"规范格式"打印出来。而编辑记者制作的每条播出带都应有规范的结束语，如"这是中央台报道的"。

而字幕、美工，都必须采用规范的操作模式，在规定文件夹中存放相应播出文件，采用规范统一的模式，按规定的规范操作规程播出。

摄像采用规范的构图，提前做好准备，在紧急时用全景救场。

但规范化也不等同于一成不变，为了节目的效果，为了应变多种突发事件，这些都是可以改变的，但只有在成熟的规范化基础上再去变化，才能使变化有据可依，使直播参与者相互默契，从而达到变而不乱、有条不紊地完成直播，进而使直播更精彩，不落俗套，进而快速反应，使直播的优势发挥得淋漓尽致。

正所谓"变是绝对的，不变是相对的"，"在规范中求生存，在变化中求发展"！

而能把这规范与变化的辩证关系充分体现，应用自如，就要通过各工种相互协调。高素质的专业人才只是必要条件，规范化的管理、规范化的操作，才是基础。各工种在关注自身专业的同时，多学习领会别的工种的工作性质，流程是关键所在，各工种协调工作达到默契是充分条件，这样才能实现圆满完成直播这一目的。所以，专业人才在规范操作的基础上默契配合，是直播成功的必要条件。

4.作为导播对直播画面的处理

如果导播在直播中直接对多台摄像机进行切换控制（如访谈节目、体育直播等等），那么导播对画面的选择就直接决定了节目的精彩程度和可观赏性。因此，导播应在充分把握节目进程的同时，尽量做到反映事件的真实性，尽量提高画面的可观赏性。

二、电视新闻节目演播室直播总体架构

（一）一般典型直播系统的组成部分

电视直播是一项复杂的系统工程，所涉及的工种庞杂（从保卫、制片到导演），人员多样。为了保证直播的顺利进行，工作的圆满完成，无论从组织结构、人员配备到工作流程，都应系统化、标准化、科学化。

一般直播应由节目主要负责部门向上级中心提出申请，上交节目直播策划案，由上级领导审批并协调直播所在地宣传、公安和直播所涉及的系列部门，并与台内及直播所在地的节目传送部门协调好直播传送事宜，直播节目组与技术部门设计好直播技术实施方案，直播节目组制定好直播节目方案，提前对播出传送部门，技术部门直播前方、后方人员下达节目直播通知单，制定出节目直播台本及节目串联单，提前做好直播包装片（包括片头、片花等），备播节目片及播出过程中会用到的背景、资料节目录像带。提前制定节目字幕内容及式样，通知舞美、灯光设计演播室安排主持人试镜等，还有最重要的一点，提前在电视中做出节目预告宣传，以达到高收视率。总之，是以直播节目组为核心的直播组织机构，人员配制多少由具体直播节目量、工作量多少而定，人员也一般留在原工作部门不变，只是临时负责相应工作，同时负责日常工作。工作流程有以下几点。

（1）前期调研，报题，提出策划案。节目组发现一个好选题，应先调研，看直播必要性及新闻意义上的和技术上的可行性。给出详细的策划案，上报上级领导。

（2）直播的准备阶段。第一，包括主管部门与直播所在地的主管部门（宣传、交通、电力、消防、安全、传送等）进行协调。第二，根据节目直播方案制定直播技术方案，主要涉及直播传送及前后方导演通话，以及前方直播方案和后方演播室播出方案，安全保卫工作方案等。第三，根据节目直播方案制定前方、后方（演播制）舞台、制景、音响、灯光及拍摄方案（机位如何选择，是否需要摇臂等）、化妆、服装（准备好节目所需的服装及各种化妆品，搞清是演员自己化妆，还是请化妆师化妆）。第四，节目准备：应给每一个工作人员都发一份节目程序表，让他们了解直播进程及自己所应达到的工作效果，有情况互相通气，否则可能会出错。还应在各个环节制定备份及备播方案，制定紧急预案，准备应对紧急突发的意外情况。第五，演练：使各工种、各部分都拿出临战状态，以直播的形式将节目实施一遍，以发现问题，提高多工种的协调，检验多部门的准备情况。

（3）节目直播。直播中，导播应注意时间及节目进程，准备处理由于信号中断、通信不畅、现场混乱等一系列原因所造成的播出故障，各工种应协调工作。

（4）收尾工作。为使以后的工作更好地进行，应善于总结，各工种人员应多提建设性意见。因为电视直播是一个复杂的过程，是需要集体配合的系统工程，直播过程中的各环节、各程序都必须良好配合，紧密衔接，它关系到节目的成败。程序虽多，但归根结底关键还在人，直播参与者只有熟悉各个工序，协调配合、互相尊重，根据节目内容、节目规模，具体问题具体分析，才能使直播的工序更加合理、安全，高质量、高效率地完成直播工作。

（二）针对大型直播的系统组成、人员组成

大型直播一般指直播时间长（一般持续几个小时至几十个小时），空间跨度大（一般有两到三个直播地点同时直播，需设分会场），直播规模大、等级高（涉及国家级事务，一般领导人会出席）的直播活动，如建国50周年大庆、香港回归、澳门回归、奥运会直播等。

针对大型直播的上述特点，直播的组织结构、人员配制、工作流程在一般直播的基础上，又有自己的特点。

中央电视台经历了多次的大型直播，每一次直播都是那一年相应的工作重点，所以针对每次的大型直播，为了整体工作的协调有序，都成立一个相应的领导小组（或直播办公室）专职领导这一次直播，负责与直播相关的一切重大问题的决策，如向中宣部等相关领导部门请示汇报，接受中央的领导，为直播的顺利进行与各相关部委部门进行协调（如解决交通、电力、安全、签证、通信、传送等），解决直播实施各阶段中所遇到的问题。

在领导小组的领导下，成立策划组、秘书组、直播编辑组、播出组、前方记者组，以及临时划归其领导的技术制作部门相应人员、传送人员、安全保卫、交通、制片人员等。直播办公室组长负责全面，两个副组长一个负责前方，一个负责后方，形成一个从上到下直接领导的组织形式。

（三）插播于各档新闻中的直播系统的组成和人员的构成

插播于各档新闻节目中的直播按有无图像分为两种情况。

（1）无图像的电话采访：实现较简单，只要有 IDD 或 DDD 电话的国家和地区在直播前拨通电话，然后直播时与主持人交流，回答主持人提问即可，对象可以是新闻事件中的人物，也可以是其他新闻单位的记者。

（2）有图像的新闻插播，又分两类。①由有直播能力的地方台或驻外记者站

直播,由于他们的工作环境是相对固定和熟悉的地点,所以有相对固定的人员配置和稳定的工作流程。视直播规模大小,由记者、摄像、技术、传送人员组成相应的工作组(通常记者、摄像一定由我方人员组成,技术、传送人员可以由所在地协助派遣)。②由本台临时派出报道小组进行直播,这种小组一般有一个直接负责人,加上出镜记者、摄像及传送人员、技术人员组成,机动灵活,效率很高。

三、电视新闻现场直播的发展历程

(一)电视新闻现场直播的发展

1958年5月1日,中国开始有了自己的电视台,即中央电视台的前身——北京电视台。可以说,中国的电视事业是伴随着中华人民共和国的成长诞生和发展起来的。这其中,电视新闻现场直播作为电视节目中的特殊形态以越来越显赫的地位被社会公认。特别是近十多年来,中央电视台的现场直播不论是规模还是社会的影响力都当之无愧地代表了国家级水平,体现了绝对的权威性。

社会环境是电视发展的决定性条件,而电子技术的现代化则是电视发展的先决条件。我国电视现场直播的发展历经了三个重要阶段。

1. 萌生阶段——粗放型格局

20世纪80年代以前是电视新闻现场直播的萌生阶段。那个时候,我国处于历史的非常时期,社会的冷环境直接影响着舆论环境的氛围,这使我国各媒体的报道处于比较封闭的层面。我国的电视技术、电视设备与发达国家相比也是非常落后的。这一时期,中央电视台现场直播基本上是以文艺晚会为主体,新闻现场直播为数不多。

因此,这一阶段电视现场直播的特点是:电视新闻直播节目形式单一,没有形成多元化、规模化的生产格局。

2. 探索阶段——过渡型格局

20世纪80年代到90年代初期为电视新闻现场直播的探索阶段。这个时期,电视事业的发展是最快的,电视改革的力度也是最强的。

20世纪80年代以后,我国的改革开放给社会生活注入了生机。三年农村改革获得的成功推动着整个社会开始了全面的改革。1984年,中共中央做出关于经济体制改革的决定,改革的重点从农村转向了城市。在不到十年的时间里,改革开放给中国社会带来了巨变:解放和促进了社会生产力的发展,从而引起了政治生活、经济生活等一系列深刻的变革。

改革,改变了人们的观念,更改变了社会的环境。社会环境宽松了,带来了宽松的舆论环境。中央电视台不失时机地引进世界先进的电子技术，这为中国电视事业的发展奠定了坚实的基础。

电视新闻现场直播正是在这种暖环境的培育中，打破陈旧的模式，开始走上了探索、开拓与创新的道路。

体育直播首当其冲，以全国性运动会为主体的现场直播不仅频频登上电视屏幕，而且他们开始冲出国门，大规模地转播亚洲运动会、奥林匹克运动会和国际马拉松比赛等世界级体育活动。特别是 1981 年在北京举行的国际马拉松比赛，他们不仅进行了现场直播，而且从这一年开始便形成了每年都对此进行直播的惯例。

马拉松不同于其他的体育竞赛具有固定的场地，它是在北京的街道上进行的。因此，它体现了"移动式直播"的特点，这是所有现场直播中难度最大的一种形式。从这一点就能看出中央电视台发展迅速的技术力量和现代化的综合实力。电视新闻现场直播在中央电视台的地位十分特殊，在各类现场直播中，它扮演着特殊的角色；在电视新闻栏目中，它成了重要的构成部分。因此，多重角色的定位使新闻现场直播有别于其他类型的节目。

新闻现场直播与社会的发展息息相关，与社会脉搏的跳动相辅相成。可以说，它是社会的晴雨表、温度计。它的每一步前进都具有代表性意义——建立在中国社会发展的基础上并伴随着电视新闻改革的步步深入而向前推进。

基于这一特定的视角来探究新闻现场直播，不难发现这样一个规律：电视新闻的改革首先是以改革新闻栏目作为先行，以跟进新闻内容的改革作为支撑的。因此，新闻现场直播作为电视新闻改革的重要部分离不开诸多的条件。下面，让我们简略地回顾一下二者的时间表：

（1）开辟新闻栏目。1976 年 3 月 29 日，全国电视工作会议在北京召开。这是一次不寻常的会议，它确立了创办全国电视新闻联播节目的思路。会议结束之后，只过了 3 个月的时间，也就是同年的 7 月 1 日，延续至今的每天 19 点出现在中央电视台第一套节目中的《新闻联播》栏目诞生了。经过了将近一年半的试播，1978 年 1 月 1 日，《新闻联播》正式开播。

1980 年 7 月 12 日，中央电视台开辟了一块新的天地——《观察与思考》栏目诞生。这是新闻栏目中第一个评论性节目，它为此后新闻的各类评论性节目的陆续出台奠定了基础。1988 年 10 月，《社会眺望》与《观察与思考》两个栏目合并为《观察思考》。

1984 年 1 月 1 日，中央电视台占领了午间时间段，创办了《午间新闻》栏目。它是以综合性新闻节目作为主体的。

1984 年 7 月 19 日，中央电视台第一个新闻杂志性栏目——《今日世界》问世。

它是以国际时事内容为节目主体的。

1985年3月1日，中央电视台拓展了晚间时间段，开办了《晚间新闻》。它成为《新闻联播》栏目的一种补充。

1993年3月1日，中央电视台又增设了《早间新闻》栏目。同年5月1日，开办了《东方时空》（杂志性）栏目，包括《东方时空新闻》《东方之子》《生活空间》《焦点时刻》等。至此，每天的新闻整点时段达到了12个。

新闻栏目的增设不仅寻求了板块节目的固定化格式，而且更进一步增强了"观众意识"的理念。

（2）改革新闻内容。与新闻栏目的改革相适应的就是新闻节目内容的改革与突破。它比新闻栏目的改革要艰巨、复杂。这其中，特别是时政新闻现场直播在历次新闻改革中都起到了"信号"的作用。

①体现决定性意义的第一步。20世纪80年代初期，电视新闻现场直播迈出了稳健的第一步——进军中国高层领域。以往对于国内各种重要会议，电视的报道体现了两个特点。一是报道形式单一，每次会议结束后，电视都只发一条新闻，基本没有其他的节目形式。二是新闻时效滞后，一般情况下，这类新闻的报道都无法摆脱"过去时态"的制约。其中，有些会议结束之后能够保证在当天播发新闻，而少数特殊的活动则不能做到这一点。

1982年和1983年先后召开了党的十二大、六届全国人大一次会议和全国政协六届一次会议。中央电视台开始进行了新的尝试，首先从增加报道形式入手，而且还专门制作了专题新闻在联播之后及时播出。从这时开始，这类题材的活动全部做到了当天播出，同时制作一条专题新闻进行播出。尽管报道的新闻时效仍然处于"过去时态"，但是增加专题新闻的形式在当时已经是前进了一大步。它为拓展新的报道形式创建了空间。

1985年3月，中央电视台翻开了新闻现场直播历史的新一页——第一次以"现在进行时态"向全国现场实况转播了六届全国人大三次会议开幕式。至此，它成为中央电视台新闻改革的重要转折——第一次打开了我国高层领域的直播大门，为此后新闻现场直播拓展多层和深层领域奠定了决定性意义的基石。

②体现跨越性意义的第二步。每一次新闻改革的向前推进都为各类新闻节目形式的创新注入了生机。与此同时，它与中国社会的改革形成了互动——电视新闻的改革作用于社会的需求；社会需求激励着新闻改革向着纵深拓展。新闻现场直播正是在这种力量的推动下逐步成长起来的。

1986年9月26日，中央电视台在《新闻联播》之后的黄金时间播出了一条轰动全国的专题新闻——《六届全国人大常委会第十七次会议纪实》。从历史的角度来看这条专题新闻，无论是它的表现形式还是它所表达的内容，都具有开拓性意义。

其一，第一次介入中国最高权力机构的核心工作。我们许多新闻工作者都经历过以往那种舆论封闭的年代，以专题新闻的形式，将近1小时的时间容量，用纪实的手法来报道全国人大常委会立法的中心工作，这在当时绝非是一个容易的举动。

其二，第一次报道了全国人大常委会委员讨论《国营企业破产法》的酝酿过程，而不是举手"表决"通过的结果。这个特点在当时也是开天辟地的。过去，报道人大常委会出台的法规都是在委员表决（通过）之后播发一条新闻。久而久之，给观众造成了"橡皮图章"的错觉。这条专题新闻彻底改变了这种认识，它将20多位委员激烈讨论、各抒己见、争议辩论《国营企业破产法》的全过程记录了下来。播出之后，反响是巨大的。这条专题新闻的意义在于它是新闻现场直播走上发展轨道的序曲。

1987年3月，六届全国人大五次会议和全国政协六届五次会议召开。中央电视台不仅分别对开幕式进行了现场直播，而且又开拓了新的报道形式将八次中外记者招待会进行全程录像，然后编辑成专题新闻一一播出。这在当时，社会反响同样是巨大的。尽管这八场记者招待会也进行了剪辑，但它的意义在于，既增加了信息量，又扩大了观众的知情权。

1987年10月，党的十三大召开。中央电视台以崭新的姿态报道了这次会议——第一次以"现在进行时态"实况转播了党的代表大会开幕式。这又成为新闻改革的重要突破。

至此，中央电视台对党代会、"两会"开幕式进行现场直播的形式一直延续至今，它体现了新闻改革的跨越性意义。

③体现标志性意义的第三步。1988年召开的七届全国人大一次会议和全国政协七届一次会议是换届的大会。会议期间，中央电视台不仅现场直播了"两会"开幕式，而且以前所未有的魄力对会议举行的四次记者招待会全部进行了现场直播。这的确又是一次新的开创。

这四场记者招待会是全国人大常委会副委员长、外交部部长以及八个民主党派负责人的记者招待会，特别是在"两会"结束之际，新任国务院总理与中外记者见面的活动。

记者招待会本身是"两会"中最为敏感的活动。以往，最所担心的正是外国记者随时可能提出尖刻的问题，因此记者招待会成为新闻媒体报道的"敏感区"。中央电视台新闻改革的力度也正是从这里入手并获得体现的，即从初始的播发新闻的单一形式到增加专题新闻的式样，又从专题新闻发展到进行现场直播，这种改革的层面与力度是空前的。

全国人大常委会是中国最高权力机构。中央电视台能够以现场直播的形式逐步进入这一领域，它发挥了三个层面的作用。

第一，电视传播媒介的作用。电视作为一种特殊的传播媒体，最大限度地体现了传播信息、传播媒介和传播对象"三位一体"的链条关系。电视新闻现场直播的核心作用是搭建了传播信息与传播对象二者之间的桥梁，缩短了二者之间的距离，给观众以知情权。

第二，电视新闻改革的作用。时政新闻最能够体现电视新闻改革的程度和效果，时政新闻现场直播领域能够开拓至中国最高的权力机构，表明了它使"两会"的报道从形式到内容都已经没有了"禁区"。

第三，舆论导向的信号作用。电视时政新闻现场直播的标志性意义在于，它证明着中国正在加快改革开放的步伐，正在加快民主政治的进程这一真实的客观事实。

因此，这届"两会"成了中央电视台新闻现场直播的一次新的开创。20世纪90年代初期，中央电视台新闻现场直播以更加成熟的姿态涉猎更新、更多的领域。最有代表性的直播是1992年党的十四大结束之际，第一次现场直播了党代会新的中共中央政治局常委与中外记者见面的活动。这又一次证明了中央电视台新闻改革取得的突破性进展，具有标志性意义。至此，中央电视台新闻现场直播开始走上了与中国重大事件同步的新征程。

中央电视台异军突起的新闻现场直播，以独具特色的魅力搭建了党和国家领导人与亿万电视观众沟通的桥梁。特别是这十多年来换届的"两会"开幕式，新任国务院总理与中外记者见面的活动，换届的党代会开幕式和新的中共中央政治局常委与中外记者见面的活动不仅延续至今，而且都成为当时的焦点，吸引着中国乃至全世界的目光。这些直播对中国社会产生了重要的影响并与之发生了互动的作用。

电视现场直播探索阶段的特点是：社会的暖环境与现代化电视技术手段不断注入，使电视新闻直播的对象扩展到社会的各个领域——直播形态日趋完善，直播产品初具规模，现场电视直播已经成为人们精神生活不可或缺的重要部分。

3. 繁荣阶段——集约型格局

20世纪90年代以后，我国步入了历史发展的一个新的时期。与此同时，中国电视事业以全新的姿态伴随着社会前进的步伐走上了繁荣与振兴的道路。

1997年是令人骄傲的一年，它是中央电视台电视新闻现场直播历史中最辉煌、最具有代表性的年份，被业内人士称之为"直播年"，这年直播的重大事件有：香港回归特别报道；中、俄、哈、吉、塔五国边境裁军协定签字仪式现场直播；三峡工程大江截流特别报道；黄河小浪底水利枢纽工程截流合龙现场直播；日全食——彗星天象奇观现场直播；第八届全国运动会现场直播；等等。这些大型活动足以证明这样一个事实：中央电视台的新闻现场直播不仅以无与伦比的气势与国家重大的政治活动和经济活动形成了同步，而且它以引导新闻舆论的走向而与中国社会形成了良性循环的互动作用。

伴随着新世纪的钟声，中央电视台开始了新的旅程：2001年，在中国的土地上举行了二三十年来所没有过的高级别活动——上海 APEC 会议。中央电视台受中国政府委派，获得了"东道主广播机构"的殊荣，负责组建东道主广播中心，为会议提供广播电视技术服务。这其中，向全球 40 多个国家提供了 60 多场公共信号，包括向国内实况转播了 11 场直播。这次会议的报道赢得了世界舆论的赞誉。由此证明了中国中央电视台有能力、有实力承揽重大的国际性活动。

2003年，又是一个特殊的历史年份。中国中央电视台在绿色的土地上进行了大面积的科学实验：3 月 21 日，中央电视台第一次针对国际的突发事件、全球关注的焦点——"伊拉克战争"进行了为期一个月的、全天候的、持续性的现场直播节目。

4 月份开始，又第一次针对全球关注的另一个焦点——"非典"疫情，组织了几十场大小规模不同的现场直播节目。

特别是 5 月 1 日，每一个人都熟知的"国际劳动节"。就在这一天，中国中央电视台以雄浑的气魄缔造了具有历史意义的新的里程碑——以锁定 24 小时时段的全天候形式，诞生了中央电视台新闻频道。经过了两个月的试播，于 7 月 1 日，新闻频道正式开播。

这次新闻频道的改革是空前的，超过了中央电视台以往任何一次新闻改革。它的标志性意义已经远远超出了频道形式本身——实现了从粗放型到集约型的根本性转变，从而真正确立了中国中央电视台的成熟地位。

电视现场直播发展阶段的特点：电视现场直播内容广泛多样，直播手段日趋成熟，直播生产形成规模，直播精品层出不穷。

在中国电视事业的发展历程中，中央电视台新闻现场直播从萌生到崛起，从探索到兴旺，无论是领域的拓展，还是式样的创新，都已经走向了跨越与成熟的时期。

（二）新闻现场直播节目独特风格的形成

近十多年来，中央电视台新闻现场直播发展速度空前之快，涉及领域空前之广，影响层面空前之大，渗透作用空前之深。笔者认为，这种势不可当的驰骋之势最关键的是来自直播手段的不断成熟使直播节目逐步走向了风格化——从凭借以往经验的常规操作，提升到积累经验并形成一定的理论指导；从单一的题材模式拓展到政治、经济、科技、文化教育等综合领域；从平铺直叙的报道形式，跨越成为多元化复合型的表达格局；传统封闭的表现模式，到介入高科技手段进行立体直播的开放式宽展平台。与此同时，培养和造就了一支具有一定理论修养与实践应用能力的智能型专业化队伍。

一场新闻现场直播，特别是举世瞩目的重大新闻活动，无论发生在何时何地，都能够牵动全球重量级新闻媒体。人们所关注的焦点主要集中在新闻事件发展进程中给予的信息传递以及事件内涵的意义。

无论从直播的手段、节目的风格，还是社会影响的层面哪一个视角去理解、分析，新闻现场直播是伴随着社会的发展逐步成长起来的。不妨将新闻现场直播近十年来拓展的新领域和一些代表性作品作一简单罗列。

1990年4月7日，中央电视台新闻直播首次踏入航天领域，成功地转播了用我国自行研制的"长征三号"运载火箭，发射美国休斯公司制造的"亚洲一号"通信卫星（我国第一次承揽国际商用卫星发射服务）的全过程。

1997年3月9日，新闻直播首次进发高科技领域，转播了《漠河日全食——彗星天象奇观》。

1997年7月1日，对《1997香港回归》这一重大国际政治事件，进行了持续72小时的全方位直播，创造了中央电视台连续报道时间最长的纪录。

1997年11月8日，享有人类工程史上伟大壮举之名的《长江三峡大江截流》进行了现场直播，又一次创造了中央电视台直播史（动态事件持续时间最长的报道）上的新纪录——动用直升机进行了长达一个小时的空中拍摄，第一次实现了新闻题材的空中直播，它标志着中央电视台在经济领域的直播走向了成熟。

1998年中央电视台首次进入司法领域，对《十家电影厂诉版权被侵案庭审》进行了全过程直播，从而又一次拓展了新闻直播的领域。

1998年11月15日，中央电视台首次打入航空领域，现场直播了《1998中国航空航天博览会开幕式（飞行表演）》。

1999年3月26日—4月3日，进行了连续一周（共计450分钟）的《重庆綦江虹桥垮塌案庭审》现场直播和录播，使中央电视台在司法领域的直播日趋成熟。

2001年7月1日，为了配合建党80周年，中央电视台推出《旗帜》特别节目，其中以西部大开发战略为主题进行了三场直播，即"青藏铁路"、广西龙滩的"西电东送"、新疆塔里木的"西气东输"，特别是《旗帜——西气东输》，首次对条件恶劣的戈壁深处的石油、天然气勘探进行了将近半小时的现场直播，又一次刷新了中央电视台新领域的纪录。

1999 年是中国电视现场直播成长历程中一个承上启下的重要年份，也是中央电视台再创辉煌取得硕果的一年，她谱写了中央电视台光辉历史上永恒的篇章——1999 年 10 月 1 日《国庆 50 周年庆典特别节目》、1999 年 12 月 20 日《澳门回归祖国》、1999 年 12 月 31 日—2000 年 1 月 1 日跨世纪的《相逢 2000——首都各界迎接新世纪和新千年庆祝大会》等重大新闻现场直播。

如果 1997 年如人们所评价的那样，是中央电视台"直播年"的话，那么，可以这样认定，1999 年已经成为中央电视台"成熟年"的标志——中央电视台新闻现场直播已经与中国发生的重大事件同步。

新闻栏目是一个国家电视台的窗口和精髓。它核心的节目形式是新闻和新闻现场直播。

在我国，《新闻联播》是中央电视台的标志性新闻节目。它承担着党和政府政令的发布与解读、国内国际大事的传播与评论，因此它代表的是国家的形象，体现了绝对的权威性。新闻现场直播是衡量一个国家电视台水准的标尺。因此，它所显示的是国家电视台的整体实力。可以自豪地说，目前，中国中央电视台世界级水准的地位已经确立。

短短的十多年间，中央电视台现场直播，特别是新闻现场直播以迅雷不及掩耳之势创造着一个又一个令人震撼的业绩。她展示出中国特定时期发生的一个个惊心动魄、永载史册的辉煌时刻，表明了中国政治生活的稳定与经济生活的振兴。

丰富多彩的社会生活为中央电视台现场直播提供了一个广阔的选择与施展空间，并创建了一块绿色的成长土壤。中央电视台以科学、完善、协调的运行机制使所属各大节目中心开辟、拓展了现场直播的多层领域，并形成了一个完整的多元化格局。

中国中央电视台现场直播正以稳健、成熟和兴旺的态势频频谱写时代的完美乐章，鸣奏着民族繁荣的和谐旋律。

四、电视新闻现场直播的核心价值

电视现场直播是电视节目中的一种特殊形态——运用电视技术手段同步记录、同时播放特定的事物。因此，时间的同一性、记录的同步性和传播的同时性构成了电视现场直播的特有属性。

新闻现场直播最全面、最集中、最直接地体现了新闻特征。新闻现场直播所记录的是永远不再重现的特定事实——特定时间和特定地点发生、发展及变化的真实事件。它体现了演进的过程性、发展的变化性和时空的阶段性。因此，新闻现场直播成为特定事实唯一的记录者。

新闻现场直播从崛起到走上成熟的轨道体现了以下两个阶段的变化。

第一阶段的特点主要表现：以大型化直播为主体，与国家重大事件同步。新闻现场直播以敏锐的视角涉猎国家的政治生活和经济生活的多层领域，显示和发挥出题材广泛、事件重大、传播迅速、效应久远等鲜明特色。

第二阶段的特点主要表现：以常规化直播为主体，贴近百姓、贴近生活。2003 年 5 月 1 日试播并于 7 月 1 日正式开播的新闻频道明显地体现了这一特点。24 小时整点时段全天候的时间容量和 31 个板块栏目的固定化格式，为新闻节目营建了施展的舞台，使节目的形态、体例和结构发生了根本性的变化。

据初步统计，2003 年 5 月至 8 月的四个月中，新闻频道播出的现场直播节目将近 200 场次，约 6 600 分钟，合计 110 个小时。其中，仅 5 月份的直播节目就达到了 30 场次，几乎相当于新闻中心以往年份全年播出的直播节目总量。这说明，新闻现场直播正在朝着常规化、小型化和日常化的方向发展。

探究和拓展新闻现场直播的空间离不开题材所起到的决定性作用。新闻直播的题材是新闻活动的重要成分，也是界定一场直播真正意义的核心。

题材要素不是以独立实体的形态出现的，而是融合于具体的活动之中的。因此，它构成了与新闻活动浑然一体、不可分割和互为作用的整体关系。

新闻现场直播的题材主要是由四种要素构成的：重大性、事件性、动态性和不确定性。

（一）新闻直播的重大性

重大性是新闻现场直播的题材要素之一，它体现的是主题意义，即政治性成分占据直播的主导地位。

20 世纪末期，在中国的土地上发生了 1997 香港回归、1999 澳门回归和国庆 50 周年旷世大典等一个个惊天动地、震撼全球的事件，足以表明政治性成分所发挥的主导作用。

从表面上看，政治属于抽象的范畴，而实际上，它与社会的经济息息相关，既产生于经济基础，同时为经济基础服务。一个国家的经济繁荣表明了政治的稳定，一个民族振兴的重要标志体现于强大的综合国力。上述重大事件充分证明了这样的事实：中华人民共和国成立以来经过自强不息的奋斗正在使中华民族日益强盛，中国中央电视台作为国家的权威媒体而不失时机、全方位地现场直播了这些重大事件，正是在承担着它应有的历史性责任。

1. 香港回归体现政治意义

香港回归堪称20世纪末重大的国际政治事件。它的政治性意义体现了"回归"本身的内涵，即洗刷了中华民族一百五十多年殖民统治的耻辱，中国政府恢复对香港行使主权。因而，香港回归的政治性意义就蕴涵在"香港政权交接仪式"这一具体的事件之中：伴随着英国国歌而同时降下了英国国旗和香港旗，伴随着中华人民共和国国歌而同时升起了五星红旗和香港特区区旗。

正是这种政治意义的分量，使得全球重量级新闻媒体全部进入香港——700多家新闻媒体派出8 400多名记者，其中，200多家电视台组成了庞大的记者团。这一格局表明了在世界传媒之中爆发了一场火力集中的新闻大战，其重要程度不言而喻。

中央电视台组织实施了建台以来规模最大的一次宏伟的行动计划——直接参加报道的人员达到了1 660多名，其中，派出了289人组成的赴港报道团，派出了近百名记者分赴全国及海外15个城市进行报道，同时，投入了11辆转播车、21个卫星转发器、43套中继微波设备、200套摄像机、250台录像机、11套多媒体设备和3架专供航拍用的直升机。与此同时，中央电视台策划了一个规模庞大的现场直播特别报道——第一次突破了长达72小时连续播出的时间纪录。

正是这种政治意义的分量，在央视收视率调查报告中显示了前所未有的数字：全国有93%的家庭收看了天安门广场的庆祝活动；94%的家庭收看了香港政权交接仪式；91%的家庭收看了香港特区政府成立庆祝大会；83%的家庭收看了在北京工人体育场举行的首都各界庆祝香港回归祖国大会。根据以上调查结果测算，国内收看人数达到8亿左右，创造了中央电视台历史上最高的收视纪录。

2. 国庆50周年庆典体现政治意义

国庆50周年庆典活动，堪称中国乃至世界重大的政治事件。

1999年，是中华人民共和国诞生50周年特定的历史年份，也是两个世纪间承上启下的重要转折关头。中华人民共和国成立50年来，政治生活和经济生活发生了深刻的变革。特别是改革开放以来，中国发生的巨大变化正在影响和改变着整个世界的格局。

从这一性质分析，庆典活动现场直播的主题就体现在中国的战略性意义上。

这一重大意义融合于庆典活动的具体事件之中——我国最新研制的"东风31号洲际导弹"、我国最新研制的"空中加油机"、我国自行研制的"空中飞豹"……均为首次在祖国首都天安门亮相，它们无不显示出中华民族正在日益腾飞，无不显示出中国日益壮大的综合国力。

正是这种政治意义的分量，这次庆典由中央电视台1频道~8频道同时并机播出，全国有 1 000 多家电视台、全世界有近 50 家电视台同步转播。与此同时，全国收看庆典直播的家庭达到了 93.3%，其中，从始至终收看的观众有 90.5%，对这一场直播表示肯定的观众达到了 97.4%。

这次庆典现场直播之后，应海内外各界人士的迫切要求，中央电视台进行的重播就达几十次之多；中宣部、广电总局指示，将国庆 50 周年庆典活动报道制作成 VCD 光盘等音像制品，作为爱国主义的教材。

3. 重大事件体现时代意义

剖析上述具有代表性的两场直播不难发现，这些重大事件之所以拥有如此庞大的受众群，之所以成为世界瞩目的焦点，其核心在于重大的新闻事件本身体现了国家特定时期鲜明的主旋律，体现了时代的意义。因此，新闻事件的政治性越强，新闻现场直播的影响层面也就越广，它所产生的现实意义与历史意义也就越深刻、越久远。

新闻现场直播与国家的社会生活密切相关、互为作用。政治生活的健康发展和经济生活的繁荣带来新闻现场直播的活跃；而新闻现场直播所展示的正是民族发展进程中具有代表性的、影响深远的辉煌时刻。因此，新闻现场直播的意义已经远远超过了它的自身形式本身。

任何一场新闻活动，特别是大型新闻活动都具有鲜明的主题。新闻活动的主题不是孤立的概念，它是从一个个具体的、实实在在的活动中提炼而成的。现场直播设置的每一个摄像机机位、创作的每一个镜头都取决于这些具体的活动。因此，导演只有明确了活动主题，才能从中获得点化，使整个直播节目的篇章体现并升华新闻活动的主题内涵和时代意义。

作为新闻现场直播的导演研究题材重大性的目的是在整个直播的运作中确立一条贯穿的主线、一个引领的路标。

（二）新闻直播的事件性

事件性是新闻现场直播的题材要素之一，它在直播中起到了决定性作用。

新闻现场直播体现了这样一个规律：凡是在全社会产生深远影响的活动，都是不寻常、不复重现的事件，也都是渗透力最强的事件。

我们不妨重温一下现场实况转播这些事件的最后时刻：北京申办奥运的直播中，当萨马兰奇向全世界宣布"第29届奥运会在北京举行"之际，960 万平方公里沸腾的场景；香港回归祖国的直播中，当公元 1997 年 7 月 1 日零点即将到来之际，置身在天涯海角的炎黄子孙守候在电视机旁，伴随着历史时钟永恒的节奏，没有约定却齐声鸣奏着一个震撼的合音："10、9、8⋯⋯"

每一场大型事件的直播都能牵动着我国总人口三分之二以上的数亿电视观众，也都能产生全球的震撼，究其缘由，它的魅力在于：强烈的政治意义和活跃的新闻点蕴涵在事件的发生、发展过程之中，蕴涵在它所产生的必然结果之中。

因此，事件性题材体现了运动进程、情节变化和结果必然的特点，成为一场直播的主体依托，并发挥着决定性作用。

1. 事件过程

一般说来，新闻事件的主体形式是由一项项程序组成的。每一项程序的依次展开体现了事件过程的阶段性、递进性以及变化性特点。因此，新闻事件发展的全过程表明的是信息传递的过程。

2001 年 7 月 13 日在莫斯科举行的申办 2008 年国际奥林匹克运动会主办权的直播就非常典型。

大会进行的这几项议程是以递进性的方式层层展开的，它们是整个事件过程的核心部分，也是最具有闪光点的内容。当萨马兰奇宣布结果的最后时刻到来之际，便爆发出整个民族的沸腾。这正是现场直播完整表现事件过程而自然形成的。因为，北京申办奥运的主题意义早已孕育并生长在炎黄子孙心中，这种民族情怀已伴随事件的发展与递进而融入它的整个进程之中了。因此，事件的过程是一场直播的主体支撑，因为它蕴涵了事件结果的必然性。

2. 事件情节

情节是事件发展过程中的"插曲"和特色。1999 年国庆 50 周年庆典活动中，国旗护卫队这项内容是中华人民共和国成立以来从未有过的新颖形式。在 50 响轰鸣礼炮的伴随中，在人民英雄纪念碑的映衬下，200 名战士护卫祖国的国旗，在通往天安门的红色地毯上庄严地行进。

直播镜头不仅记录了国旗护卫队的行进过程，而且还捕捉和展示了其中的情节：在整齐的行进中，只见纵队前列的指挥官拔出了军刀，几经有力地挥舞之后，随即高喊"正步走"，当他的话音落下，全体战士由整齐的齐步变为坚定的正步行进。

国旗护卫队这一新颖的创意是整个庆典活动的第一项内容，它为即将展开的隆重的升国旗、唱《国歌》仪式（庆典活动的第二项内容）做出了重要铺垫，因为它令人回忆起 1949 年五星红旗升起的历史时刻。直播镜头抓取护卫队指挥官的行为细节进行刻画，就是为了烘托国旗护卫队的群体形象，以点化中华人民共和国 50 年辉煌历史的主题意义。

1984 年国庆 35 周年庆典直播中还出现过一个点睛之笔。当群众游行队伍行进到天安门城楼前，电视屏幕上出现了这样一个镜头：群众高举着一个横幅标语，上面写着"小平您好"。

这个镜头是在直播现场的摄像师临时发现并及时捕捉到的。与此同时，导演毫不迟疑并果断地进行了镜头切换。尽管这个镜头只有短暂的几秒，但它却成了人们永恒的记忆。因为它的价值在于它来自群众淳朴自发的行为，表达了群众心底真实的呼唤，凝结和代表了他们对邓小平同志伟大功绩的全部理解与崇敬之情，也表达了对民族未来的期望。

因此，事件发展进程中的情节是一场直播的精髓，因为它充满了活力，孕育了内涵。

3.事件结果

一般说来，大型的新闻活动都将历经发生、发展的演进过程，也都将产生最终结果。

事件的结果包括两层含义或表明某种意图，或实现某种预期。其表现形式是多样的：有形的、无形的、直接的、间接的；或体现在事件的过程之中，或产生于事件发生、发展的变化之后。无论属于哪种形态，它都是一场活动的亮点或新闻点。

（1）表明意图。2003年召开的"两会"是我国政府换届的会议。3月18日上午10点，"两会"结束之际，新任国务院总理温家宝在人民大会堂与近千名中外记者见面。

温家宝成了这场活动的新闻人物，因为，新任总理、首次亮相是这场活动的亮点。它体现于十位中外记者的提问和温总理回答的过程之中。

（2）实现预期。香港回归是重大的事件，新闻点是"政权交接"；长江三峡大江截流是重大的事件，新闻点是"合龙成功"；北京申办奥运是重大的事件，新闻点是萨马兰奇的"结果宣布"；中国加入WTO是重大的事件，新闻点是"一锤定音"。

这类事件的题材厚重，主题深刻，新闻点亮丽、活跃、鲜明。它们所产生的结果说明：直播实现了预期的目的。因此，事件的结果是一场直播的生命，因为它体现的是标志性意义。在新闻事件中，进程、情节和结果都承担着各自的任务，体现了各自的特点，发挥了各自的作用。它们构成了事件的完整性。

作为新闻现场直播的导演，研究题材事件性的目的是明确事件的进程、情节和结果的不同作用，以此来把握以下关系：第一，把握它们与主题的关系，以确立直播节目的整体形态（包括演播室、出镜记者、历史资料等多种形式）。第二，把握它们与镜头的关系，以确定镜头的表现形式，构筑直播起伏更迭的高潮，形成直播节目的整体风格，从而获得视觉语言的深刻表达。

（三）新闻直播的动态性

动态性是新闻现场直播的题材要素之一，主要指的是事件在发生、发展过程中的变化状态。

不同类别的直播对象具有各自不同的表现形态、发展态势和运行规律，体现出各自运动方式特殊的变化性。

任何一场活动都是由几项、十几项、甚至几十项内容构成的，它们分别依次进行。其基本规律是，大会主持人以"宣布"的形式作为主线而贯穿整个活动的始终。每一项内容宣布之后，都能引导出一种或多种活动的展开。这些活动一旦展开，便按照自身的规律运行。新闻活动的动态性主要表现为以下两种形式。

1. 单一形态

新闻活动的单一形态主要指的是大会主持人的一项宣布只引发出一种活动的展开。

1997年11月8日现场直播的《长江三峡大江截流》是由两部分内容构成的：上午的"长江三峡工程合龙启动仪式"和下午的"长江三峡工程大江截流合龙仪式"。启动仪式和截流合龙仪式虽然是分别进行的，但它们是一个连续的完整过程。

上午，当大会主持人宣布截流正式开始，这个事件便由此展开。当时，龙口的宽度是40米，在两岸的堤头，300多辆大型翻斗车以每半分钟倒完一车石料的速度挺进。最后，经过6个半小时的奋战使大江截流获得成功。这比预计的时间提前了1小时。这时，截流合龙仪式便开始进行了。

1998年11月15日现场直播的《中国国际航空航天博览会》体现了另外一种活动形式。

飞机的飞行表演作为这次活动的主体，具有独特的运行轨迹和运动规律。它的明显特征体现在：融惊险与造型为一体的空间艺术。它的表现形式是以每架飞机为"点"、飞机的飞行轨迹为"线"，组成了空中编队造型，从而绘制出各种图案并创造了蓝天艺术。

其中，比较典型的是俄罗斯勇士队表演的SU-27飞机。它是以飞机的个性展现为表现特征的。"布加乔夫眼镜蛇"的动作构成了它的独特风格。它能够做到在300米之内的距离迅速起飞，也能够在不到30秒的时间内飞速提升而达到3 000米高度，还能够在迅速爬升中，突然以垂直地面90°的瞬间进入"零速度"，处于静止状态。

SU-27飞机整个空中动作的运行轨迹似"眼镜蛇"的蛇头状。它完整的动作过程显示了独特的运行规律，体现了运动过程中的变化情节，表现了运行状态的程度。

2000年10月6日现场直播的《飞机特技表演——挑战极限》也是一种特殊的活动。它是以民用飞机穿越太湖桥洞为主体内容的。它的特点是，每架飞机首先盘旋在太湖的上空，表示亮相，之后，飞机酝酿了充分的情绪便开始展示穿越桥洞的精彩时刻，惊心动魄，扣人心弦。

一般说来，事件性强的活动所表现的动态性的递进展开形式比较单一，体现了依次、顺序的特点。

2. 并存形态

新闻活动的并存形态主要指的是，大会主持人的一项宣布能够引发出多种活动的同时展开。国庆50周年庆典活动的第一项议程就比较典型。

10：00：00大会主持人宣布：首都各界庆祝中华人民共和国成立50周年大会现在开始，鸣礼炮。

这项议程的内容看起来比较简单，似乎主持人宣布之后仅仅引导出鸣放礼炮的活动。实际上，它却包含了新闻活动许多复杂性的特点。

（1）特定性。这项议程的宣布只有一句话，但是，却引导出三个不同地点发生的三项活动：

位于天安门广场的中心，背景图案"国庆"两个字由黄色变化为红色；

位于广场最南端，50响礼炮开始鸣放第一响；

位于人民英雄纪念碑脚下，国旗护卫队开始起程。

这三项活动的发生地点是不同的，它们都是在一项议程宣布的引导下分别展开的。因此，体现了时间与空间并存的特定性。

（2）阶段性。上述三项活动同时并存的形态还体现了各自表现方式和发展过程的不同。字牌的变化是瞬间的，礼炮的鸣放是短暂的，而国旗护卫队则是另一种表现形式。它的活动范围是从广场南端的人民英雄纪念碑出发，穿过整个天安门广场，最后到达广场北端的国旗升旗区。它的起止时间是：整个行进过程需要4分钟左右。这说明国旗护卫队必须规定时间、规定地点完成规定性的内容。

因此，礼炮、字牌和国旗护卫队各自运行的形式及规律是不同的，分别体现了事件动态过程的阶段性。

（3）潜在性。新闻活动的形式是活跃、多样的，也是复杂的。表面上看，大会主持人的宣布只是一句话、一项议程的内容，但实际上，一句话之中却潜藏着复杂性。在"大会现在开始"和"鸣礼炮"之间的短暂停顿中，隐含着广场上背景图案"国庆"两个字的色彩变化这一内容。这两项活动并没有在议程的内容中体现出来——活动方案的字面上并没有提供字牌和国旗护卫队的信息源。这不仅意味着新闻活动的复杂性，也为新闻直播导演提出了严峻的要求：必须把握新闻活动的"新闻"特点。

"国庆"字体的变化是在北京市组织的第一次排练中发现的；国旗护卫队这项内容是该系统导演事前了解到的。这种情况在新闻活动中是时常出现的，属于正常现象。

整个庆典活动是由几大部分组成的，其中，天安门广场上，10 万名青少年组成了背景组字方阵；1 万多名陆海空指战员沿着东长安街整齐地排列并举行分列式；132 架飞机组成了 10 组空中梯队；50 万名群众组成的大型游行队伍；还有国旗护卫队；等等。他们根据各自的特点分别制定了实施方案，有"背景表演时间流程""空中梯队受阅实施方案""群众游行流程"等。他们不仅具有各自不同的运行规律，而且潜藏着很多总体方案上根本看不到的细节。

这其中，背景组字对直播的制约性是最大的。总共有 23 块背景图案，其中，每一种图案和字牌的变化时间、变化过程都十分地短暂，与此同时，它们还分别穿插在各项活动之中。这说明，23 块背景图案与其他各项活动既是庆典活动的重要部分和独立形式，同时也是同一时间分别展开的并存形态。这对于同步记录的现场直播来说难度最大，体现了交错、复杂的特点。

作为新闻现场直播的导演，研究题材动态性的目的是：既要掌握新闻活动的基本规律，同时更要把握活动主体的个性特征。因为它决定着视觉语言的表现形式、表达手法和表述程度。

（四）新闻直播的不确定性

不确定性是新闻现场直播的要素之一，它主要指的是事件发展过程中产生异变、异常的形态。

客观事物是发展、运动和变化的。这使得任何事物都充满无尽的未知因素。新闻活动是客观事物的重要部分，更加显示了事物运动的变化规律。

新闻现场直播同步记录的正是演进的特定事实。因此，多变、异常的不确定因素将伴随新闻现场直播的始终。

不确定性是新闻活动一种特殊的潜在成分。重大性或动态性越强的事件，不可预知的因素就越多，出现突变的可能性也就越大。新闻事件本身是不再重现的特定事实，它在发生前是不可能进行排练的。对于我们来说，所面临的各种风云莫测的变化是正常的、必然的。这正说明了新闻现场直播记录的是一个客观的事件，一个活跃的世界。它使新闻直播富有了真实的意义。

因此，新闻现场直播意料之外、情理之中的多变性、制约性和冲击性要远远大于其他类型的现场直播节目。

新闻现场直播从始至终充满着悬念、惊险和压力，每一场新闻活动的直播都是一次艰辛的挑战与考验。新闻现场直播承担着一种使命，一种责任，它要求导演在每一场直播方案的设计时，对于那些新闻性、重大性强的题材，必须注重细节的挖掘和各个环节衔接的防范设计；对于那些动态性强的题材，尤其是飞机飞行表演等特殊题材的事件，注重两种结果的设计。这些都是保证现场直播安全、有序进行的重要条件。

作为新闻现场直播的导演，研究题材不确定性的目的是，寻找各类活动的规律性，以寻求多种方法，在不确定因素中寻求某种确定性，使每一场直播获得具有可行性的安全措施。

新闻活动的题材要素至关重要，它是衡量一场新闻直播是否具有价值的基准。

新闻活动的重大性、事件性、动态性和不确定性是以往大型新闻现场直播的题材特点。新闻频道的开播使现场直播朝着常规化、小型化的方向发展，这使得直播题材也相应地发生着变化，特别是社会性的突发事件应成为直播拓展的目标。比如，自然灾害中的水灾、火灾和一些人为或多种因素造成的抢险事件，应注重事件的过程性。因为这类事件的侧重点不在于结果，而在于过程。过程本身已经表明了多层含义。

确定一场新闻活动是否进行现场直播应牢记两点：第一，杜绝"为了直播而直播"的盲目性；第二，明确每一场新闻直播的社会意义。这样，一场新闻现场直播的价值才能真正确立。

五、重大新闻事件现场直播

（一）建国 50 周年现场直播

国庆 50 周年庆典活动现场直播分为 A、B、C、D、E 几个系统。

A 系统的机位设置在天安门前的金水桥以南、长安街以北一侧；B 系统的机位设置在天安门城楼上；C 系统的情况比较复杂，根据他们承担的任务，在庆典活动开始以后，在国旗护卫队行进和隆重的升国旗仪式两项活动中，机位主要侧重在天安门广场，此后，机位侧重在长安街以南一侧；D 系统的机位设置在东长安街一带；E 系统的机位全部为制高点，分布在天安门城楼、人民大会堂、革命博物馆、毛主席纪念堂和纺织总局大楼等。

1.点面结合手法

庆典活动的直播播出以后，许多观众对女民兵方队的印象非常深刻。她们身着红色服装，紧握钢枪，英姿飒爽，体现出当代女性的风貌。女民兵方队占据天时、地利、人和给予的得天独厚的优势。

天安门前长安街上有两条明显的起止线，其中，与东华表对应的为"敬礼线"，与西华表对应的为"礼毕线"。这两条线的作用是，当所有接受检阅的方队到达敬礼线的时候，每一个方队，领队队员或者以敬礼的形式，或者以高喊"正步走"的形式作为各自方队的提示，随即，全体官兵由齐步变为正步行进。当所有方队行至礼毕线的时候，则标志着每一方队结束了检阅。

这两条线之间，17 个徒步方队正步行进的时间分别为 56 秒。然而，就在这 56 秒当中出现了一个特殊的情况：由于每一个方队之间的间距比较小，当第一个方队到达敬礼线、正步行进到 33 秒时，第二个方队便开始进入了敬礼线。这说明，现场直播表现每一个方队的时间被界定在 33 秒的范围之内。

42 个受阅部队是由 17 个徒步方队和 25 个车辆方队组成的。女民兵方队是徒步方队中的最后一个方队，与 25 个车辆方队的第一个方队相接。他们之间的间距比较大。这就为女民兵方队提供了 1 分钟左右的镜头表现机遇——正步通过天安门的时间比其他徒步方队多出将近一倍的时间。

就其自身的特色来说，女民兵方队是所有受阅部队中唯一的民兵方队。她们来自北京市朝阳区，曾经 12 次参加国庆盛典，享有"首都民兵之花"的美誉。

现场直播中，女民兵方队能够给人深刻的印象关键是发挥了镜头元素的综合作用。

A 系统导演虽然使用了 8 个镜头，但蕴涵在其中的镜头元素却达到了十几种——运用的角度：平视、正侧面、左侧、右侧、俯视等；运用的景别：远景、全景、中近景；运用的形态：固定、平视跟摄、下摇上、主观、拉全等。镜头的运动形式穿插在其中起到了引领视觉的作用，主观镜头与女民兵的行进运动保持着从始至终的和谐，使运动性给予的强烈感受达到了极致。

A 系统导演在 8 个镜头中运用了"点与面"结合的手法，形成了对比的叙述从而给视觉语言完整的表达注入了力量。女民兵方队在全景与中近景、平视与俯视的对比中，个性鲜明、群体艳丽。

由此，8 个有形的镜头在和谐的搭配中形成了完整的语言环境；语言的完整性又促使镜头元素之间迅速地互动而产生着无形的力量——保持了视觉语言的流畅，视觉关系的清晰；而蕴涵在其中的视觉情绪逐渐地发展、递进与延伸着。

2. 暗喻手法

蒙太奇的几种功能怎样融合于视觉语言的表达之中？视觉语言的表达又怎样体现出被摄主体的寓意？

作为一名英文翻译，在中文与英文之间显示着语言能力和自身的文学功底——在国际重要会议的同声传译中，体现了他们的综合实力；在一部故事片现场同步翻译中，体现了他们运用一种语言艺术解答另一种艺术语言的能力。

新闻直播的导演与英文翻译之间应该具有相通点——将自己的构思"翻译"到镜头上，并在一个个画面中得到具体的说明，使直播作品表达出构思的意图。导演运用形象化的视觉语言"翻译"现场事件，运用蒙太奇手段真实地解答这些事件，此时，绝不是 1+1 的"直译"概念，它同样体现着译笔的能力与个性。

人类语言的表述方式丰富多彩、变化无穷，而形象化的视觉语言是否能够表达出人类语言丰富多彩的含义呢？

3. 创作手法

纪念碑与红地毯已经从镜头的角度和景别进行了界定，这只是完成了创作的第一步，深度创作则需要借助蒙太奇和剪辑方法的外力作用，实现创作的构思。

（1）确定镜头拍摄方式。

镜头 1 的纪念碑镜头为固定形式。

镜头 2 的红色地毯镜头为运动形式。斯坦尼康在拍摄红色地毯的时候，首先站在地毯的中心位置，以俯视的角度拍摄让红色地毯充满整个镜头视野，然后镜头缓缓向上摇，直至成为规范的构图——画面里能够看到红地毯纵贯于前方，通向天安门，这时，摄像师开始向前方行进，以此来完成主观镜头的全过程。

（2）确定镜头组合方式

镜头的拍摄方式确定了，尽管只有两个镜头，但如何转化为视觉语言呢？

这两个镜头的衔接组合有两种方式，硬切换（快切）与软切换（叠化）。两者所产生的视觉结果截然相反。硬切换，在镜头发生组合的那一瞬间，具有切换时形成的"点"的跳跃，能够产生一种明快的视觉感受。软切换则恰恰相反，具有转换过程带来的一种稳定性。因此，这两个镜头在此时的氛围中必须采用软切换的方式才能融化在解说词韵的抒情之中。

因此，我们这两个镜头采用了叠化的手法，使纪念碑和红地毯在两秒的时间中相遇、重合。此时，叠化已经完全改变了本义的方式，以暗喻的手法终止了视觉表象的形态，而进入了意境的空间——人民英雄纪念碑高耸矗立，庄严肃穆；红色，以她浓烈、奔放的气质舒缓（叠化）地浸透于整个画面之中。两秒之中的重合，人民英雄纪念碑被鲜艳的色彩衬托、染红、覆盖，它告诉我们，它是烈士的鲜血（暗喻），她是生命的赞歌（暗喻）。

红色是色彩中的兴奋剂，热情、奔放、强烈，它能一触即发，形成迅速的渲染，引起情感的爆发。因此，它在形象化的视觉语言中独领风骚。

采用叠化的方式则意味着运用了修辞的暗喻手法，它使两者关联，产生意义。这两个镜头，体现了视觉形象构思与视觉语言表达的结合，体现了视觉表现与视觉审美的结合。

国庆50周年庆典直播是一部史料性的巨著，它的闪光点多，色彩斑斓绚丽。上述的分析只是选取整个篇章的部分段落而不能涵盖完整的意义。因为视觉语言本身是生动、深刻而又富有感染力的，因此只有在完整的篇章中才能全面、完整地享受到它的细腻与深刻。

（二）攀登珠峰现场直播

为纪念人类成功登上珠穆朗玛峰50周年，中国登山协会再次组织登山队向地球的第三极发起挑战，在此次登山活动中，中国珠峰登山队有11名队员成功登顶，创下一次登山登顶人数最多；第一位大陆汉族女性登顶；年龄最大者登顶等多项中国纪录。中央电视台在中国珠峰登山队登山的同时对该活动进行了全程现场直播，从2003年5月11日到5月21日，连续11天的珠峰全程直播工作取得圆满成功，创造了中国电视现场直播的几个第一。

第一次人类11天全程直播攀登珠峰；

第一次在6 500米前进营地架设卫星地面站；

第一次从第二台阶传送出直播信号；

第一次从珠峰峰顶连续直播1小时信号；

第一次架设无线对讲系统覆盖整个攀登路线。

珠峰全程直播就是按照登山活动规律的进程，将珠峰北侧攀登路线上的几个关键点：5 200米珠峰大本营，6 500米前进营地，7 028米北坳冰壁，7 790米大风口，8 300米突击营地，8 600米第二台阶（中国梯）和8 848米顶峰依次展现在电视观众面前，珠峰全程直播就是每天2小时，最后一天6小时，连续11天的漫长直播过程；珠峰全程直播就是在登山计划不断调整，节目方案不断变化的情况下，保障直播信号畅通的过程。

为此，技术部门在5 200米大本营建立固定前方转播中心、在6 500米前进营地建立转播中继基地，7 790米以下用移动微波将信号经7 028米北坳营地传送到6 500米前进营地，8 300米突击营地以上和顶峰信号用移动微波直传5 200米大本营，经5 200米大本营前方转播中心制作合成后传送到北京演播室。为使节目连贯顺畅，在5 200米大本营和6 500米前进营地建立了相应的通信系统。

1. 5 200米大本营前方转播中心

在5 200米的珠穆朗玛峰登山大本营建立前方电视转播中心，电视直播中心系统包括EFP（Electronic Field Production，电子现场制作）系统、微波接收系统、音频系统、卫星上下行系统、通信系统和供电系统。

EFP系统是前方转播中心的核心，它由4台摄像机（包括70倍望远拍摄摄像机）和4路外来信号（2路接收顶峰信号，1路接收6 500米前进营地卫星信号，1路大本营移动摄像机微波信号）组成，配有录像机和编辑机。其中2台摄像机对准主持人和现场嘉宾；1台提供大本营全景信号；70倍摄像机随时拍摄攀顶峰的登山队员；登山队出发，国外登山队营地的活动则是移动摄像机拍摄的首要任务。

微波接收系统是用来接收来自珠峰峰顶的移动微波信号，并将信号送到EFP系统，按原设计，它是接收珠峰峰顶信号的备份通路，在5月20日的直播过程中，通过大本营的70倍摄像机发现珠峰峰顶信号传送不到7 028米北坳营地微波接收系统，故在5月21日直播登顶时，果断采取了将顶峰信号直传大本营微波接收系统的办法保证了登顶信号回传的成功。

音频系统是5 200米大本营前方转播中心重要一环，音频系统负责处理主持人、嘉宾、大本营及来自6 500米前进营地卫星站和来自顶峰声音信号，并将合成完后的声音信号通过卫星传到北京演播室。同时，将北京演播室的节目声和大本营的节目声，通过通信系统传送到大本营及登山路线上直至顶峰，使得在大本营现场主持人、嘉宾以及登山线路上的登山队员清晰地监听到节目声，以便随时参与节目制作。

大本营的卫星地面站在向北京传送信号的同时可以接收来自6 500米前进营地的信号，由于长时间在高原工作，2台高功放先后都出现了问题，无法使用，启用备份高功放保障了信号的传送。

为保证节目的顺利进行，在大本营建立了相应的通信系统，它是由一套VSAT卫星站和能使大本营沟通6 500米前进营地、7 028米北坳营地及登山全过程的无线对讲系统构成，对讲机声音作为节目声进入调音台。VSAT卫星站建立大本营和北京的联络，提供6部电话和64k网络组成，电话为中央电视台台内小号，64k网络直接连进中央电视台局域网，为中央电视台网站和中国电视报传送稿件。6部电话中有4部是普通电话机，而另2部是电话耦合器，可以拨通北京总演播室电话耦合器，用以传送通话和节目返送声。

无线对讲指挥系统是5 200米大本营前方转播中心关键环节，同时也登山队员通信的唯一手段。它主要由2套机站台构成，一套设在5 200米大本营而另一套设在6 500米前进营地，通过6 500米前进营地通信机站再次转换覆盖整个登山路线。

节目返送声系统是保障节目的重要手段，在大本营有一套发送节目返送声加导演声音，它可以覆盖整个珠峰大本营，另一套由架设在大本营通信机站将节目返送声加导演声音发送到6 500米前进营地。

通过6 500米前进营地通信机站再次转换覆盖整个登山路线，通过变换对讲机的频道可以完成通话和监听节目返送两项功能。

为了监听、监看播出信号，架设了1套户户通（DTH）接收机系统，另外，利用户户通（DTH）的广播通道联通北京演播室和大本营，作为VSAT卫星站的备份系统。5月1日中央电视台新闻频道开播，大本营和北京演播室直播连线，开播前，VSAT卫星站发生故障，北京演播室的声音通过户户通（DTH）的广播通道传回大本营，保障了节目正常进行。

2. 6 500米前进营地转播中继基地

此次大型直播节目的技术核心点就是设置在海拔6 500米前进营地的卫星地面站。然而，在如此高海拔地区实施电视信号的传送，此前没有先例，无论对电视传送设备还是工程技术人员都是一次前所未有的严峻挑战。

6 500米前进营地的地理位置非常重要，它位于章子峰的南山脚与珠峰北侧之间。从5 200米大本营出发，经过蜿蜒曲折的东绒布冰川，至少需要走2天的路程才能到达6 500米前进营地。在6 500米前进营地可以清楚地看到高约300米的北坳陡峭冰壁。从7 028米北坳营地向南，就进入珠峰的主山体了，从7 028米北坳营地可以清楚地看到8 300米以下的登山路线。再说章子峰，7 543米的章子峰像一道天然屏障屹立在珠峰的北侧，挡在珠峰主山体和5 200米大本营之间。在珠峰5 200米大本营根本无法看到6 500米前进营地，而只能看到8 100米以上的登山路线。这是在8 100米以下登山线路上，用微波将电视信号传回到大本营的巨大障碍。另外，在登山时，6 500米前进营地又是各国登山队的集散地。它的主要作用是储存、集散高山用的登山物资，是登山队员调整状态、等待登顶时机的前沿阵地，更是各国登山队之间信息汇总、协调行动的指挥中心。6 500米前进营地在地理位置上起着举足轻重的位置，向下可以兼顾接收6 000米、6 300米线路上的信号，向上可以相对容易地接收从7 028米中继下来的电视信号。6 500米这个高度对于从没有登山经历的电视台工作人员来说是有可能坚持的。6 500米前进营地又是牦牛运输队可以到达的最高营地，这就为运输电视设备提供了强有力的保障。为了珠峰全程直播，经过反复科学论证和比较分析，只有在6 500米前进营地建立卫星地面站为最佳方案，必须要将6 500米前进营地的直播信号传送到5 200米大本营前方直播中心。它是反映中国登山队攀登过程中各种行为电视传输的唯一枢纽。如果此处技术方案不能顺利实施，整个电视直播将大打折扣，其重要性不言自明。

6 500 米前进营地建立的转播中继基地，系统及设备包括：ENG 单机、移动拍摄系统、移动微波接收系统、备份微波接收机、微型 16 选 2 开关、四路小型调音台 3 个、光缆接收系统、卫星上下行站、通信基站台、供电发电机。

ENG 单机负责拍摄 6 500 米前进营地登山队员的各种活动及登山队员攀登北坳冰壁的英姿，作为一路信号传送给大本营。

6 500 米前进营地的移动拍摄系统是这次珠峰直播的一个亮点，登山队员从6 300 米到达 6 500 米前进营地、6 500 米各国登山队营地及攀登北坳冰壁都是由移动拍摄系统拍摄完成的，信号通过移动微波接收系统传送给大本营。

在 6 500 米前进营地架设微型卫星上下行站是世界电视史上的首创。它是否能正常工作是这次直播的关键所在，它的作用是将信号传送到大本营，同时接收大本营传回北京演播室的信号。海拔高、气压低、气温低是 6 500 米前进营地卫星站工作的最大障碍，尤其是低气压对高功放影响最为明显，普通高功放在如此高海拔地区根本无法正常工作，因此技术部门专门定制了能在高海拔地区正常工作的高功放，确保 6 500 米前进营地卫站的正常运行。11 天的连续直播不仅对设备也是对技术人员的最大考验，技术人员克服了高山反应、环境恶劣等重重困难，保证了 11 天的连续直播。

6 500 米前进营地的供电保障是非常艰难的，电视转播设备供电是必须解决的问题，否则一切无从谈起，而且由于高原发电机的输出功率只有平原的 50% 左右，技术部门采用了新型变频发电机、太阳能电池板，定制了可在 - 40℃下工作的电池解决这些问题。并通过了低温冷冻实验室、低压氧舱的严格实验，证明可以正常供电，为在珠峰正常工作打下了坚实的基础。通过直播，证明供电设备一切试验工作都是成功的。

3. 顶峰信号

登顶信号拍摄传送是由 2 套 DVCAM 摄像机和 Z4 微波构成，并相应配有防风话筒，珠峰峰顶距大本营直线距离约 20 千米，为了能将顶峰信号传回大本营，技术人员在北京做了 Z4 微波传输试验。通过试验发现 Z4 微波传输距离在 28 千米左右，但是能否在珠峰峰顶传送仍然没有把握，况且珠峰峰顶温度在 - 30℃，这给 DVCOM 和 Z4 微波的电池造成很大麻烦，为此，我们定制了专门耐低温的高山电池和设备保温套。当鲜艳的五星红旗在珠峰峰顶飘扬的画面展现在大本营的监视器上时，当顶峰的画面持续传送一个多小时后，那种喜悦是非亲身参与者不能感受到的，因为信号的传输寄托着技术人员全部的追求。

第三节　通民情导舆情：专题类电视新闻节目

相对于消息类新闻栏目，专题类新闻栏目的容量更大，挖掘更深。其中的评论类就是一个例子。评论类电视新闻栏目是通过对新闻事实的深入调查采访、认真分析论证，在摆事实讲道理的过程中，由记者或主持人代表传播媒介旗帜鲜明地表达对所报道的新闻事件或社会热点问题的看法和认识的一种栏目形态，它是电视新闻深度报道的重要形式之一。

新闻评论栏目的繁荣源于现代受众的要求，他们认为新闻报道既要尽可能客观公正的报道新闻事实，也要将主观的见解体现在报道中，从而使其在事实和见解的同步接收中，开拓自己判断的思路，提高信息的价值。过去那种报道就是报道，评论就是评论，两者必须严格分开的观点和做法，已不合乎电视传播的特性和观众的心理需求。具有报道和评论并行这一重要特性的电视新闻评论恰恰就由两部分构成：作为事实的信息和作为意见的信息。二者互为依附，电视媒介所报道和揭示的事实本身就包含着评论，而且是最有力的一种评论。学者赛门斯就曾表示，"我们根本没有说服别人；我们只是向别人提供了他们用来说服自己的信息源。"报道和评论在不同方式和不同层面上的组合和交融，搭建了现今电视新闻评论栏目形态的基本构架。

美国新闻界最近公布的一份调查显示，在电视新闻收视率方面一直独占鳌头的 CNN（Cable News Network，美国有线电视新闻网），目前开始落后于后起之秀的 FOX 电视新闻网。不仅如此，CNN 流失的大部分观众恰恰就是跑向了 FOX。以消息快捷、报道客观充分而著名的 CNN 何以被 FOX 超越呢？经过调查分析，被 CNN 斥为靠"分析消息"吃饭的 FOX 正是依靠对公众关注的新闻事实加上适当的评价从而在市场竞争中挫败了靠"纯消息"吃饭的 CNN。上述事实告诉我们，电视新闻走向评论化无疑有着巨大的潜力。

世界各国的电视台都将新闻评论栏目安排在黄金时段，并以相对固定的名牌评论栏目树立起自身的声誉。中国电视新闻界的评论性栏目则出现得较晚。1980年 7 月 12 日，中央电视台《观察与思考》栏目开播，这是当时唯一的一档新闻评论栏目，它标志着中国电视史上第一个固定的新闻评论性栏目的问世。它融文字、音响、画面于一体，融现场采访与即时分析于一体，融各方人士议论与记者点评于一体，融纪实性与思辨性于一体。虽然当时的栏目形态还很不稳定和完善，但它的出现至少说明，中国电视新闻评论类栏目开始尝试着走自己的路了。

大规模的调查性报道的出现应该从 1993 年的中央电视台新闻栏目改版算起。1993 年 5 月 1 日,早间新闻栏目《东方时空》开始创办,其中的小栏目《焦点时刻》就是一个社会焦点类栏目,开始进行"时事追踪报道、新闻背景分析、社会热点透视、大众话题评说"。由于它是每天播出,扩大了报道的影响,同时培养了观众对此类栏目的收视心理。

1994 年 4 月 1 日中央电视台在黄金时间推出了新闻评论性栏目《焦点访谈》,这是我国电视新闻评论在实践领域的一次质的飞跃。《焦点访谈》把选题的标准定在"政府重视、群众关心、普遍存在"上,主要以对社会丑陋现象给予批评曝光为主,再加上放在黄金时段播出,在观众中,特别是在广大百姓中起到了一种酣畅淋漓的"解气"作用,由此这一尝试很快得到了观众的肯定。随即《焦点访谈》在全国迅速产生示范效应,各个省市电视台都在黄金时段上了同类型栏目。今天从中央到地方各个电视台的新闻评论栏目都十分活跃,如北京台的《今日视点》、河北台的《新闻广角》、湖南卫视的《新闻观察》等。

《焦点访谈》栏目以其敢于揭露社会不公正现象而在全国有着极高的声誉。在目前我国法治尚不健全的情况下,由于对司法机关的信心不足而越级上访,这时《焦点访谈》栏目就因为其特殊的轰动效应而成为他们的最佳选择之一,"包青天"的称谓也由此而来。的确,我们应当承认《焦点访谈》大量报道了社会的阴暗面,引发了社会舆论对这些不公正现象的广泛关注,从而为维护社会公正起到了一定的促进作用。然而我们也必须清醒地认识到,"《焦点访谈》本身并非国家机关,并不能行使国家权力,我们的新闻评论栏目也到了该卸下不该有的负担的时候了。"

正是在新闻评论类栏目遍地开花的氛围下,更大容量和深度的《新闻调查》应运而生,于 1996 年 5 月 17 日正式开播。它怀着"内容上突出故事性,通过调查使某一社会团体或某一个人有损公众利益的内幕得以曝光,形式上创造一种电视调查文体"的理想,成为中国电视新闻界第一个全力投入实践调查性报道的电视新闻栏目。

《新闻调查》报道的不是一个新闻事件单纯的发生、发展过程,它所记录和展示的,是如何通过各种各样的手段进入事实本身,从而一步步获取真相的过程。以电视调查文体为表现手段、以探寻事实真相为基本内容、以做真正的调查性报道为追求目标,这就是《新闻调查》。它始终坚持用事实说话的原则,这从其对记者的报道要求就可以看出来,"第一是事实,第二是事实,第三还是事实;第一是叙述,第二是叙述,第三还是叙述"。

开播初期,《新闻调查》的定位口号是"三性",即新闻性、故事性和调查性,一个《新闻调查》的选题，应该同时具备这"三性"。在确定调查选题的时候，会想栏目中有没有故事？有没有独特内涵？所选的新闻事件是否能反映出社会发展与变革当中的典型性？所调查的问题，公众是不是关心？

从1996年5月17日《宏志班》开始，在相当长一段时间内，《新闻调查》更多地从社会现象入手，进行主题化的探讨和思考。1997年以后，栏目进行调整，调整后的方向更多地从国计民生角度入手。1998年以后，《新闻调查》始终处在一个变动和调整的过程当中，由此出现了新闻专访类、记录跟踪类、问题追踪类等栏目样式。而到了1999年以后，《新闻调查》又有了新的调整，开始更多地从一个新闻事件入手进行思考和调查。

《新闻调查》的"新闻"，有时并不体现通常意义上的时效性，但往往有着厚重的时代感。经过若干年的实践探索，如今的《新闻调查》在选题上注重新闻性（社会热点问题）、广泛的大众关切度和足够支撑45分钟情节冲突的张力，从而"在重大新闻事件的主战场上"取得了骄人的成绩。仅以1998年播出的部分栏目为例，《大国的握手》《跨世纪的政府》《保卫荆江》《大官村里选村官》分别关注了1998年发生在中国的克林顿访华、政府机构改革、长江洪灾和中国基层民主制度改革等重大事件。

中国的电视新闻评论栏目在它起步时就受到了受众的欢迎，有了一个较高的起点。不过，总体看来，国内新闻评论类栏目的故事性还有待强化，对于电视新闻评论来说，要获得理想的传播效果，首先必须明确栏目是做给什么人看的，受众的状况又是如何，也就是传播学理论中所谓的"目标群体"。1997年8月，中国人民大学舆论研究在其所处的北京地区就电视新闻评论类栏目的收视情况进行了调查，结果发现"目标群体"有如下特点：女性；49岁以下者；高中以下文化程度者；在校生及"蓝领"。虽然这次调查对象主要是北京的观众，但从全国的范围来看，其结果同样具有参考价值。尽管电视新闻评论栏目的观众包含各种层次，但从中国人民大学舆论研究所的调查可以看出，电视新闻评论的"目标群体"主要还是那些文化层次比较低、理解能力相对较低、平均接受能力不太高的"群体"。面对这些特殊的"目标群体"，加强说故事的能力，把新闻细节化应该是此类栏目努力的方向之一；在选题上新闻评论类栏目要激起受众的收看期望，他们看栏目的时候，总是想看到没有从其他媒介上接受过的消息，或者至少是从其他媒介得到的很浅的消息。这就需要有一个专门的班子，努力收集原始信息，搞原创选题。但随着媒介资源垄断状况的弱化，以后的原创新闻会越来越少，所以独家的视角、独家的处理将会变得格外重要；还有，既然是新闻调查评论类栏目，《新闻调查》就应该把整个方向定位在追问、拷问、询问这"诸问"上，从而显出真实来，北京师范大学新闻传播学院执行院长喻国明先生的话来说，"在中央电视台整个栏目构造体系里应该突出拷问的特点，这不是揭露性的东西，不是舆论监督的东西，而是把人引向更深的地方。如果仅仅问题好看，这个事情特别有吸引力，大家关注，这不是《新闻调查》的选题，一定要有问题，有挖掘的余地，能够在各个层面上，通过问题的追问，使观众可以看到一些新的现象。"

此外，还有一点值得注意的是评论作为一种话语表达，只有在一种互动的过程中才能得以真正完成。对于同一新闻事件，人们会发表不同的看法，这些看法在他们的判断中可能发挥着重要的作用，这就需要我们的电视新闻评论栏目在各种评论的多向交汇中来架构观众的思考空间。

当电视评论栏目真正成了各方意见的集合时，其媒介意义和人文意义才能得到最大的实现。随着媒体制度的进一步开放化、独立化，相信电视新闻评论类栏目的全盛期应该还没有到来。

第四节　多平台快输出：短视频电视新闻节目

短视频是指长度以秒计数，时长在五分钟以内的视频，它一般通过移动智能终端进行拍摄和剪辑，并且依托社交媒体进行实时分享，是近年兴起的视频新形式。随着无线网络覆盖面的扩大以及移动数据流量资费的下降，用户逐渐接受短视频内容并且参与到制作和传播中。

短视频新闻即用短视频这一新形式来呈现新闻报道，是短视频技术在内容领域的衍生品。与短视频相比，短视频新闻有较强的新闻性：短视频新闻的内容与新闻高度贴近，是对新近发生事件的记录，包括公共领域的重大突发事件、网友们亲身经历的重大新闻现场、关注身边百姓生存环境、生活中的趣闻轶事、事先策划的各种网友试验、体验视频等。

短视频新闻的发展与 UGC（User Generated Content，用户生成内容）的崛起有着密不可分的关系。随着智能手机的普及，人们习惯于用手机随时随地记录身边的新鲜事，并且将之上传到社交媒体上与朋友分享，获得大家的关注。在新闻事件发生的当下，现场的围观群众能够迅速举起手机将现场的情况记录下来，这些视频因其时效性、现场感强在网络上广泛传播，主流媒体在报道的时候也会采用这些视频作为素材。在随后的新闻采编中，媒体为了抢得报道先机，也逐渐开始采用短视频作为报道形式，采编并发布短视频新闻。

一、新闻客户端短视频新闻的发展

（一）新闻客户端市场基本成熟

我国新闻客户端市场自 2008 年智能手机开始普及时萌芽，新浪推出"掌中新浪"，这可以看作手机新闻客户端的雏形。2011 年网易推出网易新闻客户端 1.0，随后其他门户新闻网站也相继推出新闻客户端，聚合类新闻客户端也开始出现。2013 年，新闻客户端借助移动互联网的发展浪潮和智能手机的普及，以其随时随地的新闻阅读方式、实时的新闻推送、丰富的资讯信息和新型的互动社交成为移动互联网时代主要的大众媒体。不仅各大门户网站纷纷投入大量精力抢占市场，传统媒体也从中看到了未来媒体的发展方向，各自推出了基于自身媒体平台的应用软件，新闻客户端市场成为移动媒体竞争的焦点。

在这一时期，门户网站凭着自身在互联网新闻信息发布和产品运营方面的经验积累在竞争中取得了较大的优势，迅速占领了市场。聚合类新闻客户端依托大数据挖掘分析用户使用习惯，从而为用户推荐个性化订制的内容，获得了一定的忠实用户群体。反观传统媒体，由于入局时间晚、缺乏互联网思维、技术能力有限，在竞争中表现不尽如人意。

2014 年开始，新闻客户端市场的竞争从内容竞争发展到包括技术、营销、版权等在内的全方位竞争。门户网站新闻客户端差异化竞争明显，新闻客户端由工具型应用向流量分发平台发展，商业化进程加速。人民日报、澎湃新闻等传统媒体的加入给新闻客户端市场带来了又一股强势力量。2015 年是手机新闻客户端爆发年，一大批原创新闻客户端竞相推出，直接在移动互联网上"厮杀"。如 4 月上线的"并读新闻"，8 月上线的"天天快报"，9 月上线的"无界新闻"和"九派新闻"，10 月上线的"封面新闻"，11 月上线的"上游新闻""交汇点新闻"和"猛犸新闻"，新闻客户端市场竞争日益激烈，差异化将成为制胜的法宝。2016 年下半年，中国手机新闻客户端用户规模为 5.9 亿人，增长率为 4.4%。整体上看，增速处于持续放缓阶段。新闻客户端的增长不再以获取新用户为主，而更多地进行精细化运营，提高用户活跃度和黏性，挖掘存量用户价值。

（二）短视频新闻日渐兴起

2015 年年初，短视频应用在手机应用商店下载量激增，"美拍""秒拍""快手"等短视频应用的用户数量呈井喷式上涨。2016 年，短视频内容爆发，网民纷纷通过短视频应用拍摄制作视频内容，特别是视频拍摄软件对口型视频拍摄功能在一众明星、网红的带动下，在社交媒体平台掀起传播高潮。3月，知名短视频内容制作者网红Papi酱获得了1 200万元的融资，接着是短视频制作团队"一条"获得亿元融资，让人们看到了短视频市场的无限潜力，也让部分媒体人看到短视频新闻的可能性，短视频新闻成为新闻报道的新趋势。

美国早在2009年就开始尝试以短视频的形式呈现新闻报道。2009年，AOL新闻频道前任总监吉姆·斯潘塞创办的短视频新闻网站Newsy上线，该网站发布多源短视频新闻，提供新闻分析服务，通过搜集当日新闻并把同一新闻事件的不同来源的报道剪切并组合起来制成一条2到3分钟的短视频，让观众在最短时间内全面了解新闻事件。随后，2012年，美国赫芬顿邮报联合创始人肯尼斯·莱尔创办了短视频新闻应用Now This News，迎合时下年轻人的碎片化阅读的需要，提供时长短、节奏快的短视频新闻。BBC在2014年推出了一项Instafax的短视频新闻服务。CNN也与Twitte了合作推出了"Your 15 Seconds Morning"的15秒短视频新闻资讯服务。

与国外短视频新闻实践相比，我国短视频新闻发展稍晚。2005年起，最早由优酷网、土豆网等专业视频网站推出了短视频。随后，2012年至2013年期间上线了美拍、快手、秒拍等短视频客户端，让国人对短视频有了新的认识，部分用户将生活中拍到的新鲜事上传到客户端中，部分视频引起广泛关注，部分新闻工作者看到短视频作为新闻报道新形式的可能。2016年11月，北京微然网络科技有限公司的资讯类视频平台"梨视频"上线，将自身定位为主打资讯阅读的产品，在世界各地建立强大的拍客网络，通过拍客搜集和制作新闻信息，大部分视频时长控制在30秒到3分钟，力求第一时间展现新闻事件中最精华的内容。

梨视频一经推出便广受好评，快速推动了短视频新闻的生产与传播，站在短视频发展的风口上，获得了大量投资，但很快也遭遇打击。2017年2月4日，北京市网信办、市公安局、市文化市场行政执法总队接到群众举报后，赴梨视频开展联合执法检查，责令其限期整改。原因是梨视频在未取得互联网视听节目资质、互联网新闻信息服务资质的情况下，以开设原创栏目、收集用户上传视频以及自行采编信息的方式大量发布时政类视听新闻信息，严重违反了《互联网视听节目服务管理规定》《互联网新闻信息服务管理规定》等法律法规。2017年2月10日，梨视频CEO邱兵在梨视频官方微信发布《劝君更尽一杯酒，醉了就看梨视频》文章，表示梨视频将从内容上做出较大调整，转型为关注年轻人生活、思想、感情的内容。

尽管梨视频的内容生产遭受打击，但也给了其他平台以及团队发展短视频新闻的机会，短视频新闻内容爆发，无论是媒体还是用户都已经接受和适应了短视频新闻的生产和传播。

二、短视频新闻的兴起原因

随着移动智能终端的普及和数据流量资费的下调，手机越来越成为人们生活的必需品，人们的吃穿、住、行等方面面都在向移动端转移。尤其是在出行时利用等公交坐地铁这样的闲暇时间进行阅读成为人们生活的常态，短视频新闻的出现正好适应了碎片化阅读的趋势。短视频新闻作为新闻报道的新形式，融文字、图片、视频为一体，内容丰富、信息量大，优势明显。

第一，短视频新闻制作简单、上传快捷。以梨视频为例，梨视频本身是短视频资讯分享平台，通过梨视频应用可以轻松制作短视频新闻内容，随时随地将身边的新鲜事拍摄并上传到平台上。短视频新闻的出现极大地降低了新闻视频的制作门槛，将以前只能由电视台等专业的传媒机构完成的工作简单化，让每一个使用手机的人都能参与到新闻视频的制作和发布中，拓宽了新闻信息源，让新闻视频的制作和发布更加快捷，增强新闻的时效性。

第二，丰富报道形式，能够全景式反映事件现场。短视频新闻突破了以往网络新闻采用"文字＋图片"的形式，经过剪辑后将文字、图片、声音、视频融合到一起，极大地丰富了报道形式和内容，将新闻现场的情况全面地反映给受众。特别是在重大事件报道中，短视频新闻的表现尤为出色。以 2017 年杭州保姆纵火案为例，澎湃新闻、新京报等媒体连续数日通过每次一分钟左右的短视频将受害家庭、犯罪嫌疑人、物业公司等各方的说法以及当下的状态全面地展现给受众，让受众能够完整地看到整个事件的全过程。

第三，视频时长短，满足碎片化阅读需要。在这个注意力稀缺的时代，人们习惯于利用等公交、坐车等闲散的时间获取信息，倾向于进行碎片化阅读。短视频新闻一般时长为一分钟左右，由于时长短，所以内容开门见山、直奔主题，没有多余的铺垫，第一时间将最有价值的信息呈现在受众眼前，让受众能迅速知晓事件的发生过程与结果，快速产生情感共鸣。

第四，转载便捷，便于通过社交平台传播。短视频在诞生之初就自带社交属性，如快手、美拍等短视频应用一开始就是基于微博等社交媒体进行传播的，在发展过程中积累了大量忠实的用户群体，培养了用户用社交媒体发布和转发短视频的习惯。当短视频新闻嵌入微博、微信和新闻客户端等应用，用户看到能引起情感共鸣的新闻视频便会自发地配上相应的文字转发到自己的微博或微信朋友圈，以便和朋友进行交流。通过这样的方式，极大地拓展了短视频新闻的传播次数和传播范围，提升了信息的到达率。

从传播学理论角度来看，在注意力稀缺、碎片化阅读盛行的数字时代，受众不愿浪费过多的时间在长篇大论的文字上。短视频的时长短、信息量大恰好符合受众的碎片化需求，基于使用与满足理论，人们更希望通过合适的媒介接收信息。同时，短视频的分享转发非常便利，也满足了用户的社交需求。

三、新闻客户端发展短视频新闻的必要性

（一）新闻客户端与短视频市场竞争面临较大压力

我国新闻客户端市场自 2008 年智能手机开始普及时萌芽，新浪推出"掌中新浪"，这可以看作手机新闻客户端的雏形。2011 年网易推出网易新闻客户端 1.0，随后其他门户新闻网站也相继推出新闻客户端，聚合类新闻客户端也开始出现，但早期的新闻客户端功能较少，多数是将门户网站的内容原封不动地搬到客户端上，新闻客户端无论是从界面设计还是新闻内容都与手机版网页相差无几。2013年，手机客户端用户规模迅速扩大，同质化现象愈发严重，各个新闻客户端开始对客户端功能进行调整，并加强对内容的建设。2014 年起，各大报业集团开始进入新闻客户端市场，利用自身强大的资源优势迅速成长，譬如上海报业集团推出的澎湃新闻，以优质的内容快速占领市场。当前新闻客户端市场已基本成型，无论是从内容生产还是运营盈利等方面，都已经有了较为成熟的模式。

从 2016 年下半年开始，新闻客户端用户增速放缓，市场相对饱和。新闻客户端市场发展相对成熟，同时有一些问题开始涌现，竞争愈发激烈。首先，当前新闻客户端内容同质化现象严重。由于商业门户网站新闻客户端和聚合类新闻客户端的新闻都是从其他新闻媒体转载而来的，自身很少或者几乎不生产内容，并且此类新闻客户端主打个性化推荐，所以每日推送的新闻大多相同，特别是当用户手机上安装了多个新闻客户端时，常有多个客户端同时推送同一条新闻的现象出现，令用户感到困扰。其次，用户忠诚度不高。据调查，多数新闻客户端用户曾在一年内更换过新闻客户端。特别是近年来新闻客户端市场竞争日趋激烈，各家新闻客户端为吸引客户使出浑身解数，从页面设计、新闻内容以及功能拓展等各方面入手，不断推出新形式新内容，因此用户容易被其他客户端吸引。此外，社交媒体对新闻客户端的冲击也不容忽视。社交媒体用户黏度相对较高，微信、微博等社交媒体分散了用户的注意力，用户一旦从社交媒体上看到了相关新闻信息，除非是特大的新闻事件，否则是不会再打开客户端去了解详情的。

同样的，短视频新闻的发展也遇到了瓶颈。首先是多数短视频新闻制作团队缺乏相应的新闻制作资质。根据我国《互联网视听节目服务管理规定》《互联网新闻信息服务管理规定》等法律法规的规定，在未取得相关资质的情况下，任何机

构不得擅自从事互联网新闻信息服务、互联网视听节目服务。这也是梨视频受到调查被责令整改的原因，部分短视频制作团队调整发展策略，改为拍摄生活资讯类短视频，讲述家长里短的民生新闻，关注生活中的情感、思想等，虽然在一定程度上解决了这个问题，但是在某些生活资讯的报道中含有部分时政类信息，有打擦边球的嫌疑。

其次是内容把关的缺失，除却梨视频等有专业团队对内容进行把关的平台外，部分平台如微博、微信发布短视频资讯缺乏预先审查，所以部分虚假、夸张、恶意博眼球的短视频在平台上广泛流传，当相关责任方注意到并删除该视频时，已经造成了不良影响。由于把关的缺失，短视频新闻的娱乐化也成了不可避免的现实。为了博眼球，部分制作者会故意设置一些色情、暴力、低俗的标题，新闻内容选取猎奇的事件、追逐公众人物的花边新闻，以获得点击率。

最后，是受众黏度较小，品牌忠诚度不高。短视频的生产与传播本身比较依赖于生产者的名气，当前网络上转发量大、传播广泛的Papi酱等网红的短视频内容能够长久的得到关注，很大程度上得益于内容生产者的知名度，人格化定位，形成了很强的用户黏度，基于情感和信任形成商业价值。短视频新闻无法像娱乐资讯一样专注于人格化定位，所以受众黏度小，受众容易被其他平台的优质内容吸引走。

（二）新闻客户端发展短视频新闻的意义

由新闻客户端来开展短视频新闻业务对于新闻客户端和短视频新闻本身都具有重要的意义。当前，短视频新闻作为新兴的新闻表现形式以其便于采编、传播便捷、传播范围广、传播速快以及信息量大等特点广受新闻工作者和受众的喜爱，特别是一些突发事件中，短视频新闻能够直观地将观众带入事件现场，详细地讲清楚事件发生的过程。但多数短视频内容生产团队与部分平台缺乏相应的资质，内容缺乏有效的把关，以及精品内容的缺失在一定程度上限制了短视频新闻的发展。

将短视频新闻作为新闻客户端的发展重点，能够拓展客户端新闻的表现形式，加强新闻的感染力，加快新闻的传播速度，同时在一定程度上保证了新闻的客观性和真实性。此外，在新闻客户端普遍存在同质化现象严重、用户忠诚度不高、其他平台冲击等问题的情况下，新闻客户端亟待拓展特色业务。发展短视频新闻有利于打造新闻客户端品牌的核心竞争力，通过塑造短视频新闻品牌，拓展客户端自身的影响力和舆论引导力，拓展用户群，增强用户黏度。

（三）新闻客户端发展短视频新闻的前景

新闻客户端发展短视频新闻相较其他平台而言具有以下几点优势：其一，新闻客户端本身在发展过程中积累了庞大的用户群，阅读惯性会使得用户对客户端中的短视频新闻有点击观看的行为，从而为短视频新闻增加阅读量，培养用户观看短视频新闻的习惯。其二，以腾讯新闻客户端为代表的商业门户网站新闻客户端新闻传播速度快，二次传播渠道广泛，多数用户在客户端上看到有趣的新闻会主动通过微博、微信等社交媒体进行分享，相应的，新闻客户端上的短视频新闻也能依托客户端本身的影响力得到广泛传播。其三，以人民日报、澎湃新闻客户端为代表的传统媒体新闻客户端本身拥有专业的新闻采编团队，他们不仅在新闻视频的录制剪辑方面具有丰富的经验，而且对于网络新闻的传播有着较强的感知力和把控力，这样的专业团队做出来的短视频新闻优质且富有传播力，能获得良好的传播效果。

所以，在短视频新闻大热的背景下，各个新闻客户端为了吸引新用户、增强老用户黏度，无论是门户网站新闻客户端、传统媒体新闻客户端或聚合类新闻客户端都推出了短视频新闻专栏。根据各个客户端所属类型和自身定位的不同，其短视频新闻板块也各有特色。

四、新闻客户端短视频新闻发展现状

为了对新闻客户端的短视频新闻的发展状况进行全面的了解和分析，笔者根据速途研究院发布的 2017 年上半年新闻资讯类 App 下载量统计排行表，分别选取每一类新闻客户端中排名靠前的新闻客户端，以及新华社"15 秒"视频新闻客户端，从各个方面对其进行分析和对比，以了解当前我国新闻客户端短视频新闻的发展现状，并探析出各个新闻客户端短视频新闻发展的特色与不足。

（一）门户网站与聚合类新闻客户端的短视频新闻

门户网站中下载量排名前三的分别为腾讯新闻客户端、网易新闻客户端以及搜狐新闻客户端，都在主页底部分别设置了视频选项，视频板块就是短视频新闻专栏，该专栏下设直播、国际、综艺、汽车、影视、军事、体育、科技等多个子板块，均有各个自媒体账号上传短视频资讯，其中网易新闻客户端、搜狐新闻端的短视频板块更偏向于生活娱乐资讯，真正意义上的短视频新闻内容较少甚至没有。但是除了视频新闻板块外，在新闻板块中，多数新闻页面里也会插入短视频新闻以补充新闻的报道内容。

真正涉及时政新闻报道的仅有腾讯新闻客户端的短视频新闻之国际板块。该板块由"我们视频""未来网军事""央视新闻"以及"澎湃新闻"等企鹅号视频自媒体上传的短视频新闻组成，实时更新世界各地的短视频新闻。用户每次刷新都会有新的短视频内容推送，信息量丰富。

由于腾讯新闻客户端本身不生产短视频新闻，所以各个企鹅号自媒体推送的短视频新闻直接影响到腾讯新闻客户端视频板块的质量。腾讯公司每周都会对企鹅号视频自媒体进行排名，对各类企鹅号的播放量、互动情况以及视频质量进行评估，其中"我们视频"长期居于榜首。"我们视频"是由腾讯与新京报合作打造的视频新闻项目，于2016年11月上线。"我们视频"专注于新闻直播与新闻视频，并且主要报道时政新闻、社会新闻以及突发事件等。新闻事件通过新京报专业采编团队在现场进行直播、录制，通过腾讯公司下属的腾讯新闻客户端、天天快报客户端以及腾讯视频等平台进行传播。结合新京报专业的新闻采编能力与腾讯有力的传播平台，"我们视频"将网络视频新闻做得非常出色。据统计，"我们视频"上线一年间，生产短视频新闻5 000多条，在腾讯单一平台的累计播放量达到30亿次。日均生产短视频新闻30条，播放量达2 000万之多。在企鹅号发布的企鹅号自媒体媒体人文榜中，长期高居榜首。

聚合类新闻客户端中排名前三的今日头条新闻客户端、ZAKER新闻客户端以及天天快报新闻客户端情况与门户网站新闻客户端的情况类似，在页面底部均有视频专栏，但是由于自身不生产新闻，所以该页面均由其他自媒体发布的短视频内容构成，内容偏向生活娱乐资讯，不含社会时事类新闻，没有短视频新闻内容，所以不列入研究范围。

（二）传统媒体新闻客户端中的短视频新闻

传统媒体新闻客户端中下载量排名前三的分别为人民日报新闻客户端、新华社新闻客户端以及澎湃新闻客户端，它们在客户端中均单独列出视频新闻板块，并且多数短视频新闻为原创内容，质量高、播放量大，在下文中，笔者将会对这三个新闻客户端进行集中分析。

首先是人民日报客户端，该客户端是人民日报响应中央推动新媒体与传统媒体深度融合的要求推出一款客户端，客户端定位为"有品质的新闻"。人民日报新闻客户端自上线以来，通过几次较大的改版升级，对客户端进行功能、结构、后台等调整，凭借人民日报遍布世界各地的强大采编网络，融合汇聚新闻内容，第一时间发布并传播权威资讯，引导新闻舆论，用一流的新闻内容给予用户优质的体验，为用户做有品质的新闻，成了当前移动端中极具公信力和影响力的新闻门户。

其次是新华社客户端，其新版客户端于 2015 年 6 月 8 日由新华社发布上线，该客户端定位为新华社移动门户和新媒体旗舰，力求打造我国最大的党政客户端集群入口和综合信息服务平台。新华社作为我国的国家通信社，其采编实力不容小觑，原创新闻是新华社客户端的立端之本，旗下三千余名记者遍布全球的新闻现场一线，每天采编原创新闻上万余条，内容涉及财经、体育、科技、政治、文化等多个领域，对重大时政新闻、社会热点事件以及突发事件进行详细报道。同时，客户端运用"身份识别"技术，精准匹配用户，为用户推送其感兴趣的新闻，实现精准传播。为了将客户端打造成全国党政客户端的统一入口，新华社将全国各地的党政客户端集群融入新华社客户端的本地频道中，并且加入天气预报和水电缴费等便民服务，让用户能够通过新华社客户端查询本地政务信息、收看本地新闻、充值水电等生活资费。

最后是澎湃新闻客户端，澎湃新闻客户端是上海报业集团的融媒体实践，该客户端于 2014 年 7 月上线。主打时政新闻与思想分析，生产并聚合中文互联网世界中优质的时政思想类内容。澎湃新闻结合互联网技术创新与新闻价值传承，致力于新闻追问功能与新闻跟踪功能的实践。澎湃新闻有网页、Wap、App 客户端等一系列新媒体平台。比较有影响力栏目，如中国政库、中南海、打虎记、人事风向、舆论场、知识分子等。

1. 短视频新闻专栏设置情况

（1）人民日报客户端

人民日报客户端主页底部是"新闻""直播""政务""我的" 4 个子栏目，并未设置视频新闻专栏。但在"新闻"板块的顶部栏列出"闻""评""问""报""听""图""视""帮"等多个专栏选项，其中"视：影像"板块即为视频新闻专栏，每日不定时发布短视频新闻，视频的右上角会有标志注明该视频的来源。除此之外，没有其他选项指向短视频新闻专栏页面。

相比之下，人民日报客户端更加注重直播板块，在主页底部特别开辟了直播专栏，在新闻现场或演播室直播热点新闻事件，并邀请用户参与讨论。直播结束后，相关的录像会保存下来方便用户进行回放，在该页面上还会有时间流程图向用户解说每一个片段分别讲了哪些内容，让用户能够对视频内容有大致的了解。

进入短视频新闻播放页面，视频播放页下方会有一行字显示该新闻视频的标题，并标注视频发布的日期和具体时间以及该视频的播放量。页面底部则是"评论""分享"以及"更多"三个选项，单击"评论"可以对该视频进行评论发布自己的看法和感想，单击"分享"可以通过微信、QQ、新浪微博以及复制链接方式将该视频进行转载和传播，单击"更多"可以对视频收藏或点赞。上下滑动该页面可以跳转到前一条或后一条新闻视频，不必退回上一个界面就能自由跳转视频，减少了操作步骤。

（2）新华社客户端

新华社客户端底部设有"首页""视频""图片"我的4个子栏目，其中"视频"选项即为新闻视频专栏。新华社客户端将视频板块分出"新华视频""CNC 视频""新视频""短视频""城市会客厅"以及"我要去创业"6个子板块。新华视频板块发布由新华社自制如《吃货漫游记》《新华微视评》《健康解码》等专题系列节目。《吃货漫游记》探索城市中不为人知的隐藏美食，为用户测评店中美味，视频时长5分钟左右，在视频播放页面还会用文字对美食店铺、招牌菜肴进行介绍，方便用户获取相关信息。《新华微视评》则是运用互联网思维选用全社会关注的新闻话题和社会现象，邀请权威人士对该话题进行分析和点评，通过这样的方式引导社会舆论，传递正能量。《健康解码》则关注社会上备受关注的健康、保健、医疗、养生等各方面的问题，邀请学界的专家、教授以及医疗机构对问题进行系统的回答，以三维动画的方式将答案呈现出来，为观众答疑解惑，传播健康知识。

CNC 视频板块发布由新华新闻电视网采编的世界热点新闻报道，该板块设有《瞬间看世界》《发现老人》《习近平的足迹》等专题节目。《瞬间看世界》节目每日通过发布60秒的短视频新闻讲述当日世界各地的热点新闻。《发现老人》则是每一期探访一位老人，讲述老人不同寻常的经历和梦想，关注老人的精神世界。《习近平的足迹》则是通过报道习近平的重要发言与访问事迹，解读并传达习近平讲话精神，倡导广大人民践行两学一做。该板块主要发布新华新闻电视网自采自编的新闻报道，满足用户的信息需求，帮助用户开阔眼界。

新视频板块发布由新华社音视频制作的新闻视频，该板块主要由全国各地的实时新闻以及新华社音频制作部的专题节目《新华视点》构成。《新华视点》是由新华社音视频部与黑龙江卫视合作的一档电视新闻节目，通过整合二者的优势报道资源，聚焦国内外社会生活中的热点、焦点、疑点，第一时间深入第一现场采集一手素材，对新闻事件或社会现象进行深度访问和调查，了解事件发生的前因后果，并且加入新华社电视评论人对新闻事件的点评，联系专家或政府部门相关负责人对事件进行权威解读，是一档深度报道节目。新华社客户端的《新华视点》延续了电视节目的制作风格，将节目浓缩成5分钟一集的短视频节目，更加关注社会人文热点。

短视频板块则不发布新华社原创新闻，而是截取各省市电视台的新闻节目进行发布，该板块视频发布量与发布频率较大。比较有特色的是每日截取各电视台新闻节目的内容提要，方便没时间观看电视新闻的用户在最短的时间内了解当日的新闻热点。

城市会客厅板块与我要去创业板块分别是发布新华社客户端的原创新闻节目《城市会客厅》与《我要去创业》。《城市会客厅》主打"打造城市名片传播主流声音",通过主持人与各行业的专家或权威人士进行对话,让用户了解各行业的声音。《我要去创业》通过报道创业相关新闻、采访创业成功人士,讲述创业的故事,讲解创业培训、产品研发、运营模式等各方面的先进经验,供广大创业者参考。

点击进入短视频新闻观看页面,不仅有短视频新闻标题与发布时间,还会有一段话对短视频新闻的内容进行简单介绍,用户可以根据简介内容考虑是否继续观看该视频。特别是《瞬眼看世界》栏目,将视频中的每一个新闻事件都截图并配上文字说明,让用户即使不看视频也能了解到该视频讲述了什么新闻事件。点击该页面下方的分享按钮,可以将该视频分享到微信、QQ、新浪微博等社交媒体,也可以通过短信或邮箱的方式发送给别人。除"短视频"栏目外,其余栏目的新闻视频都可以通过页面底部的评论按钮进行评论。在视频观看页面不能上下滑动以翻看下一条新闻视频,只能退出观看页面返回上一层才能点击下一条新闻进行观看。页面下方会有题材类似的新闻视频推荐。

(3)澎湃新闻客户端

澎湃新闻客户端主页底部有首页、视频、问政、问吧以及我的四个选项,其中视频即短视频专版,另外,在客户端首页向左滑动屏幕,也能进入短视频页面。该板块下设14个子板块,分别是"上直播""@所有人""温度计""一级现场""围观""七环视频""大都会""追光灯""运动装""键寻记""城市漫步"以及"中国政前方"。

"上直播"为澎湃新闻自创的直播加录像栏目,主打拉近受众与现场的距离,实时直播热点新闻事件,对于已经直播过的新闻,将录像保留在该页面上,并且配上相应的图文内容。区别于以往的直播节目,澎湃新闻的上直播板块的直播新闻突破了时间的限制,一方面将已经直播过的节目转为录像的形式保存在原直播页面上,另一方面将节目内容采用图文结合的方式呈现在视频页面下方,标记了几分几秒的时间,该段视频的大概内容。对于不便于定时上线观看直播或在观看直播的过程中被打断的用户,这样的设置可以方便他们随时回到客户端观看新闻直播;对于无暇观看新闻视频的用户,直接浏览视频下方的图文,也能了解新闻的主要内容。

"@所有人"则是澎湃新闻视频聚合功能的体现,该板块主打"24小时新闻现场"。该栏目实时更新各地区的时事新闻视频,视频素材源自新华社、各地广播电视台及其他网络媒体,由澎湃新闻进行二次编辑并传播。视频播放页下方,澎湃新闻会采用文字的方式对新闻内容进行大致描述,用户可以先点进该视频的页面，通过阅读下方文字了解视频的大致内容，再决定是否要观看该视频，节约了用户的时间。"温度计"是澎湃新闻推出的原创民生新闻栏目，通过记者对新闻事件进行调查与暗访，深度挖掘事件发生的前因后果，还原事件真相，记录民心冷暖，推动相关问题的解决。由于"温度计"主打的是新闻原创，所以该板块中的所有新闻视频均是澎湃新闻自采自编是。选题侧重于民众生活，在视频中记者注重倾听新闻当事人的声音，让受众能够全面客观地了解新闻事件。

"一级现场"是财经新闻视频专栏，该板块主要发布原创类财经短视频，向受众发布即时的财经现场新闻，对财经事件进行独特解读，上传财经大佬的实时动态以及其他财经新闻等相关内容。该栏目视频不完全为原创，部分新闻视频素材来源于网络或者其他电视台，由澎湃新闻进行二次编辑和发布。"澎湃"栏目类似于"@所有人"栏目，也是聚合新闻视频栏目，但不同点在于该板块为世界新闻板块，发布的是世界各个国家和地区的实时新闻动态，用短视频记录当下世界各地的重大事件和热点新闻，用镜头语言讲述全球各国最新最潮的故事。该栏目中的新闻视频也是取材于新华社、美联社等世界级通信社以及其他网络媒体，选题广泛且涉及时政等各个方面，实现了新闻的全球化。

"湃客科技"为科技新闻视频专版，该板块将目光聚焦到全世界科技前沿及著名企业，采集全球各科技公司最新发布的科技成果，把新兴科技通过多元化的方式呈现出来，将最新的科技成果和新兴科技企业介绍给用户，挖掘科技背后的故事。"围观"栏目则是主打人物新闻，通过走近大时代下的小人物，了解他们的生活，感受他们的喜怒哀乐，以媒体的力量推动社会进步。该栏目主要由澎湃新闻自采自编，部分视频素材为网络素材或由新闻当事人提供。该栏目还制作了《澎湃中国年》《新时代新青年》等专题节目，分别关注百岁老人和各行各业的优秀青年等，传播社会正能量。"七环视频"栏目不满足于琐碎的片段，做有态度的新闻视频。该栏目的新闻视频由澎湃新闻通信员采编，关注全国各地的热点事件和热点人物，侧重于民生新闻。"大都会"栏目主要发布上海本地的新闻视频，关注上海的最新热点，解读社会新鲜事。两会期间，该栏目还推出了澎湃新闻上海两会报道组制作的《澎湃面面观》系列节目，通过与上海两会代表面对面交谈，讨论民生等方面的问题。

"追光灯"栏目为文化新闻专栏，该栏目主要发布关于文化、演出、影视、综艺、艺术等方面的新闻、资讯、热点话题和人物的短视频。其中包括与作家、画家、歌手、演员等文艺人物的面对面访谈，文艺演出的最新消息以及博物馆等文艺建筑的探访视频等。"运动装"栏目为体育新闻专栏，该栏目属于聚合新闻栏目，新闻视频多数来源于其他网络媒体。"健寻记"栏目主讲养生新闻，该栏目以澎湃新闻原创节目为主,通过邀请专家对医学、养生等相关知识进行讲解,让普通人了解养生保健的方法。"城市漫步"栏目属于纪录片专栏,专门发布纪录片以研究地方、群体或个人,记录城市的变迁,把握城市发展的脉络。"中国政前方"为澎湃政治评论员的政治观察脱口秀专栏,是澎湃新闻原创的一档时政类新闻脱口秀栏目,通过对时政新闻进行分析和深度思考,观察中国政治问题背后的动向。

点击进入澎湃新闻视频观看页面,除了有视频标题还有该短视频新闻的内容简介,下方还有相关新闻视频推荐。点击页面底部的对话框可以对该新闻视频进行评论或点赞,并且可以通过分享按钮将该新闻视频分享到微信、微博、QQ以及豆瓣等社交媒体。在视频观看页面不能通过上下滑动的方式切换新闻视频,只能通过退出观看页面返回上一层再选择其他视频。

2. 短视频新闻发布情况

(1)人民日报客户端

笔者随机抽取了该客户端一个月内发布的短视频并对其进行统计,该客户端发布的新闻视频的来源有人民电视、人民V视所制作的新闻视频以及部分电视台如CCTV13、安徽卫视、辽宁卫视的新闻节目片段,视频时长在30秒至5分钟之间,一般不超过3分钟。日均发布短视频新闻5条,短视频新闻点击率在3 000至50 000之间,多数为10 000上下。如表4-1所示。

表4-1　2018.1.1~2018.1.31期间人民日报客户端播放量前十的短视频新闻统计表

发布日期	发布时间	短视频新闻标题	播放量	评论数	来源	视频长度
1.04	12:59	坐过站下车被拒男子辱骂司机致车祸	63 173	649	澎湃	0:57
1.25	14:00	高铁工人首为中国高铁代言	50 579	7	人民V视	1:57
1.23	14:59	中国学霸拍摄化学反应视频	24 232	16	人民V视	6:32
1.01	8:11	2018年1月1日天安门广场升国旗仪式	24 226	8	CCTV1	8:33
1.24	14:00	高铁为他停靠三分钟这一次没人反对	22 637	16	人民V视	1:06

发布日期	发布时间	短视频新闻标题	播放量	评论数	来源	视频长度
1.25	13:58	壶口瀑布银雪万里	22 507	0	人民 V 视	0:47
1.25	16:44	历史上今天的人民日报：重点中小学大规模问世 40 年	22 315	0	人民电视	2:31
1.25	16:47	无名航天英雄	22 116	9	人民电视	5:08

2018 年 1 月 1 日至 1 月 31 日这一个月期间，人民日报客户端共发布短视频新闻 142 条，其中播放量排名前十的短视频新闻分别源自澎湃、秒拍、人民 V 视、CCTV1 以及人民电视。排名前三的三条短视频新闻虽然播放量达数十万之多，但值得注意的是，这个数据不仅仅是人民日报客户端这一个平台上的播放量，还包括在澎湃新闻客户端或秒拍客户端上的点击量，所以通过人民日报客户端点击该视频的播放量实际上并没有这么多。剩下的 7 条高点击率的新闻视频中，有 6 条都是人民 V 视或人民电视出品，这说明用户对于人民日报原创新闻视频的认可度较高。同时也要注意到，虽然这些短视频新闻的播放量高，但是整体评论数量偏低，与其视放量不成正比，该板块互动率偏低。

此外，该板块周一到周五每天都会发布一条《历史上今天的人民日报》视频新闻，时长约为两分半钟，对历史上的当日人民日报所发布的重大新闻进行回顾，趣味性较强，平均播放量较高。

（2）新华社客户端

笔者对新华社客户端 2018 年 1 月 15 日至 2 月 15 日期间的短视频新闻发布情况进行了统计，发现新华社客户端短视频专栏的 6 个栏目视频的更新频率差异较大。如表 4-2 所示。

表4-2　2018.1.15~2018.2.15期间新华社客户端各栏目视频新闻更新统计表

栏目名	栏目订阅数	视频更新数	最高评论数	用户聚焦度最高新闻	最高浏览量
新华视频	2 845	18	9	2.7——《吃货漫游记》年轻的云南味道（5：31）	328 674

栏目名	栏目订阅数	视频更新数	最高评论数	用户聚焦度最高新闻	最高浏览量
CNC视频	5 491	122	1 600	1.31——春运报道 |"方便"在途（5:18）	1 141 097
新视频	4 429	320	2 400	2.6——记者体验！乘高铁去平昌（2：06）	435 187
短视频	340	16 926	无	无	无
城市会客厅	147	5	14	1.23——《城市会客厅》专访景津环保股份有限公司懂事长姜桂廷（5:27）	995 537
我要去创业	310	2	5	1.19——"青创100"：培育广东红色青年创业领袖（2:15）	951 477

新华视频栏目在这个月期间共发布短视频18条，其中专题视频《新华微视评》更新4条，《吃货漫游记》更新5条，该栏目中的这两个专题视频栏目较受欢迎，整体浏览量与评论数比其他新闻视频的高，用户聚焦度最高的新闻也是出自《吃货漫游记》栏目。CNC视频栏目更新视频122条，日均更新约4条，用户聚焦度最高的视频节目是CNC春运系列报道节目之一，评论数达1 600。新视频栏目更新视频320条，日均更新约11条，用户聚焦度最高的新闻为新华社音频部原创的记者体验乘高铁去平昌，评论数达2 400。短视频栏目更新新闻16 926条，日均更新500余条，该栏目24小时实时更新，截取各个电视台的新闻节目片段，所以视频量极大，是所有栏目中更新频率最高的。但该栏目中的所有新闻视频均不能添加评论，所以该栏目的新闻无评论。由于更新量大，更新快，因此整体浏览量也相对平均，没有哪一个视频浏览量特别高。城市会客厅栏目仅发布短视频5条，用户聚焦度最高的是专访景津环保股份有限公司董事长姜桂廷的视频，虽然评论数仅为14条，但该视频浏览量近百万。我要去创业栏目发布短视频2条，用户聚焦度最高的视频也拥有近百万浏览量，但评论仅5条。

我们通过该表可以看出，新华社客户端短视频专栏的6个栏目在栏目订阅数、视频更新数以及单条视频的最高评论数等方面差异较大，新闻报道类视频更受用户关注，互动率更高，原创访谈节目虽然评论数较低，但浏览量不逊于其他短视频。

（3）澎湃新闻客户端

笔者对 1 月 15 日至 2 月 15 日期间澎湃新闻客户端短视频新闻发布情况做了统计，在这一个月期间，更新频率最高的是 "@ 所有人" 栏目，总共更新视频 589 条，日均更新 19 条，用户聚焦度最高新闻能拥有 9 000 以上的评论数。其次是 "World 湃" 栏目，共更新视频 100 条，日均更新约 3 条，但用户聚焦度最高的新闻评论数为 1 000 多，与 "@ 所有人" 栏目相比差距较大。再次是 "七环视频" 栏目，共更新短视频新闻 81 条，用户聚焦度最高的新闻评论数也仅为 1 000 多。其他栏目新闻视频更新量更低，不少栏目月更新量不超过 10 条，用户聚焦度最高的新闻评论数不超过 1 000。"中国政前方" 政治观察脱口秀栏目在这一个月期间甚至没有更新视频。如表 4-3 所示。

表4-3　2018.1.15~2018.2.15期间澎湃新闻客户端各栏目新闻更新统计表

栏目名	更新视频数	最高评论数	用户聚焦度最高新闻
上直播	27	9 800	2.10——19 岁小伙骑摩托车千里风雨回家，只为春节一家团聚（32:58）
@ 所有人	589	9 100	1.25——百余学生校内跪拜父母，校方：民族传统（1:28）
温度计	9	1 300	2.01——守工地老人睡露天钢管，还被欠薪 5 万元（2:50）
一级现场	25	1 000	1.20——大佬的新年首演：马云唱京剧雷军炫舞技（2:05）
湃客科技	31	546	1.25——世界首对克隆猴在沪诞生，月底迎第三只（1:10）
World 湃	100	1 100	1.15——惊险时刻：印尼证交所二楼塌陷瞬间（1:12）
大都会	13	138	1.26——上海地铁惊现蛤蟆功？拍这个的主播被拘（0:20）
围观	11	593	1.30——与纸片人恋爱：你我本无缘，相逢全靠钱（6:50）
七环视频	81	1 500	1.29——传菜电梯突运行，18 岁服务员被夹身亡（1:17）

栏目名	更新视频数	最高评论数	用户聚焦度最高新闻
追光灯	19	153	2.04——取经回来32年，《西游记》剧组再聚首（6:42）
运动装	27	128	2.07——纪录收割机！苏炳添又为中国人长脸了（1:33）
健寻记	6	125	1.20——大寒：一碗腊八粥，岁有大寒知（2:14）
城市漫步	7	706	2.11——老漂族：孩子大一点了，我就回老家（4:12）
中国政前方	0	无	无

（三）客户端短视频专栏与官网对比情况

1. 人民日报客户端

人民日报除了客户端以外，还拥有自己的官方网站——人民网。人民网顶部的选项栏以及页面中均有视频新闻选项以及视频新闻板块，点击即可进入视频新闻专栏。人民日报官网的视频板块即为人民电视专版。人民电视是人民网2010年3月开播的官方视频新闻频道，视频内容以新闻为主，同时包含娱乐、体育、生活、文化以及社会等各方面的综合内容，并且拥有多个专题节目。顶部划出首页、节目、资讯、访谈、专题以及微视频6个选项，页面规划出头条、滚动新闻、要闻、24小时、一周最热、新闻15分、直击现场等多个子板块，各板块的属性不同，会不定时更新视频。

与客户端相比，官方网站视频专页更为全面，分类更丰富、更详细。以官网视频专页的要闻板块为例，该板块还细分出国际、中国台湾、时政、军事、社会、娱乐、滚动以及资讯6个子板块，用户可以根据自己的需要选择感兴趣的板块。新闻15分板块包含国内外新闻，并且具体细分到美国、日本、韩国等多个国家以及全国各省市，一方面可以最大限度满足受众的需求，另一方面也能尽可能地贴近受众的生活。

此外，在春节等重要时间节点，人民电视推出了"中国年味"专题，由人民拍客上传与过年美食相关的小视频诉说各地的"年味"，讲述腊肠、黏豆卷、小豆包、饺子以及年糕等春节美食的故事，寄托浓烈的思乡之情与浓厚的亲情，传承中华传统文化。另外，人民电视官方网站推出网络媒体走基层视频专题"回乡的路"，由人民电视的专业采编团队对春节回乡路上的人们进行采访，了解返乡乘客、火车站售票员、桥隧围护工等人物的故事，赞扬基层工作人员甘于奉献的优秀品质。

我们通过比较发现，人民电视官方网站每日更新的短视频新闻的数量远远大于人民日报客户端"视：影像"板块短视频新闻的每日更新数量。人民日报客户端"视：影像"板块每天仅选取部分短视频新闻发布，无论是在栏目设置、专题节目上还是在视频更新上，人民日报客户端并没有将人民电视的优质内容体现出来。

2. 新华社客户端

从击新华社官网可以进入新华视频官方网站，新华视频官网主页设有今日热播、新华出品、无人机、直播、纪实、军事、娱乐、体育、财经、搞笑等多个板块，各板块的属性不同，会实时更新视频新闻。

新华视频官网与新华社客户端短视频专栏板块的设置截然不同，新华视频官网更倾向于根据视频的主题与内容的不同进行板块分类，而新华社客户端短视频专栏则倾向于根据视频发布者的不同进行板块分类。值得一提的是，新华视频官网还为新华微视评专题节目单独做了专题页面，分出食品安全、无人机、大健康、动漫、体育、前沿科技等子板块，以方便观众快速查找和观看自己感兴趣的节目。

受版面大小的影响，新华视频官网与新华社客户端短视频专栏相比，分类更为细致，内容更为丰富，每日新闻视频更新量更大。新华视频官网的每个板块中的多数优质内容都会同步发布到新华社客户端上，让用户在客户端上观看到海量优质短视频新闻。

3. 澎湃新闻客户端

由于澎湃新闻本身就是媒体融合的产物，所以澎湃新闻网与澎湃新闻客户端无论是在页面设计、栏目设置、专题节目方面还是在新闻更新方面，差别不大。澎湃新闻网视频专栏和澎湃新闻客户端视频专栏都是同步更新的，二者的区别在于由于澎湃新闻网版面较大，视频专栏单页显示短视频新闻的数量更多，不用点击进入新闻视频播放页面就能看到新闻视频的内容简介，其他方面别无二致。

五、视频新闻客户端中的短视频

当前，除了大多数新闻客户端在客户端中推出视频新闻板块，还有媒体推出了专门的视频新闻客户端，如新华社推出的"新华15秒"客户端。据百度百科介绍：新华15秒作为新华社下属电视媒体新华网络电视打造的全国首款超短新闻视频客户端，为迎合用户观看习惯，主要推送超短视频新闻。该客户端通过运用新华社遍布全球的新闻报道网络及时整合权威新闻报道，结合国内外资深媒体独到深刻的观点，以让用户轻松观看到短视频新闻，填补了国内视频新闻客户端市场的空白。

新华网络电视打造视频新闻客户端有着得天独厚的优势。2010 年正式上线的 CNC 新华网络电视作为新华社电视新媒体、CNC 网络互动媒体，有着遍布世界各地的专业采编团队和基于视频流媒体及云端内容的服务技术，能够面向国内外高端受众，以全球视角及时、准确、权威地报道国内外时政、财经等多个领域的重要新闻。CNC 新华网络电视在新闻内容上高效、丰富地集纳全球资讯，并以权威视角、深度解读为亮点，打造了《新华视点》《环球直播》以及《新华纵横》等品牌栏目。所以，新华网络电视顺势将业务从 PC 端拓展到手机端，推出了视频新闻客户端——"新华 15 秒"。

（一）视频新闻页面设置

新华 15 秒客户端作为专业视频新闻客户端，与其他新闻客户端相比，页面设计较为简单。由于该客户端中有且仅有视频新闻，所以它在栏目设置上根据不同的新闻视频内容推出了"秒视""直播""技术宅""原创""人物""中国""环球""文娱""生活""萌宠""体育""笑画"以及"漫说"等 13 个专栏，用户可以自行对其进行排序和增减。同时为了更好地迎合用户需求，新华 15 秒客户端推出了频道定制功能，用户可以在频道定制页面中输入四个文字以内的关键词如"特朗普""朴槿惠""大选"以及"百科"等，形成自己的专属频道。通过专属频道实时关注自己感兴趣的新闻视频，追踪相关新闻事件的发展动态，避免错过任何一次新动态。

"秒视"板块每日实时更新新华社和新华新闻电视网制作的国内外新闻视频。该板块每日都会发布新华新闻电视网制作的《瞬间 60 秒》专题新闻节目，以 1 分钟的时间报道当日的热门新闻事件，该节目每十秒讲述一个新闻，分为国内版和国际版，充分贴合了观众碎片化阅读的需要。"技术宅"板块则专门发布科技类短视频新闻，报道当前世界上最新的科学技术或相关技术在现实生活中的应用情况，带领观众在短短几分钟内探秘科学技术。"原创"板块主要发布新华网络电视原创的视频。"人物"板块更新的是对各行各业人士的采访，短短几分钟的采访展示了受访者的生活好和工作状态，并表现了对受访者优秀品质的赞美。该板块会根据时事热点选择不同的采访对象，如春运期间会选择运输行业的相关工作者，两会期间选择两会代表。

"中国"和"环球"两个板块分别更新国内和国外的时政类新闻视频。"文娱"板块则发布文化类新闻视频，包括国内外文化交流活动、大型文艺演出活动、文化作品展览活动以及地方特色文化产品展示等。"生活"板块会结合时下热点更新生活资讯类短视频新闻，包括流感的预防和治疗、冬季出行指南等。"体育""萌宠"板块分别发布体育新闻视频和宠物新闻视频。"漫说"板块特色鲜明，是新华网络电视推出的原创视频节目，通过两分钟左右的动画视频为观众讲解生活中的一些小知识，如二手房产权年限、民间借贷、美国大选以及5G技术等，用通俗易懂的方式在短时间内为观众科普相关知识。

新华15秒客户端在上线初期就打出了超短新闻视频的旗号，新华网络电视认为15秒是用户注意力的黄金时间冗长的图文信息浓缩成的15秒超短新闻视频，节省了用户的阅读时间，并能实现最有效的信息传递，使用户清晰、完整地了解每一条信息。笔者通过对其他平台的短视频新闻进行调查和研究发现，一条完整的新闻视频应该至少包含当事人、事故场景以及事实细节3个镜头，每个镜头至少需要3秒时长，加上镜头切换和主播介绍，至少需要15秒时间。所以，新华15秒客户端在一开始主要发布的就是15秒时长的短视频。但在运营过程中，由于信息发布量大，况且部分新闻并不能在15秒的时长内得到很好的展示，客户端最终对于新闻视频的时长并没有进行非常严格地把控，客户端中的短视频新闻的时长从数秒到数分钟不等。

（二）视频新闻发布情况

笔者抽取了2018年1月15日至2月15期间新华15秒客户端发布的短视频新闻并对其进行了统计，发现在该客户端中各个板块的视频新闻更新量差异也是比较大的。在此期间，"中国"板块发布的新闻视频数量最大，有342条；其次是"秒拍"板块，更新186条；"文娱"与"环球"板块新闻视频更新数量较为接近，分别是141条与148条；"人物"板块新闻视频更新数不足100条，其余板块如"体育""萌宠""技术宅"等更新数不足50条，"漫说"和"笑画"板块无内容更新。该客户端中的用户活跃度并不高，大多数视频新闻没有用户评论。

（三）与官方网站对比情况

新华15秒客户端对应的官方网站是新华网络电视（www.cncnews.cn），与澎湃新闻客户端情况相似，新华15秒客户端与官方网站页面差异较小，少数栏目分类有区别，短视频更新数量与更新内容别无二致。但是新华网络电视官网页面中有"直播live"选项，指向CNC中文台和CNC英文台，用户可以点击相关选项进入电视台页面观看实时播出的新闻节目。此外，在官方网页中还有每个栏目的一周热点新闻视频呈现，以方便用户了解当前的热点视频。

第五章　融媒体时代电视新闻节目存在的问题

第一节　电视新闻节目的表面化融合

随着资本和人才的涌入，短视频发展速度加快，整个短视频市场呈现出欣欣向荣的发展态势。新闻客户端顺势推出短视频新闻栏目开发短视频业务，在一定程度上推动了短视频新闻的发展，也促进了其自身运营的转型升级。但是，在新闻客户端发展短视频新闻的过程中，由于各方面的原因，新闻客户端中短视频新闻的发展也出现了一些问题，亟待解决。

一、服务资质难取得，平台发展良莠不齐

（一）服务资质难以获取

2017 年 2 月，梨视频因在未取得互联网新闻信息服务资质、互联网视听节目服务资质的情况下，通过收集用户原创内容、开设原创栏目以及自行采编视频的方式上传大量独家时政类新闻视听节目而被责令整改。根据《互联网视听节目服务管理规定》，从事互联网视听节目服务应持有广播电影电视主管部门颁发的《信息网络传播视听节目许可证》。然而事实上，视听节目许可证并不容易取得。文件明确规定，申请单位的首要条件为国有独资或国有控股单位，此外注册资本应在一千万元以上。所以，在国家监管力度加大的情况下，不少短视频制作团队纷纷转向生活资讯类短视频制作，没有相关服务资质的平台也停止了短视频新闻的发布。对于想要进一步发展短视频业务的客户端，这无疑成了一道高门槛。

（二）部分客户端短视频新闻缺失

通过上一章对不同类型的新闻客户端进行分析可以发现，商业门户网站新闻客户端与聚合类新闻客户端多数都在客户端中开辟了视频专栏，但媒体监管部门不允许网站自主采编新闻报道，不管是商业门户网站新闻客户端还是聚合类新闻客户端都没有自己的新闻采编团队，所以在这两类新闻客户端的视频专栏中都没有短视频新闻。商业门户网站新闻客户端与聚合类新闻客户端的视频专栏只能发布大量的生活资讯类短视频，娱乐化现象严重。

（三）各客户端短视频业务差距大

各新闻客户端的短视频业务发展状况也存在着较大的差异。门户网站新闻客户端，如新浪新闻客户端、腾讯新闻客户端，采用邀请其他媒体入驻平台的方式，由其他媒体自行发布短视频新闻，客户端不参与短视频新闻的再编辑。所以，这类新闻客户端中视频专栏留给新闻视频的版面较少，短视频新闻版块显得较为粗糙。传统媒体新闻客户端凭借着自身拥有的新闻采编团队在短视频业务的拓展上做出了一定的成绩，但各家媒体对其重视程度不同，在采编、运营团队方面也有所不同，所以各个客户端短视频版块从栏目设置、新闻发布等方面也呈现出巨大的差异，出现了明显的马太效应。

二、同质化现象明显，用户审美疲劳

（一）短视频栏目趋同

目前，各类新闻客户端在视频栏目设置上都较为相似。在页面设计方面，为追求页面简洁，多数新闻客户端都是在主页底部放置视频专栏图标，点击进入短视频专栏页面后，页面顶部会有选项分类，方便用户选择自己感兴趣的栏目，点击进入观看页面选择页面底部的评论、分享按钮就能对该视频进行点评或转载到其他平台上。在专栏分类方面，多数新闻客户端都以视频新闻选题的类型进行分类，如国内、国外、科技、军事、娱乐等，因此不可避免地出现了栏目设置上的雷同现象。

（二）同一事件多媒体报道

新闻事件特别是一些重大的新闻事件发生后，许多媒体都会一拥而上进行采访报道。移动智能设备的普及降低了新闻采编门槛，不只是媒体，许多团体或个人也能通过电子设备在新闻现场进行简单的新闻采集和制作。热门的新闻事件自然会被多家媒体所报道，多个新闻客户端同一时期发布同一新闻事件的短视频也就十分常见。另外，媒体在报道新闻事件时偶尔会引用新闻现场民众自发拍摄的视频画面，画面拍摄质量最好的自制视频也会被多家媒体同时采用，所以在不同媒体发布的新闻视频中会出现同样的画面。

（三）单条视频多平台转载

门户网站新闻客户端和聚合类新闻客户端没有新闻采编权和新闻采编团队，新闻内容依赖于转载其他媒体平台发布的内容。传统媒体新闻客户端间也相互转载优质视频新闻。以澎湃新闻客户端发布的短视频新闻"监拍金牌月嫂狂甩婴儿，自称是育婴手法"为例，该短视频同时被人民日报客户端、新浪新闻客户端转载。用户在多个平台看到同一条新闻视频，往往会感到厌倦。

新闻客户端间的竞争很大程度上会导致短视频新闻的同质化，同一新闻事件的反复报道和同一新闻视频的反复出现让用户阅读产生疲倦感，降低了用户黏度，使用户对其忠诚度逐渐下降，最终导致用户的流失。另外，长期的同质化也会使新闻客户端的传播力和影响力下降，不利于新闻客户端的长期发展。

三、优质原创内容少，特色栏目后劲不足

（一）原创视频新闻不足

新闻客户端短视频版块整体呈现出原创视频新闻较少的状态。比较典型是人民日报客户端，笔者统计结果显示，该客户端日均更新短视频新闻 5 条，其中还有一部分视频是截取其他电视台的新闻节目片段。而人民日报官网并不缺乏原创视频新闻，它不仅有强大的专业新闻生产团队，还一直在招募人民拍客为其提供原创视频内容，但官网上的部分优质内容并没有发布到客户端上，导致客户端缺乏竞争力，同时其官网上的原创新闻视频也没有得到充分的传播。另外一种情况是客户端短视频版块中部分栏目原创视频新闻充足，其他栏目少有更新。以澎湃新闻客户端为例，该客户端短视频版块中"@所有人"栏目月更新数量最高近600 条，而其他栏目（如"温度计""健寻记"）月更新量不足 10 条，栏目间差异较大，容易导致部分用户的流失。

（二）视频内容缺乏移动端意识

部分传统媒体对短视频新闻的定位存在一定偏差，认为短视频新闻就是将电

视新闻裁剪成时长短的小视频。所以，在实践中，部分媒体在制作短视频新闻时仍然保持着做电视新闻的惯性思维，把电视新闻的内容平移到客户端上。比如，新华社客户端的"短视频"栏目完全就是将电视台的新闻节目剪成一段一段的短视频来发布，所以该栏目虽然更新数量大、频率快，但是用户关注度并不高。短视频新闻之所以能够大受欢迎，就在于其能在短时间内吸引受众的注意力，并且迅速讲清楚事件发生的概况。传统媒体带着固有思维做出的短视频新闻切入主题较慢、画面缺乏吸引力，缺乏对碎片化视频的深加工，难以打动用户。但是，一味追求视频的短反而丢弃了传统媒体在新闻视频创作上的优势，难以做出新闻的深度，造成短视频新闻深度报道的缺失。同时，视频时长和新闻完整性存在一定的矛盾，某些新闻事件需要较长的篇幅将事件完整讲述，在时长上略有超出短视频的范围。

此外，部分客户端把电视新闻分别剪成短视频多次发布到短视频版块以取得较大的发布量，但视频发布过于频繁，反而使用户阅读疲倦，整体点击率下降。

（三）特色节目难以长存

为了提升品牌竞争力，部分新闻客户端推出了系列特色短视频节目吸引用户，如人民日报客户端的《历史上今天的人民日报》、澎湃新闻客户端的《中国政前方》以及新华社客户端的《新华微视评》等原创节目。这类节目充分贴合了用户碎片化阅读的需求，同时在内容上又有着传统媒体的精细制作的特点，是媒体深度融合的产物。特色节目的推出有利于客户端塑造品牌形象，提高用户黏度。但是在长期的发展过程中，特色节目存在着发展后劲不足的问题。部分节目长时间不更新，如澎湃新闻客户端的《中国政前方》，最近一次更新时间为2017年9月20日，再如新华15秒客户端的《漫说》，最近一次更新时间为2017年4月6日。部分节目更新频率逐渐放缓，从最初的每周更新到后期每月更新，容易流失用户，进而打击节目组的信心，使节目质量下降，形成恶性循环。

四、UGC待提升，用户互动率低

（一）UGC较少

UGC即用户生产内容。网络降低了信息创作和传播的门槛，UGC已经成了网络内容的主要来源之一。短视频新闻的兴起也与UGC息息相关，正是新闻现场围观人群自发的拍摄上传，让短视频在新闻传播中大放异彩。突出现场性是短视频新闻的重要特色，在视频新闻需求量较大的情况下，新闻现场素材时有短缺，即使是采编能力强的媒体也无法保证能第一时间采集到新闻现场的视频、照片，许多不易保存的新闻画面转瞬即逝，导致许多重要的信息丢失。随着手机的普及和人们分享与传播信息的意识增强，在新闻事件发生的第一时间，现场的群众会自发地拿出手机拍摄记录并且上传到社交媒体进行分享，这成为视频新闻的重要素材。因此，为了持续有效地生产出优质的短视频新闻作品，进一步充实新闻资源，充分利用 UGC，进行深入开发就变得非常重要。但是，出于内容监管考虑，部分新闻客户端中并没有用户上传发布的短视频内容，缩减了信息源，使短视频版块内容较为单调，部分视频信息缺失，新闻质量难以保证。

（二）用户参与互动率低

用户互动率的高低直接显示出新闻版块对用户黏度的强弱。视频新闻评论量偏低是新闻客户端短视频新闻栏目普遍存在的问题。除了澎湃新闻等少数新闻客户端中短视频新闻评论量较高外，其他多数客户端中短视频新闻评论量极低甚至没有，即使是互动率较高的澎湃新闻客户端，也会有部分短视频新闻零评论的现象。用户参与评论是网络新闻传播中的重要环节，一方面用户评论在一定程度上丰富了信息量，另一方面能反馈受众的声音，帮助媒体完善新闻的制编。用户评论数的稀少不仅不利于舆情的搜集，还影响了新闻工作者的积极性。

五、视频浏览量偏低，新闻影响力不足

统计发现，虽然新闻客户端中的部分短视频新闻点击率相当可观，但是与新闻客户端中其他形式的新闻报道比较，新闻客户端中的短视频新闻浏览量整体不高。一方面是因为部分用户还未养成观看短视频新闻的习惯，另一方面则是因为社交媒体的冲击。微博、微信等社交媒体有着强大的二次传播力，一条热点短视频新闻一旦引起关注，能够通过社交网络的层层转发达到病毒式传播效果。用户在社交媒体上观看过该条短视频新闻后，便不会再在客户端上观看，这在一定程度上分流了部分用户。同时，客户端中的部分短视频新闻虽然制作精良但是没有得到广泛的传播，仅仅是在客户端中发布，没有被分享到社交媒体平台，在这个注意力转瞬即逝的网络世界，淹没在了信息的洪流中，难以形成较大的影响力，没有发挥其应有的传播效力。

第二节　电视新闻节目的娱乐化倾向

一、民生新闻的娱乐化倾向

自《南京零距离》播出之后，全国电视台民生新闻成风，各电视台将民生新闻作为节目创新的重要着力点，一时间，民生新闻在电视荧屏泛滥。一些电视台为吸引受众眼球，不惜对民生新闻进行夸大性解读。名人轶事、生活琐事、娱乐新闻、具有刺激性的犯罪事件等进入了新闻报道的主要领域，争吵、纠纷、跳楼、厮打、抓拍等画面充斥着电视荧屏，此类报道具有一定的真实性，但不可忽视其带来的负面影响。一味挖掘鸡毛蒜皮的信息作为新闻播放，传达出不良的新闻理念：即使是小事，只要有冲突点就能成为新闻；在新闻表达方式上，多强调情节、冲突悬念、大肆煽情，刺激观众视听，以至于电视民生新闻走上媚俗、猎奇的道路，沦为"黄色新闻"的"竞技场"。

二、网络"娱乐元素"的大量融入

在媒介融合形势下，网络媒体是巨大的信息宝库，在电视新闻节目追求创新的过程中，互联网上的流行元素也很自然地融入电视新闻节目中，打破了电视新闻节目的呆板性和严肃性。例如，网络上的一些流行语"俯卧撑""躲猫猫""坑爹""给力"等被广泛应用于电视新闻节目中，这种具有特定含义的表达方式增强了新闻节目的趣味性和通俗性。然而，网络媒体天然的娱乐性也随之被移植到了电视新闻节目中，导致电视新闻节目的公信力和权威性受到挑战。网络媒体的受众狂热追求娱乐元素，电视新闻为了和网络媒体争夺受众关注度，不惜以倾向性报道、选择性报道渲染节目的娱乐性。正如尼尔·波兹曼说的："不论是历史还是电视的现实情况，都证明反省或精神超脱是不适合电视屏幕的。电视屏幕希望你记住的是，它的图像是你娱乐的源泉。"❶

---

❶ 尼尔·波兹曼.娱乐至死 [M].桂林：广西师范大学出版社，2009：103.

第三节　电视新闻节目滥用微博现象

微博作为新的信息传播平台，成为媒介融合时代的电视新闻节目获取新闻线索的重要渠道。但是，微博也是一把"双刃剑"，在给电视新闻节目制作和传播带来便捷的同时，产生了诸多负面影响。

一、滥用微博内容，造成电视新闻失实

在新闻的传播过程中，渲染凶杀恐怖、宣传封建迷信等不仅与中华民族的美德和社会公德相违背，也严重败坏着社会风气，助推犯罪行为。

微博的把关制度薄弱，决定了微博在写作和报道中对新闻事实的把握能力不足。自微博诞生以来，话语权被不断下放，网络媒体的把关能力不足，消息在迅速传播的过程中，谣言也随之滋生，微博成为谣言的"温床"。电视新闻如果对微博信息内容不加选择地使用，很容易成为被网络推手利用的工具。

微博传播对象具有匿名性和广泛性的特点，再加上我国的法律和制度在网络传播监管方面还很脆弱，微博新闻中存在大量的侵犯个人隐私、信息不实、哗众取宠等问题，这些问题间接影响着使用微博资源的电视新闻节目，使电视新闻节目观众的利益受到侵害，也损害着电视新闻的形象和公信力。

二、滥用微博内容，导致新闻枯燥

电视新闻节目最大的优势是声画同步传播，使受众在接受讯息的时候有身临新闻现场的感觉。随着电视新闻节目从微博上获取信息的能力不断成熟，在涉及影响力较大的社会新闻时，电视新闻记者经常通过微博私信采访新闻当事人，或者转载微博"意见领袖"的观点来完成采访任务。这种便捷的采访方式不但滋生了记者的采编惰性，考验着新闻记者的职业道德，而且削弱了电视新闻的画面感，使电视新闻的现场感染力变弱，逐渐丧失了声画同步的传播优势。

电视新闻的另外一个优势是对新闻事件进行深度分析，在传达政策措施和社会舆论监督方面发挥着重要的作用。当前，电视新闻将微博作为主要的信息获取平台，对传播内容的监管缺位，电视新闻节目走向只注重时效而忽视深度、重视传递信息而忽视媒体立场的怪圈，不去挖掘微博信息后面隐藏的信息，呈现出的新闻缺乏深度，枯燥乏味，沦为缺乏营养的"快餐新闻"，也导致电视新闻的社会影响力下降。

三、滥用微博内容，影响收视率

麦克卢汉曾经指出："媒介即讯息，媒介是人的观点的延伸。"❶网络的深入发展使信息的传播方式和途径发生了重大改变，除了传统的电视、电台、报纸等媒介外，网络也成为人们了解信息的重要途径。电视媒体和网络的融合是电视发展的趋势。与此同时，电视新闻节目也将注意力转向了网络媒体受众。但是，网络在我国的成长时间还比较短，我国大部分40岁以上的受众还是将传统媒体作为信息来源，电视新闻在其生活中仍然居于重要地位。

电视新闻节目一味迎合年轻受众，不遗余力开发网络媒体的受众市场，势必会忽视原有的40岁以上忠实的受众群体，从而失去原有受众的支持，致使节目的收视率下降，影响电视新闻节目的发展。

第四节　电视新闻从业者的媒介素养有待提升

一、新闻从业者的媒介素养

关于媒介素养的概念，国内外有着不同的理解和定义。加拿大安大略教育部这样理解媒介素养："媒介素养是促使学生理解大众媒介，并对其本质有知晓和批判的能力，懂得大众传媒运用的技术以及这些技术产生的影响。"英国传媒教育学家大卫·布金汉姆则对媒介素养这样定义："媒介素养指的是使用和解读媒介信息必须具备的知识、能力和技巧。"❷

在我国，学者们对媒介素养的概念界定不尽相同。中国传媒大学的张开副教授在《媒介素养教育在信息时代》里讲道："媒介素养是对传统的听、说、读、写能力的延伸。"复旦大学的博士生张志安、沈国麟则认为："媒介素养是指人们对各种媒介信息的解读和批判能力以及利用媒介信息促进个人生活、社会发展的能力。"❸

对于新闻从业者的媒介素养，湖北大学的胡连利、王佳琦则指出："新闻从业者具有重要的职业责任和社会责任，提高新闻从业者的媒介素养是十分必要的，

---

❶　郭庆光.传播学教程 [M].北京：中国人民大学出版社，1999：148.

❷　郭庆光.传播学教程 [M].北京：中国人民大学出版社，1999：121.

❸　陈先元.传媒素养：一个重要的社会问题 [N].解放日报，2004-4-6.

传媒人的媒介素养不仅仅是指跟书本打交道的能力。"❶

中国人民大学的陈力丹教授指出："媒介素养可以分为两个方面：一是公众对媒介和媒介知识的认识，二是新闻从业者对自己职业的认识以及对媒体行业规范和职业精神的认知。"

综上所述，媒介素养是对传统文化素养的延伸。媒介素养包括人们解读各种形式的媒介信息的能力，认知媒介种类、特征的能力，以及批判性地使用并传输报纸、电视、广播、网络信息的能力。新闻从业者的媒介素养是指从业者对自己职业的认知、对媒介工作和媒介精神的了解，还包括传媒人掌握媒介传播技术和技能的能力。新闻从业者的媒介素养的高低直接影响着大众传媒的发展程度。

二、新闻从业者的媒介素养影响新闻报道的质量

改革开放之后，随着我国新闻事业发展速度的加快，新闻从业者的数量也急剧增多。到 2005 年，我国新闻从业者数量达 70 多万，正式持有记者证的人员达 15 万之多。有关资料显示，这支队伍具有多高学历者、多中青年者、男女各半等特点，我国新闻业界对记者采用入口把关、职业培训、定期考核等多种手段进行考核，从而保证了新闻记者的媒介素养水平。改革开放以后，新闻记者在宣传党和政府的执政方针、反映时代主旋律、传递百姓呼声、讴歌时代建设成就等方面功不可没。

新闻从业者的媒介素养水平直接影响着新闻报道的质量。曾经有报纸对哈尔滨出售"胎盘宴"的事件进行了报道，报道的目的是劝诫民众不要吃胎盘宴，说服民众的理由居然是吃胎盘宴不卫生，影响身体健康，为此还对专家进行了采访，力证吃胎盘是不卫生的做法。事实上，"胎盘宴"是牵涉伦理道德的问题。在此篇报道中，记者和编辑采用如此视角进行解读，对其媒介素养是一种巨大的讽刺。媒体具有社会舆论引导功能，诸如此类报道，新闻从业者低水平的媒介素养直接导致了新闻质量下降，使媒介的舆论引导功能产生偏差，造成不良的社会影响。

三、媒介融合下的电视新闻节目创新对从业者媒介素养的要求

（一）掌握专业技能的能力

媒介融合下的电视从业者不再是传统的只为电视媒体服务的从业者，可能同

---

❶ 胡连利，王佳琦.我国大陆媒介素养研究的进展和缺失[J].（河北大学学报哲学社会科学版），2007，32（1）：26-32.

时要为电视台、报社、网络等媒体提供新闻报道。因此，电视新闻从业者必须及时掌握专业技能，具备跨媒体报道的能力。在熟悉文字报道、摄像、摄影技术的同时，从业者能够熟练运用、多媒体设备、网络技术等进行信息的筛选和传输，以满足现代媒介融合的下电视新闻节目制作的需要。

随着科技的发展，传播设备也在不断地更新，电视新闻从业者要及时更新自己的知识系统，提高技术水平，不断增强自身的业务能力。

（二）明辨信息真假的能力

在网络时代，庞大的信息系统和传播途径在为新闻记者带来丰富的新闻资源的同时，带来了大量的虚假信息。职业化的网络推手能巧妙地利用网络，达到自己的私人目的。网络中"民意"并非总是全面的、理性的，在网络的虚拟环境中，网民的表达很容易受到外界因素的干扰，形成的"民意"带有偏激的特点。这就给新闻记者提出了更高的要求，电视新闻记者面对网络上的"热门话题"，要始终保持头脑清醒，辩证地看待问题，从现象中洞察"民意"的真正成因，辨别出新闻选题的真伪，避免过于热衷网络采访，被网络形成的虚假"民意"牵掣头脑。

（三）深度解读信息的能力

在媒介竞争加剧的今天，不少电视媒体将追求信息传播的速度和效率作为重要目标，造成信息的同质化现象严重，且不注重对信息多层次、多角度地挖掘，使新闻报道流于形式。事实上，"内容为王"仍然是新闻竞争的重要指标，电视新闻要生产出有价值的新闻内容，就需要从业者付出足够的耐心、细心，弄清楚信息产生的深层原因和影响，对浅显的信息进行深度挖掘，赋予信息以时代意义。

第六章 融媒体时代电视新闻节目的创新思维

第一节 讲好新闻故事——情节跌宕起伏

做好一条新闻有三个关键：第一，要有悬念；第二，要有戏剧冲突；第三，要有细节刻画。下面我们就分别讲讲这三个关键如何把握。

一、用悬念抓住观众的心

要想短时间内提高收视率，最好的办法就是把一个充满悬念的新闻做成电视连续剧。

据说世界上最短的一篇小说是这样的：世界上最后一个人独自坐在房间里，这时候，突然传来了敲门声。这部小说虽短，但给读者留下的想象空间却很大。可见，悬念是构成故事的重要元素，新闻要想吸引人最好的办法就是制造悬念。

（一）制造悬念

最近几年，各地纷纷办起了晚间新闻节目，这些新闻节目更侧重社会新闻的报道，更贴近百姓生活。但这个时段有大量的电视连续剧和综艺节目与晚间新闻争夺观众。那么，如何在这场争夺战中取胜呢？方法就是以其人之道，还治其人之身。广播里说评书的，一讲到关键地方，就卖关子："欲知后事如何，且听下回分解。"拍电视剧的人也一样：痴情女手起刀落，负心汉的性命如何？剧情到此戛然而止，想知道结局吗？明天接着看。我们想让新闻故事吸引人，也应该借鉴电视连续剧的手法，讲一个现实生活中的真实故事，每天都给观众留一个悬念，使这个故事成为人们茶余饭后聊天的热门话题。和电视剧相比，它同样具有故事性，同样充满悬念，而且还是真人真事，是现在进行时，这样的节目必定可以吸引观众。

不久前，湖南常德电视台接到观众电话，说发现一对夫妇露宿街头，他们是从山东来的，他们没坐火车、没坐汽车，而是千里迢迢地骑三轮车来的。记者认为，这是一个重要的新闻线索，一定有一个不同寻常的故事，立即决定跟拍。记者的到来也带来了一群围观的群众。记者在采访中知道，这个男的姓孟，他说老婆想家，老婆的家在湖南的张家界，他因为没钱，就只好蹬三轮送她回家。听完老孟的故事，当即就有好心人表示想帮帮这夫妻俩，主动要求第二天用车送他们回家，可老孟却面露难色，不太情愿。这第一次的报道到此为止，结尾给观众留下一个悬念：第二天，老孟会接受人们的帮助吗？

　　第二天，记者来到昨天老孟露宿的地方，发现这两口子早就出发了，为什么他们要拒绝人们的帮助呢？在要破解悬念想法的驱使下，记者追上了老孟夫妇。这才发现，原来老孟的老婆是个没有双腿的残疾人。记者问及其双腿残疾的原因，老孟欲言又止。随着采访的深入，记者发现了越来越多的疑点。在记者的逼问下，老孟终于说出部分真相：这个女人根本不是她的老婆。

　　于是，这个充满悬念、电视连续剧式的报道就一天接一天地播发出来，老孟的故事成了全市人猜测议论的热门话题。随着悬念一个个被解开，报道已经进行了十几集。

　　故事原来是这样的：那个女人叫田启雨，家在湖南张家界，她不听家人的劝告，结果被人贩子骗了，被卖到了山东。后来，她偷跑出来，又被人贩子抓住，人贩子为了灭口，把她轮奸后扔到了铁轨上，结果，被火车辗断了双腿。老孟是山东一个蹬三轮的，因为家里穷，都40多岁了，还打着光棍。一天下着大雨，几个老头儿把正拉车的老孟拦了下来。这几个老头救下一个女的，这个女的就是田启雨，他们跪着求老孟收留下这个残女。老孟心一软，就把她拉回了家，跟老妈一起把她的伤给治好了。可此时的田启雨却执意要回家，但老孟家穷，没有钱，他心一横，决定蹬三轮送这个女的回家。这一蹬就是40天，蹬了三千多里路，把田启雨送回家。田启雨家近在咫尺，可老孟却满心忧虑，田家人会不会把他当成坏人？会不会把田启雨致残的罪过怪在自己身上？田启雨也是忐忑不安：因为不听家人的话，落得如此下场，有何颜面再见家人？田女到家的悬念又迫使观众接着往下看。结果，田家人很宽厚地接纳了田启雨，并筹了四百多块钱送老孟上路。

　　2002年夏，老孟，一个40多岁的"光棍汉"，骑了40天的三轮车，把一个没腿的女子送回了家。老孟的报道后来让湖南卫视知道了，也拿出重播，于是，全湖南人都开始关心老孟。老孟的故事后来是这样的：常德电视台专门派人去了趟老孟的山东老家，把老孟在山东的故事又讲给了大家。原来，老孟和年过70的老母住在一起，家中十分贫穷，但他却是十里八乡出了名的好人。后来，常德人把老孟请回了常德，搞了个观众见面会，结果现场来了三万多人。老孟哪见过这阵势，一开口就忘词，可观众特热情，甭管老孟说什么，只要他一张嘴，大家就鼓掌。老孟平生第一次坐上了火车，第一次住上了高级宾馆……而这一切又变成了新故事被搬上了新闻屏幕。后来，中央电视台的《聊天》节目也知道了，把老孟请进了中央电视台的演播室，老孟又第一次进了北京，第一次走进了中央电视台，第一次见到了著名主持人倪萍。在《聊天》节目的录制现场，我见到了老孟。老孟讲完他的故事，现场已经是一片抽泣之声。节目间歇，老孟去上厕所，结果观众蜂拥而进，大家争着和他握手。有位年长者撸下自己腕子上的手表给老孟带上，他说："你现在还没块表呢！"这位观众真细心，连老孟没有手表他都察觉到了。到后来，常德给老孟安排了工作，老孟把母亲接到了常德，已经有好多人给老孟介绍对象了。成名后的老孟专程去看了田启雨，把大家捐给他的钱拿出一部分给了她，当地政府也按年给田启雨生活补助费。这么长的一个故事，够写一部长篇小说了，把它打散了，能做出许多期节目，长篇故事讲完了，栏目的观众也吸引来了，人气也旺了。

如果没有媒体的关注，老孟的故事可能到把残女送回家也就完了，但媒体一关注，这个故事就会不断地发展下去。通过对老孟的采访我们感觉到，老孟已经对田启雨产生了感情，但就是因为媒体使老孟一夜成名，成名的老孟是不会再娶一个没有双腿的残女的。媒体的力量改变了很多事，也改变了很多人的命运。事隔半年之后，中央电视台《东方时空》的记者又去了湖南，这时候，老孟要结婚了，未婚妻个又高又漂亮又年轻，能娶到这样的女人，以前老孟连做梦都想不到。当穿着晚礼服正在拍婚纱照的老孟出现在电视上的时候，我都看傻了。和所有时尚的婚礼一样，老孟的婚礼热闹且气派，不仅可以坐高级轿车扮成的花车，还有好多记者扛着摄像机和照相机助兴，老孟幸福极了。令人感动的是，婚后的老孟又带着新媳妇去看了田启雨，给她送去了喜糖。田启雨的妈妈很通情达理：虽然田启雨对老孟也挺有感情的，可她已经残疾了，不能再连累人家。

2003 年冬，老孟结婚了，新娘子挺漂亮。对照一下半年前后的老孟，变化真是太大了。可见，要想短时间内提高收视率，最好的办法就是把一个充满悬念的新闻做成电视连续剧。

随着时间的推移，很多热点新闻和新闻人物都会慢慢冷却下来，但这些人和事都会留在观众的心里，到一定的时间，对这些新闻人物进行回访，一定能唤起人们的记忆，重新吸引观众的目光。

有人可能会问，像老孟、像刘海洋这样的故事实在是太少了，生活中的小事，哪会有这么多的悬念呢？没有悬念，就要学会制造悬念。事实上，电影和电视新闻一样都是来源于生活，都是通过声画结合的手段来讲故事，两者有着很多共同的地方。从事件本身来说，普通的故事同样能制造出悬念。

（二）导语要包含悬念

新闻最好是一开头就能吸引人，所以一个好的导语应该包含着悬念，吸引观众把新闻看下去。下面举几个例子，看看如何从普通的新闻中发现亮点、制造悬念。

有这样一条新闻，说有一个小女孩一生下来就得了肝病，不停地吃中药。为了救女儿，父亲要把自己的肝脏捐给女儿，这条新闻的导语该怎么写呢？

对婴儿来说，最香甜的要算是妈妈的乳汁，可在北京，有个叫梁沃丹的小姑娘一生下来，不管她怎么哭闹，她的爸爸都硬逼着让她吃苦。这位爸爸怎么这样狠心？而知情的人却说，这个小姑娘有着天底下最好的爸爸。

再看下面这条导语：

如果让骑着大马、穿戴盔甲的中世纪骑士和开着高级轿车、穿着西装的时尚绅士较量一下，谁会更厉害？您肯定会说，这不是关公战秦琼吗？没这事！下面，就让您见识见识！

这是条介绍 2002 年饕餮之夜世界精品广告片展播的新闻导语，类似关公战秦琼的故事出现在一个汽车广告上。

上礼拜天，我家来了个外国小朋友，好玩极了，他塞给我一个红鸡蛋，还神秘地告诉我，这蛋是兔子下的。

这是条介绍西方万圣节的新闻导语，在很多西方人看来，兔子会下蛋。

北京电视台的《北京特快》栏目曾播出过一条"百事可乐"和"可口可乐"进行商业竞争的新闻，讲的是这两家大公司为了争夺消费者，在北京卖可乐的小摊上动起了脑筋，今天你给小摊送个印着"可口可乐"的大伞，我马上就给小摊送个"百事可乐"的大广告牌……不大点儿的事，可要是在导语上一煽乎，新闻马上就会变得悬念迭起，引人入胜了。这导语是怎么写的呢？您往下看：

这是一场持续百年的商战，两个世界上最大的饮料公司在无数次的交锋中各使奇招，刀光剑影，利刃直指对方要害。而今，战火烧到了中国，战场就在北京的小胡同里拉开了。

这样的新闻老百姓看了心里一定挺高兴，耳朵眼儿胡同的张大爷看了这条新闻没准就琢磨上了：瞧见了没有，这两个世界上最大的公司为了让我老张头儿买瓶他们的饮料都掐起来了，那感受得有多好！

二、让新闻的情节跌宕起伏

日常的生活是平淡的，人们渴望巧合和奇遇，所以创造奇迹的故事往往能成为吸引观众的好新闻。

好莱坞的电影有个规律，就是每隔15分钟一定会出现一个高潮，以此来吸引观众。要想制造高潮，先要了解观众的心理。我看过美国著名魔术师大卫·科波菲尔表演的魔术，其中一个叫"爷爷车牌"的节目给我留下了很深的印象。一开场，大卫就动情地讲了一段他和爷爷的故事，他的爷爷不支持他当魔术师，为此，他们祖孙俩闹起了矛盾，爷爷一直不和孙子说话。有一天，大卫把自己的演出票悄悄地放在爷爷的桌上。演出的时候，大卫多么希望爷爷能出现在台下，可直到节目结束，也没见到爷爷出现。大卫失望极了，晚上回到家里，他无意中发现了他给爷爷的票，这票已经被撕去了副券。大卫明白了，爷爷已经去看了他的演出、大卫默默地发誓，一定要用自己挣来的钱为爷爷买一辆他最想要的轿车。爷爷为了买那辆轿车，买过很多彩票，希望能够中奖，可直到去世，爷爷也没中过大奖，当然也没能买得起这辆车，只留下一副他自制的车牌。大卫让现场的观众随意说出几个数字，并把这些数字写在黑板上，他从保险箱中取出爷爷的车牌，观众吃惊地发现，车牌上的数字和现场观众所写的数字一模一样。大卫动情地说："我的爷爷一辈子也没猜准过彩票，而这回，他猜得真准。"此时，全场掌声雷动，一些好动情的人竟淌下了热泪。这些故事很大程度上是大卫编的，但是大卫非常了解观众的心理：在大多数时间里，人生是平淡的，所以人们就渴望巧合和奇遇。我们只有了解了观众的心理，做起节目来才会有的放矢。

我们曾经在新闻中讲过这样一个爱情故事，因为故事里充满了巧合和奇遇，所以这期节目特别吸引人。在吉林有个叫宋学文的小伙子，五年前，他在工地上捡了一个钥匙链模样的东西，便随手把它装进了裤兜，但这不是一般的钥匙链，而是根放射性金属条，几个小时后，他昏倒在工作岗位上。更令他想不到的是，他为此付出的代价实在是太沉重了：他先后做了七次手术，两条腿、左胳膊还有右手都被截掉了，而这一切碰巧发生在一个只有19岁的孩子身上，一个非常英俊、充满活力的小伙子身上。正在他万念俱灰的时候，一次巧合又改变了他的命运。

下面就是这个新闻故事，故事几乎全部用的是对这个小伙子的采访。

宋学文："那是1998年12月24日凌晨5点，一夜根本没睡，我就一直守在电话旁边，那天特别怪，突然间有种感觉想认识一个女孩，而她一定会成我的女朋友。确实想找个人倾诉一下。"

解说：在医院住了两年，1998年四肢都被截掉的宋学文出院了，他整天躲在宿舍小屋里，天空就窗户那么大，电话是他唯一跟外界接触的渠道。

宋学文："我随便拨了几个号码，没想到那边震铃了，我一下就非常紧张。震第二遍铃的时候，那边就接起来了，而且是个女孩子接的，声音很好听。"（点评：他想的对方是女孩，还真是个女孩。巧合是制造戏剧冲突最好的手段）

解说：为了能跟女孩多说会话，小宋撒了谎。

宋学文："我说二十多年前的这个时刻，我妈妈把我生在这个世界上，可今天，没有人祝我生日快乐。我想听一个人对我说生日快乐。"

解说：就这样两人你一句我一句地聊了起来，从凌晨5点到上午9点，天南海北什么都聊，可唯一没聊的就是他是一个残疾人。临别，姑娘记下了小伙子的电话。这就是接电话的姑娘，叫昕子，当时在长春市一家医院实习，那天夜里正好值班。

昕子："当时都5点了，他的声音很好听，他说今天是他生日，我觉得他说的很有意思，就跟他聊起来了……"

宋学文："我们简直太相像了，到后来通信的时候，我说她是我的克隆，她说我是他的翻版。连吃东西的口味也是一样的，看报纸杂志的习惯也是一样的，都是从后往前看。"（又是巧合）

宋学文："突然有一天，她跟同事逛街，打了一个电话。"

昕子："我说我预感你是个残疾人。当时他就马上说不是不是，怎么可能呢？"

宋学文："放下电话后，不到半分钟，我马上就给她打传呼。告诉他我刚才骗他的，我确实是个残疾人。"（起波澜，谜底被揭穿，姑娘会做出什么样的反应呢）

昕子："后来我说残疾怎么了，如果你是个残疾人我可能会喜欢上你呢！"

解说：几天后，昕子收到了小宋寄来的信，信里夹了几张照片。于是昕子决定去看小宋。

宋学文："第二天，我很早起来了，一本正经地等她，想会不会吓着她，第一句该说什么。"（制造悬念，波澜又起）

昕子："一走进门，我感觉这个屋好像我来过，好像很久没见过的老朋友。"

宋学文："她满脸笑容，哎呀你这太难找了，我都找错地儿了。"

好像好久没见的朋友一样。（相互呼应，两人心心相印）

宋学文要去北京治病了，昕子赶到了车站，她要陪他一起去。知道女儿要跟小伙子走的时候，妈妈只说了一句，好好想清楚，你能不能对得起他？

宋学文："我记得感触最深的是买鞋，到前门，她走到我前边，我看她穿得不伦不类，别人都穿秋天的衣服了，她还穿凉鞋，心里特别难受。去买鞋，她选来选去，总选不着一个，我挺怪她的。结果后来才知道她都嫌贵，20块钱的鞋子她也嫌贵。"（达到高潮）

解说：为了让小宋多接触外面，每天昕子都推着他出去散步、买菜。

宋学文："每次买菜都买一大捆大葱抱着，因为便宜。"

宋学文："老天总是公平的，他在这方面对你有欠缺，在另一方面肯定补给你。许多人都问过我，如果让你重新选择，你是选择现在，还是选择没受伤的时候？"（又是悬念宋学文该如何回答）

宋学文："我说我选择现在，因为我拥有了她！"

（音乐叠加昕子照顾小宋的镜头：在寒风中，一个瘦小的女孩子吃力地背起一个没有双腿的小伙子……）（余波不绝）

这个故事非常具有传奇色彩，所以非常吸引人。故事情节是两个主人公一人讲一段，共同完成的，一个人起个头，后一个人来补充，环环相扣，让人感到故事虽然有太多的巧合，可却是真实的，一切的奇遇都缘于两人的心心相印。

小宋当年是个很棒的小伙子，因为受到放射物的伤害，被截去了左臂、右手，那年他才19岁。

我有个同事叫上官文育，平时我们都管她叫上官。有一次，我给他们家打电话，接电话的是她的父亲。我说："我找上官。"对方说："请问您找哪个上官？"我这才恍然大悟，我认识的上官就一个人，可在上官的家里却有三个上官。我讲这个故事就是想告诉大家：对于一个人来说，他所经历的不同寻常的故事是有限的，可在一个特定的环境下，每天都会有奇特的故事。

有人问小宋，如果让你重新选择，你是选择现在，还是选择没受伤的时候。小宋说，我选择现在，因为我拥有了她。我希望大家在看我这本书的时候，也能分享曾感动过我的故事。

再举个例子：北京有个公园，里面有个办结婚登记和离婚手续的地方，但所有进公园的人都要买一张门票。一天，一位女士就到电视台反映了这一情况，她说她是去离婚也不是去逛公园，凭什么买公园的门票。记者觉得这件事挺有意思，就进行了跟踪采访。经过采访发现了一个很有趣的现象：来登记结婚的都是小伙子高高兴兴地买门票，而没一个有意见的，办结婚手续还可以逛公园，一举两得，多浪漫呀！可离婚的却不是这样，这一块钱的门票，男的不愿意买，女的也不愿意买，结果两人就在公园门口较上了劲，结果就出现了两种情况：一种是旧气未消，又添新气，免不了在公园门口又干上一架；另一种情况就出现在最早给电视台打电话的那个女士身上。她在公园门口受阻后，不是想着谁去买门票，而是觉得这门票不该买，于是就和公园的门卫理论起来，最后演化成一场口舌大战，虽然是要离婚了，可毕竟是一日夫妻百日恩，看着自己妻子人单势孤，丈夫毅然尽弃前嫌，坚定地和妻子站在一边。不让进，我们不离行不行，这婚我们不离了。经过这场"大战"，女子重新发现丈夫的可爱之处，这个故事终于有了一个大团圆的结局，两人和好如初。

这样的故事经常在这公园的门口上演。所以，当没有新闻素材可做的时候，就不妨去此类地方转转，一定会有很大的收获。

就在不久前，西安市中级人民法院依法判处一名经济大案的主犯死刑，在判决结束的时候，这名主犯突然转过身来，向旁听席上的妈妈跪了下来，嘴里喊着妈，头重重地磕在地上，妈妈满眼含泪望着儿子，此情此景，让人的心灵为之一震。

像这样戏剧化的场面，我们平时只有在电视剧里看到，而在法庭这样的特定环境，这样的情景经常出现。

能发现故事，还得会讲故事。有的人能把没意思的事讲得有意思，可有些人往往能把有意思的事讲得没意思。学会讲故事，先要学会怎么制造戏剧冲突，让人越听越想听。

在美国密苏里州有位老兄抢起了商店，他抢了50美元拔腿就跑，一名店员冲上去，正抓住了他的一条腿。这下可把店员吓着了，他不光扯下了强盗的裤子，还把他的腿给拽下来了。店员一愣神，那个抢钱的老兄竟然穿着裤衩一蹦一跳地逃上了汽车。店员这时才发现，自己拽下来的是条假腿。抢钱的这回算是赔大了，据说那个假肢挺昂贵，远不止50美元，还外加一条裤子。

这条新闻一开始并没有把强盗带着假肢这个细节告诉观众，而是说店员一使劲，把强盗的腿给拽下来了。这就让人觉得吃惊：再大的劲也不能把人家的腿给拽下来呀！后来再告诉观众，强盗的腿是条假腿。哪些情节先讲，哪些情节后讲，对一条新闻来说是非常重要的。其实，新闻中大多都有戏剧冲突，作为编辑记者要善于发现，并把它展现出来。

下面再举个例子：有这样一条新闻，说美国有群妈妈，带着孩子创造了一项集体喂奶的世界纪录。它的戏剧冲突会在哪儿出现呢？您想想，这一千个孩子就有一千个习惯，让他们在同一个时间吃饭，那孩子能听话吗？那孩子能不哭吗？场面能不闹吗？请看我们对这条新闻的处理。

导语：

俗话说，三个女人一台戏，那如果有一千个女人，再加上一千个小宝宝，场面会怎样呢？

正文：

阳光灿烂的美国加州本周诞生了一个特别的吉尼斯纪录，这就是世界纪录诞生的地方，这些乳臭未干的小家伙和她们的妈妈就是纪录的缔造者，小宝宝的牙还没长全，能有什么本领呢？您可别小瞧他们，他们现在最擅长的就是——吃奶。一个孩子吃奶没什么特别的，可一千个妈妈同时给一千个宝宝喂奶您肯定没见过，大家平时在家里的作息时间都不太一样，说开饭就开饭，还真有点不适应，不过为了创造集体哺乳的新纪录，人一定要服从集体。

三、抓住细节

细节是新闻的血肉，没有细节的新闻，当然就会像骷髅一样难看。

（一）抓住细节画龙点睛

细节容易被别人忽略，却被你捕捉到了，这就是你比别人高明的地方。好不容易挖掘到的细节要好好利用，它会使你做出的新闻与众不同，这些细节往往在新闻中能起到画龙点睛的作用。下面通过举例来说明细节的重要性。

例一：日本举办了一个机器宠物展，有这样一个细节，两个机器宠物面对面相互鞠躬，解说词该如何写呢？"您瞧它俩，一只电子鸟，一只电恐龙，一看就知道是从日本来的，初次见面，一个比一个客气。"

例二：一个5个月大的雌性长颈鹿从美国运到俄罗斯，和一头7岁的雄性长颈鹿成亲，其中有一个细节就是两个长颈鹿站在一起，雄鹿比雌鹿高出一大截。这个细节又会怎样为新闻增色呢？"情节：莫斯科动物园里的长颈鹿先生这几天很温柔，因为它就要有新女朋友了，就是这位漂亮的女士，它叫柳芭，来自遥远的美国，5个月大，正是情窦初开的年龄，一路上它一直都忐忑不安，第一次谈恋爱，当然会紧张。转了两次飞机后，柳芭来到了新家，一见到今后的爱人，柳芭就放心了，这个小伙子要模样有模样，要个头有个头（画面正好是雄鹿比雌鹿高出一大截的镜头），比它大6岁半，肯定知道疼人。"

例三：美国有对夫妇让自己的孩子和一条身长五米半的大蟒蛇共同生活，不知道害怕的孩子对这个会动的大玩具还挺有好感的，整天和它一起爬来爬去，其中一个细节就是小孩把蛇的尾巴塞进嘴里。这个细节经编导的提示，会引起观众产生这样的联想："如果这个孩子真长了牙，要是把蛇咬疼了，这真是件可怕的事！"

（二）用细节刻画人物性格，展现人的内心世界

我看过一个电视剧，女主角是个农村妇女，长得漂亮极了，有一个镜头是她

往汤里加香油，"咕咚"一声，汤里泛起一大片油花，这位女演员顺手盖上瓶盖儿。这个镜头让我想起了小时候看过的一部电影，电影里也有位农村妇女，在家里请村长吃饭，端上汤以后，她要往汤里加酱油，她小心翼翼地往汤里点了几滴，接着用手指蘸了一下瓶口上面的酱油，随后把手指放进嘴里吮了一下。身旁的妈妈对我说："瞧瞧，这个细节多好！"妈妈的这句话就是对我进行彩视知识教育的启蒙。这部电影我已经看过 20 多年，片名和故事情节全忘了，可偏偏记住了这个细节。与电影里这位演农村妇女的老演员相比，电视剧里那位年轻的美女演员功力还差得不少，她缺乏对生活细节的观察。人的性格和丰富的内心世界是看不见、摸不着的，最难表现，可它能从人的举手投足中传递出来，抓住细节就等于打开了人的内心世界的窗户。

大型电视专题片《新中国》非常注重对历史细节的刻画，通过这些被人忽略了几十年的细节，人们似乎感受到当年的历史人物复杂而丰富的内心世界。

中央电视台的《本周》节目中有不少内容都是对已播新闻进行再处理，重新加工后播出的。我曾对中国残疾人艺术团演出《我的梦》的新闻重新进行编辑，发现了一个被人忽视的细节：先天智障的乐队指挥舟舟在合影的时候，竟然把手搭在了坐在领导席上的中国残联主席邓朴方的肩上。因为这个镜头是个中远景，这个细节不明显，这个细节应该把用语言强调出来：可爱的舟舟把手搭在了残联主席邓朴方的肩上，这是让所有人感动的一刻，平等是普天下的残疾人最渴望得到的。

1984 年，国庆 35 周年的游行队伍中出现厂一个经典的细节，即一群大学生走过天安门城楼的时候，突然展开了一条横幅："小平您好！"这个横幅是学生偷着带进广场的，它不是组委会规定的标语，却成为永远被人铭记的标语。平等的意识是与生俱来的，这正是"小平您好！"这个标语感人的原因所在。

（三）用细节体现主题

新闻的主题不是凭空说出来的，而是靠鲜活生动的细节表现出来的。

不久前，大连沙河口区一栋居民楼发生了火灾，处理这样的新闻一般都是表现消防队员的舍己为人、奋不顾身。我在看这条新闻的素材时，通过消防队长接受采访时说的话了解到这场火灾有不少与众不同的地方。消防队长说，这些居民在面对大火时的理智和清醒是他们能获救的重要原因，他们中先觉察到着火的人第一反应是把熟睡中的亲人和邻居叫醒，然后向外面呼救，所有居民没有一个从楼道跑出来。消防员介绍说，遇到火灾最危险的就是开门从楼道进出，应该关紧房门，打开窗户等人从外面救援。所以，我在做这条新闻的时候就以居民面对火灾时的勇敢为主题。

（四）抓住细节深化主题

好新闻不仅是看的时候觉得热闹，看完以后还要能值得回味，能做到这一点，就要看编辑记者捕捉细节、挖掘细节的功力能不能使原本平淡的主题变得深刻。

导语：

有人说过这样一句话，当所有的动物冲出牢笼的时候，这一天便是野生动物的节日。去年秋天，27匹人工喂养的野马迎来了自己的节日，在新疆卡拉麦里山自然保护区，他们回到了祖先生活过的地方。（野马放归的镜头）冬天到了，新疆下了大雪，气温只有零下二十多摄氏度。那些从小不愁吃喝的野马日子过得怎么样呢？

正文：

茫茫戈壁，野马一点儿都不难找，因为它们从没有远离过昔日的牢笼。虽然有了5个多月野外生存的经历，可一见人们送上的草料，竟全无半点儿防范。野马啊，要是面对偷猎者的枪口，轻信该是多么的可怕。

（细节：人给野马喂草料，野马对人毫无警惕，只顾吃草，对近在咫尺给它们拍照的人根本不予理会）

这是匹奄奄一息的小马，它刚倒下4个小时，这让所有的救护人员伤心，要是早来几个小时该多好。小马是饿倒的，可它的身边就是草，是野草的味道不合口味，还是你根本没气力吃呢？

救护人员断言：它的妈妈死了，不然的话妈妈绝不会扔下孩子不管的。野马还要回到牢笼，野马的先祖若有在天之灵，一定会垂泪。画面定格在一个细节上：小马是饿死的，可它身边就是草。这让人想起《四世同堂》里的妞子，宁肯饿死，也不吃不合口的食物。野马周身流淌着先祖强悍勇猛的血液，怎么会变得如此脆弱呢？（摘自《本周》）

最后的画面是用特技手段合成的：将野马奔腾的画面加上一些云朵，好像是野马先祖的在天之灵，而现实中的野马瘦弱不堪，垂头丧气。这场景有如文治武功的康熙大帝痛心地看着清末最无能的儿孙。正是通过细节写出了野马整个家族的悲剧。

2001年5月，中国乒乓球队再创辉煌，包揽了世乒赛七个冠军，而此次征战，中国队仍受到"海外兵团"的狙击，"海外兵团"是指代表其他国家打球的原中国教练和队员。在做这个报道的时候，我发现了一个非常有意思的细节却被人忽略了。这个细节出现在获世乒赛团体前三名中国、比利时、瑞典三个球队同时领奖的时候。比利时队的教练是一位中国人，他叫王大勇，他也和比利时队一起站在了亚军的领奖台上，而且他站的位置正好紧挨着站在冠军领奖台上的中国队，当国歌奏响的时候，摄像师把王教练和中国球队拍到了同一个画面里，王教练唱起了他熟悉的《义勇军进行曲》。

电影《英雄》上映后，有夸的，有骂的，我觉得特棒，一连到电影院里看了两遍，电影里的细节刻画给我留下了特别深的印象。记得有这样一个镜头：大侠无名和长空在棋亭前对打，长空用枪和无名的剑对击，之后长空把枪甩在身后，只见这枪尖还在微微地抖动，并发出"嗡嗡"的声响。《英雄》是部气势宏大的影片，可它非常注重细节的刻画，这就是导演张艺谋的高明之处。片中还有个细节，就是大侠无名在残剑、飞雪两位英雄面前表现武功，他身旁是一圈竹简，如果是一般的导演会这样设计镜头：无名大侠一跺脚，四周的竹简"轰"地一声全部倒塌。而张艺谋不是这样设计的，无名一跺脚，四周先是一片死寂，然后是"啪啪"的声响，原来是绑竹简的绳子在一根根断开，"啪啪"的声响越来越紧，最后才是四面的竹简轰然倒地。张艺谋说，它的这部《英雄》一定会让观众永远记住几个细节几个经典镜头，刚才说的那两个镜头我就永远忘不了。我看《英雄》最大的感受就是自豪，我自豪中国的导演能拍出比好莱坞更牛的大片。

不久前，北京奥运会的会徽公布，会徽宣传片就是张艺谋拍的，里面有这样一组表现细节的镜头给我留下了特别深的印象：一个刚出生的孩子在一块白布上留下鲜红的脚印，接着是一位妈妈亲吻着自己的宝宝，下面一个镜头是一位小伙子给心爱的姑娘画着速写，画完后姑娘在吻自己的速画像，黑白画像的嘴唇部分留下了姑娘鲜红的唇印。谁说中国人刻板，这个细节表现出的中国人的爱是多么浪漫呀！这就是通过细节表现出的深刻主题：中国人懂得爱，懂得浪漫，中国人更懂得用诚信保护爱。

第二节 抓住新闻主角——思维平民意识

人和人之间的情感是相通的，让新闻感人的最好办法就是让新闻中的人物用感情打动观众。

在新闻中体现以人为本应该包括两个方面：一是要关注新闻事件里的人物；二是要考虑观众的需求和感受。

一、人，不该被忽略的新闻主体

排除各种干扰因素，无论在什么情况下，都要反复提醒自己：人是新闻的主角。

老师给学生留了个作业，让同学们去拍摄春天，一说到春天，大家自然就想到天蓝了，草绿了，花开了，山青了。如果只把镜头对准花草树木，那样拍出来的春天好看不了，至少它不会吸引人。春天里真正的主角还是人：沐浴在温暖的阳光下活泼欢跃、充满生命活力的人，在跑步机上狂奔的老太太，笑着用童子尿浇灌刚刚吐绿的小草的小男孩儿，白髯垂胸、在刚开化的冰河里游泳的老爷爷……不要以为主题是春天，新闻的主角就应该是大自然，那就错了，不要受到任何因素的误导，要始终坚持人是新闻的主角。我们在做新闻的时候，常常受到一些因素的诱导，使我们时常忘记了人在新闻中的主体地位。下面我们就以灾难报道和政策法规报道为例，说说如何在新闻报道中突出人的主体地位。

（一）如何在灾难报道中体现人的新闻主体地位

忽略人作为新闻主体的报道经常出现在一些对灾难的报道中，很多记者往往把各种灾难中的水、火、风等当成主角，画面上最常见的是滔滔洪水、干裂的农田、被大风吹倒的房子等，就是没有人的镜头。

不久前的一个早晨，我打开电视，一条新闻引起了我的关注：汕头遭受了台风袭击，我当时第一反应就是汕头人今天会不会上班？他们又是怎么上班的呢？我带着这个问题看了当天几乎所有媒体的报道，始终没有得到答案。有关台风的报道经常有，可我始终没弄明白，台风中的人是怎么上班的，希望这个问题不会成为一个令人难解的"千古之谜"！

后来，我从广东台播出的一个节目中了解到一些信息。节目里，一个高高大大的北方人在接受采访，谈对汕头人的印象，他说：起初来汕头的时候，看着又瘦又小的汕头人，总为自己高大魁梧的身躯而感到骄傲，终于有一天，汕头刮起了台风，他吓得躲在屋里，紧锁窗门，不敢外出半步，邻家的汕头本地人却不管这一切，依然故我，出门上街，一个个有说有笑，消失在风雨之中。台风对汕头人来说，就像冬天北方下场雪一样，司空见惯、习以为常。看到此情此景，这位北方人突然觉得原先印象中矮小的汕头人一下子变得高大起来。虽然我还是没能破解"汕头人在台风中怎样上班"之谜，但是发现了一个做新闻的角度：选两个采访对象，一个是初来汕头的外地人，一个是汕头的本地居民，在展示他们经历同一场暴风雨情景的同时，探问一下他们截然不同的感受，这样的报道不但生动，而且深刻。

有位电视界的老前辈给我们上过一堂课，他给我们播放了两段片子，一段是20世纪五六十年代拍摄的中国战争片《平原游击队》，一段是美国大片《拯救大兵瑞恩》。中国的战争片表现的是我军在周密的作战部署下，有条不紊地向敌人发起进攻，镜头非常规矩、平稳，先是指挥员镇定自若的表情，接着是他有力挥手的特写，然后就是战士们发起冲击的镜头，线索非常清晰；而美国电影表现的是美军一登录就在猝不及防的情况下遭到袭击，影片中大量使用晃动的镜头，让人感受到美军的慌乱。老师分析了这两段画面最大的不同在于，中国电影是让观众在观赏一场战争，而美国电影是让观众在亲历一场战争。记得《拯救大兵瑞恩》这部电影给我留下印象最深的细节是，一个战士拉着自己的同伴冒着枪林弹雨向前跑，跑着跑着，他猛然一回头，发现自己的同伴已经不见了，自己的手里却紧紧地攥着同伴的手。看到这里，观众和电影里的演员同时发出了尖叫，战争的残酷让每一个人都能切身感受到了。

这该给我们记者以启示：做灾难报道的时候，应千方百计地让观众产生身临其境的感觉，主要手段是细节的刻画和亲历者主观的感受。

在《本周》节目中，有一期是专门做沙尘暴的新闻，节目里有大量的细节刻画，报道主要突出的是人在沙尘暴中的感受，而且刻画得细致入微。

记者在采访这条新闻的时候，正值沙尘暴最厉害的时候，记者刚走到台门口，对面走来的同事打招呼："哟，吃土去呀！"受同事这句话的启发，在报道中就出现了这样一句话："真得好好谢谢这些接受我们采访的群众，说这几句话，就得吃好几口沙子，他们是在给大家鼓劲儿，和沙尘暴斗。"

这句话换个说法就是一说话就得吃沙子，不但写出了记者的切身感受，而且接受采访的人如果看了这篇报道也会感动：瞧人家记者，连我们接受采访吃沙子这点委屈都记在心上，多有人情味呀！采访中，记者切实体会到了沙尘暴的厉害，感到它好像不但有生命，还有思维，你躲着它，它偏跟着你，变着法儿地折磨你，故意和你过不去。这种感觉接受采访的群众也有，其中有一位说起沙尘暴简直是气急败坏："等风停了，看我怎么治你！"于是记者在报道中就有了这样的句子："闹了一天的沙尘到了傍晚才慢慢地离开北京，下一步，它又在琢磨折腾谁呢？"拟人化的手法带出几分幽默，更显出几分无奈。

导语：

（上接气象日的新闻）说起气象灾害，生活在北方的人本周体会得最深，一场罕见的沙尘暴让人吃尽了它的苦头，也尝到了它的厉害。

正文：

（片花：黄沙笼罩中，千姿百态的人　字幕：3月20日北京）

（采访群众）

群众一：干什么都很难受，嘴里全是沙子。

群众二：有点喘不过气来。

群众三：100 米左右都看不清了。

群众四：在屋里都得戴上口罩了。

群众五：我听说过沙尘暴，但没想到真的沙尘暴让我这么难受。（一个初来北京的南方人）

这是上午 10 点半沙尘最厉害时候的情景，能见度不到 100 米。有位在沙尘里挣扎出来的人总结了沙尘暴的四大感观刺激。一是触觉：风沙吹得你睁不开眼，用手擦一把脸，细细的沙子又温柔地贴了过来。二是嗅觉：沙子先钻进你的鼻腔，然后往里走，非得让你嗓子眼儿里冒烟。三是味觉，当憋得你不得不用嘴喘气的时候，风就会把沙子往你嘴里喂，又苦又涩，嚼起来还嘎吱嘎吱的。四是视觉：它让绿灯不绿，红灯不红，早晨花一个钟头描画得更白净的脸也让它画成灰头土脑的。

各大药店的口罩一时间紧张了起来，平时几天才能卖出去一个，今天两个小时几百个口罩就卖光了。各个商场的纱巾和墨镜也供不应求。大街小巷到处都是这样打扮的人（不分男女，一律用纱巾裹头）。常坐公交车的改坐地铁了，送盒饭的快餐公司这下发了财，可小吃街就惨了，热闹吆喝声没了，大风叫得更起劲儿了。洗车行最踏实，今天踏踏实实关张休息，明天洗车的准排长队。闹了一天的沙尘到了傍晚才慢慢离开北京，下一步，它又要折腾谁呢？

（画面隐黑采访群众）

群众一：我希望北京的天更蓝，水更绿。

群众二：春天，原来是个挺美好的字眼，可这好名声全让沙尘暴给坏了。

群众三：这周末我们去种树，到时候我得多种两棵。

群众四：等风停了，看我怎么治你！

群众五：这沙尘暴太可恨了，大家得一块儿使劲，好好收拾它。

群众六：这沙尘暴得抓紧治，2008 年奥运会可不算远了。

导语：

中医里面有一句话叫冬病夏治，就是说冬天的病要夏天治，要对付沙尘暴也该用这招，春天的风沙如果能在一年四季都持续治，也许过不了多久就能除"病根儿"。估计今年咱们还得和沙尘暴打几回交道，我这儿跟您说五个注意，您可得记牢了。

正文：

第一，要注意别走高楼之间的狭长通道，那儿的风最大。第二，千万别到广告牌和老树下避风，广告牌牢不牢咱不知道，老树死没死咱也不清楚，要是被风刮倒了，下面的人可就惨了。第三，开轻型车一定别开快了，最好在车上装点重东西。第四，尽量少骑自行车，自行车最怕刮侧风。第五，准备好眼镜、口罩、纱巾，眼睛和呼吸道最怕沙尘。

（摘自《本周》）

几年前，北京市最大的灯具市场发生了火灾，中央电视台做了报道。值得注意的是，报道中插入了两个采访，被采访者是这个市场的两个店主，在谈及火灾给自己带来的损失时，一个说我损失了一百万，另一个说我损失了两百万。能对火灾受害者予以关注是这个报道最成功的地方，不过它的不足之处是没选好被采访对象，这两名店主西服革履，虽然是损失惨重，但是在接受采访时，面无表情，似乎在说与己无关的事。记者选择他们作为采访对象，主要是因为他们损失的惨重，而忽略了感情因素，我们不妨换个采访者看看效果：一个满脸污浊的小老板抱着刚从大火里抢出来的几个灯罩，木然地望着正被大火吞噬的苦心经营多年的全部资财，这时候记者将话筒递上去，他半晌说不出一句话，忽然放声大哭起来。我想这一幕一定会给观众留下深刻印象。文学理论有一条就是，在创作小说的时候，要注意塑造典型环境中的典型人物，我们做新闻的时候，也一定要刻画出典型环境中的典型人物来，谁的经历最具有故事性，我们就选择谁。

几年前，重庆的虹桥突然坍塌，40人遇难，电视媒体的报道基本上只对事件发生的时间、地点、死亡人数、事故原因做了简单的交代，没给观众留下深刻的印象。《北京青年报》的报道却撼动人心，在医院里，一个年过七旬的老人讲述了事发经过：他走过虹桥的时候，正好有一队解放军战士经过，他两岁半的孙子还学着解放军叔叔的样子，喊着口号向前走，当他听到一声巨响后，再伸手拉小孙子的时候，小孙子已经不知去向。孙子是跟着自己出来的，这该如何向孩子的父母交代？孙子是自己的心头肉，没了孙子，这种痛苦老人怎么承受得了？这位痛不欲生的老人非常具有典型性。这篇报道还选编了这场大难中最幸运的人的故事，也非常具有典型性。这个人是给人家送煤气的，他刚下虹桥，就听到一声巨响，他以为是煤气罐爆炸了，心想这回完了，可静下神来一看自己没死，他这才想起来回头看看，这一看，他又吓了一跳，发现虹桥没了。整篇报道的最后是一行黑体字："最小的遇难者只有7个月大。"

我们做电视的可以从报纸的报道中受到启发，虽然不能再现虹桥坍塌的过程，但是完全可以通过九死一生的幸存者的口向人们讲述一个个扣人心弦的故事。虹桥坍塌后来被证实是责任事故，为了贪图钱财，为官者视豆腐渣工程而不见，最终酿成惨祸。不要以为贪官之害与己无关，虹桥下的那些冤魂，何曾想到自己会惨死在贪官的贪赃枉法上呢？贪官之害应该人人喊打，报道的主题得到了深化。

对于突发事件，电视媒体最习惯用的就是电话报道，而接受电话采访的一般都是当地的记者或是官员，在灾难发生的时候，这些人称不上是灾难的受害者，所以对灾难缺乏最切身的感受，而真正在灾难中挣扎的老百姓很少成为电话采访的目标。记得国际广播电台在伊拉克战争的时候进行过一次电话采访，被采访的是位只有6岁的伊拉克小姑娘，小姑娘的话特别打动人。

记者：你叫什么名字？

小姑娘：我叫塔伊芭·马赞。

记者：你几岁了？

小姑娘：今年6岁了。

记者：你们现在好吗？

小姑娘：我现在很好，我的姐妹们也很好，伊拉克的人都很好，我们不怕战争，可是，可是……我们有点害怕爆炸声。

记者：如果你害怕的时候，你会做点儿什么？

小姑娘：我就唱歌。

记者：那你现在能给我们唱个歌吗？

小姑娘：好！

（小姑娘唱的是一首伊拉克的儿歌，歌没唱完，就响起爆炸声，小姑娘的歌儿被打断了）

这个电话报道后来在中央电视台的《新闻联播》里播出了，反响特别强烈，这让很多人为这个小姑娘担心，不为别的，就是单单为这个可爱的小姑娘，也别再打仗了。这个电话报道非常成功，只可惜在我们的新闻中，这样的电话报道真是太少了。如果广东的汕头再出现台风，记者能不能把电话打进一个普通的人家，让他们描述一下他们感受到的暴风雨，他们为台风做了什么准备，台风把窗外的树都拔掉了，他们害不害怕？晚饭的菜是不是事先存储好的？听着这么大的风雨声，一家人晚上睡得着觉吗？

现场报道也是灾难报道的一个常用手法，而现场报道的时机和地点应该特别讲究。我记得1998年抗洪的时候，《焦点访谈》记者白岩松对哈尔滨的洪灾进行了现场报道，他选择的报道时间是一天的清晨，美丽的霞光中，一些晨练的老人在悠然地打着太极拳，而距老人们咫尺之遥就是沙袋阻隔的滔滔洪水，站在这样的背景下，白岩松开始讲述在刚刚过去一夜中哈尔滨的军民是怎样和洪水搏斗的。白岩松当时就非常坦然地说出了自己对此情此景的感悟：面对魔鬼般的洪水，饱经沧桑的老人们却表现得如此从容不迫，这让记者顿生敬意，这正是我们民族任凭泰山压顶，我自岿然不动的性格。灾难往往与悲壮共生，经历过生死考验的人对人生会有更深的理解，要是能从这些人身上折射出思想的光芒，则会使灾难报道更上一个层次。

对大多数人来说，也许这一辈子都不会遇上大的劫难，所以对观众来说，灾害报道更具有戏剧性，更吸引人，在大起大落的经历中，更能让人感悟到平时感悟不到的东西，我们应该抓住做灾难报道的机会，对人生和社会进行更深入的透视。在这方面做得最成功的当属对"9·11"事件的报道。

给我留下印象最深的报道是"9·11"事件100天的时候，一大堆年轻的妈妈和准妈妈聚到了一起，她们的丈夫全都死在这场劫难里，她们怀抱中的孩子，还有那些在妈妈肚子里的孩子，都没见过自己的爸爸。妈妈们一起哭着、笑着，彼此安慰着。摇曳的烛光照着一张张挂着泪滴的笑脸，一个个大眼睛的孩子依偎在妈妈的怀里，看着让人心酸，更让人感动。他们自己在饱尝着失去亲人的巨大痛苦，却用最真挚的情感安慰他人。还有一个报道，讲的是有个9岁的美国小男孩，天天带着弟弟到世贸大楼的废墟上找妈妈，不管别人怎么劝，他都坚信他的妈妈还活着。看着这些无辜的孩子，谁都会激起对恐怖分子的仇恨，这恰恰就是记者做这些报道的目的所在。

在美国纽约，为了纪念"9·11"事件的遇难者，举行了马拉松赛，可直到第二天的中午，最后一位选手才抵达终点，成绩是28个小时。40多公里的赛程却让她经历了白天的阳光灿烂和黑夜里的风风雨雨。她患有多种硬化症和糖尿病，比赛途中，每隔几小时就要注射一次胰岛素。在世贸中心大楼倒塌时，她就在附近，爆炸后吸入的烟尘至今还让她的胸部隐隐作痛。她到达终点后说："是两小时完成比赛也好，28小时也好，这都不重要。重要的是我们在一起，我们一起保住了街道，保住了大桥。我们的一切都会重新好起来的。"这个报道的结尾写得非常动情，她用双脚丈量了纽约的每一个街区，她对已经变了模样的家乡说：我依然爱你！强烈的爱国主义主题在这篇报道中得到了充分的体现。

一项统计表明，"9·11"事件前，美国人以自己生在美国而感自豪的人是90%，而"9·11"之后，有97%的美国人为自己的祖国而骄傲。

中国的电视媒体报道灾难最好的要数刚过去的"非典"报道，人作为新闻的主体得到了非常充分的体现。

《东方时空》里有个"交流、沟通"的片花，说的是北京佑安医院一位女大夫和她儿子在"非典"时期的一个故事。

一个14岁男孩的自述："我妈以她现在的称号，在医院里她是主任，在家她也是主任，然后我爸就是副主任，然后我就是没官衔的。每天晚上6点半，我都要准时看电视上演的动画片，可正看到精彩的时候，我妈正好下班回家，她一敲门，我不得不一边看电视，一边扯着脖子答应着给她开门。"

妈妈的表白："我到家门口，就想喊一声儿子，听他答应一声，我这心就一下子踏实了。"

男孩："有一天，动画片实在太精彩了，我就没给她开门。"妈妈："我一看他没开门，就认为他没在家呢！我就想，他是不是有什么事，是不是在路上骑车出了什么问题？"

男孩："你明明有钥匙，可偏偏喊我来开门。你平常做什么事正做在兴头上的时候，是不是也不希望别人打扰吧？"

妈妈："结果我开门一看，他就坐在那儿看电视呢。我当时就挺生气的，他不理解家长对他的那份担心。"

男孩："过了几天，闹'非典'了，我妈说她要去'非典'前线。"

妈妈："走的时候，我就到他的床前，这是以前从来没有过的，我想抱一抱他。"

男孩："我当时真不知道该说什么。"

妈妈："我们当时也就是挥了挥手。"

男孩："后来我又看动画片，可都6点多了，还没有敲门，等、等、等，等到动画片都演完了，还是没人敲门。后来一想，原来我妈上一线了，今天她不回来了。以后几天都是这样，再看动画片觉得不舒服，越来越别扭。"

妈妈："我每天晚上给家打个电话，报个平安！"

男孩："只有她每天来电话的时候，才能知道她的信儿，就问她工作压力大不大，忙不忙。因为见不着面，也不知道她说的是真的，还是假的，反正是更不放心了。"

（音乐起，儿子骑车到医院门口看妈妈，娘儿俩越走越近，隔着铁门站了下来。孩子叫了声"妈"，妈妈笑了，孩子也笑了）

整个片子也就两分来钟，但足以让我这个没妈的孩子掉下眼泪。当屏幕上的男孩说他爱看动画片的时候，给人的感觉是，都14岁，妈妈不在身边，才知道妈妈是这样不可缺少。在"非典"时期，北京的一个14岁男孩和当医生的妈妈久别重逢后开心极了。

我们在这个节目里强调的是一种感恩的思想，滴水之恩还要涌泉相报，何况是救命之恩。当然，救人的解放军战士根本不会在乎别人的报答，而知恩图报的美德却要弘扬。

北京战胜"非典"的时候，住在小汤山医院的所有病人都出院了，当初各地部队支援北京的白衣天使终于可以回家了。当时媒体的报道突出了两点：一点是赞英雄；一点是赞团结就是力量，"军民团结如一人，试看天下谁能敌"。这样的总结一点儿没错，但总让人觉得又陷入老套路中，用大话称赞总让人听着不舒服，不够真诚和实在。《本周》节目也做了一个报道，报道大致是这样表述的。

当"非典"严重的时候，北京的医院告急，中央军委一声令下，很多的军队医生、护士就来到了北京，进驻了小汤山医院。后来他们走了，走的时候，由于还处在被隔离状态，他们没能跟北京人见面。这些天使中有好多是二十几岁的小姑娘，从来没有来过北京，好容易来回北京，连去小汤山医院门口的机会都没有。说起北京，大家都特兴奋，说想去天安门、故宫、长城，把北京的名胜说个遍。她们当笑话似的讲了个故事，这个故事却揪人的心。她们在休息的时候看见了一本画报，画报中有一张北京天安门的照片，大家特别高兴，互相传阅，说这就等于在北京看到天安门城楼了。她们还说等有机会要自费来北京，要为北京的旅游事业做贡献。谈到自己的遗憾，她们都是笑呵呵的，可后来记者问她们，想对北京人说什么话的时候，她们一下子哽住了，她们说："小汤山的一草一木都牵住了我们的心，我们要走的时候，我们真舍不得小汤山。"说到这儿，姑娘们哭了。她们临走的时候，也是作为朋友，给北京人留下一句话："我们三军将士，只要北京人有困难需要我们的时候，只要招呼一声，我们还来！"车站上没有老百姓送她们，只有两位列车员给她们行了礼，献上了两束鲜花。就像当初传阅天安门的照片一样，姑娘们传着这两束花，闻闻花香。

节目做到这儿的时候，我加了两句议论："所有的北京人都该感谢这两位列车员，是人家替咱们送了恩人。"

做完这个节目，我这样总结：北京人热情是出了名的，可人家来的时候咱没拿着花接，走的时候又没亲口给人家说声谢谢，这让所有的北京人都觉得过意不去。人家说了，想有机会再来北京，这愿望咱们也都听见了，咱们得想办法帮这些恩人实现梦想。要是这些天使真来北京，咱北京人一定会特别热情地接待，把所有欠人家的情都给补上。节目最后，还特别播出了好多白衣战士的面部特写，让大家认认，要是有一天人家来了，咱又不认识，慢待了人家，那多伤人心呀！在我们这个报道中，把医务工作者当成了朋友，当成了亲人，既然是一家人，就不该有虚头虚脑的客套句，就该是掏心窝子的大实话。至于宣传效果，您觉得是把医务工作者当英雄捧晕了好呢，还是把人家当亲人更能体现咱中国人重情重义的品格呢？都从心眼里把军医们当成亲人了，还用得着喊"军民团结"的口号吗？

（二）在政策法规的报道中，如何体现人在新闻中的主体地位

有的读者会有这样的疑问：政策法规的报道的主体当然应该是这些法规的具

体内容，怎么会是人呢？坚持这种观点的人，他忽略了一个非常重要的问题：这些政策法规是给人制定的，所以，报道的重点绝不是法规本身，而是它们和咱老百姓到底有什么关系。

就拿一年一度的人大、政协两会来说，老百姓最怕的报道就是照本宣科，把文件摘几条往那儿一堆，这就是一篇报道，老百姓看这样的报道，经常是一大堆数字一个没记住，一连串术语一个没听懂。所以，做这样的报道，一个最基本的要求就是要让老百姓听得懂，还要能记住，报道里的数字一定不能多。下面，我们就根据让老百姓能听懂、尽量减少数字的原则，写个关于全国人民代表大会的报道，大家看看怎么样。

朱镕基总理的政府工作报告全文三万多字，三万字很长，但人们可以从中读到这六个字："一切为了人民。"报告中出现了 38 个数字，其中大部分与老百姓的生活密切相关，其中有两个数字：城镇居民收入增长 8.5%，农民增收 4.2%。换句话说，就是让老百姓多挣钱。一年之计在于春，两会一个重要的内容就是定计划、定目标，等到了年底，咱们看看生活的变化：有的人家里安了电话，有的人买了手机，还有的人买了新车，住上了新房。那时候，再回头想想两会，您就会明白，两会目标一个个实现了，咱们的日子也就越过越好了。

（摘自《本周》）

让老百姓看得懂只是最低要求，还应该努力做到让老百姓爱看、想看，要达到这样的效果，就必须让报道形象、生动，这就需要有想象力。换句话说，就是要设情设景，设计一个具体的情况，老百姓遇上这种情况的时候该怎么运用这些法规，就像是编一个情景剧。比如，北京不久前出台了这样一个规定，孩子户口可以随父母双方的任何一方，我们该怎么设计情节呢？

北京这周出了新规定，孩子户口随爸随妈全凭自愿，而在以前孩子户口只能随妈妈。因为怕将来孩子上不了北京户口，以前有好多北京的小伙子找对象不敢找外地姑娘，可从这周开始，甭管这姑娘是外地的还是北京的，只要是您喜欢的，您就放心地追吧。

（摘自《本周》）

春节过后，旅游团费大幅下降，这样的新闻应该怎么处理呢？春节一过，上班族该工作了，自然没工夫旅游了，那旅游团费降价的信息会对谁有用呢？当然是那些退休在家的大爷、大妈。那好，我们就站在这些老人们的角度，看看这条信息都有什么用处。

眼下春光明媚，可旅游的团费却降了好多，海南游从春节三千五降到了两千，去趟泰国、香港才三千多。天气不冷不热，又没人挤，退休的大爷、大妈们眼下旅游最合适。您可得好好利用这个机会，别一会儿想着孙子上学没人送，一会儿又惦记着给儿子、闺女做饭，辛苦了大半辈子，也该潇洒潇洒。

（摘自《本周》）

再如，2002 年全国艺术院校招生取消年龄限制，这样一个报道又该怎么写呢？

今年高考，全国大部分艺术院校，像北京电影学院、中央戏剧学院等都取消了年龄限制，大龄考生考个表演系都没问题，青春偶像要是演不了，还能演历尽沧桑的成功人士，只要演得好，都招人喜欢。

（摘自《本周》）

有关政策法规的报道不仅要形象、生动，还必须让老百姓能用这些规定解决实际问题，要达到这个要求，就必须做到四个字：设身处地。也就是记者要把自己当成遇上困难的老百姓，看怎样用这些规章给老百姓帮忙。

在城市生活的人差不多都遇上过这种情况，在您憋得忍无可忍的时候，好不容易找到厕所，当坚守"堤坝"的神经防线刚一放松的时候，这才发现，这原来是家收费厕所，一摸兜，不是没带钱，就是一百块的大票找不开，已经放松的防线想再绷紧，已经来不及了，三毛钱难倒英雄汉，你说急人不急人。从今天开始，在北京上厕所，再用不着花钱了。原来的收费厕所最起码能洗手，有干手器，还能有镜子照，今后虽然不收费了，但是这些设施一样不能少。根据规划，三年以后，老百姓逛北京城，走上 5 到 10 分钟就可以找到一个公厕，可现在还不行。如果您坚持不住了，给您出个主意，街边的大宾馆、大商场里准有厕所，千万别不好意思，就是五星级宾馆您也可以大大方方地进去方便。

（摘自《本周》）

规章里规定，沿街各宾馆、商场的厕所应免费向行人开放，记者把这条规章换了个说法，就变成了给观众在紧急情况下出的一个好主意。

记得有一周出台了一系列的新政策：一是北京地税局出台发票中奖的新政策，发行小奖额发票，提高中奖率；二是上海扩大一卡通的使用范围；三是国家出台"十五"科技攻关项目。这三项政策其实和老百姓的生活密切相关，如果从百姓的需要出发，这三个硬邦邦的政策就会透出软绵绵的人情味。《本周》栏目就是以"小题大做"为题，把这些政策放在一起，下面我们一起来看看，您在看的时候，一定注意一下里面的"小"和"大"：一出家门要花零钱的地方就不少，坐公交车、打的、坐地铁，哪怕一两块钱也得掏回钱包。上海市启动了交通一卡通工程，今后一路上的车钱全都可以刷卡解决，省了找钱的麻烦，也不怕掏钱包的时候再被贼惦记，不过提醒您要把密码看管好，要是卡跟密码一起丢了，那跟丢钱没什么两样。

这小卡片可帮了人的大忙。本周南京出现一种女性信用卡，特别好看，卡身是透明的，还增加了许多服务项目，以后可能还会有男性卡、老人卡、学生卡，一张小小的卡片，却做出了大大的文章。刷卡买东西不算什么新鲜事，不过本周一个姓李的北京小伙还是觉得挺新鲜，几天前他刷卡买了几百块钱的东西，没想到几天后银行通知他把一辆20万元的轿车开走，5年内这辆车就归他了，一张小卡片，却能赢大奖，以后小李肯定甭管买什么都刷卡。本周，北京地税局开始印发小奖额的有奖发票，中奖率也从万分之一提高到千分之三，过去一万个人里才有一个能中五千、三千的大奖，好多人都觉得这么大的馅饼很难砸到自己头上，现在中奖率提高了，虽说只是十块、二十块的小奖，可中了也一样高兴，就像咱们包饺子的时候喜欢包进去一两枚硬币，吃到的人图个吉祥，可就是因为这一两毛钱，这顿饺子一家人肯定都抢着吃。自从有了有奖发票，吃完饭人们也开始抢着要发票，大伙多了项饭后娱乐，国家多了不少税收，这小奖发票也算给咱们国家建设做了大贡献。要说小，口香糖小吧，可它给人带来的麻烦可就大了。去年十一的时候，两三毛钱一块的口香糖出了名，为了清理粘在天安门广场地上的60万块口香糖，国家花了100万。本周，口香糖更是成了"十五"科技攻关对象，国家打算拿出100万开发专门对付口香糖的清洗剂，这样的"小题大做"是因为总是有人不自觉，如果人人都能把吃完的口香糖包起来扔到垃圾箱里，省出这100万来，能干不少事儿呢。

（摘自《本周》）

政策印在纸上的时候，总是干巴巴的，可只要和老百姓的生活一结合，就会变得鲜活起来，用老百姓最朴实的眼光来看，用最实实在在的大白话来表述，"死"政策就"活"了。今年，全国人大政协两会为了不扰民，出台了一系列措施，《本周》节目就是这样图解其中一条政策的。

本周大家最关心的要算是正在开的"两会"，以往开两会的时候，代表、委员乘坐的车辆是一路绿灯。后来，人家代表、委员们觉得老让老百姓给自己让路，心里过意不去，今年开两会，代表、委员坐的车再遇上红灯也得等上30秒。一位过马路的大妈就说了："人家来开'两会'的工作多重要，我只不过是买趟菜，还让人家给我让路，这多让人觉得心里过意不去呀！"你体谅我，我体谅你，人心和人心之间的沟通就是从这些小事上做起的。

（摘自《本周》）

二、不能缺少的平民意识

始终把自己放在观众的位置上，做节目的时候，要反复地问自己，这样的节目观众爱看吗？

对服务业来说，顾客是"上帝"，对我们做新闻的人来说，读者和观众就是"上帝"。所以，我们必须具有浓厚的平民意识，我们只有知道"上帝"的喜好，才能拿出让"上帝"满意的东西，这一点上，不少报纸为电视做出了榜样。

记得 1999 年 12 月 31 号，《北京青年报》出了一版大照片，还用了一个通栏大标题："他们没能走进 2000 年！"照片上有戈尔巴乔夫的妻子，有时任约旦国王侯赛因……我看完这张报纸的第一感觉就是这个创意真好，可转念一想，《北京青年报》一直高举平民化大旗，可这版照片却连一个老百姓都没有，也太不平民化了。可到了第二年"三八节"的时候，我看到了一位北京普通女工捐遗体的新闻，才对《北京青年报》的创意有了重新的认识。这位女工得了绝症，一直有死的想法，可朋友劝她说："你老母亲还在，不能让白发人送黑发人呀！"她觉得有道理，就坚持活了下去。1999 年 5 月，她老母亲病逝了，她想，我这回可以死了，可朋友又说："国庆 50 年庆典你还没看呢！"于是，她又坚持到 10 月份。这时候，朋友又说："你还应该看看澳门回归。"于是，她又坚持到年底。朋友又开口了："你就不想看看新千年吗？"她一咬牙又到了新千年。她说："有人是跑着进了新千年，有人是走着进了新千年，可我是躺着进来的，但我知足了！"于是，在新千年的第一个春天，她完成了自己的最后一个夙愿：在遗体捐献书上签上了自己的名字。做完这一切，她面对摄像镜头，微笑地唱起了"幸福在哪里"。看了这个女工的报道，我又想起了《北京青年报》那组照片，我由衷感受到这些照片上散发出来的浓浓的平民意识：这么多大人物，他们有的是财富、权力，可他们失去了最可贵的东西，那就是生命！他们没能活到 2000 年，而能看到这张报纸的人却都看到了新千年的曙光。也许新千年的时候，有人下了岗，有人离了婚，有人被小偷儿偷了，有人摔坏了胳膊，但比起这些死去的大人物，我们都是幸运的，因为我们活着！

有了平民意识，我们就可以从老百姓的眼光做新闻，这时候，你会惊奇地发现，做新闻有了全新的视角。

（一）平视大人物

在电视上出镜最多的恐怕要数各国的政治家，虽然在电视上天天见，但是这些大人物在老百姓看来，还是充满了神秘感。其实，大人物也是人，他们和普通人一样也有七情六欲。

说起俄罗斯总统普京，给人最深的印象就是冷峻，人家叫他"铁腕总统"，可就在普京访华的时候，我们制作了一期关于普京的节目，里面有这样一段文字：

普京当了总统以后，他的妻子哭了一宿，因为妻子知道，这以后普京陪她和女儿的时间会越来越少。知道这件事，咱们中国的老百姓都特希望普京能带上妻儿来北京，热情的中国人一定会让他们一家子好好享受一下天伦之乐，只可惜，普京的妻子没来。看来，他们夫妻又得分别半个多月了。

（摘自《本周》）

这些报道的意图虽然没明说，但是观众会体会到：当大人物有什么好的，还是老百姓的生活。如果老百姓通过看这样的报道，开始意识到自己平淡的生活原来就是幸福，这也是当记者的最大的幸福！

政治家的形象在老百姓眼里多半是概念化的，他们最爱穿的是笔挺的西装，最爱做的动作就是和人握手之后面对镜头微笑，看惯了这些镜头，观众最爱看的就是这些大人物的本来面目，所以对大人物活动细节的刻画，就显得特别重要。比如，有个报道就特别有意思，美国前总统布什正在出席一个会议，突然他在记者席上发现了一个曾刁难过他的记者，于是他小声对身边的高官骂起了这个令他讨厌的记者，可没想到的是，他眼前的话筒没有关，结果，他骂人的声音全传出去了。这条新闻成了当天全世界转发最多的一条新闻。观众之所以爱看这样的新闻，就是因为这些大人物在"露怯"时的表现和平时的完美形象形成了巨大的反差。运用对比的手法突出细节十分重要，政治家平常训练有素，很少失误，这更要求我们仔细观察，才能发现"破绽"。

提起美国的老布什总统，说起他做过的大事恐怕人们就只记得他发动了对伊拉克的战争，可他做过的一件小事，给我留下的印象比他做过的任何一件大事都深刻。那是有一次他去英国访问，按照程序他要在机场发表讲话，可不巧的是天降大雨，很多人站在雨里礼貌地等着他讲话。老布什从怀中掏出稿子，他把稿子给撕了，他微笑地向大家喊道："朋友们，大家避雨去吧！"他这次平生最短的一次演讲赢得了最热烈的掌声。

1993 年，在蒙特卡洛投票决定 2000 年奥运会的主办地，当时土耳其女总理的讲话给我留下了深刻的印象，她说，她代表全体土耳其人向全世界的朋友说出发自他们内心的话语："我爱你！"当时我非常吃惊，不光是普通人，原来大政治家也会说"我爱你"呀！人格的魅力是巨大的，不是权力和金钱。如今人们提起戈尔巴乔夫，他给人们留下印象最好的不是他曾是苏联的领导人，而是那个在灯光下，给病危的妻子念小说的白发老人。

（二）不要忽略普通人的小故事

现在的栏目为了和观众建立联系，都设立了新闻热线，如果您是当天的值班编辑，接到这个电话，你会怎么处理呢？电话是一个姑娘打来的，她说她想请教一个问题：怎么养蜻蜓。我想很多人会漠视这个电话，敷衍一下就算了。可北京电视台有个《第七日》栏目，人家的编辑就注意到这条新闻线索，做出了一条非常有意思的新闻，于是在电视上就出现了这样一个故事：一位姑娘逮了一只蜻蜓带回了家，后来她发现蜻蜓肚子很大，她想，可能是蜻蜓要生孩子了。上学时的常识课里说，蜻蜓是在水里产籽的，于是她为蜻蜓端了碗水。第二天，一觉醒来，发现蜻蜓死了，她自责极了：千不该，万不该，不该把你抓回来。正难过的时候，她突然兴奋起来，原来，前一天蜻蜓排的卵已经变成一群黑黑的幼虫。她对着蜻蜓的遗体发誓，一定要把它的孩子抚养长大。于是，她跑遍了科研院所和动物园来求教养蜻蜓的常识，结果都没有得到答案。无奈之下，她向邻居大爷说了这件事，大爷听后乐了：这太好办了，你端着碗，到后海去，把小蜻蜓倒进去就完事了。这个提示让姑娘茅塞顿开，也让观众如梦方醒——让蜻蜓回家，这就是对它最好的照顾。我曾把这个新闻故事讲给我的同事，很多人都有这样的观点：这事太小了，地方台做这样的新闻还可以，中央台要是做这样的新闻就太让人笑话了。不知道观众会对我的同事的观点作何评论。这条新闻我已经看过两年了，可一直留在我的脑海里。一次，我路过小蜻蜓的家——北京的后海，我在那里待了很久，我看着眼前飞来飞去的蜻蜓，真想找出来哪些蜻蜓是新闻里讲的一出生就没妈的可怜孩子，它们要是知道了自己的身世，对那个害了它们妈妈、可又费心救了它们一命的阿姨该是谢呢，还是恨呢？虽然这是件再小不过的事情，但是折射出人性的复杂，非常令人回味。

不久前，我在一家超市见到一位大妈，她一边看表，一边催身边的小孙女快走，她说："快走，快走，《第七日》要开始了。"作为电视同行，我被深深刺激了，我真羡慕《第七日》有这样忠实的观众。一次坐车路过北京电视台，《第七日》主持人的大照片醒目地矗立在电视大楼的顶部，特别显眼：长长的脸，一点都谈不上漂亮，头上还别着个挺怯的发卡，可就是这张脸，老百姓爱看；声音也不好听，还有点哑，可她说起话来，老百姓爱听。因为人家讲的就是老百姓的事，说的是老百姓爱听的话，这也就是我们该向《第七日》学习的地方，人家有平民意识。

我还记得《第七日》中有这样一个报道：北京市对建筑工程单位有一个要求，就是必须在施工工地种植草坪以防止扬尘。一家建筑公司想出了一个奇绝的招：在工地种麦子。可麦子长得太快，割草机又挺贵，这可怎么办呢。于是，他们买回了几只小兔子，让兔子吃草。事情不大，可却妙趣横生。记得《第七日》的主持人说过这样一件事：因为《第七日》的电话和中央台《新闻联播》的电话只差一位数，结果不少观众把找《第七日》的电话打到了《新闻联播》。针对这事，元元就说了："人家新闻联播是讲大事的，您家那点小事，您就找我们来吧！"《新闻联播》和《第七日》都是高收视率的栏目，老百姓大事小事都会去关心。《第七日》报道的事虽然都局限于北京的事，可很多外省市观众也非常喜欢这个节目，就拿刚才讲的小蜻蜓的故事和麦子兔子的故事来说，它们都超越了地域的局限，闪烁着人性的光芒，所以老百姓爱看。我们作为新闻工作者一定要有新闻判断力和洞察力，老百姓的生活多彩多姿，人民群众的智慧大得不得了，我们要善于从小事中发现新闻的价值。就拿"麦子兔子"这条新闻来说，《第七日》虽然已经做得非常有意思了，但笔者觉得还做得不够深刻，这个报道只突出了两点：一是美化了环境；二是省了钱。可它忽略了一个非常重要的因素：人的情感。我们现在不妨为这个报道重新安排一个结尾，大家看看怎么样：建筑工人们在下班或工间休息的时候，都会来这里看看小兔子，哪怕只有10分钟的休息。这些小生命让工人们暂时忘了疲劳，而人性中善良的一面就在这些五大三粗的汉子怀抱小生命的身影中得到了充分的诠释，如果其间采访中有个小伙子说："我家也有这么个兔子，一见到它就像是回到了家。"这样就更好了，报道中又抹上了一笔淡淡的思乡情。别看事小，可深挖下去，也许就是一个收获再加一个意外的收获。

北京电视台有个《北京您早》栏目，其中的一个板块就是老百姓用家用录像机拍的新闻故事。其中，一个17岁男孩自拍的节目最让笔者感动。这个男孩子家里养了条狗，这条狗做了妈妈，它生下了个宝宝，宝宝后来被送人了。一年之后，宝宝的新主人要带它回以前的主人家看看，这就给狗妈妈再见自己的宝宝一个机会。小主人是个很有心的小伙子，他拿起了摄像机，看看狗妈妈到底还认识不认识自己的孩子。狗宝宝一下车，狗妈妈就一眼认出了自己的孩子，它飞跑过去，搂住了自己的孩子，孩子此时已经认不出妈妈来，可不管孩子怎么冷漠，妈妈总是高兴地围着孩子跑前跑后。17岁的小主人为这感人的一幕配上这样一段话：

此情此景，让我想起了我的妈妈，我长到了17岁，但我从没意识到母爱的伟大。我要衷心地感谢花花（狗的名字），是它让我感受了被我漠视多年的母爱。我想，借这个短片，让我对妈妈说句话："妈妈，我爱你！"

（摘自《北京您早》）

一个17岁的孩子能对一件小事有这么深的感悟，这应该给我们很大的启发，我们应该善于从普通人平凡的小事中透视出其中的深刻含义。

三、设身处地以心换心

设身处地绝不是在作秀，而是以真诚之心对待新闻里的人物、对待观众。常言道，"日久见人心"，我们付出真心，就会收获真心，就会收获观众对节目的喜爱。

我在报上看到过这样一条新闻，2002年广西南宁的中考试卷出现以些变化，在试卷的开篇，出现了这样一段文字："亲爱的同学，你打开飘着墨香的试卷，看着似曾相识的考题，一定会轻松面对挑战。"在有些难题前面，还加了导语："先易后难，就是答不出来，也是正常现象。"在试卷的结尾还没忘记预祝考生取得好成绩。考生说，看着这样的话，就像是老师在身边安慰自己，紧张的神经一下子就松弛下来了。

看了这条新闻，我感慨很多，直到现在，我还经常做这样的噩梦：去参加一次考试，可试卷发下来一看，一道题都不会，急得直想哭，这一着急，给急醒了，这才长出一口气，原来是个梦，梦是假的，可摸摸脑门，这一头汗可是真正的，这汗是吓出来的。这梦不单是我做过，所有当过学生的几乎没有没做过这样的梦的，这世上还有比考试能让这么多人害怕的事吗？正是有过惧怕考试的经历，广西南宁主持中考的人才会设身处地地为考生着想，想出个缓解考生情绪的招儿。

报上还报道过发生在河南洛阳的一个案子：一个19岁的男孩，五年前父母因感情不和离婚，他随父亲生活。后来，其父又娶了一丧偶女子为妻。可没过多久，这位父亲在一次交通事故中丧生。儿子和后母因财产问题争执不下，两人打到法院，法院对这个案件依法判决后，在判决书的后面附上了一段敬告双方当事人的"判后语"：

原告少年丧父，被告中年丧偶，实为人间悲剧，本案双方当事人的遭遇是令人同情的，但双方为继承死者遗产而引发纠纷，使本来就已受到伤害的心灵雪上加霜，甚感遗憾，法律虽然可以公正地处理当事人之间的继承纠纷，但金钱毕竟无法代替亲情。死者已去矣，亲者尚生存，亲人为死者之财而起纷争，死者在九泉之下能瞑目乎？愿双方摒弃前嫌，互敬互爱，重修亲情，以求家和万事兴！

南宁的中考组织者和洛阳法院的法官们能设身处地地为当事人着想，才想出了誉满全国的奇招。新闻的主体是人，要使新闻闪烁出人性的光芒，最好的办法就是设身处地地为新闻中的人物着想，把自己放在新闻人物所处的位置上，和他进行心的交流，这时候，你就会发现，你所做的新闻绝对是与众不同的。与众不同不正是每位编辑记者孜孜以求的吗？下面接着举例说明，我们看一条常态新闻：

在广西，有一个不满一岁的小力士向吉尼斯世界纪录发起了挑战。这个小力士名叫梁耀昆，目前只有七个月大，但人小力气大，能够完成不少高难度动作。日前，在公证人员的现场监督下，小耀昆的父亲带着他在南宁市的青秀山公园进行了公开表演。小耀昆先是蹲着从父亲手掌上站立起来，接着又单脚独立在父亲的手掌上，前前后后共完成了七个高难度动作。据了解，小耀昆的父亲已经将他挑战吉尼斯的实况录像、测试公证书等文件资料送交给上海的吉尼斯总部，一旦获得核准，小耀昆很可能成为世界上第一个不满一岁的吉尼斯证书持有者。

记者在做这条新闻的时候，根本没为参加测试的小耀昆着想，一个七个月大的孩子在近40度的高温天气下，当着数千之众的面，被折腾了四个小时，据了解，原计划是破八项世界纪录，而当做到第八项时，孩子怎么也不愿做了。

《本周》栏目的编导把自己放在了小耀昆的位置上，新闻就彻底变了模样。下面就是经过修改后的新闻：

今天可能是这位广西农民有生以来最风光的一天，气氛热烈的颁奖现场、来自各家媒体的记者，还接受主持人的采访，谁让他是耀昆他爹呢。可半天下来，只有主角梁耀昆没开口说一句话，不是故作深沉，也不是当了名人架子大了，而是因为他刚半岁，还不会说话。因为耀昆太小，当明星的感觉只有耀昆他爹能体会到。和当初在村里给乡亲们表演相比，今天为耀昆冲击吉尼斯世界纪录的表演会可气派多了，小耀昆和爸爸都穿上了漂漂亮亮的新衣服，小耀昆要在这么多新观众面前通过八项测试，平时没少一遍遍在好奇的人们面前表演，今天的测试对小耀昆不算什么，可小超人也是人，顶着将近40度的高温，一连折腾了四个小时，早就困了的小耀昆说什么也不肯做最后一个动作。当名人难，当小名人难，当小得连话都不会说的小名人更难，就是有苦也说不出呀。

对于热点新闻往往是多家媒体一起来炒，这时候，想在新闻大战中不同凡响，最好的办法就是抛开被炒热的表面文章，深入新闻人物的内心。几年前，游泳健将张健横渡渤海海峡，一共游了50个小时，他成功了，他成为国人眼中的英雄，成为各媒体报道的主角。当所有的媒体都打破头挤着把焦点对准从水里缓缓走出的张健的时候，一位聪明的记者却把镜头瞄向了被冷落在海滩上期盼着儿子的张健的妈妈身上，周围没有人和你抢最佳位置，这位记者十分轻松地拍到了感人肺腑的独家报道。在别人看来，张健是英雄，可在妈妈眼里是她的儿子已经两天两夜没睡觉。别人最关心的是张健能不能破纪录，可张健的妈妈又会关心什么呢？她最关心的是她的儿子能不能平安回来。张健快到终点时，在场的两万多人在海滩为他欢呼，而他的妈妈却双手为他祈祷。当看到儿子平安出水时，张健妈妈激动的泪水瞬间夺眶而出，刚才在胸前合十的双手立即不断地拍起来，挤进人群只跟儿子拉了一下手就被欢腾的人流冲开了。当天，电视上一遍遍播放着张健出水时的镜头，而当天中央电视台体育世界的报道焦点却对准了张健的妈妈，记者设身处地地为张妈妈着想，尽力去体会一位妈妈的爱子之心，因此这个报道打动了人心。

记得有一年获普利策大奖的新闻图片是表现美国"挑战者"号爆炸事件的，"挑战者"号飞船当时载着宇航员飞上了天空，刚刚飞行了74秒钟，就爆炸了，宇航员的亲人目睹了这一惨剧。这张新闻图片不是展示飞船爆炸，而是在爆炸发生的瞬间，宇航员亲人被惊呆了的面部表情。随着爆炸的一声巨响，人们会本能地把目光投向产生巨响的地方，而那位记者的伟大之处就是在于他战胜了这种本能，始终把关注点对准人，因而拍出了这样动人心魄的照片来。

1986 年 1 月，美国"挑战者"载着 7 名宇航员升空，74 秒后就发生爆炸，宇航员的亲人在现场目睹了这惨烈的一幕。

《东方时空》的"生活空间"栏目曾做过一期节目，讲的是一对父女在贫病交加中受到人们救助的故事。其中有这样一个细节，父女俩正坐在家里的床上数捐助款的时候，突然门响了。这时候，记者的镜头应该对准哪里呢？从人的本能讲，记者应把镜头甩向屋门，但记者没有按照本能的驱使，始终把镜头对准了这对父女，结果他拍到了一个非常有意思的镜头：父女俩听到敲门声后的反应惊人的一致，立即把手中的钱包藏进被子里。人物的性格和心理非常形象地表现出来了。在做新闻的时候，永远把自己放在新闻人物的位置上，就会使你的心理活动和被访者保持同步，从人物的内心着手，往往能做出与众不同的新闻来。

设身处地还可以使抽象的东西变得形象、生动、具体。前一阶段，关于世界上第一个克隆人要出世的消息曾被炒得沸沸扬扬，意大利"医学狂人"安蒂诺里在一个医学会议上说，处在他护理下的一位妇女已经怀有克隆人的胚胎，这个克隆人的胚胎取自一位阿拉伯富翁的体细胞，这个消息就像一颗重磅炸弹在全世界炸开了。克隆人是个非常复杂的问题，涉及科学、伦理、道德等诸多方面。克隆人在世界上还没有出现，对于克隆人的报道不过是纸上谈兵，这种报道难免抽象、枯燥。这个时候，我们不妨做一个假想，假如克隆人真的来到人间，我们站在克隆人的角度上，替他想想今后的人生之路，就会使克隆人的命运形象地展现出来。我们可以为克隆人一生设计几个可能出现的难题：谁生他？谁养他？谁爱他？谁嫁（娶）他（她）？克隆人这个原本抽象的问题就变得形象化了。

第一个问题：谁生他？他的母亲已经怀孕了，这个孩子出生就是人类的实验品，这位母亲起到的也只是一个生育机或孵化器的作用，这对母子之间的感情在孩子出生前就被异化了。像电影《第六日》上描写的未来的克隆人都是在营养液里泡出来的，他们更不知道谁是自己的妈妈了，看着别人都有自己的妈妈，克隆人该多伤心呀！母爱对没有妈妈的克隆人来说是终生享受不到的奢侈品。

第二个问题：谁养他？科学创造了他，那当然是科学家来养他了，他的生命将在实验室里度过，他将要面对的是无数实验相伴的人生岁月，一个完全没有自由的生活，哪儿还会有快乐呢？

第三个问题：谁爱他？谁对他投注真诚的情感？当然，克隆人的生命会很值钱，所有科学家都会竭尽全力挽救他的生命，但他心中的孤独，谁又能体会得到呢？

第四个问题：谁嫁他，谁娶她？哪个异性会发自内心地爱上一个整天被人摆布的实验品？也许有人借机出名跟他谈婚论嫁，或者由科学家做主为克隆人成双配对，这样的婚姻是一种实验性质的婚姻，甚至连他们最疼爱的孩子都有可能沦为实验品。

（摘自《北京晚报》）

看看克隆人的悲惨命运，谁还会赞同克隆人呢？与其让这个没爹没妈的孩子受这份罪，还不如别让他来到这个世界，这种设身处地的论述方式比凭空讲大道理更有说服力。

2002 年，中国女子曲棍球队夺得了亚洲冠军，女曲姑娘冷不丁地给全国人民带来了个大喜讯。喜讯来得太突然，那感觉就像当初知道中国女足获得世界亚军时候似的：怎么从来没关心过人家。我当时第一反应就是，就像当年对待女足那样，我们又忽视了一群值得敬重的姑娘。当时，我就想，要是这些被晒得黑黑的女曲姑娘走在北京的大街上，结果谁也不认识她们，要是有些人嫌人家黑，再指指点点的，那这些为国争了这么大荣誉的姑娘心里该多难受呀！再说人家韩国教练金长佰都瘦成那样儿了，就因为队员不好好训练，他一连绝食三天。我从网上知道他马上要过生日了，生怕他身边的人把他过生日的事儿给忘了，让在异国他乡的金教练受委屈，埋怨咱中国人没人情味。因为是这样想的，节目也这样做了：

再过 10 天，也就是 9 月 18 号，是金教练 47 岁的生日，金教练不练中文，估计他不一定能看我们的节目，真希望有人能把我们的话捎给他，我们祝他生日快乐！另外，我们还想再为大家播放一下女曲姑娘的镜头，您仔细认认，要是哪天碰巧在大街遇见她们，别忘了向这些好姑娘们问声好，千万别冷落了人家。（女曲姑娘的镜头配深情的音乐）

（摘自《本周》）

记得有一次，某记者去北京盲校采访，刚到校门口，就看见一位家长在接她的盲儿子，可是这孩子好像特不情愿跟妈妈走，边走边哭。一打听才知道，这个盲孩子生病了，可第二天他就要入队了，还要到世纪坛参加入队仪式，妈妈要带他回家，可他不想走。记者马上打开摄像机，把这一幕给拍下来了，后来，小家伙终于被劝回了家。这个盲孩子叫尹亮，《本周》栏目把尹亮入队的故事做成节目播出了。

这是他们母子俩第一次上电视。可就在节目播出的当天，不幸降临到小尹亮的头上，他的妈妈突发疾病去世了。知道这个消息，我们把拍到的所有尹亮妈妈的镜头和播出的节目录成家用录像带，并召集全组人员捐款，我们把捐款和录像带专程送给了尹亮。我们希望，有一天科技发达了，孩子的眼睛治好了，他能从这盘录像带上知道他的妈妈到底长得是什么样子。我们的做法感动了盲校的老师，感动了尹亮的同学，更感动了尹亮的亲人——爷爷和姑姑，我们把后来发生的这些故事又做成一期节目，在节目的结尾，我们说了这样几句话："我们把所有拍到亮亮和妈妈的镜头全录在录像带里，送给了他，这是他妈妈唯一留下的活动图像，等到亮亮重见光明的时候，他就能亲眼看一看自己的妈妈了。让孩子能快乐健康地成长是妈妈最大的心愿，亮亮，你记住了吗？"

（摘自《本周》）

我们给尹亮留下录像带的时候，我想起了我儿时的一个小伙伴，他从小就没有妈妈，是跟奶奶长大的。别人一说他没妈妈，他就非常生气。一次，一个同学又提起他没妈的事，他气急了，把我们拉到了他家，从抽屉里拿出了一张小照片，照片上是个小孩的大头像，孩子的腋窝下是一双举起的手，他指着这双手对我们喊道："谁说我没妈，奶奶说了，这双手就是我妈妈的。"他从不知道妈妈长得是什么样子，那双手成了他对妈妈的永恒记忆，一看到尹亮，我就想起了童年的小伙伴，因为我们的一次意外收获，能使一个孩子获得了对母爱永久的记忆，这令我感到万分欣慰。

曾经一个叫董书君的小姑娘引起了媒体的关注，她誓死不当三陪小姐，因跳楼造成终身残疾。在社会的关爱下，她住进了北京康复医院，几个月后，她病情有了好转，要出院回家了，众媒体知道这条消息后，一下子来到了康复医院。董书君离京的当天上午，有关部门举行了新闻发布会，一共来了近百位记者，盛况空前。董书君当夜 12 点的火车，晚上给董书君送行的记者只有寥寥五六个，而当董书君的列车开出北京站的时候，站台上送行的只有《本周》的两位记者，董书君拉着记者的手说："姐，我真的不想走。"列车开了，书君笑着和记者告别。第二天一大早，北京多家早报报道了董书君离京的消息，并说："董书君含泪离京。"书君明明是笑着走的，她什么时候流泪了？记者根本没在现场，真不知道这些细节又是怎么编出来的。从上午新闻发布会的热闹到董书君孤单单地离京，我们已经猜到了，董书君将失去媒体的关注，下肢瘫痪的书君又会怎样面对今后的生活呢？第二天，我们给已经到家的她打了电话，她说爸爸正打算把院里的小树砍了，给她当双杠，继续康复训练。她还说，她会好好地活下去，我们这才多少放了点心。

按照传统的新闻理论，记者应该始终站在客观、公正的角度对待新闻事件，不能轻易流露出主观的感情。可我认为，这也要看是什么报道，如果讲述的是一段感人肺腑的真情故事，如果此时采访记者还无动于衷，那就太缺乏人情味了。

我们曾报道过一个得白血病的男孩子在姐姐的帮助下来京治病的故事，姐姐和弟弟的骨髓配型完全一致，这又给弟弟以生的希望，可骨髓移植的费用是 20 万元，对这个贫困的家庭来说，这简直就是个天文数字。我们的节目播出后，全国各地的捐款不断寄来，有位东北的商人看了报道后，冒雪开了一宿的车赶到北京，和我们一起赶到病房，放下 6 万块钱转身就走。当记者和东北好心人走出很远以后，姐姐追了出来，小姑娘只穿了件毛衣，一个女记者跑上前去，一把把小姑娘搂进怀里，用自己的身体为她挡寒，摄像记者也举起了摄像机，镜头推向了女记者的眼睛，两行热泪慢慢地淌了下来。我们把这一幕编进了节目，观众看后打来电话说：最令他们感动的是记者待人的那份真诚。

第三节　强调新闻魅力——寻找新闻落点

一、换个角度看新闻

一本正经地把新闻中的动物和东西都当人看，这样做出的趣闻就充满了让别人意想不到的亮点。

眼下是市场经济，从某种角度来说，新闻也该是一种特殊的商品，是商品就必须适合消费者的口味。电视新闻的"消费者"就是观众。现在，观众对新闻的要求越来越高，新闻不仅要提供信息，还必须有观赏性和娱乐性。累了一天，下班回家，要是电视上能给团聚的一家人讲点儿轻松、有趣的新闻故事，给亲人间提供点聊天的话题，这不是挺好吗？制造快乐的方法就是幽默，幽默的人看问题的角度和一般人不一样，只有这样，说出来的笑话才能让人喷饭。

记者外出采访的时候，经常遇上这样的尴尬，被采访人家养着阿猫、阿狗一类的宠物，主人很热情地向记者介绍家庭成员，并礼貌地让阿猫、阿狗和记者打招呼，遇上主人年轻一点的还会对小家伙们说："叫叔叔、阿姨，好孩子要懂礼貌。"要是遇上主人岁数大一点的，那记者只能和这些宠物称兄道弟了。记得情景喜剧《候车室里的故事》有这样一个情节：一位旅客把一只小狗托付给车站的站长，狗主人千叮咛、万嘱咐，一口一个"狗他姨"地叫站长，为了拉近狗和站长的距离，狗主人语出惊人："您瞧，我们家花花和他姨长得多像呀！"我当时一边看电视一边刷牙，听了这话，差一点儿没笑岔气。不过，这个狗主人的思维方式应该给我们做新闻一定的启发，要是能把动物真心实意、正儿八经地当人看，就会产生非常有意思的效果，您先看看下面这条新闻：

广东有一家人养了只母猫，这只母猫在两个月前生了孩子，为给猫妈妈补补身体，主人抓来了两只刚出生不久的小老鼠给母猫吃，可让人没想到的是猫妈妈竟把小老鼠当成了自己的孩子。猫妈妈善良，猫儿子别看才两个月大，就特别懂事，一看到妈妈给两个鼠小弟喂奶，它就躲得远远的。对于孩子来说，家庭环境对孩子的成长很重要，有了这么好的妈妈和哥哥，两个鼠小弟长大了，心眼也坏不了。

（摘自《本周》）

如果不加最后两句评论，只是用拟人化的手法写小猫，就显得太幼稚，像是给小朋友讲故事，可加了后面的评论，就等于给新闻画龙点睛，出人意料，让人回味。

再看下面一条新闻：

不久前，有对在山林里生活的鹰结婚了，蜜月很浪漫，它们把旅行结婚的目的地选在了繁华的大都市郑州。因为第一次结婚没经验，把新房安在了人家的空调下。没过多久，爱情有了结晶，小宝宝出世了。三个月过去了，鹰宝宝已经学会走路了，一家子幸福极了。可屋里的李先生一家可惨了，夏天的气温都高到38度，可为了不影响鹰宝宝的健康成长，一直不敢开空调。真希望它们能早点飞回山林，一来别让好心人再受罪了，二来能让山林里的爷爷奶奶看看没见过面的孙子。

（摘自《本周》）

这条新闻的笑点在于它具有很鲜明的时代特色，把旅行结婚这种时尚移接到新闻的写作中，演绎出一出村哥带村姑进城度蜜月的喜剧。新闻中最精彩的地方要数最后一句"让爷爷奶奶看看没见过面的孙子"，真像是给这对不懂事的鹰面对面做思想工作，语重心长，还特给鹰留面子：不是轰你们走，是因为山里的爷爷奶奶想孙子了。

一本正经地讲荒唐事，是产生喜剧效果的一个重要手段。下面也是出现在《本周》里的一段新闻，讲的是一只东北虎相亲的故事：

（一只公东北虎）它家在山东淄博的动物园，一天，饲养员带它去相亲，可它一见到那个母老虎，拔腿就跑，拦都拦不住。带着对包办婚姻的不满，它要把一肚子的委屈向民政部门倒倒，可又不认路，一进居民区就要上楼。可了不得了，连警察都来了五十多位。还是饲养员有办法，好说歹说把它劝进了笼子里。饲养员跟老虎说了些什么，大家离得远都没听见，有人就猜了，肯定是饲养员下了保证，再也不让它见那个像"母老虎"一样的母老虎了。

（摘自《本周》）

其实，让这样的新闻幽默起来并不难，如果这事发生在一位男青年身上，就没什么稀奇的了，编一个这样的故事很平常，我在改这篇稿子的时候，就把这只老虎想象成一个被包办婚姻害惨了的男青年，所以很容易就产生了这样的幽默效果。

我们还处理过一条众人把一只从很高的城墙上掉下来的小猫头鹰送回窝的新闻，新闻稿结束之后要加几句议论，说点什么好呢？中国人爱听有头有尾的故事，那咱们就给新闻再缀个结局。小猫头鹰回窝之后又会有什么故事呢？咱们就把小猫头鹰想象成一个淘气的小男孩，把它这次历险的原因想象成所有男孩都有冒险性格：还没学会飞，就想出门闯闯，结果摔出家门。虽然闯了祸，可它还嘴硬，小猫头鹰恐怕这个时候正在向兄弟姐妹们炫耀自己的历险记呢！它一定会拍着胸脯说："在家靠兄弟，出门靠朋友。"

既赋予小猫头鹰鲜明的个性，又通过它的口称赞了人的友善。能把动物当人看，也能把东西当人看。孩子的最早教育就是胎教，就是让婴儿在妈妈肚子里开始听音乐。这胎教的方法，后来让日本人用在了做酱油上，他让酱油在没酿出来之前就开始听音乐。

日本有一位酱油酿造厂厂长，同时他也是古典音乐发烧友，有一天，他想让西方古典音乐和他酿造的酱油碰撞出火花。于是，一颗颗精心挑选的黄豆开始了厂长为它们安排的神秘而高雅的艺术人生，这间密封房间就是酱油得到升华变得与众不同的地方，在这一口口大缸里，它们的心随着音乐微微荡漾，最后出来就是这样，看着像醋，不像酱油，您想啊，人家是听着古典音乐长大的，能跟普通酱油一样吗？

（摘自《本周》）

还可以在新闻之后再缀上几句："这该给酿醋的人一些启示，他们该着手收集一些两口子吵架的声音，录成磁带，放给醋听，没准儿，这样酿出来的醋比一般的醋要酸。"

有这样一条新闻，说的是意大利要清洗著名的雕像大卫。我们不妨把大卫当成活人来看，视角一变，新闻的新意就出来了：

总算有人想起给大卫洗澡了。自从他1504年来到这个世界以来，就很少洗澡，因为他洗回澡得花15万欧元，耗时七个月，别看大卫长得挺年轻，可这回要治的小毛病还不少，毕竟都快500岁的人了，年岁不饶人啊。

拟人化的手法用起来一定要谨慎，若不恰当，不是太显幼稚，就是损害了新闻的真实性。对这种负作用的补救方法就是在用完拟人化手法之后，再实话实说，对自己加以否定。有这样一个报道，讲的是一头母狮子在失去孩子后，把一只小羚羊当成自己宝宝的故事。做这个报道的时候，就用拟人化的手法，以一个狮妈妈内心独白的方式讲了这个故事：

我是凯穆，一直没有孩子，可我想当妈妈，想有自己的孩子，记得两个月前，我遇见了一只羚羊宝宝，越看它越可爱，我觉得他就是我一直想要的那个孩子，我整天守在它身边，想让它知道妈妈有多爱它，可有一天，一个坏蛋狮子把我的孩子吃了，为了这事，我伤心了好多天。后来，我又找到了一只大羚羊宝宝，可它老是不吃东西，看起来虚弱极了。后来，它被人偷偷地抱走了。我就是没闹明白，你们人类在没有孩子的时候，能养小猫、小狗，把它们当成自己的孩子，我们做狮子的就不能收养一只大羚羊宝宝吗？这是我最近收养的第三个孩子，它亲妈来看它的时候，我就会走开，让它们母子俩团聚。让我欣慰的是，这孩子吃完奶，还会来找我。求求大家，别再抱走我的孩子，我想做个好妈妈。

（摘自《本周》）

这样，因为用拟人化手法而产生的负作用就被中和了，观众也能从中体会到编导人员的良苦用心。

二、寻找新闻的第二落点

首先想提出一个大胆的观点：做新闻要有想象力。

真实是新闻的生命，在不违背新闻真实的原则下，想象力能使人独具慧眼，使新闻向深度、广度延展，从中找到新闻的第二落点。所谓新闻的第二落点，就是通过创造性的想象，为新闻的进一步发展提出一个假设的前提，于是事件就会在假设前提的作用下，在观众的脑海里得到进一步延伸。请看下面这条新闻：

福建有这么一位女病人，当她还是一个小女孩的时候，被针扎一下是常有的事，因为她的妈妈是一名裁缝。可最近几年，医生们先是从她的锁骨中取出了一根缝衣针，前几天，又从她的心脏里取出了一根针。医生推测，这根缝衣针先是从她体表扎进静脉，经过氧化腐蚀后变短，最后随着血液流到了心脏中，这个过程持续了三十多年。这个消息肯定会引起很多人的注意，小时候，谁没被针扎过呢！

（摘自《本周》）

其实，看这条新闻的时候很少有人会联想起自己小时候被针扎的经历，而编导偏要提示人们一下。这就是编导假设的前提："您小时候是不是被针扎过？"如果这个前提成立，那您就再想想："是不是有扎在身上的针没取出来？"这样，故事就会借助观众的想象力进一步发展，升成第二落点。当然，观众绝不会因为这种提示而引起内心的恐惧和担心，相反，会体会到编导的幽默和独具匠心。

下面，我们再讲几条新闻，您也试试您的想象力，您会把新闻的第二落点放在哪儿呢？

例一，住院是人人都不喜欢的一件事，不仅要受打针、开刀这样的皮肉之苦，医院生活还单调而枯燥。而德国有一家医院却在病房里每天举行音乐会，让病人有一个很好的康复环境。这条新闻我们可以给它安排一个假设条件，就是病人病好了要出院，看看这条新闻会怎样延伸。

"赏心悦目的医疗环境能让病人们提前康复出院，可这美妙的音乐却让人有些舍不得出院了。"

（摘自《本周》）

例二：在以色列，最近出现了一种无毛鸡。其实，不是鸡不想穿衣裳，而是人们用基因技术把它们的衣裳弄没了。人家说了，这样的杀鸡的时候省得褪毛了，又省水，又避免了鸡毛对环境的污染。

我们可以给这个新闻安排两个假设条件：一个是无毛鸡要是见到有毛鸡该怎么办；第二个假设条件是，要是到了冬天，无毛鸡该怎么办？

三、实话实说

我们在做新闻的时候，有时就应该用孩子般纯真的眼光、用老百姓口中最朴素的语言来讲述新闻，这样往往能产生最让人意想不到的效果。

我在一本书上看过这样一个问题：有三个人乘坐热气球旅行，可突然间热气球出现故障，必须得有一个人跳下去减少气球的承重，这样另两个人才会安全。这三个人对整个人类都有很大的作用：一个是粮食学家，他的科研成果能让全世界的人吃饱肚子；一个是科学家，他能让全世界的科技水平大大提高，让人们提前享受现代化；最后一位是武器专家，他能销毁全世界的武器，让人类永远和平相处。您认为，这个生死时刻，谁应该跳下去呢？我琢磨了半天，也不知道该如何取舍，就接着往下看，书上讲了一个小孩儿给的答案："谁胖就把谁推下去！"

看了这个答案，我茅塞顿开，其实社会生活中很多难解的问题，答案非常简单。

2002年，中国男足首次杀进世界杯，虽然中国队的惨败让人伤心，但是培养出了一大堆球迷。这些新球迷对足球的理解不受任何条条框框的限制，所以他们侃起对足球的感受来，更让人觉得耳目一新。2002年的世界杯转播成就了一位女主持人沈冰，世界杯之前，她对足球可以说是知之甚少，很多老球迷对她的评价不太好，认为她太业余，提的问题太幼稚，可她却得到好多新球迷的喜爱，很多新球迷不知道的问题通过沈冰的提问得到了解答，沈冰对足球的理解更感性，更贴近百姓。在看球的过程中，她喜欢上了阿根廷队，当她看到阿根廷输了球要提前告别世界杯的时候，她竟在电视屏幕上哭了起来。体育评论讲求客观公正，与冷面的足球专家们比起来，哭了的沈冰更真实。2002年的世界杯因为有了中国队的参加，又不受时差的影响，结果造就了一大批中国球迷，他们对足球的看法不受约束，所以更新鲜、更有意思。

交响乐《白毛女》，台前站的是穿着破衣烂衫的杨白劳和喜儿父女俩，而他们身后却是衣冠楚楚、风度翩翩的西洋乐手。抓住这个细节一放大，就能产生意想不到的幽默效果：一个女孩子的头发从黑色变成白色，又从白色变成黑色，这可能就是小孩子能读懂的《白毛女》的故事。当然，故事远不止这样简单，几十年来，喜儿一直在电影里、在舞台上讲述着她翻身做主人的故事，但站在交响乐团前表演，这还是头一回，这是中国歌剧舞剧院的新作品，面前是话筒，背后是乐队，白面和红头绳都变成了空气，可站在新环境里的喜儿和她的爸爸照样挥洒自如，看来，他们父女俩已经适应新生活了。

艺术和真实的生活比起来总会有很大的差异，当我们用看待真实生活的角度来看待艺术，就会产生意想不到的效果，下面就是讲述芭蕾舞的一则新闻：

巴特拉七世传奇故事的电影《埃及艳后》是一部经典之作，如果用芭蕾舞来演绎会怎么样呢？和电影中艳光四射的伊丽莎白·泰勒比起来，舞台上的艳后好像有点黑，因为她是个黑人，贴上假睫毛，戴上后冠，这个艳后也别有一番韵味。为了能让观众意识到这位埃及艳后与她同时代妇女的不同之处，导演特别设计了艳后克娄巴特拉在浴池边引诱恺撒的一段舞蹈。不过，由于条件所限，只能干洗了。

影片介绍也是新闻中常出现的，特别是很多美国大片，因为中西方文化存在巨大的差异，如果用普通中国百姓的眼光为这些大片挑刺，不但能反映出中西方文化的差异，还能使影评妙趣横生。

《星球大战》《指环王》都是美国大片，有的节目里对这两部片子进行了评价。

导语：

最近，美国电影《星球大战前传》有了续集，叫《克隆人的战争》，电影里克隆人的命运挺惨的，人类克隆他们就是为了和外星人打仗。

正文：

电影里的克隆人组成了军队，天天打打杀杀，要是敌人强大，首先死伤的就是这些没爹没妈的孩子。他们连睡觉都得穿着盔甲，每时每刻都有生命危险。自然人的日子也好不到哪去，有个小伙子爱上了一个姑娘，可要当保护宇宙的勇士，他就得清心寡欲，和爱人决裂。没山、没水、没花、没草，还没爱情，这未来世界的日子可怎么过呀。千万别因为这部电影破坏您对未来的信心，听说科学家已经向太空发射了个探测器，向外星人介绍咱们人类，这个探测器在天上不断地用一百多种人类的语言喊"你好"，相信未来的人类还会想出更好的办法和外星人沟通，星球大战不但打不起来，咱们还能到外星朋友家串门，就住朋友家，不用找旅馆，带上点地球上的土特产就行。

导语：

新《星球大战》五月份才能在美国演，您要是着急看，可以先去看看《指环王》，这部电影从本周开始，在全国各大城市上演，咱们中国是全亚洲最早看到这部电影的地方。

正文：

电影里有一个魔力无边的戒指，谁得到它就能统治世界，要是坏蛋得到它，全世界都得遭殃。只有跑到很远的一个神山，才能把戒指毁了。可甭管是谁，一拿到它首先想到的就是先满足自己的贪心，连神仙也不例外。后来，这个艰巨的任务只能交给一个孩子来完成，因为孩子没有贪心。这下孩子可惨了，上刀山，下火海，不是碰上妖精，就是遇到怪物。戒指到底毁没毁电影里没说，要知道还得看续集。最让人放心不下的是那个孩子，他身边的大人个个都有贪心，孩子可别学坏了，孩子要是学坏了，世界可就得遭殃了。

虽然整个报道没一句话是夸这两部电影的，但绝不会担心做这样的报道，影片的发行商会找你算账。影片里精美的画面会深深打动每一位观众，而对报道中的调侃，观众不会较真。

电影之所以是大众艺术，就是因为它用最生动的故事来讲道理，这些道理应该让观众都能悟得到。我们在搞影评的时候，不妨把自己当成一个文化程度不高的普通观众，把他们悟出的东西说出来，不要以为有些话难登大雅之堂，最朴素的感受往往是真理。例如，《冰期》是福克斯公司拍的一部电影，讲的是两万年前冰河时期的故事。当时天寒地冻，动物们全搬到暖和的南方去了，一个可怜的小孩子被妈妈扔了，可三只小动物却一路护着他，一心想把他送回家。又是冷，又是饿，还有雪崩，经过无数的艰险之后，动物们终于让孩子回到了爸爸的身边，动物和人成了好朋友。我们不妨用最朴素的感情来评论这部电影：两万多年前，人类还挺落后，缺吃少穿，如今，人类过上好日子了，更不该忘了那些帮助过咱们的患难朋友。

第四节　重视表现手段——体现媒体融合

一、客户端进行整体战略规划

（一）找准自身定位

新闻客户端本身要加强对短视频新闻的重视，革新理念，建立媒体融合思维，根据本客户端的定位制定出适应自身的短视频新闻发展战略，加强对视频新闻制作编辑人才的培养，注重对用户数据的搜集，研发多元产品，与其他平台加强合作，提供深度服务。门户网站新闻客户端及聚合类新闻客户端等本身没有新闻采编权，应当立足于短视频新闻的传播，与传统新闻媒体客户端合作以获得短视频新闻，通过编辑发掘短视频新闻的新闻点，进行放大和包装，利用平台本身的庞大用户群进行广泛传播。传统媒体新闻客户端则应在短视频新闻生产上下足功夫，充分发挥传统媒体在视频新闻采编上的优势，利用自身的专业素养和品牌影响力，实现视频新闻内容的深耕。

商业门户网站新闻客户端以网易新闻客户端为例，网易新闻在门户网站时期就以用户对新闻事件的独到且精彩的评论闻名，所以发展短视频新闻一方面强化自身的优势，通过建立奖励机制引导用户积极评论新闻事件，另一方面可以从用户评论内容入手，搜集用户的评论与新闻事件结合，制作新闻评论类短视频节目。传统媒体（如澎湃新闻）本身有新闻采编权，可以走深度报道路线，对于热点事件进行深入挖掘，邀请专家等进行评论，制作成系列短视频节目，以便更好地进行传播与舆论引导。

（二）搭建生产平台

新闻客户端要想获得长足发展，不能只是把客户端当成手机版的官方网站，而是要拓展客户端的功能。传统媒体应当重构短视频生产流程，搭建短视频新闻采编平台。实力雄厚的全国性新闻媒体应合理布局新闻采编团队，建立拍客团队，招募兼职拍客，保证新闻事件特别是突发新闻事件发生后，记者能够第一时间赶往现场进行视频拍摄和信息采集，迅速将相关素材上传到编辑中心，并且把拍客拍摄的内容作为补充，丰富视频内容。随后，专业编辑对新闻信息进行处理，添加视频标题、导语，选取素材中精华的部分制作成新闻视频发布到客户端中，及时推送给用户。地方性媒体新闻则可选择与短视频内容生产团队合作，拓展新闻来源，加强对内容的把关，保证新闻视频的数量与内容质量。

（三）加强人才培养

短视频新闻作为新兴的新闻报道形式能够大受欢迎，主要是因为其作为新闻现场第一手影像带来的视觉与听觉上的双重感官刺激。短视频的出现与其在新闻实践中的应用降低了新闻视频生产的门槛，缩短了新闻视频的制作时间，减少了烦琐的编辑流程，但也对新闻工作者的综合工作能力提出更高的要求。

首先，要培养记者与编辑的移动端意识。新闻客户端短视频新闻素材的采集与编辑要求工作人员有专业的新闻采编能力，也要有互联网思维，了解什么样的新闻话题与画面能够在网络上获得关注。文字记者需要走向台前，在镜头前表现出足够的现场感染力和亲和力，要有把控整个视频叙事节奏的能力。摄影记者则需要关注整个事件的发展，要能把握重点，提取主题，同时加强与文字记者的配合，能快速应对现场的一切变化。特别是在突发事件新闻报道和重大事件新闻报道中，媒体人需要时刻保持着敏锐的新闻嗅觉与强大的信息搜集能力，以在短期内做出有创意、互动感强的新闻策划，在第一时间做好新闻视频画面拍摄。

其次，注重培养编辑人才。短视频新闻不仅需要第一手的新闻素材，还需要能够挖掘新闻价值的编辑人才。编辑要能在短时间内对新闻素材进行筛选，尽量用最短的时间呈现最详细的新闻信息，并且通过新闻标题和导语的编辑来吸引用户的注意力，让用户有兴趣点击观看短视频新闻并主动将其分享到其他媒体平台上，扩大新闻的传播范围和影响力。

虽然短视频新闻在一定程度上刺激了个人的创作积极性，给予了社会公众更形象的表达方式，但是也对整个社会的媒介素养提出了新要求。媒体工作者必须提高自己的专业能力与专业素养，为短视频新闻的健康长足发展做出贡献。

二、制作团队优化内容生产

（一）PGC 与 UGC 相结合

长期以来，UGC 因其提倡个性化的特点而被看作粗制滥造、难登大雅之堂的信息生产方式。但随着短视频新闻的发展和短视频产业在内容上的进步和模式上的升级，UGC 已经不再是过去由个人独立自主、随心制作的模式，而是发展成小团体合作创作发布模式。这些民间小团体由各种专业技能型人才聚合而成，有着一定的商业运作经验，在内容创作上的敏感度不逊于专业新闻工作者。这种小团体合作模式与 PGC 模式在一定程度上可以相辅相成，在彼此包容和渗透间实现内容生产的最优化和传播效果的最大化。PGC 模式能够建立并维护行业秩序，打造品牌形象，提高用户黏度。而 UCG 模式可以最大限度地开发人才资源，生产有创意的个性化内容。两者相结合能够衍生出公众参与、专业机构创作、平台运营的三位一体模式，保证用户的参与感和信息来源的广泛，制作出质量上乘的短视频新闻作品，针对用户需求进行推送，满足用户个性化的需求。

传统媒体新闻客户端可以和专业短视频生产团队进行合作，获得海量的信息资源，从中挖掘有价值的新闻线索，由传统媒体进行加工，并通过客户端进行发布和推送。同时，建立公众投稿机制，鼓励用户参与到新闻信息的采集中，由用户提供有价值的新闻线索与第一手的现场画面。在聚合内容的基础上，传统媒体进行深度的内容加工，实现叙事的专业化，提高短视频新闻的质量。在内容上实现系列化生产，打造优质 IP 和内容，进而建立健康的内容生态系统，形成传播矩阵布局。

（二）做好深度报道视频

在短视频产业的竞争中，UGC 以其快捷与个性化的特点备受关注。兼具内容生产者和传播平台功能的新闻客户端要想在这场竞争中取得优势，必须充分利用自身在内容制作上的长处，使内容全面而准确，提供信息增量，让内容符合传统的伦理与价值观。UGC 的优势是制作速度快和现场感强，而 PGC 的优势是挖掘新闻背后的故事，反映事件的本质，即深度报道。传统媒体在深度报道上的专业能力是其他媒体难以匹敌的，把新闻事件挖掘得更深入，也就意味着信息量的加大，视频时长势必增加。

通过对当前短视频新闻发布统计可以发现，客户端中时长 5 分钟左右的短视频新闻也是能被媒体和受众接受的。这个长度虽然和常见的 1 分钟左右的短视频相比长了许多，与受众碎片化的阅读习惯不够契合。但是 5 分钟的时长能够让传统媒体有充足的创作空间，可以将新闻背景完整地呈现出来，特别是一些涉及时政、民生问题的新闻报道，1 分钟左右的短视频难以将事情完整表述，不利于对事件进行深度调查与报道。传统媒体需要在这部分短视频新闻中的长视频生产上下足功夫，做好解释、调查类的新闻视频节目，与 UGC 拉开差距。同时为了方便视频的传播，可以将较长的视频新闻进行剪辑，提取其中最精彩的内容做成短视频以吸引受众的关注，并将原视频链接放在底部，让感兴趣的受众能够进行深入的了解。

（三）打造特色节目品牌

《新华微视评》《中国政前方》等新闻客户端自制视频节目的成功让人看到了新闻客户端自制短视频节目的发展前景。新闻客户端自制特色节目是客户端创作能力的体现，能够帮助其树立品牌形象，提高用户的忠诚度。以传统媒体新闻客户端为例，打造特色节目可以从深度访谈节目入手，邀请专家、学者以及官员等权威人士对时事热点进行讨论，起到答疑解惑、引导舆论的作用。门户网站及聚合类新闻客户端则可以学习 NEWSY 的懒人新闻包业务模式，编辑搜集当日新闻，把同一条新闻不同媒体的报道组合起来，主持人对新闻进行播报和解说，制作成短视频，帮助用户在短时间内全面了解热门新闻事件。特色节目的打造不仅要靠独到的节目策划与精美的视频制作，还需要定时更新节目内容，这样才能留住用户。

（四）深耕垂直化内容

新闻客户端短视频栏目虽然分类多，但是存在部分冷门类别更新视频量少，视频制作粗略现象。在新闻客户端短视频新闻同质化严重的情况下，做好垂直领域内容，成为突围的重要路径之一。垂直领域新闻视频虽然看似小众，但其长尾效应能带来一定量的忠实用户群体。垂直领域视频的制作存在一定的创造壁垒、专业壁垒和知识壁垒，新闻工作者要做好这一类视频不仅要有专业的新闻视频制作能力，还必须对该领域的知识有一定了解。因此，面对垂直细分领域的需求，媒体需要培养有新闻采编能力与特定领域专业知识储备的记者深耕专业领域新闻视频，挖掘用户群体的需求，制作出适应用户需求的视频作品。

（五）同质化内容中突出个性

在移动互联网时代，多家媒体会对热点事件进行跟进与报道，这就容易导致内容同质化。显然，选取合适的报道角度，体现个性特征，是在同质化的内容中脱颖而出的关键。例如，要想使时政类脱口秀节目吸引观众，主持人就需要以轻松、有节奏感的方式，通过用好肢体语言、举例子、讲直接感受、频频与大数据三维动画互动等，再加上配乐与主持人内容相配合，使整个节目节奏感加强，让观众能够轻松愉快地接收信息。

在碎片化的信息洪流中，有效网罗、聚集大量的资讯视频，对内容进行聚合，并用专业化的方式和表现手法呈现出来，这是对专业新闻生产团队的考验。这种经过整合加工的信息融合图片、文字、视频等多种元素于一体，将会为碎片化信息阵中的用户带来实用性的体验。而在众多同质化内容中脱颖而出，就需要新闻客户端在尊重新闻事实的基础上，创新新闻的表现形式，融入自身的特色，加深用户的记忆。

三、运营团队拓展传播渠道

（一）跨平台合作传播

国内外的实践都表明，短视频与社交媒体有着天然融合的属性，短视频能够为社交媒体贡献丰富、有创意的内容，并以此获得更强大的用户黏性。社交平台为短视频的快速传播提供了渠道，让优质的内容更容易被挖掘和传播，如一些等网络红人的短视频正是通过微博这一平台才能得到数十万的点击量。

而社交正是传统媒体的短板。因此，传统媒体试水短视频新闻需要在渠道方面借船出海，广开门路。目前，国内传统媒体介入短视频新闻较为成功的是《新京报》的"我们"，其渠道是与国内社交巨头腾讯合作，借助腾讯的多个社交应用分发视频，上线一个月即获得超过5 000万次的播放量。与社交平台合作，除了能让新闻客户端获得渠道资源外，社交平台结合兴趣、地域、热点和探索的智能分发技术，也能使短视频新闻更精准地传递给受众。

（二）实现产品精准投放

客户端间短视频新闻的竞争也是发布时间的竞争。新闻产品推出得越早，在网上传播范围越广，形成的声势越大，越能在受众中获得广泛认可，在与同题材新闻视频的竞争中获得胜利。系列后续报道的视频节目推出时间不能太过紧密，以免减少节目的发酵时间，但间隔也不能过久，否则难以形成声势。

对于时效性不那么强的短视频新闻，可以选择在午休或下班时间发布，让更多的用户能够有时间观看视频。同时，在投放对象的选择上，结合大数据对用户群体进行分类并分析，将不同题材的新闻视频推送给不同的人群，以尽可能吸引用户的关注。

第七章　融媒体时代电视新闻节目的创新元素

第一节　电视新闻节目的取材创新

　　题材元素既指电视新闻节目报道的具体的题目范围，又指表现主题思想的材料。按照题材的领域划分，电视新闻节目有经济新闻、政治新闻、法律新闻、体育新闻、科教新闻、军事新闻等。广东卫视的《财经郎眼》以财经类新闻评论为特色。节目以固定嘉宾郎咸平、主持人王牧笛和另一位非固定嘉宾如企业家、财经方面的专家、知名人士等通过谈话聊天的形式解读财经新闻事件，讨论中国现象，让观众从个案中了解其背后的体制、结构和观念。

　　按照题材的受众年龄划分，电视新闻节目有不同年龄段的新闻节目。例如，少儿新闻节目如中央电视台的《新闻袋袋裤》、中央教育电视台的《少儿新闻》、浙江电视台的《小智情报站》、武汉电视台的《武汉少儿新闻》等。

　　按照题材的地域来划分，电视新闻节目可以分为国际新闻、国内新闻。如中央电视台的《环球记者连线》《世界周刊》等均以世界新闻为主；福建海峡电视台的《今日海峡》节目主要以海峡两岸为关注点，内容涉及台湾岛资讯、两岸经贸文化交流等"跨两岸"的题材，是了解两岸信息的重要来源。

　　按照题材的新闻性来考虑，电视新闻节目主要有真实性、时效性、重要性、新鲜性、接近性等几大特征。从时效性来看，随着手机、社区网站、微博的发展，很多网民纷纷承担起"新闻播报"的职责，使新闻消息能在第一时间传播，而电视则在此方面显示出自己的弱势。电视新闻节目要想与新媒体竞争，就要在时效性上下功夫。2008年5月12日14时28分，汶川发生特大地震。中央电视台核实有关情况后在当天14时50分，以滚动字幕方式做出报道；15时，央视新闻频道整点新闻进行头条口播；15时20分，央视新闻频道推出直播特别节目《关注汶川地震》；震发 3 个多小时后，第一批记者赶赴现场发回报道，在温家宝抵达成都机场 10 余分钟后，《新闻联播》播出了总理在专机上的讲话，这些都充分体现了新闻节目的时效性。从接近性来看，很多省市县电视台以当地新闻为主要内容，当地群众更易于接受。从新鲜性来看，中央电视台走基层专栏《蹲点日记》的记者深入基层中，采用"蹲点"的方式发现新闻，改变了传统的"先有线索再去采访"的逻辑，使新闻更加鲜活。

第二节 电视新闻节目的体裁创新

电视新闻节目按照体裁元素划分，可以分为以下几大类。

一、消息报道类

消息是指只报道新闻事件的概貌而不讲述其中细节的一种新闻体裁。因其简短、明晰、客观等特性，消息成为新闻节目最常用的表现题材。按照中国广播电视新闻奖的评选标准，"短消息"时间在 1 分 30 秒以内（含 1 分 30 秒），"长消息"时间在 1 分 30 秒至 4 分钟。消息报道类节目以播报消息为主，有助于扩大信息量，增强节目的时效性、客观性，是人们获取新闻信息的主要渠道。例如，中央电视台的《新闻联播》《新闻 30 分》《新闻直播间》等都是以消息报道为主的新闻节目；辽宁卫视《说天下》《新闻速读 120 秒》等节目能够在短时间内传达丰富信息。

二、新闻专题类

新闻专题是就某一新闻题材进行的深度报道，这种报道比较详尽且有深度，是对最近发生的重大事件的充分报道。目前，我国新闻专题节目主要呈现的形态有调查性报道、故事类新闻等。

调查性报道是一种较为系统、深入的以揭露问题为主的新闻报道形式。节目主要针对某一事件、人物、现象或问题，以暴露和揭丑为核心，还原不为人知的真相，往往与人的利益切身相关，充满悬念、矛盾和冲突，能够吸引观众的普遍关注。中央电视台《新闻调查》就是一档深度调查类节目，该节目关注我国社会变革中的重大新闻事件，以记录式的拍摄方式为主，以记者独立的调查为主要表现手段，通过发现新闻背后的故事探寻事实真相。

故事类新闻是指以讲故事的形式真实记录发生在老百姓生活中的新闻事件。此类节目详细交代事件的来龙去脉，注重事件的叙事方式，有时加入主持人适当的点评，主要突出事件的矛盾和情绪等，有层层设置的悬念、跌宕起伏的情节、感人至深的细节，具有感染力、戏剧性、冲突性和完整性。例如，江西卫视的《传奇故事》每期讲一个"传奇"的新闻事件，通过节目巧妙的编排、主持人通俗易懂的讲述与精彩的点评等营造"传奇"的氛围，使新闻生动有趣的同时产生正面的引导效果。类似的还有南京新闻频道的《周涛讲故事》、辽宁卫视的《王刚讲故事》等。

三、新闻评论类

新闻评论性节目是从新闻事件出发，以说理为主要表现手段，着重从思想、政治、伦理等角度分析具有普遍意义的新闻事实或社会现象、社会问题，旗帜鲜明地表达态度，阐述自己的见解和主张，以指导当前的社会实践，影响和引导社会舆论。代表节目有中央电视台的《新闻1+1》、辽宁卫视的《老梁观世界》等。凤凰卫视的《时事开讲》也是一档时事评论节目，每期针对最新的新闻时事邀请时事评论员如曹景行、阮次山、杨锦麟等做出相关解释、解答和点评。

四、新闻谈话类

新闻谈话节目是在主持人的主持下，邀请嘉宾和观众（也有的节目不设现场观众），就社会当前关注的热点、焦点问题，进行平等的对话交流，为各种意见、观点、见解的表达、沟通提供一个平台。中央电视台的《面对面》注重采访人物的新闻性，通过主持人对嘉宾的访问解读新闻，记录历史。在美国的《拉里·金直播》中，谈话嘉宾具有极高的知名度，多为美国政界、商界、娱乐界的著名人士，甚至包括历届美国总统等，讨论内容多为时事话题或热点事件。该节目是第一个在世界范围内开通热线的栏目，观众可以对节目嘉宾或主持人进行提问。

五、新闻直播类

新闻现场直播是指广播电视利用电子信号把新闻现场的声音或图像直接发送并同步播出的节目形式。新闻直播节目前以新闻现场内容为主，以记者采访报道为辅，以演播室主持或访谈为主要衔接调度和补充评论手段。

第三节　电视新闻节目的叙事元素创新

这里主要从叙事主体和叙事方式论述。

主持人是新闻叙事中最重要的主体之一。很多国家的电视新闻节目，尤其是欧美等国家，主持人是新闻节目的灵魂，是节目的品牌象征。主持人的风格特征、专业技能直接影响节目的收视率。例如，迈克·华莱士自 1968 年主持《60 分钟》以来，直至 2006 年才离开，共主持节目 38 年。他以辛辣、强硬、不留情面的"侦探式"采访风格，进行追踪式报道，揭露社会问题。《60 分钟》创办人、美国著名电视制片人唐·休伊特曾经说："我们这里的一切好事之所以会发生，原因就是从一开始我们这儿就有个迈克……迈克·华莱士对《60 分钟》节目的贡献简直无法描述，因为迈克本人就是《60 分钟》。"又如，我国的《南京零距离》节目曾经的主持人孟非睿智、理性、幽默的风格成为节目的核心竞争力。再如，《财经郎眼》的监制兼主持人王牧笛表示："郎咸平的个人风采和本节目的真诚对话是《财经郎眼》最重要的因素。"

关于叙事方式，主持人在叙述过程中，可采用播报、讲故事等多种表达方式。例如，在黑龙江电视台《天下夜航》的版块《天下相声会》中，主持人以东北话诙谐调侃的语言风格讲述新闻故事；吉林电视台都市频道的《说实在的》的主持人通过角色演绎的方式，表现市井巷陌中的故事，在谈笑之间将新闻加以串联、品评。

此外，叙述可采用录播或直播的制播方式，在编排方式上可采用系列报道、组合报道、连续报道等多种方式。电视系列报道主要针对某一重大题材从不同角度报道，多为主题性新闻报道，即通过多次报道来体现某种主题。组合报道指集中一组稿件反映同一时间不同地点的同类情况或同一主题不同门类的情况。电视连续报道节目通常针对重大复杂的新闻事件，追踪新闻的最新动向，连续深入地展开报道。

第四节　电视新闻节目的视听元素创新

一、视觉元素

电视新闻节目的视觉元素包括演播室和画面等。电视新闻已进入"内容为王，视觉为后"的阶段，充分利用视觉艺术达到高效传播是电视创新的一大手段。

（1）演播室。传统意义的演播室主要在室内，形式较为固定，形态比较单一。新闻节目在经过多年发展后，其环境设计也发生了一定的变化。比如，美国经典电视节目《今天》的主持人身后并非演播厅的背景，而是曼哈顿的流动街景。《News Zero》则采用 32 个 37 英寸（约 0.94 米）的巨型显示器。又如，CNN 在 2009 年改版中，一个标志性的变化就是在演播室里设计了很多区，在不同位置放置 LED 显示屏，每个屏是一种不同的讲述视角。这样，节目内容虽然没有变化，但是通过立体化、分层次的新的演播形式，让受众更容易识别新闻的来源。

（2）画面。画面不仅包括现场录制的画面，还包括字幕、动画、漫画、统计图表、模型等元素。字幕是电视新闻节目中应用最为普遍的一种手段，包括标明新闻标题与主要内容、插播新闻动态、显示重要信息等。对字幕的开发有效克服了图像的限制，通过其精炼的概括可以有效表达主题、丰富报道信息、美化节目画面，而动态的字幕所产生的流动感更可以给人强烈的视觉冲击。动漫可以将抽象的文字叙述转为直接可感的非语言符号。在电视新闻节目中，将动漫作为表现新闻的一种形式已经非常普遍。一方面，动漫可模拟新闻事件，使表达更加客观、科学、直观，如一些复杂的交通事故，可以通过动画的方式还原原貌；另一方面，动漫可以直接表达新闻观点，构成评论的一部分。

画面叙事元素的丰富、多种手段的采用有助于提升新闻节目的表现力，使新闻节目更加生动。这样，新闻节目既能报道现场记录的事件，又能展示无法拍摄的画面、过去发生的事件以及对未来的预测等。

二、听觉元素

电视新闻节目的听觉元素包括现场同期声、解说词、音乐和音响等。

现场同期声真实记录新闻拍摄现场的声音，包括人物对话、讲话等，与画面同步，具有真实性和客观性，有效提高了节目的说服力。

因受新闻的时效性以及真实性等因素制约，电视新闻节目有时在拍摄较为完整美观的画面时存在一些困难，这时听觉因素便是对电视新闻节目的重要补充，借助解说词或主持人的语言可以使新闻更加连贯和丰富。

音响包括自然音响、动物音响、噪音音响以及现场音乐等，能够交代背景、渲染节目气氛、传递真实信息。人为添加的音乐和音响在新闻节目早期发展时曾经是很多消息类节目的构成要素，如今多已不再使用。但是，在一些新闻故事类节目中，会借助音乐烘托情感、渲染气氛。例如，江西卫视的《传奇故事》中，在讲到动情之处时，往往会有抒情的音乐出现；在讲述悬疑故事时，又会借助音响增强叙事效果。

第八章 融媒体时代电视新闻节目的创新策略

第一节 多种节目形态的组合和拼接

电视新闻节目经过多年的发展，其节目形态已初步形成体系，包括以播报消息和资讯为主的电视新闻消息类节目，以记者参与调查新闻事件并在节目中呈现的电视新闻调查类节目，以展现主持人、专家、嘉宾和观众对新闻事件的评论为主要内容的电视新闻评论节目，连续关注新闻事件进程的电视新闻连续报道节目，以电视直播、现场连线等方式呈现的电视新闻直播节目，等等。

全媒体时代电视新闻节目形态的创新除了全新节目形态的研发、投放外，对已有电视新闻节目形态的拼接和组合也是可行性很高的方式之一。按照不同电视台、不同频道的定位，根据不同年龄、不同地域、不同职业结构的受众的需求，结合电视新闻节目的发展趋势，对各种节目形态进行科学的组合和拼接，实现"混搭"的全新效果，可以更好地进行新闻信息的传达和新闻节目的呈现，给观众耳目一新的视听感受。

例如，北京卫视《锐观察》节目就是在对已有电视新闻节目形态的分析、总结、借鉴的基础上，将若干节目形态进行有机的整合和拼接，创造性地设计出"调查式谈话类评论节目"。这档"混搭"形态的电视新闻节目将多种节目形态的优势集于一身，使节目兼具调查类节目的深刻性、谈话类节目的贴近性和评论类节目的犀利性，使节目形态完整、丰富、立体。多种节目形态的协调拼接和有机组合让《锐观察》的节目内容也得到完善和提升。记者扎实深入的调查让节目播出的内容更具真实性和说服力；谈话场的构建增强了公众的参与性，构建了多方展现观点和态度的平台，让节目内容更具立体感和丰富性；评论形式的展开让不同的观点有了碰撞和交锋，其冲突感引人关注，发人深思，让节目内容更具思辨性和深刻性。

可见，经过多种节目形态的拼接和组合形成的"混搭"新闻节目使节目形态得到丰富和拓展，同时形态混搭必然带来节目环节的有效调整，这又促进了更多有趣味、有价值、有新意的节目内容的生成和创新。

从这个角度看，节目形态的创新和节目内容的创新是一个有机的整体，是密不可分的。不同类型电视节目形态的有机"混搭"丰富了电视新闻节目形态，也为电视新闻节目的内容创新提供了更多可能。

第二节　全媒体人才的培养

一、全能型记者的培养

在全媒体时代，新闻工作对记者的历练为全能型记者的培养提供了重要保证。

在全媒体时代，电视新闻生产的各个环节衔接更加紧密，电视台中各部门的界限不再像以前那样明显。采、编、播趋于一体化，记者、摄像、编辑、主播的角色分工淡化。电视新闻工作者除了要对电视整个新闻制作流程涉及的现场采访、摄影摄像、图片处理、文字编辑、稿件播读等不同工作达到熟练掌握的程度，还要对新媒体技术设备运用自如，并能对多种设备进行协调安排。同时，全媒体时代的新闻工作者还要能够在紧凑繁杂的工作中，和团队中的其他工作人员进行默契交流、密切配合，使工作衔接流畅，从而高效率、高质量地完成整个新闻生产过程。

在全媒体时代，新闻信息的海量性决定了电视媒体的新闻生产工作量比传统媒体时代明显增加。如果还是按照过去的工作模式，一条新闻的制作需要大队人马出动，那么电视新闻生产的速度将更加落后于新媒体，同时会造成人力资源的大量浪费，降低生产效率。所以，在新的形势下，一些媒体采取了精简新闻队伍，提高记者单兵作战能力的策略。例如，凤凰卫视在全球各地大事发生时经常能够第一时间赶到现场进行报道，抢占了很多独家头条。与CNN、BBC等世界强台在全球各地花重金、多人员、大手笔设置记者站不同，凤凰卫视设置记者站采取了多点分布、"一人一站"的策略。"一人一站"节省了资金成本和人力资源，让凤凰卫视的投入产出比达到最大。然而，这对记者业务素质的要求是极高的。在新闻事件发生时，当地记者站的记者要能够自己背上摄像设备和卫星连接设备迅速赶到新闻现场，马上架好机器进行现场画面的采集和对现场情况的报道，然后自己发卫星、发节目，使节目尽快播出。凤凰卫视全球记者站的记者常常是一个人就能完成几乎一个制作团队才能完成的工作。这对记者的新闻采编业务能力和设备使用技术水平的要求是非常高的。例如，在保卫钓鱼岛事件发生时，凤凰卫视的蒋晓峰作为唯一一家登上钓鱼岛的媒体的记者，登船插旗，抢到了独家新闻。正是这样业务精良、行动力极强的全球分站的记者，让凤凰卫视在全球大事发生时，常常能够先于其他媒体发出声音，巩固了其在强手如林的世界电视媒体界的一席之地。

可见，全媒体时代的新闻工作对记者提出了更高的业务要求。同时，记者在新的媒介形态下的新闻工作中，也使自己适应全媒体时代要求的工作能力得到锻炼和提高。

学校教育对独立新闻人的塑造为全能型记者的培养打下坚实基础。当下，人们的生活节奏和工作节奏都不断加快，而新闻事件时时刻刻都在发生，并且需要快速传播出去。因此，传媒界是一个工作节奏快、工作任务重的行业。

不同于过去新闻传播专业毕业生进入报社、电台、电视台后，会由资深记者、编辑、主播花很长时间来手把手地教授业务技能以帮助毕业生适应媒体工作的情况，在当前这个信息爆炸的时代，媒体没有时间也没有人力资源为走出校门的学生提供长时间的岗前教育培训的机会。相反，媒体招聘传媒类毕业生的要求变高，单纯掌握书本理论知识而实践能力差的学生很难胜任媒体工作。

在这样的情况下，学校在对传媒类学生进行专业教育时，要以媒体的实际工作需要为导向，以学生毕业能在媒体顺利就业，上岗后能够胜任当前形势下的传媒工作为目标。因此，学校应准确把握传媒业的人才需求，及时调整人才培养方案，让学生在学习阶段将业务技能尽可能地完善。学校应该为学生顺利完成从学校到媒体的适应过程，并将这个阶段尽量缩短，做更多的努力。实现新闻传播类院校和新闻媒体之间的有效对接，在全媒体时代，是十分必要的，也是很有意义的。

美国哥伦比亚大学新闻学院在这方面进行了有益的探索，为新闻传播学校教育改革提供了好的经验。作为世界新闻传播教育领域的老牌名校，美国哥伦比亚大学为世界传媒业培养了众多优秀的人才。在过去很长一段时间里，哥伦比亚大学新闻学院都是按照媒介形式划分专业方向。2013年秋季，这一划分方式发生了变化，美国哥伦比亚大学取消了按照报纸、杂志、电视、数字媒体四种媒介形式划分方向的硕士专业架构，改为对该院硕士学生进行全方位技能培养的教学方案，具体培养方案如下：学生在入学后的第一学期接受四周的强化采访写作训练，接下来的七周时间接受必选和自选课程搭配训练；将涵盖报纸、杂志、电视、数字媒体等媒介形式的几门技能型课程贯穿整个第二学期。学生在学习这些技能课程的同时，完成一个自选媒介形式的长篇深度报道，作为其硕士结业项目。

哥伦比亚大学新闻学院的教育理念中很重要的一条就是从未把新闻学院定义为学生的理论知识学习班，而是向学生强调，学校就是真实的战场，让学生体会到在学校生产的新闻作品和各大媒体生产的新闻作品一样要接受广大受众的严格审视。这样，学生在校学习期间，其适应多种媒体的工作能力得到锻炼，为以后成为全媒体时代的独立新闻人打下坚实的基础。

二、全媒体主播的培养

播音员、主持人代表着栏目、频道甚至电视媒体，是广播电视工作中的"关键一环"，也是联系电视台和受众的"桥梁纽带"。因此，播音员、主持人是电视新闻节目中的重要人物。在全媒体时代，电视新闻节目在制作过程中，加入了很多新的科技设备，以增加节目的现代感，改善受众的观看体验。作为电视新闻节目的播音员、主持人，在节目中时常要运用这些科技设备展现图表、漫画、数据等新闻信息，使节目内容的呈现方式更加丰富和立体。

因此，对于全媒体时代电视新闻节目的主播来说，除了具备作为传统电视新闻主播的发音规范、表述清晰、反应敏捷、知识丰富等特点，还要具备熟练操控多媒体设备的能力。

例如，《全媒体全时空》节目为了体现现代时空感，设置了很多摄影机位，主持人播报环节的站点就有4个，再加上开场和结束时要走的位置，主持人在整个节目进行过程中要记住的站点和机位很多。主持人要记住这些位置，并且根据节目环节和内容准确把握站点切换的先后顺序，不仅如此，还要在对准机位的同时保证播报内容的精准、流畅。这对主播来说，需要一定的专业功力。此外，主播在播报中要结合节目内容不定时地操作触摸屏进行PPT的切换，有时还要摆出手势与虚拟图标的出现形成呼应。由于多媒体设备有些是通过无线信号进行连接的，偶尔会出现短暂的无信号状态，这时主持人的耳机也会出现无声现象。

《全媒体全时空》节目的直播性质决定了节目中即使很小的衔接不上或内容失误都会被放大而且马上被观众捕捉到。这对主持人能力的要求是很高的。节目的两位主播杨舒和刘芳在节目直播过程中也承担了不小的压力，"脚下走着，嘴上说着，手上换着，脑子里还转着"。

可见，全媒体时代的电视新闻节目播音员、主持人除了要具有良好的新闻播报、节目主持的专业能力外，如果没有良好的心理素质和熟练的多媒体驾驭能力，是不可能顺利完成节目的直播的。

因此，在新闻节目的创新中，要加大对新闻主播"全媒体"适应能力和驾驭能力的培养，实现"人机互动"的流畅、自如。同时，要提高播音员、主持人的现场反应能力、随机应变能力，以更好地适应全媒体时代的新闻工作。

第三节　电视新闻节目的结构方式创新

一、新闻元素的创新

（一）"公民新闻"：将民众的参与充分体现在电视新闻节目形态中

20世纪初，美国哲学家约翰·杜威（John Deway）和美国记者沃尔特·李普曼（Walter Lippmann）进行了一场论辩。这场论辩对"公民新闻"的诞生起到了很大的作用。

李普曼认为，媒体应该向公民传播社会专家们独到的见解和深刻的思想，这样才能正确有效地引导舆论；杜威则认为，专家们的消息和观点不能代替公众做出思考和判断，公民最知道什么对他们来说是最重要的信息，并且他们有足够的能力和智慧对新闻事件做出正确的思考和判断。杜威的这一认识实际上肯定了公众在对新闻的判断上是具有能力的，并且强调了公众在新闻采集和传播过程中的能动作用。杜威在这场论辩中提出的观点实际上为"公民新闻"的诞生奠定了理论基础。

简单地说，公民新闻是指由新闻的"读者"——民众完成新闻的采访、写作、编辑、发布、传播等环节在内的整个新闻工作流程，没有专业新闻工作者的参与。这些普通民众不是专业的新闻从业者，但他们在新闻传播活动中完成了新闻记者、编辑、主播所承担的工作，因而这些民众被称为"公民记者"。美国人德拉吉是一个普通的个人博客用户，因为在1998年用自己的博客曝光了美国前总统克林顿的性丑闻，而被认为是世界上第一位公民记者。

数字技术的发展使数码照相机、数码DV摄像机在普通家庭逐渐普及，也使兼具拍照、录像、上网等功能的智能手机的用户迅速增多。这些都为普通民众采集和发布新闻消息提供了技术上的保证，让人们可以随时随地、方便快捷地发布图片、视频和文字信息。以往新闻信息由专业新闻工作者采集和制作、由专业新闻媒体进行发布和传播的垄断格局被打破。在全媒体时代，"人人都是记者""人人都有麦克风"的情况愈发明显，人们不再满足于被动地从新闻媒体获取新闻信息，而是以更积极的态度、更高的能力参与到新闻事件的发现、采集、发布和传播的活动中。

科学技术在传媒领域的发展催生了大批的新媒体,视频网站在近年来大量出现,博客、微博、微信等自媒体也在短短几年内吸引了越来越多的用户。这些交互式媒体的迅速发展使受众广泛参与的"公民新闻报道"具有了现实的可能性。

媒体未来学家已经预言,到2021年,50%的新闻将由受众提供,传统媒体已经不得不逐步采纳和实践此全新的形式。"公民新闻"让身处世界各地的普通大众通过多渠道进行新闻信息的发布和传播,这大大满足了新的媒介形势下受众对新闻的知情、参与和评论的需求。因此,在全媒体时代,电视新闻节目形态的创新要将公民新闻进行充分的运用和有效的呈现,这不但能够为相对封闭和守旧的电视媒体带来更多活力,而且能够使电视新闻的传播效果得到优化,使电视新闻节目的市场份额得到提升。

电视新闻节目对公民新闻的运用可以通过开设公民新闻节目或在现有新闻节目中增加公民新闻版块的方式进行。西方一些电视媒体敏锐察觉到公民新闻的巨大潜力,率先在电视节目形态创新中引入公民新闻的形式和内容,取得良好的效果。

在以往发生重大自然灾害时,电视新闻节目组会派出记者迅速赶到现场,进行拍摄和采访,并尽快在节目中通过现场连线等方式向受众发布消息。但是,电视媒体记者的数量毕竟有限,而且即使在事件发生后马上动身前往现场,有时也会错过最佳的拍摄、采访时间,无法实现对事件发生当时情景的展现。美国新奥尔良市遭遇"卡特里娜"飓风袭击的当天,CNN在其网页上开设了一个专门供目击者提供图片和视频信息的版块。这个版块的开辟为CNN吸收了非常多的视频、文字和图片资料。在这一事件的新闻制作中,CNN将众多目击者上传的资料和专业媒体记者采集到的信息进行了集合、筛选和组接,完成了对新闻事件的全方位、立体式的报道,将专业记者和公民记者的力量汇聚到一起,使新闻节目的全面性、生动性得到完善。

(二)"现场新闻":实现电视新闻直播的常态化

互联网、手机、微博、微信等新媒体在信息量、传播速度、受众参与程度等方面都有着天然的优势。与之相比,电视媒体则存在着信息量有限、播出时间固定、受众参与程度不高等方面的不足。在全媒体时代,传统电视媒体的传播主导地位被动摇。当然,作为第一大传统媒体的电视媒体还是有其竞争优势的,如专业的新闻人员、影响力广泛的播出平台、长久以来积累的受众群等,其中具有丰富视听语言、能够真实反映现场情况的现场直播手段是电视媒体的优势之一。

因此,电视新闻节目应该把新闻直播手段实现常态化和规范化,以更好地发挥电视新闻节目的优势，从而在激烈的媒体竞争中立于不败之地。21世纪初，我国的电视新闻节目多数是以录播节目的形式呈现。遇到要对突发事件或大的新闻事件进行实况转播的情况，常常要出动大型的转播车，动用大量工作人员进行协作配合，才能完成直播工作。电视直播的设备成本和人力成本都很高，因此经常实施电视直播的难度很大。

近年来，3D技术、数码技术在信号转换、图像传输等方面实现突破，这为电视新闻直播常态化的实现提供了强有力的技术支持。以前大型转播车才能完成的工作，现在一个兼具多种功能的摄录传输设备就能完成了，电视新闻直播的工作难度降低，工作效率得到很大提升。

越来越多的电视台将电视直播的形式引入电视新闻节目，这对提高电视新闻节目传播的时效性、内容的真实性、画面的生动性起到了很大的作用。

实现电视新闻直播常态化是非常重要的。尤其是在重大自然灾害、突发公共事件和典型新闻事件等引起公众广泛关注的事件发生的时候，电视直播能够以其特有的声画语言对新闻现场的情况进行全方位、立体式的实时传播，让公众对新闻事件的最新情况得到快速、准确、真实的了解。

报纸是诉诸视觉传播的，广播是诉诸听觉传播的，两者都是单向的信息传播通道，而且报纸从新闻信息的采集到发布，短则几小时，多则一天甚至数天，新闻的时效性较差。电视兼具声音和画面双向传播通道，诉诸视觉和听觉两种表达方式。同时，新闻直播具有实时传播、影响力大等特点，这使电视新闻直播具有了报纸和广播无法比拟的优势。

互联网、手机等新媒体在信息的海量性、受众的参与性和互动性等方面具有优势，在新闻事件的传播速度上也做到了"史无前例"，能够快速做出反应。这种实时传播的速度是包括电视在内的传统媒体不可能超越的，因为电视媒体的记者数量是有限的，而新媒体的信息源却是队伍无比庞大的民众。但是，信息发布者的低门槛准入也让新媒体上发布的新闻信息鱼龙混杂，真假难辨。电视新闻直播因为有专业的新闻人员、权威的信息发布平台、强大的新闻拍摄和编辑设备，传播的新闻信息更加准确、真实、可信，而且新闻作品的制作更加精良。所以，电视新闻在直播中，可以从信息的准确性、画面的丰富性、媒体的权威性、观点的深刻性上下功夫。

可见，在全媒体时代，电视媒体将新闻直播实现常态化、规范化，对于电视新闻节目的内容和形态创新，是十分必要的。同时，电视新闻直播的常态也对提高电视媒体在全媒体时代的竞争力有很大的促进作用。

二、情感元素的创新

（一）主持人语言表达的人际化传播

播音员、主持人是电视新闻节目的核心和焦点，同时是电视新闻节目形态的重要组成部分。对于普通电视观众来说，是否喜爱某个电视新闻节目的主持人成为决定他们是否选择观看这档节目的重要因素之一。正如电影业内提到某部电影作品会想到导演，而普通影迷却会以主演来代表电影作品一样，对于电视观众来说，他们可能对自己观看的电视节目的制作团队不甚了解，却记住了这个节目的主持人。因此，从这个角度来讲，播音员、主持人是一个新闻节目的"名片"，他们是电视新闻节目形态创新的关键要素。可以这样说，受众可能因为喜欢某个主持人而成为这档新闻节目的忠实观众，也可能因为对某个主持人的反感而放弃这档电视新闻节目。

电视节目主持人与电视观众之间存在着丰富的情感交流。虽然主持人和观众隔着电视屏幕，并未相见，但是主持人真诚的表达、用心的服务，使观众体会到在人际交往中才能体会到的温暖。主持人的"人际化"传播使电视新闻节目的亲切感有了载体，使电视新闻节目具备了其他新闻传播方式所不具备的人情味。

所谓"人际化"，即传播的人际化，它指的是传播双方在特定场合所体现出的"与话双方"的平等性、氛围上的轻松随意性以及语言表达上的口语化趋向。

在电视新闻传播语言系统中，"播"新闻和"说"新闻是两种常见的播报形式。过去的电视新闻节目中，主持人的播报语言通常采用的是新华社的新闻通稿，有的会稍加修改，有的不做任何改动，照稿"播"。这样造成电视新闻节目主持人的播报语言非常书面化、结构繁复。用词严谨的长句、排比句经常出现，不符合受众的听觉接收规律。同时，这种严肃刻板的播报语言在亲切感、朴实感、贴近感和诉说感上存在很大的欠缺。在长期的观看过程中，"新华体"风格的播报语削弱了观众观看电视新闻的热情，观众逐渐产生反感的情绪，电视新闻节目的观众大量流失。而"说"新闻则不同，"说新闻"是电视新闻节目中人际化的突出体现。这里的"说"，其实是人际交流中常见的语言传播样态在电视传播领域的体现。"说"新闻相较于"播"新闻表现出以下特点：①语气上，平实轻松的口语化表达取代严肃、居高临下的宣传式表达；②语体上，结构简单易懂的短句取代结构严谨晦涩的长句③语境上，"沟通""交流"的语境取代"宣传""告知"的语境。

这里要注意的是，一些新闻节目的主播过分关注"说"的语言的形式外壳，而忽略了"说"的实质和内涵。为了达到"说"新闻的听觉效果，一些主播在念稿件的基础上，简单生硬地加入"呢、啊、呀、嗯"和"那么、对吧、是吧"等语气词，这样的表达实际上没有理解"说"新闻的深层内涵，也就自然无法达到"说"新闻的真正目的。

开创"说"新闻语态的是凤凰卫视的《凤凰早班车》。不同于以往电视新闻消息节目以"宣读式"和"播报式"语态为主的情况，《凤凰早班车》的主持人将新闻文稿的主要内容经过理解和处理，以讲述感和交流感更强的"说"的语言状态呈现新闻消息。轻快平和的口吻、轻松友好的气氛让电视荧屏上原本刻板生硬的新闻播报变为"聊天式"的交流和讲述。这不仅使主播更加流畅和贴切地表达对新闻事件的观点和态度，还让新闻更加鲜活生动，让受众更加容易接受信息和观点，使传播效果得到优化。

更重要的是，当下人们的生活节奏不断加快，生活压力不断加大，人和人之间的语言交流和情感沟通变少。全媒体时代的到来也让社交网站、微博、微信等新媒体占据了人们大量的时间，而面对面和人相处、交流的时间却越来越少，人际关系变得疏离和淡漠。节目中接近日常生活中的交谈状态让主持人的话语风格实现了一定意义上的"人际化"的回归，也让受众体会到类似于人际交往的真实、温暖。

（二）节目画面中的人文关怀

在全媒体时代，受众获取信息的行为日益呈现碎片化和多元化。新媒体的新闻信息传播以短平快为特点，只关注对信息的获知，不注重对信息的理解、感受。再加上为了吸引眼球，新媒体上发布的新闻信息常常挖人隐私、戳人痛处，将新闻的人文关怀置之脑后。这一现象逐渐引起受众的反感，受众想要看到的是有"温度"、有人情味的新闻。因此，电视新闻节目中的人文关怀是十分必要的，也是十分有益的。

关于人文关怀的起源，在学界有一种相对普遍的认识，即人文关怀诞生的基础是西方的人文主义。人文关怀的内涵是对人性以及人的价值予以肯定，提出人对个性解放和自由、平等的追求，对人的理性思考的尊重和对人的精神、情感的尊重。

在电视新闻节目中，除了记者采访语言和播音员、主持人的播报语言等要注意充分体现人文关怀以外，节目中画面的运用也要注意人文关怀的体现。

画面是电视新闻节目的重要传播符号之一。采访到更多当事人，拍摄到更多有用的素材，并在电视画面上呈现，恐怕是每个新闻记者都想做到的事。为了达到这一目的，有些新闻记者想尽办法，不管当事人是否愿意，不管拍摄到的画面是否会对新闻当事人、被访者和观众造成情感上的伤害，都要进行采访和拍摄，并将拍摄的内容呈现在节目中。虽然他们拿到不少画面素材，但是这样的做法未免有些残忍。尤其是当重大灾害发生时，电视新闻节目在呈现灾害发生现场的状况时，要特别注意画面的恰当性。要充分尊重灾害中人们的隐私、情绪、情感，不要将太过惨烈的、突破观众心理承受能力的、伤害灾害亲历者情感和尊严的、侵犯个人隐私的画面呈现在节目中。

电视媒体对公众的价值观有着很大的导向作用。电视媒体从业者身上的责任重大，这种责任不仅是观察、了解、记录、传播，还是传达一种以人为善、尊重他人、为他人着想的理念。画面上不出现伤害新闻事件当事人和新闻节目观众的画面，不出现太过惨烈、太过触目惊心的场景，这就是一种人文关怀。电视画面适当的"留白"才是人性化的选择。

三、视听元素的创新

（一）演播室的设计

在全媒体时代，电视新闻节目的演播室设置越来越受到各家电视媒体的重视。演播室已不仅仅是节目录制的现场和节目画面的背景，在全媒体环境下，它俨然成为电视新闻节目的重要组成部分。电视新闻节目演播室的升级换代在一定程度上能有效增强电视画面的视觉冲击力并实现新闻信息量的最大化传达。

随着科技手段与舞美艺术在电视演播室设计中的不断融合，越来越多的新型演播室被设计出来并投入使用。在2012年的第21届北京国际广播电影电视设备展览会上，很多融合了先进设计理念和高新科技手段的新型演播室和公众见面。舞美设计者和技术专家合作，将数字技术和舞美艺术结合在一起，将电影、动漫等视觉效果通过3D立体虚拟场景的运用作为演播室的背景，呈现在电视屏幕上。以往的电视新闻节目在视觉表达上稍显单调、乏味，新型演播室使电视新闻节目的视觉效果更加丰富、立体、跃动，为节目增添视觉魅力。

2013年，湖南卫视的王牌新闻节目《湖南新闻联播》改版。其中，演播室的创新设计是节目改版后的亮点之一。新的演播室采用湖南卫视"芒果"台标的暖黄色作为主色调，使节目保持了与频道统一的色彩风格。主播台呈现半圆弧，并且可以旋转，这丰富了节目的视觉效果，并且为全方位、多角度的拍摄提供了可能。此外，新的数码技术的运用实现了多种信息在演播室大屏幕上的立体展现，也使主持人和观众的全方位互动以及主持人与高科技设备的"人机交互"成为可能。新的演播室增强了电视观众对节目的参与性，增强了主持人和演播室设备的交互性，充分体现了电视新闻节目演播室的全媒体化，也为《湖南新闻联播》带来了全新的视觉体验。

2014年，长久以来鲜有"变脸"的《新闻联播》节目也请国外优秀设计团队设计了新的演播室。新的演播室在技术应用方面十分先进，显示屏使用最新的LKI技术，屏幕的分辨率比以往电视新闻节目演播室的显示屏高出很多，屏幕仅有2.9毫米像素点，比以前的像素点小了1.1毫米。新的LED技术将使《新闻联播》的屏幕达到前所未有的清晰，也将为《新闻联播》的观众带来全新的视觉体验。

同时，新的演播室还将改变过去全封闭的空间格局，变为半开放的空间，主播台的演播区域与编辑部的工作区域没有视觉屏障，只以一面透明的玻璃墙隔开。这样，可以将新闻编辑部的工作状态也呈现在荧幕上。观众在收看《新闻联播》的时候，不仅能够看到新闻主播的播报画面，还能够看到一个可容纳75人的新闻编辑部的工作状态，增加了节目画面的通透感、灵动感。编辑部实时的工作画面也为新闻节目增加了生动、真实的意味。

在全媒体时代，演播室在电视新闻节目形态视觉元素的创新中，发挥着越来越重要的作用。因此，电视新闻节目制作者可以将更多先进的科技手段和巧妙的艺术形式运用于演播室的设计中，同时要注意结合全媒体时代电视新闻节目受众的收看需求和审美取向。演播室的有效运用可以为电视新闻节目的内容完善和形态创新提供更多的可能。

（二）其他视听元素的应用

电视是主要诉诸视觉和听觉的，是声画结合的艺术。以往电视新闻节目的视听元素稍显单调，通常以"新闻稿播读＋画面＋配音"的表达方式为主。但是，新闻信息中的数据、变化趋势等内容相对复杂，观众单纯依靠听主播念数字、看画面罗列数据，很难理解和接收信息的具体含义。而且，大量数字在画面上的罗列也让电视新闻节目显得枯燥、单调。

在全媒体时代，受众对信息的接收进入"读图时代"。图画的直观性、生动性为数据信息的传达增加了通道，使观众对数据信息的把握更加直观、有效。

随着数码技术和传播技术的发展，3D图表、动态数据图在电视屏幕上的呈现成为可能。例如，《全媒体全时空》经常在节目中运用动态立体模型呈现民意调查结果和经济发展趋势，同时采用漫画、动画表现国际关系、政治形势等方面的情况。节目将复杂晦涩的时政、财经动态以生动、直观的视觉符号形式进行创新性的表达，使电视新闻节目的视觉体验更加丰富。

微信用户的语音信息在电视新闻节目中的"原音重现"是全媒体时代电视新闻

节目充分利用听觉符号的体现。当下，很多电视节目将微信用户录制的语音信息在节目中作为民众对新闻事件的评论呈现，这样的方式生动而新颖，同时使受众的观点、立场、态度得到直接和真实的表达，使电视新闻节目的形态更加丰富。

随着技术的进步和新闻节目制作者创新意识的增强，越来越多新的视听元素运用于电视新闻节目当中，这对电视新闻节目形态的创新无疑会起到好的作用。

第四节　电视新闻节目的发展走向创新

在融媒体时代背景下，电视新闻传媒面临着新的挑战，只有重视和加强策划，才能促使其不断改进、改善和提升。由于独特的历史地位和现实使命，电视新闻传媒应当引导社会的舆论，传达国家政治的声音，揭露落后和愚昧，宣扬社会主义主流价值观。同时，普通大众也需要通过电视新闻节目传达心声，了解身边或国家国际大事，实现自身与世界的连接。因此，无论是实力雄厚的国家级省级电视新闻节目，还是为区域服务的地方电视新闻节目，都应当立足融媒体时代探讨如何更好地生存和发展。在未来的发展环境下，电视新闻传播策划有以下趋势。

一、内容资源多渠道整合

（一）建设"中央厨房"

"中央厨房"是主流媒体为了满足受众多样化的信息需求，提高新闻内容生产力，而架构的新型的技术保障和硬件基础体系，其目标是使新旧融合，通过一次采集使内容能够达到多种生成和多元发布的效果。大数据以及云计算技术的发展愈发完善，"中央厨房"的建设探索成为融媒体时代的焦点，各大媒体先后探索建立中央厨房。

广州日报报业集团于2014年成立了中央编辑部。同时，成都传媒集团建立数字采编中心。"中央厨房"的实践探索在全国两会期间尤其引人瞩目，多家传统媒体纷纷把建设"中央厨房"付诸行动。"中央厨房"依托的主要母体主要集中于报业、广电。而电视媒体"中央厨房"的运作随着纸媒的使用，进入了融媒体构架领域。

在2017年1月5日媒体深度融合工作座谈会上，时任中宣部部长刘奇葆强调，"中央厨房"是推进媒体深度融合的标配，也是重点工程，应当充分发挥其功能。如今，全国已有多个广电媒体的"中央厨房"上线。

（1）央视"融媒体编辑部"。中央电视台通过台网一体协同联动，在重大时政报道中建立"融媒体编辑部"，搭建全球化的"央视新闻通稿共享平台"记者可以通过此平台进行即时发稿。当前的中央电视台已经初步建成多终端、多语种的"一云多屏"新媒体传播体系，并达到了全面覆盖的效果。

（2）"津云"中央厨房。2017年3月31日，"津云"中央厨房在天津数字广播大厦正式启动运行，实现了"播、视、报、网"的全媒体融合。

（3）西安广电"中央厨房"。2017年7月18日，西安电视台"中央厨房"正式上线，其成为西北地区实现全国城市广电系统拥有融合媒体指挥中心和生产发布平台的首家电视台。

（4）湖北广电集团"长江云"。"长江云"融媒体新闻中心整合了湖北广电集团所有的新闻部门，打造了以"长江云"为自主平台的移动客户端群，同时实现了湖北广电及省内各市县记者的资源共享和联动采访。

（5）河南大象融媒体集团"新闻岛"。河南大象融媒体集团斥资1.6亿元建成"中央厨房"——"新闻岛"，推出了猛犸新闻客户端，实现了新闻的跨媒体生产和24小时全天候发布，探索出全国关注的"河南模式"。

（6）山东广播电视台"中央厨房"。2017年8月21日，总投资超过1.3亿、总建筑面积6 000多平方米的山东广播电视台"中央厨房"完工并投入试运行。

目前，全国已有18家省级媒体建成了"中央厨房"，多家省级电视台的"中央厨房"也在筹建之中，另外还有20多家地市媒体已经在规划建设"中央厨房"。

（二）建设融媒体云平台

近几年，电视媒体和新媒体正加速融合，构建全媒体内容和采编运营的融媒体云平台，利用云计算和大数据挖掘技术，实现上下联动内容共享，将电视新闻的内容优势发挥到极致，是未来电视新闻传播策划重要的发展方向。

（三）内容生产个性化

在融媒体时代，受众对个性化内容的需求越发强烈，而常规的新闻内容已经是相当常见，这就使电视新闻在生产内容时应当尽力做到特色化以及个性化，在坚持生产高品质专业化新闻的同时，将用户思维和互动思维融入采编生产的各个环节，生产更多个性化的新闻也成为一种趋势。未来，更多有针对性的、量身定做的新闻内容会像一件件产品一样点对点地推送给受众，电视新闻的传播也比以往任何时候都要精准。

二、新技术带来新体验

在移动互联网时代，技术的日新月异使多元化的事物层出不穷。2016 年被称为"网络直播元年"，4G 时代的来临，智能手机不断地更新换代，软件应用的普及让直播不再是电视台的专利，只需要一部联网的智能手机，任何人都能随时随地开始直播，电视与手机联动直播也不再是什么难事。

在 2016 年跨年之际，国内多家省级卫视纷纷推出跨年晚会，在精彩纷呈的晚会上，虚拟现实技术（VR）和增强现实技术（AR）的运用让舞台更加美轮美奂；2016 年里约奥运会，4K 高清、8K 高清的现场实况直播让全球观众仿佛身临其境；2016 年，消费级无人机得到了前所未有的发展，无人机在电视领域得到大量运用，不一样的视角给观众带来了不一样的收视体验。随着云计算和云存储的技术完善和服务创新，其在信息传播领域的应用正在催生新的媒体形式和传播方式。以云电视和云报纸为代表的实践在我国的媒介产品中已占有一席之地。以云电视为例，只要将电视连上网络，就可以随时从外界获取自己需要的资源或信息。可以预言，云电视是传统电视演进的必然趋势，大数据正在引领新一代信息技术变革的浪潮，正逐渐成为一种应用驱动性很强的战略资源，对促进相关产业的发展具有重要的能动作用。具体到新闻传播领域，大数据技术不仅能够洞察用户、研判舆情、精准投放广告、生产数据新闻，还能够更新驱动理念、构建智能平台和再造生产流程，大数据技术已成为媒体融合的重要支点。未来，这些前沿的科技将会全面在电视新闻领域得到应用，也必将给电视媒体带来技术的革命。

技术的进步将原来不同介质的传统媒体实现了相互连接，甚至社交、电商等这些看似风马牛不相及的元素也与电视媒体实现了融合。由于技术的进步，电视自身边界不断消融，同时越来越多的发展机会不断涌现。2016 年，跨界融合这个字眼开始进入人们的视线，或许会带给电视媒体不一样的未来。

浙江广播电视集团与新浪于 2017 年 4 月正式达成战略合作，双方约定在直播、节目宣发以及台网互动上加强合作。浙江广电与新浪达成媒体跨界融合战略合作，双方将在短视频上重点展开深化合作，继续探索双平台直播模式，加深台网互动层面合作，共同打造台网互动创新模式。

2017 年 4 月 14 日，北京卫视与阿里巴巴正式达成战略合作，此前湖南卫视和浙江卫视已经通过"天猫晚会"实现了与电商平台的跨界合作，这是电商巨头阿里巴巴与省级卫视的第一次战略合作，也是电视和电商渠道第一次实现高度整合。对首次跨界合作的北京卫视而言，以战略合作阿里巴巴的方式拥抱互联网，将大大增强受众的参与性，同时为电视广告拓展了一片蓝海。而对于阿里巴巴而言，以电视大屏内容为入口，通过电视全天候不间断进行实时互动，达到电视台和网络电商平台的实时导流效果，提供给商家新的娱乐营销服务，其品牌也将实现真正的全域营销，使消费者拥有新的消费体验。

三、社交元素融入付费成趋势

《中国电视媒体跨屏互动融合创新趋势》显示，到 2015 年 5 月，摇电视上线的电视台已经超过 60 个，上线节目数超过 110 个，其中所渗透的节目形式呈现多样化，包括新闻、综艺、晚会、活动以及体育等，不包含当年的央视春晚在内，其累计覆盖用户超过 1 亿，而这些覆盖用户中参与过摇电视互动高达 1.8 亿。[●]而以 2015 年春晚为例，央视在电视节目中运用"微信摇一摇"的功能，创造出了每分钟 8.1 亿次互动巅峰，共计 110 亿次的总互动量，调动 5 亿元红包，创造了 20 亿元的广告价值。如今，微信摇电视已经成为各大电视台的标配，通过摇电视的方式创造了一种新的电视交互模式，提升了受众的收视体验，创造了新的体验价值，打通了传统电视在收视、广告和互动之间的隔阂，创造了"电视 + 社交"的新型商业模式。

传统电视新闻融入社交元素是融媒体时代电视新闻传播策划未来的大趋势，传统电视新闻的短板在于内容的丰富性有余但对用户的黏性不足，观众缺乏与电视媒体连接的平台，而对于社交平台来说，拥有大量的黏性用户，却缺乏足够的内容为用户提供场景与话题。电视新闻融合社交元素后，通过社交平台与受众实时互动能够产生大量的新鲜内容，这些内容又可以作用于电视新闻的再生产。同样，这些新鲜的新闻内容又能引领社交话题的再延续。社交元素的融入可以让电视新闻沉淀积累以前几乎无法掌握的用户大数据，大数据挖掘使电视新闻更加注重个性化的生产，电视新闻的媒介价值也得以提高，受众的收视黏性增强，电视新闻节目收视率也呈现上升趋势。同时，对用户大数据的分析能够帮助电视新闻广告主更加精准地投放广告，也可以与电商合作开展场景销售。社交元素的融入不仅增强了电视新闻与受众的互动，又为传统电视新闻创造了新的商业模式，是未来电视新闻传播策划不容忽视的选项。

互联网经济的本质在于免费，免费分享让知识的成本越来越低。随着移动互联网和自媒体的崛起，大量的碎片化的信息使知识分享的成本降低，但人们获取信息的成本却呈不断增长的上升趋势。在过去的十几年时间里，中国的网民享受了太多互联网模式带来的红利，如免费的电子书、免费的歌曲视频和电影。然而，

[●] 唐敏敏 . 从微信摇电视看大数据时代电视商业栈式的创新 [J]. 声屏世界，2016（8）：52-54.

随着信息的爆炸式增长和人们对版权越来越重视，优质的免费的信息变得越来越稀缺。10年前，人们习惯于通过各种论坛下载电影、电视剧，而10年后，为了追心爱的韩剧、美剧、国产剧，消费者宁愿购买视频网站的会员。自视频网站探索内容收费开始，中国互联网内容付费开始逐渐起步。2016年，中国互联网迎来了内容付费的一场狂欢，知乎Live、微博问答、分答、得到、喜马拉雅等知识平台相继在资本市场获得青睐，微博、微信也开始试水打赏功能。很多人直呼，中国内容付费的风口已经到来。根据艾瑞咨询发布的网络新媒体用户付费研究，目前经过超过30%的网民已经产生过内容付费的行为，另外还有接近20%的网民明确表达了愿意为内容付费的意向，而就在两年以前，超过7成的网民明确表示不会为内容付费。虽然内容付费时代已经到来的说法为时尚早，但不可否认的是，为知识和内容付费在当下的中国已经成为一种趋势，优质的内容解决了受众获取信息成本高的痛点，其价值日益显现出来，未来面临更多的机遇。在国外，以《纽约时报》《华尔街日报》为代表的传统媒体已经在内容付费上探索出相对成熟的商业模式；在中国，为电视新闻付费的时代也近在咫尺。

第五节　科学合理地利用融媒体平台

党的十九大高度重视文化传播手段建设和创新，明确指出要提高新闻的传播力，使其充分发挥引导力、公信力的影响作用。融媒体时代竞争激烈，电视新闻传播需要从源头上改进，即电视新闻传播策划亟须改进和提高。电视新闻传播策划不仅是对新闻报道的具体安排，还是宏观的、带有全局观的战略性思考方案。为了应对融媒体时代面临的困境，电视新闻传播策划应当从根本上转变观念，加强管理体制机制改革，注重人才的引进和培养，改进电视新闻生产的流程，实现内容和技术的双轮驱动，加强内容的创新和监管，实施品牌战略，保障电视新闻的传播力和公信力，这样才能在融媒体时代走出困境，重新夺回话语权，赢得良好的社会效益和经济效益。

一、形成多维思维模式

在融媒体时代，电视新闻对信息的垄断优势已经不复存在，电视新闻从业人员必须深刻反思"媒体本位"的传播逻辑。新闻传播策划的思维模式要呈现出系统化和多维化，借鉴互联网思维、用户思维和创新思维，增强创意创新和创造性思维，提高电视新闻传播策划水平。

当今社会信息膨胀，碎片化阅读使受众认知到传统媒体信息的权威性价值性更加突出。首先，坚持新闻生产的专业性，为受众提供专业化的优质新闻内容是电视新闻传播策划必须坚持的理念。其次，在融媒体时代进行新闻传播策划还必须学习借鉴互联网用户中心开放分享的传播理念。换言之，电视新闻传播策划可以充分借鉴互联网思维。电视新闻传播策划必须充分认识到融媒体时代信息流通节点消失带来的传播去中心化趋势，在互联网碎片化的大潮中重构信息流通节点，做到信息的快速精准传播，同时要迎合受众在情感和价值观上的需求，在受众中建立有效的情感品牌。电视新闻传播策划引入互联网思维，不仅仅是要让电视媒体进入互联网，更重要的是把新闻生产的每一个环节都充分融入互联网的思维模式。再次，传统电视新闻商业模式的衰落要求电视新闻从业人员在进行新闻传播策划时，必须改变"媒体本位"的观念，真正把电视新闻受众当作用户看待，把新闻内容当作产品运营。如果不能确立用户思维，即使有再好的技术支撑，电视媒体也很难有大的发展。这就要求从电视新闻传播策划开始，就充分考虑受众多元化和个性化的需求，生产出定位精准、个性鲜明的新闻产品。最后，在电视新闻传播策划过程中，电视新闻从业人员必须要改变呆板僵化的固有思维习惯，自觉树立创意创新意识，运用创造性思维积极开展新闻传播策划，跳出传统媒体模式化和套路化的写作和制作方式，在新闻生产时时刻保持跨媒体意识，在保证优质内容的同时，创造性地生产出形式上焕然一新的新闻产品。在庆祝中国记协成立 80 周年大会暨第 27 届中国新闻奖颁奖报告会上，来自宁波电视台的一篇电视消息《中国笔王贝发小笔尖大制造　杭州 G20 元首笔撬动高端市场》荣获 2017 年度中国新闻奖一等奖。这篇报道独辟蹊径，角度新颖，结构巧妙，以"贝发"借力 G20 峰会推出"中国好笔"为报道内容，以"中国好笔"热销这一"小事情"为线，串起"总理之问""杭州 G20 峰会效应"等"大事情"，展现中国制造新路径，起到了"一滴水里看世界"的功效。

二、深化体制机制改革，注重人才引进和培养

在融媒体时代，新传播格局下的电视新闻传播策划必须积极进行体制机制创新，才能在传媒业发展的潮流中立于不败之地。传统媒体固化的管理体制适应单向的传播模式，而蓬勃发展的新媒体大都采取扁平化管理、商业化运作模式。因此，传统媒体如何积极推进体制机制改革，为媒体融合发展打造新的活力，成为传播策划必不可少的环节。传统媒体要勇于改革旧的管理体制，不断完善组织架构，进行运行机制的改革，全面转型生产和服务模式、组织模式、人才结构以及管理机制等。

电视媒体在与其他媒介融合时，必然需要大量的跨媒体和全媒体人才，在各自擅长的领域形成一定竞争力，为媒介整合做好准备。而电视新闻传播策划人员如果只具备单一技能，就很难满足电视新闻事业的发展要求。融媒体时代的电视媒体人为复合型人才，兼任记者和编辑的同时，也是指挥员、信息员、采集员，甚至推销员、技术员等，不仅能够摄像摄影、录音剪辑，更能轻松玩转微博、微信手机客户端。

对于同样的新闻事件，复合型的融媒体人才能够为受众提供一道丰盛的新闻大餐。传统媒体中一般缺少数据分析师、UI设计师以及舆情分析师甚至是新媒体编辑等相关人员，而同时掌握融媒体内容生产技能的复合型人才更是少之又少。甚至在地市级城市，相关的外包服务都难以找到合适的人选。如今，新媒体平台自由的工作形式和高收入让媒体人很难再愿意进入呆板的体制内工作，因此如果要留住原来的人才，同时能够吸纳新鲜的血液，那么在人才管理上的改革也非常迫切。

另外，要通过各种培训学习，培养、提升内部员工"全媒体"技术能力，成为适应新技术、新要求，能把握互联网、报纸、广播电视等不同类型媒体的传播特点，且会运用多种技术工具，逐步成为融媒体时代的复合型人才。同时，进一步升级完善考核机制，以适应融媒体时代人才发展需要。

三、电视新闻生产流程再造

电视新闻传播策划包含新闻生产流程再造。生产流程再造理论由美国学者迈克尔·哈默和詹姆斯·钱皮提出，该理论认为生产流程再造指的是对经营程序进行充分的思考，以及进行彻底的再设计来改善运营。其核心是"面向顾客满意度的业务流程"，目的是"提高企业的运营效率和经营业绩"。

传统的电视新闻生产是一个封闭的线性链条，从编辑的策划选题到记者外出采访，再到写稿制作，后期包装编辑，最后播出，整个流程都在电视新闻节目内部完成。受众只能接受新闻最后呈现的画面，而无法了解新闻采访和参与新闻内容制作的过程。在融媒体时代，电视新闻线索和素材的来源拥有多元化的渠道，每个现场的参与者都可以成为一名"记者"，这部分受众作为线索和素材的提供者，对新闻事件的进程更加关心，参与新闻生产过程的意愿也更强烈。对电视新闻节目来说，多元化的渠道带来的纷杂信息如何有效识别和分类处理也是一大难题，当今融媒体时代电视新闻传播策划的要求已经是传统的生产流程很难满足的，而作为电视新闻工作者，应当顺应时代，自觉地重视新闻生产流程再造。

电视新闻生产流程有其独特性和特殊性，不同于一般的管理企业，其流程再造也就不同于以往的生产流程。笔者认为，电视新闻流程再造可遵循以下路径：

首先，建立一个统一的评估机制。对于来源于多种渠道、多种媒介的内容，先统一汇集到这个评估机制中进行评估，在判断内容的价值和使用方向后，分发给不同需求的生产部门，将用户产生的这部分内容进一步加工。

其次，在内容的生产阶段，要打破以往的新闻生产的封闭模式，改变生产思路，坚持新闻生产的专业化与个性化并行。新闻内容既要体现质量又要有其自身的个性化特征。基于大数据的分析后，把受众的需求融入新闻生产过程，在新闻内容生产之初就引入互动性的因素，根据传播渠道的特性创制多样形式的新闻内容。

再次，在内容的分发阶段，坚持一次生产，多样化传播。微博、微信以及客户端的传播介质不同，因此可以采取多样化的文字的表述结合相关的图文、音频以及视频的组合，使内容相同、形式不同的新闻能够按照统一规划的渠道分发，从而实现全媒体和全方位传播。

最后，建立一个反馈机制。当生产的新闻内容抵达受众后，为受众开放交流互动的平台，收集受众对新闻内容的评论以及建议，经过专业的分类处理和数据分析后，把零碎的信息整理成有价值的参考建议，然后反作用于新闻内容的再生产过程。

四、技术内容双轮驱动

传统的电视新闻因为技术跟不上时代的进步，因而在竞争中逐渐处于下风。融媒体时代"技术为王"，互联网企业之所以能够在融媒体时代突飞猛进，原因在于技术的革命，掌握了新技术就等于掌握了先机。

对电视新闻传播策划来说，"内容是根本，是核心竞争力；就内容的生产方式、表现形式以及传播途径而言，技术是关键的要素"。原中宣部部长刘奇葆曾指出："强调技术引领和驱动是前提，但要坚持内容为王，在充分重视内容建设的同时以内容优势获取发展优势。"融媒体时代的电视媒体需要重新认识内容与技术之间的关系，在技术与内容之间寻求一个平衡点是电视新闻传播策划过程中无法回避的问题，而媒体的融合进入了发展的新阶段，从过分的重视"内容为王"到关注内容以及技术两轮驱动的改变正在发生。

媒体的融合离不开技术的支撑。作为电视从业人员，在新闻传播策划时应当顺应技术发展的潮流，不断学习最先进的技术。大量的先例证明，电视新闻不能像某些传媒公司一样找人随便开发一个客户端，然后只管填充内容。新媒体客户端运营的关键在于如何把控平台的主导权，如何掌握平台数据的后续开发权。镀金，一大批第三方技术开发公司涌现，为电视台提供了技术支撑。实践证明，在选择技术平台时要十分慎重，要坚持以我为主，某些服务可以外包，但原则上不做业务的整体外包。这是因为，第三方公司的资金技术研发能力有限，无法为后续的业务提供支撑；利用第三方平台，用户所有数据均被开发者掌握和利用，安全性无法保证；社会上的企业以低姿态进入电视台，不可能提供免费午餐，而是企图以各种形式进行利益分割。如此一来，媒体融合工作势必受到第三方技术公司的制约，无法掌握主导权。

技术的引入对电视新闻的传播策划的作用举重若轻。首先，要把大数据和云计算技术运用到海量信息的梳理与整合中，为后续的内容生产和分发提供有力的保障。其次，对于人们获取信息而言，新闻客户端是不可缺少的工具以及接入互联网的重要入口，当前多数电视媒体已经打造了自己的手机客户端，但或多或少都存在技术短板。把移动通信技术、VR（虚拟现实）和AR（增强现实）等技术引入客户端开发和维护的全过程是电视新闻传播策划时必须考虑的因素，通过引进专业的技术人才，进一步完善和丰富手机客户端的功能，实现信息的精准和个性化传播。再次，微博、微信等相关的社交应用软件作为信息传播的重要渠道是互联网流量的重要入口，电视新闻传播策划要注重社交类应用和技术的开发，通过打造官方微博、微信公众号完成新闻节目与社交媒体的无缝对接，借助微博、微信等社交媒体技术平台，吸引更多观众的关注，扩大电视新闻的传播范围，增强传播效果。

五、加强内容创新和监管

（一）加强内容创新

融媒体时代为信息的传播提供了更多的渠道和方式，然而技术的进步改变的是信息传播的载体和介质以及受众获取信息的方式和阅读的习惯。但是，受众对信息的需求没有改变，尤其是在碎片化信息的当代，人们对权威的高品质的内容的需求日益增加，对于电视媒体来说，优质权威的内容仍然是其核心竞争力，是电视媒体赖以生存和发展的关键所在。可以说，在融媒体时代，"内容为王"仍不过时。

值得注意的是，随着媒体融合的程度越发深入，"内容为王"的含义也已经超出了其原有字面含义。传统媒体只有通过掌握最新的技术，用最新颖时髦的形式呈现出具有创新性、个性化和难以复制的内容，才能满足受众对内容的需求。换句话说，只有通过不断创新，才能生产出符合时代要求的内容。创新依然是内容生产的不竭动力。

技术在前，内容在后。内容的创新离不开技术的支撑，技术的应用也离不开内容这个载体。在融媒体时代，电视媒体内容（新闻）的创新可以沿着以下三方面展开：一是做好可视化阅读服务。由于传统的媒体内容的生产方式不断的变革融媒报道成了主流的传播方式。比如，央视新闻客户端打造了"V观"系列微视频，融合"短""新""快""活"的特点，有力引领了舆论。2015年"9·3"阅兵期间，推出了"V观大阅兵"系列。该系列采用了短视频的形式向观众呈现阅兵现场盛况，覆盖人群超过9亿人，全网播放量超过8 400万次，点赞次数超过2亿次。同时，央视新闻客户端还特别配合推出了《抗战日历》新版本，并与CCTV新闻频道的电视屏幕形成联动，介绍抗战历史与抗战精神等，形成了"TV+新媒体"的联动效果。二是内容的生产要采用互动化传播。比如，光明网于2014年开始积极推进"核心价值观百场讲坛"工程建设，此工程建设为实现与用户之间的良好互动，以网络视频直播、BBS、微博以及微信互动等多种新媒体传播方式为媒介。三是提供娱乐化服务。网络游戏市场在近几年得以飞速的发展，不断满足了消费者对娱乐文化的广泛需求，以新华网、央视为代表的中央级媒体开始尝试在新闻信息传播过程中补充网络游戏等娱乐化元素，以实现寓教于乐的作用。比如，围绕"抗日战争胜利70周年"主题，新华网在2015年推出了"英雄祭民族魂中国梦"的大型融合专题，专题包括3D动新闻《七七事变》以及抗战全景史料馆和英雄闯关小游戏等，共有8个"融合产品矩阵"，通过高清的3D画质，让用户真实地体会中国抗日战争波澜壮阔的历史。

（二）媒介融合监督

媒介融合是一个发展的过程。在电视新闻节目与其他媒介融合之前，应放宽各媒体之间相互准入的制度，同时加强准入内容的监督。在电视新闻节目与其他媒介融合之后，鼓励各媒体之间的竞争，当竞争到相当程度的时候，再进行各媒体之间的整合。这主要是借鉴其他媒体在进行媒介融合过程中的失败的教训和成功的经验。先前就有文汇新民联合报业集团负责人在竞争还不够充分的条件下就开始整顿媒体业务的例子，并提出"十大统一"，导致了其业绩大幅度下降。而与此相反，杭州日报曾在成立报业集团之初，采用了"一报一网一公司"的运营模式，起初让各媒体之间相互竞争，十年后，各媒体之间的触角相互延伸，发生重合和冲突，这时对各媒体之间的相互融合就显得十分必要，也非常有意义。

在实施电视新闻传播策划过程中，要在各个环节实时监控，对内容科学监管，对程序严格把关，防止播出事故发生。传统的电视新闻报道都是千篇一律，几十年来都是你报我看的形式，受众对这种播出形式已经产生了厌倦，所以电视新闻报道除了要给受众提供新闻资讯以外，丰富民众的社会生活也同样重要。因此，在信息泛娱乐化的融媒体时代，电视新闻也应该改变以往刻板严肃的形象，在报道理念和制作方式上向综艺娱乐节目靠拢，电视新闻的报道也应该采用更轻松更有趣的内容和形式，不单单是把大量的信息传递给受众。换句话说，电视新闻报道应当加强与群众生活的密切联系，更加贴近群众的日常生活，要加强新闻内容的娱乐性，同时要把导向转向报道的趣味性，只有电视新闻才能在泛娱乐化的融媒体时代吸引受众的目光。虽然在电视新闻与新媒体的发展过程中应当鼓励创新，但是不能脱离电视新闻传达信息这一核心职能，使其具有知识和思想，同时具有观赏性及艺术性。在策划电视新闻传播时对，于娱乐化元素的添加或渗进要格外谨慎，坚决抵制低俗之风。只有在电视新闻传播策划的过程中，做到在社会热点问题上积极发声，重大事件上不缺席报道，舆论引导上不失分寸，内容监管上不越权责，电视新闻的话语权和公信力才能得以巩固。

六、实施品牌战略，营造精品

《牛津大辞典》把"品牌"释为"用来证明所有权，作为质量的标志或其他用途"。其为企业个性化的标志，同时用以让消费者区分产品的品质，使消费者和企业联系起来。一个好的品牌既是优秀的产品质量的标志，又是企业生产理念和企业文化的传达者。传媒和影视产业发展到一定阶段也将必然产生品牌消费。著名营销大师布鲁克曾说，"最高级的营销并不是建立一个庞大的营销网络，而是通过品牌符号将营销网络建立在消费者的心里，使消费者从心底里对产品产生认同感"。

我国的电视频道在改革开放后逐步增加。据不完全统计，从中央到省级到地市再到县区，几乎每一级都拥有数量众多的电视频道，目前我国电视频道保有量接近3 000家。随着电视台企业制改革尤其是面对互联网时代挑战，众多地市和县区电视台处于关停的困境，甚至有些省级电视台也面临着巨大生存压力。在众多电视频道中，生存状况较好、能脱颖而出的电视频道往往具有一定美誉度和知名度，这些频道发展的基石则是品牌化的节目。

电视新闻传播策划实施品牌化战略，一是明确自身定位。在融媒体环境下，注意力经济是生存的要义。在新闻资源相对稀缺的当下，为了吸引受众眼球，在竞争中赢得一席之地，往往一个新闻热点出现后，出现同时有几十家新闻媒体争相报道的局面，甚至有一些节目在追求"独家新闻"之时利用手段进行没有道德的炒作，甚者更有编造假新闻。出其不意不是剑走偏锋。电视传媒要想建立自己的品牌，突破点在于明确自身定位，贴近观众不代表要一味迎合，只有突出新闻报道的特色，注重新闻传播的质量，用观点和内容吸引人，才能在受众中形成口碑，打造品牌。

二是塑造形象。电视屏幕的视觉呈现是受众对电视新闻的第一印象，只有抓住第一眼，才能让受众产生继续观看的欲望。电视新闻实施品牌化战略，要从电视新闻的包装上狠下功夫，在宣传片、标题、字幕包装以及节目特效上，通过精心设计，融入更多吸引视觉的设计元素，塑造有辨识度的屏幕形象，让受众在众多电视节目中能够轻松区分。主持人的形象塑造是电视新闻传播策划的另一个主要内容，应通过精心的设计为主持人量身打造符合电视新闻风格的整体形象，再通过主持人的影响力使之与电视新闻节目的品牌建立紧密联系。当然，不应对电视新闻的形象包装过度。

三是创造精品。精品是质量上乘的作品和产品，对于任何领域都是事业和企业的法宝。对于电视新闻传播来说也是如此，精品是竞争力，是形象代表。当前的现实中，各级各类电视新闻节目和频道数量增长迅猛，但精品仍然是稀缺资源。过于频繁的形象转变只能让品牌塑造变为形式主义的过场。电视传媒品牌最终要靠高质量的新闻内容，内容为王永不过时，因为电视新闻作为信息资讯的生产者和传播者，生产有价值的内容、质量上乘的精品，才是赖以生存的根本，只要能够持续生产出有价值的传媒精品，电视新闻传播就能更好地生存和发展。

首先，创造精品要求电视新闻传播策划者必须从策划之初就牢牢树立精品意识和新闻敏感性，既要善于把握平凡人物的闪光点又要吃透国家大政方针，能够把握重大题材。其次，精品必须精做，在新闻内容的生产全过程中，要时刻贯彻精品的理念，从前期策划、确定选题，到现场采访再到后期撰稿、编辑剪辑，严格按照新闻规律，结合观众的需求点，对新闻报道内容的每一个细节进行反复推敲、反复锤炼，力求形式活泼生动且内容有深度、有力度、有温度。最后，精品还需精准的传播，对于这些用心创作的上乘之作，要充分调动一切可以运用的传播渠道，利用这些传播渠道的不同特点，针对性地从精品中选取传播内容，做到从不同侧面、不同角度全方位地展示创作的电视新闻精品。

七、保障电视新闻的传播力和公信力

"公信力"一词源于引文词 credibility，其含义为某一件事进行报告、解释以及辩护的责任，《现代汉语词典》中的公信力是指让公众相信的力量。尤其对于电视新闻来说，"公信力就是生命力"，传播力决定影响力。电视新闻的公信力源于信息发布的权威性，要在信息繁杂的融媒体时代继续巩固和保障电视传媒的公信力，提高传播力，应当遵循和贯彻以下原则：

（1）第一时间。时间就是生命，这句话仍适用于所有电视新闻传播策划。及时性是新闻的一大特质，而新闻衡量的标准则是事件重大的程度以及时效性，对于突发事件和社会热点事件，可以说时间就代表了新闻报道的价值，谁能越早将新闻公之于众，谁就能更快占领报道的先机及其核心价值。2001年，美国"9·11事件"在当时轰动全球，但随着时间流逝，现在已经鲜有人再提及。在信息时代，人们的注意力不断被瓜分，不用说几年前的新闻，即使是发生在昨天的新闻也会被淹没在巨大的信息洪流之中。新闻如此，新闻传播策划同样面临时效性的考验，没有人会看过时的新闻，更没有人愿意看过时的电视新闻节目。新闻节目报道的第一要义在于新，抓住新闻报道的第一时间是报道成功的关键，这一特质将启发电视媒体从业者，时效性在策划电视新闻传播时至关重要。

（2）第一现场。新媒体的发展让信息的传播形式变得越来越多样化，如今的受众早已不满足于有料可读，对一个新闻事件，受众喜欢眼见为实，更追求一种身临其境的参与感，对于电视新闻来说，通过对新闻现场的声音、画面以及场景的安排，把最新的最真实的新闻现场展现在电视屏幕上，为受众呈现第一现场。只有这样才能最大限度地弱化受众和新闻现场之间的距离感，给受众带来最切身的感受。

（3）信息完整。电视新闻的职责在于将最真实的新闻事实传达给受众，同时保证公正性、客观性以及完整性。这也是提高电视传媒的引导力、影响力的基本要求。在碎片化阅读大行其道的时代，电视新闻传播策划如何选择信息热点的同时，将更多更全面的信息加以展现，也是相关人员在电视新闻传播策划时需要慎重考虑的因素。

（4）重视直播。直播是电视新闻的最大魅力所在，然而随着社交媒体的出现，特别是网络直播平台的出现，原本只能通过专业设备和专业人员才能实现的直播，如今只需要一台手机一个软件就能实现。直播的最大优势在于通过不加剪辑的画面生动直观地展现新闻现场和内容，具有不可重复性。网络直播崛起后，这种优势已经慢慢在弱化，很多人悲观地认为，电视直播已经丧失了核心竞争力。然而，现实的情况是，技术的进步虽然降低了直播的门槛，但是受众对直播的需求并没有减少，电视媒体在新闻、体育和大型活动中的直播，是网络直播无法替代的。

为了增加受众黏性，近年来，电视新闻不断借鉴网络直播的优点，取长补短，在与网络直播的融合上也做出了大胆的尝试，如大胆通过手机连线的方式将直播嵌入电视新闻节目，或者将直播作为新闻节目内容和一种丰富互动的形式，利用直播进行大小屏的切换。总体而言，传统电视新闻主要从平台和内容两个方面展开直播。

在直播平台的选择方面，参与直播的传统电视新闻媒体主要分为两个阵营。一个是选择成熟的直播平台，借助社交媒体庞大的用户量实现用户的导流，比如央视宣布与新浪微博战略合作后，借助微博平台推出的直播在 2016 年里约奥运会，天津港重大爆炸事故，"一带一路高峰论坛"等国家重大新闻事件上，实现了电视新闻内容和网络直播的无缝连接，直播时的观看人次都达到了百万级别，极大地拓展了央视作为国家级媒体的传播效用和公信力。直播平台选择的另外一个阵营是电视媒体自有视频客户端，如浙江广电集团旗下的蓝魅直播。通过将网络直播嵌入已经探索成熟的中国蓝客户端，将浙江广电的主持人打造成网络主播，利用专业的电视策划和强大的内容供应，使蓝魅直播与普通的网络直播呈现的内容方面拉开巨大差距。这种通过旗下客户端以及旗下主持人当主播的模式在全国省级广电集团中独树一帜。

在直播内容方面，与万事皆可直播的网络不同，电视新闻的直播在内容选择上要以增强与受众的互动性为目标，借助直播平台的社交属性，结合电视新闻主持人所特有的名人效应和意见领袖身份，真正将受众作为用户纳入电视新闻生产过程与内容之中，打造真正的社交型互动以"引流"受众从电视大屏到手机小屏。在 2016 年天宫二号空间实验室发射升空报道中，智能手机终端用户在通过央视新闻客户端入口收看图文以及电视直播的同时可以自主切换不同机位的画面，当天有 200 多万用户参与了互动，"近距离"感受天宫二号升空发射的震撼体验。截至目前，央视新闻已经在新浪微博进行了几十场直播。同央视一样，以北京电视台为代表的多个省级电视台也积极开展网络新闻直播的尝试，凭借实施成本小，技术简单的优势，如今网络直播已经成为电视新闻直播有力的补充和新的表现形式。

作为应对融媒体时代面临困境的对策，以上所论七个方面涵盖了电视新闻传播策划的各个环节需要强调的是，只有把这些具体举措充分运用到电视新闻传播策划的实践当中，才能切实提高策划水平，从而重新巩固电视新闻的传播力、引导力、公信力和影响力，实现电视新闻在融媒体时代的逆袭。

第九章 融媒体时代电视新闻节目案例分析及转型发展

第一节 案例：融媒体中心全终端"央视新闻+"

一、央视新闻"双微"的传播策略和效应分析

（一）央视新闻"双微"的传播策略比较

1. 推送新闻的针对性和侧重点不同

中国的"粉丝经济"始于 2004 年的《超级女声》，之后快速发展。在今天，粉丝的积极意义被更多地发掘，粉丝的概念也超出传统的娱乐范畴，向更广阔的领域蔓延。新闻媒体公众号的出现也为新闻行业的"粉丝经济"提供可能，即提高社交信任，增加粉丝量，增强"用户黏度"。在"粉丝经济"中，用以下公式衡量这种社交信任关系：关系回报 =（相关性 + 时效性 + 空间性）× 信任系数。其中，"相关性"与本节的新闻"接近性"类似。可见，对于"央视新闻"来说，要想取得高"关系回报"，在"空间性"和"信任系数"一定的情况下，提高"相关性"和"时效性"是两条重要途径。

（1）微博重时效性，微信重深度性。在样本微博新闻中，时效性"强"的信息占比为 53%，而在样本微信中仅为 39%，14 个百分点的巨大差距反映出了"央视新闻"在两个微平台上采取的差异性传播策略。

第一，两种传播介质各有侧重。微博诞生于 PC 端，微信诞生于"移动"端，虽然随后两者都实现了大屏幕和小屏幕的双登录，但是"诞生地"的不同已经在某种程度上决定了两者在传播机制上的迥异：前者是开放型的裂变式传播与聚合式传播相结合，后者是封闭型的圈层传播效应和交互传播模式。

第二，两者篇幅的"硬性"设置不同，这造就了其传播内容特点的不同。微博单篇 140 个字符的限制，成就了它"短小精悍"的特点，但也成为其"深刻性"的阻碍，140 个字符很难讲出或讲好一个有"深度"的内容；微信不受限制的字符数，丰富多元的图片、音频、视频插入元素，为微信文章的"深度性"提供必要条件。比如，"评论"类文章针对一个事件，集合一位或多位评论员的评论，为受众做全方位解读，是微信文章"深度性"的最好例证。此外，最受欢迎的"夜读"类文章不能称为"新闻"，却是形式丰富多彩，内容深刻，价值观明确，逻辑清晰的"鸡汤"文。

（2）微博重趣味性，微信重接近性。传统新闻媒体与新媒体的结合生了官方账号的"粉丝"和用户管理问题。从用户管理的角度看，"粉丝经济"旨在提升用户黏度，也就是增加企业与用户双方彼此之间的使用数量或频率。黏度是衡量用户忠诚度的重要指标，对于品牌形象起着很重要的作用。黏度包括用户对品牌的依赖度、忠诚度和使用程度等方面。

2015 年，微信团队发布《微信生活白皮书》，指出"在阅读方面，60 后偏爱鸡汤文化，80 后关心国家大事，90 后则注重娱乐八卦"，微信已然成为年轻人的主场。"央视新闻"在微博和微信上不同的传播内容选择体现了不同的用户管理策略。微博是一个完全开放的信息平台，信息的发布者无法预知信息的发送和接受，而微信的信息流通可以仅限于"好友"之间，具有一定的私密性。人是一种喜欢乐趣的动物，新媒体指数对 2015 年全年 TOP10 000 账号按发文内容进行粗略分类，发现"幽默搞笑"类微信公号占据最大比重，为 60%。

基于央视新闻的媒体属性和传播媒介的传播特点，央视新闻的微博信息更侧重通过"趣味"性信息实现与受众的"相关性"，"趣味"类信息占比达到 6%，高出微信同类信息 3.4 个百分点，"知识"类信息比例也高出微信 3 个百分点；微信信息更侧重关注与"粉丝"切身利益相关的内容，新闻"接近性"强的内容占到 52%，高出微博同类信息 32 个百分点，此外"全国"范围内的新闻比例也高出微博 14 个百分点。

（3）微博重话题性，微信重重要性。微博成为传统新闻议程设置与网络议程设置的互动平台，新浪微博的"微话题"是机构或个人进行"议程设置"的重要渠道，方便快捷，利于传播。对微博样本标题进行分析，可以发现"#说说我的座右铭#"话题文章 11 篇，"#2015 游泳世锦赛#"话题文章 15 篇，"#2015 田径世锦赛#"话题文章 13 篇，"#微镜头#"话题文章 23 篇，"#大美新两藏#"话题文章 15 篇，"#西藏 50 年#"话题文章 12 篇，"#抗战胜利 70 周年#"话题文章 88 篇，"#台风'苏迪罗'来了#"换题文章 16 篇，"#正能量#"话题文章 31 篇，

"#天津滨海仓库爆炸#"话题文章65篇，"#天津港8·12爆炸#"话题文章88篇。

"央视新闻"话题微博的创建是对新浪微博"微话题"的很好运用，尤其是针对2015世锦赛、天津港8·12爆炸、抗战胜利70周年等话题和议程的设置，彰显了新闻媒体的社会职责和媒介素养。此外，西藏、正能量、微镜头、座右铭等话题在新闻价值方面不及前面几类，但话题的创建有助于同类信息的汇总和传播，方便受众查阅；话题的趣味性有助于增加用户黏度。

微信的传播策略是以受众为中心，兼顾新闻价值，有针对性地推送。在内容选择上除了"其他"类信息，"时政""财经""法治"等新闻的比重分别为12.13%、4.1%和6.34%，均高于此类信息在微博中的比重4.38%、1.06%和2.12%。对样本文章标题进行关键词筛选，"评论"文章共27篇，"一图"文章共32篇，"警惕""重磅""追踪""争议""关注""投票"等与普通民众生活休戚相关的公共性话题文章共47篇。在议题设置、舆论引导、与受众的相关性等方面，都体现了央视新闻微信信息选择的重要性。

2.新闻标题的特点不同

新闻标题是在新闻正文内容前面，对新闻内容加以概括或评价的简短文字，其字号大于正文，作用是划分、组织、揭示、评价新闻内容，吸引读者阅读。传统新闻标题讲求准确、简约、传神，多是对新闻事件的高度概括，用最少的字传达最完整的新闻信息。而到了网络新媒体时代，新闻标题的字数限制降低，尤其是在微信新闻中，标题超过20字的文章随处可见。

（1）微信新闻标题"不知所云"。如何给新闻进行有效的悬念设置成为越来越多手机媒体新闻工作者的共同着力点。在人们习惯快速阅读以及碎片化阅读的情况下，好的标题能为报道吸引至少一半的读者，能让读者对报道产生"第一兴趣"。在标题上面设置悬念具有先声夺人的效果，而使受众对此信息"一见钟情"。常见的标题悬念设置方法有提问法、情景代入法、归纳总结法、突出亮点法、巧用修辞法、借用代词法、欲擒故纵法等。对样本微信的"标题"进行分析，发现"央视新闻"的微信标题也大量运用了这些悬念设置的方法。

在微信样本中，提问法使用最多，文章标题含"？"的共221篇，占样本总量的41%，如2015年12月26日的报道《一图——来看看研究生和本科生的薪资待遇差多少？》，通过提出疑问吸引读者思考以及产生阅读兴趣。标题中含"……"的文章有51篇，几乎都用了情景带入法，如12月7日的报道《调查——山东事业编考试高分考生"井喷"半年后结果竟然这样……》，通过一个情景的描述将读者带入情境，激起阅读欲望；12月2日的文章《今天开始，加入一个新的群体，敬一丹、范冰冰、何炅均已加入……》阅读量过10万，点赞数9 053。样本微信中，有14%阅读量过10万的文章用到了归纳总结法，将文章内容进行条理清晰地归总并在标题中突出结果，吸引受众阅读，如11月30日的文章《这11项新规你需要在12月格外注意！》，获赞3 839个；12月31日的报道《独家探访——习主席办公室今年换了7张新照片！》，获赞3 560个。在阅读量超10万，点赞数1 000以上的文章中，12月27日的报道《习近平亲自发微博视频曝光》使用了突出亮点法；12月10日的文章《2015年，这些实实在在的民生红包你领到了吗？》使用了巧用修辞法；12月2日的文章《高冷——昔日被弃如今走红只因对眼（点开请谨慎）》使用了欲擒故纵法。借用代词法是指利用代词对标题设置悬念，引发受众探知兴趣。在样本微信中标题含"你""我""他""这"和"那"等代词的文章，占样本总量的51.31%，其中"你"和"这"使用率最高。

此外，还有很多文章同时使用两种悬念设置法。比如，12月5日的文章《真相——雪地靴穿久了会让脚部畸形？医生这样提醒……》，将情景带入法和提问法相结合；12月8日的报道《"不动产证"要来了它跟房产证是啥关系？这十大问题你需要了解》，将提问法和归纳总结法相结合；12月19日的报道《陷阱——2元团购半斤进口车厘子还包邮？这样的"好事"你赶上没？》，将提问法和借用代词法相结合。

最后，值得一提的是"！"的使用。众所周知，叹号带有强烈的感情色彩，很少出现在传统新闻标题中，需要慎用。但在样本微信中，有35%的文章标题中含有叹号。比如，阅读超10万、获赞2 000多的文章《提醒——年轻人得胃癌，都因为这10个生活习惯！一定要转给身边人！》和《央视推"神曲Rap"：改改改！抓抓抓！治治治！》，用两个或多个叹号来加强语气，吸引读者注意。

无论是设置悬念，还是情感刺激，都只是语言表达上的技巧，其根本目的是获得更多点击量和点赞数。央视新闻的微信标题，运用一种或两种表达和修辞技巧，使受众看过标题却仍"不知所云"，只知"问题"，不知"答案"。

（2）微博新闻标题"一目了然"。微博新闻的标题相较于微信，更多地接近传统新闻，标题即是对正文内容的简练归纳总结，疑问句、感叹句、省略句等感情色彩强烈的句式较少出现，陈述句较为常用，如天气报道《强降雨再影响陇海线多车停运》，社会事件报道《留尼汪岛又发现一疑似MH370航班残骸》《一载29 000吨柴油的油轮发生火灾 5人受伤》，体育报道《宁泽涛夺冠背后的故事曾训练练到吐》，法治新闻报道《7月底8月初警方处罚16起乘机"任性"事件》，突发事件报道《事发已过20小时：50人遇难1 000多消防官兵参与救援》；等等。

但是新旧媒体在新闻表达方式上存在一定差异，传统的新闻报道遵循"事实第一，新闻第二"的原则，以事件为核心，而微新闻的传播思想是以看点为中心，事件原有的传播价值被看点所取代。在微博样本中，标题含"？"的微博有 6.63%，含"！"的微博占比为 20.16%，含"……"的微博占比为 2.52%，也使用了多种设置悬念的方法，但比例均少于样本微信中的同类比例。含"你""我""他""这""那"等代词的微博占比同样少于样本微信中的同类比例，且相差 30 个百分点。在"观点交流的广场"上，140 个字的限制、浩如烟海的信息流促使微博标题需要简洁明了，字数一般不超过 20 个，以 15 个左右为主，让受众能通过标题即对新闻内容"一目了然"。

3. 双微传播均注重视觉传播

美国新闻学会媒介研究中心主任安德鲁·纳齐森对"融合媒介"的定义是印刷的、音频的、视频的、互动性数字媒体组织之间的战略的、操作的、文化的联盟。因此，无论从战略、技术还是文化的角度，融合媒介时代的到来为视觉新闻传播提供了新的机遇。

（1）图片备受重视。传统媒体微新闻叙事的一项优化策略就是借助图片新闻实现深度叙事。2015 年"央视新闻"官方微博账号发布的含图片微博占全年微博总量的 94.3%，在样本微博中，含图片微博占样本总量的 96.42%，可见图片几乎成为微博新闻的标配，每发必有。具体到每一篇博文的配图数量，9 张的最多，有43.5%；其次为 1 张的，有 21.7%。一般图片资料够 9 张的情况下，编辑都会选择放 9 张图片，一方面页面效果更好，另一方面丰富报道内容。1 张图片的情况主要有两种，一是"快讯"类新闻报道，一是服务性新闻和软新闻报道。比如，2015年 8 月 14 日上午 10 时 18 分的"快讯"。"央视快讯：7：05，现场抢救出一名生还者"，配图是央视快讯专用蓝色图片，由"央视快讯"四个汉字和"央视新闻频道"台标组成。在内容价值上，它可以删除，但在网络页面效果上，却起到突出显示的作用，不能删除。总的来说，每一篇微博的实际配图数量视情况而定，但1 张和 9 张较多。

在样本微信中，图片同样倍受重视，"一图"类微信新闻是最好的例证，直接用图片代替文字。在样本微信中，含图片类文章占样本总量的 96.6%；单篇文章的配图数量以"9+""3"和"4"为主，占比将近配图文章总量的一半，其中"9+"文章最多，占到含图片文章总量的 17.6%，"3"和"4"的文章数量几乎相等，占比分别为 15.6% 和 15.4%；而不含图片的文章仅有 18 篇，占样本总量的 3.3%。相较于样本微博，样本微信的图片使用率略低于微博，但单篇配图数量总体高于微博，如 2015 年 12 月 16 日的文章《喵红——没有互联网这些猫是肯定不会红的！》配图高达 33 张，12 月 2 日的文章《高冷——昔日被弃如今走红只因对眼（点开请谨慎）》配图 30 张，12 月 16 日的"夜读"文章《每个人心中都有一个江南》配

图 28 张。不受篇幅限制的微信，在对图片的运用上更加自由，但阅读量与配图数量并不成正比，前两者远少于最后一篇。

（2）音视频丰富传播形式。视频是微博新闻常用的另一种视觉符号。2015 年"央视新闻"发布的含视频微博占全年微博总量的 13.5%；在样本微博中，含视频（动图）的微博有 7.4%。单篇微博含视频（动图）的数量以 1 个为主，占含视频微博总量的 73%；单篇微博中含动图 9 个的微博有 10 篇，含动图 3 个的有 8 篇；还有视频和动图同时出现的，如微博《命大！自行车被越野车"擦肩"车散了人没事……》，既含有 2 张动图，又含有 1 个视频；微博《惊险！大货车强行变道超车右转两人被卷车底……》，含视频和动图各 1 个。

除了音乐类新闻报道，音频在"央视新闻"的微博中极少出现。2015 年仅 6 篇微博中含有音频，而在样本微博中为 0。但是在微信传播中，音频极大地丰富了微信内容的传播形式，出现较多。在样本微信文章中，含音频文章共 31 篇，均在"夜读"栏目中。"夜读"是"央视新闻"自 2015 年 11 月 11 日开始，每天 22：30 左右推送的一篇集文字、图片、音频、动图或视频为一体的"非新闻"性文章，文艺气息浓厚，文学欣赏性较高。在样本微信中，93% 的"夜读"文章阅读量超过 10 万，86% 的"夜读"文章闯进"文章 Top20"。

与样本微博相比，样本微信对视频的运用更多。在样本微信中，含视频（动图）的文章占样本总量的 33%，高出样本微博 26 个百分点。单篇微信含 1 个视频或动图的文章有 105 篇，含 2 个的有 24 篇，含 3 个的有 10 篇；单篇微信视频数最多的为 3 个，动图数最多的为 11 个；同时含视频和动图的文章有 16 篇，如 12 月 30 日的"趣味"文章《笑喷——直播中记者大哥被地铁带走了……盘点那些用绳命做直播的记者》，含动图 11 个，视频 1 个；12 月 23 日的阅读过 10 万的"夜读"《没有他，不如不读〈飞鸟集〉》，含动图 8 个，获得点赞 4 484 次。纯文字形式"微新闻"的罕见，图片、动图、视频、音频等多媒体传播形式的广泛使用，都反映出融媒体时代新闻视觉传播的盛行，多年前学者的预测已成为现实。

（二）央视新闻双微的传播效应分析

1. 双微的传播范围

截至 2016 年 3 月 7 日，"央视新闻"官方微博粉丝数为 42 066 270，影响力高达 1 250 左右，最高每天 85 条（2016 年 3 月 6 日）、平均每天 50 条的信息发布，阅读数 6 亿左右。"无处不在的央视，随时随地的新闻"。2012 年 11 月 1 日，中央电视台新闻中心官方微博"央视新闻"正式登录新浪网，到 2015 年 11 月 1 日，央视新闻微博上线三周年，央视新闻各微博平台用户总数超过 1 亿。截至 2016 年

3月10日,"央视新闻"官方新浪微博账号的粉丝数超过4 212万。

男性是"央视新闻"官方微博账号粉丝的主力,男女比例分别为65%和35%,男性粉丝数量是女性的将近2倍。粉丝星座以"摩羯座"居多,其他星座占比大致相同。近一月日均阅读数(用户近30天内发布的原创微博在当天被阅读的次数)为6 000万左右,互动数28万,新增粉丝数5万多。

2013年4月1日,"央视新闻"微信公众账号上线,以优质新闻为主打,以热点评论为特色,制作了原创栏目"夜读""一图解读""今日速议"等图文原创内容。2015年10月24日,"央视新闻"微信公众账号订阅户突破500万,继续领跑媒体微信公众账号,用户数成为资讯类微信公众账号第一名,稳居"中国微信500强"榜首。@官方微信平均总阅读数138万多(2016年3月8日),微信公众号总排名总体在全国第4,平均单日WCI为1 450,平均每周WCI为1 650,平均每天16篇文章的推送(2015年11月11日之后)。独具央视权威视角和解读的"一图"、央视主播们倾情朗读的"夜读"等优质内容,广受欢迎。

2.BCI和WCI分析

(1)微博:BCI分析。中央电视台新闻中心官方微博"央视新闻",是央视重大新闻、突发事件、重点报道的首发平台,2012年11月1日正式登录新浪网。根据传媒梦工场、中山大学全媒体研究院和传媒杂志社合作成立的媒体微博运营研究项目组发布的《2013媒体微博运营年度报告》的分析数据,《传媒》杂志制作了2013年媒体微博影响力排行,"央视新闻"位列全榜第三,传媒类第三,影响面得分高于"人民日报",但是由于"互动得分"太低,导致"最终得分"较低。在样本微博的统计过程中,笔者发现"央视新闻"的互动率依然很低,对于它的综合影响力有一定影响,这是以后需加强的地方。

在"传媒微博影响力排行总榜"中"央视新闻"排名第三,仅次于"人民日报"。2016年1月25日,"央视新闻"的影响力为1 192,2015年12月26日到2016年1月14日这一短时间,其影响力平均值为1 200。

(2)微信:WCI分析。通过新媒体指数网站,笔者对"央视新闻"微信公众号进行了近半年观察,发现"央视新闻"微信公众号的"微信总榜"周榜排名稳定在第4位,同属"传媒"行业的"人民日报"是其强劲对手,稳居第一;而其在"电视类""微信总榜"周榜排名中稳居第一。

2016年3月3日到9日,"央视新闻"微信公共号的日平均WCI为1 446,2015年8月份,"央视新闻"微信公共号的日平均WCI为1 460。

通过随机抽样,取"央视新闻"微信号2015年每个月的第二周的WCI,可以看出1月到3月"央视新闻"的微信指数逐渐升高,到3月份达到峰值,之后

趋于平缓，在 8 月份出现一个小峰值。2015 年"央视新闻"微信公众号的平均 WCI 为 1 707。据"刺猬公社"统计，2015 年 8 月到现在，"央视新闻"几乎每周都稳居"上星频道微信公众号 top20"第一名；"文章 Top20"中的 20 篇文章，绝大部分来自"央视新闻"。比如，2015 年 8 月 9 日到 15 日，"文章 Top20"中 19 篇来自"央视新闻"，其中 11 篇文章是对天津港爆炸事件的报道。8 月 13 日的报道《一图|天津爆炸，情况到底有多严重》，阅读数超过 10 万，获得点赞 8 576 次。在电视媒体的微信公众号中，"央视新闻"无疑是无可比拟的佼佼者。

3. 信息态度的隐蔽性

2016 年 2 月 19 日，习近平在人民大会堂举行了新闻舆论工作座谈会。他指出，在新的时代条件下，党的新闻舆论工作的职责和使命是：高举旗帜、引领导向，围绕中心、服务大局，团结人民、鼓舞士气，成风化人、凝心聚力，澄清谬误、明辨是非，联接中外、沟通世界。做好党的新闻舆论工作，事关顺利推进党和国家各项事业，事关全党全国各族人民凝聚力和向心力，事关党和国家前途命运。

2 月 21 日，人民日报发表评论员文章，指出要从全局出发把握新闻舆论工作，就要坚持"阵地意识"。新闻舆论处在意识形态工作的最前沿，好的舆论可以引领社会、凝聚人心、推动发展，不好的舆论则会撕裂社会、搞乱人心、破坏发展。舆论导向正确，是党和人民之福；舆论导向错误，是党和人民之祸。如何适应媒体格局和舆论生态的深刻变化？如何应对新媒体带来的深刻改变？找准方位才能把握航向，主动作为才能克难前行。

（1）微博：传播内容的无形之限。传播学奠基人之一哈罗德·拉斯韦尔在其传世之作《社会传播的结构与功能》中提出了著名的"社会传播三功能"，其中之一即为"守望环境"，"舆论监督"是新闻媒体的一项重要职责，"舆论工作"是当前新闻媒体的一项重要工作。看似轻松自由的"微博"环境，实则并非可以"畅所欲言"。"央视新闻"作为一家国家级权威媒体，即使是在"微博"这种大众传播媒介上，也不可能丢掉其最基本的政治属性和媒体职能。同"人民日报"等官方微博账号一样，它们都是技术革命为传统媒体带来的媒介新环境。

"有温度的新闻，有锐度的评论"是央视新闻官方微博的传播宗旨。社会民生、政策法规、舆论引导仍是"央视新闻"官方微博账号的关注重点和难点。既有"#那年今日#""#微感动#""#正能量#"等意识形态话题的设置，也有"#抗战胜利 70 周年#""#天津港 8·12 爆炸#""#2015 游泳世锦赛#""#央视快讯#"等社会事件话题的设置，还有"#台风'苏迪罗'来了#""#等着我#"等服务性话题的设置和"#微镜头#"等趣味性话题的设置。兼顾"硬新闻"与"软服务"，在严肃与轻松的报道氛围中自由切换。同时，配合"牛视频，炫互动，酷笔头"，图片、视频、动图齐上阵，新媒体的表达方式使官方账号更接地气。

（2）微信："评论"表态。"让新闻更好看"是央视新闻新媒体的追求，央视新闻充分了运用新技术、新应用创新新闻传播形式，立体传播、信息共享、充分互动，为用户提供大量更好看、更贴近、有态度、有温度的新闻产品。舆论引导需要一定的"说话之道"，信息表态不宜太过明细。"评论"性的新闻报道是传播观点、增强舆论号召力的重要途径，在"央视新闻"的微信新闻中被大量运用。

2015年8月2日到9月5日五周的"文章Top20"中，有92篇来自"央视新闻"，其中共有9篇"一图"和6篇"评论"文章，如8月4日的评论文章《评论｜解决"看病难看病贵"国务院连出六招》，针对与每个人密切相关的看病就医问题，回顾总结过去半年内国务院的医疗改革措施和政策，替政府传声，为百姓鼓劲，表达对党和政府的信任与希望，"回顾过去的半年，医疗改革的每一步都走得不易。展望前途，改变医疗服务的面貌还有很多路要走。但只要脚步坚实，终能到达彼岸！"又如8月18日阅读量超10万、点赞5 000多的深度报道《一图｜天津瑞海公司到底是如何拿到危化品经营资质的？》，就当时备受社会各界关注的突发事故"天津港8·12爆炸"中的"危化品经营资格"问题，及时全面地用图文并茂的形式逐一回答了社会各界的种种疑问，发挥了主流媒体在重大社会事件发生时的舆论引导功能。

对于同一个热点新闻，"央视新闻"微信公众号常用多篇文章、从多个角度进行深入报道和"表态"。比如，对"天津港8·12爆炸"事故的报道，在8月12日到15日的"文章Top20"中，有11篇来自"央视新闻"的对该事故的深度报道。又如关于"张铁林与假活佛"的报道，一周3篇追踪报道，持续关注。再如，关于"奥巴马与伊斯兰国""大学生掏鸟窝获刑10年半"和"长江沉船事故"的报道，均是一天连发3篇文章，有争议，有评论。

4. 信息价值分析

（1）社会新闻的接近性分析。守望环境和引导舆论是主流媒体的基本职责。新闻媒体需要上传民声民情，下达国策法规，做好党和政府与人民群众直接的传声筒。在不同新闻题材的选量把握上，"央视新闻"的微博和微信都做得比例得当，社会、法治、时政、财经等新闻占到报道总量的绝大部分，但具体到社会新闻与受众的接近性方面，"央视新闻"做得却不尽如人意。

如上文所分析，在样本微博中，"社会"新闻最多，占样本总量的60%；时效性"强"的新闻占53%；"地方"新闻占总样本的51.5%；但是，与受众接近性较"强"的新闻却仅占20%。这不能不算是"央视新闻"微博传播策略的一个不足之处。当前"央视新闻"微博账号的一部分社会新闻有其重大报道价值和意义，但也有部分新闻是"有事件无意义"。

例如，2015年8月29日的最新消息《#天津港8·12爆炸#死亡人数上升至147人失联26人》，距离事故发生17天之后，对"天津港8·12爆炸"事故最新死难人数和救治情况进行程式化报道。由于该话题已基本淡出网友的视野，关注的人很有限，314次转发、189条评论和430个点赞，可见此微博的新闻价值其实非常有限。事实需要新闻人进行记录，但在微博阵地上，此类不痛不痒的记录存在的意义有待商榷。

又如，最新消息《曼谷爆炸案一名嫌疑人被捕》，8张新闻配图也没有让其关注度比前两条好多少，转发163次、评论79条、点赞487个。简单的时间、地点、人物、事件通报，但是对身处千里之外的普通用户来说，"我看了也没用"，必然不会受欢迎。诸如此类的国内外地方不幸伤亡事故是"央视新闻"官方微博的常见报道，而其通病也都类似，"有事件无意义"。

此类问题在"央视新闻"的微信公众号上就较少出现，往往是有事件必与受众产生联系。比如，12月4日的报道《必看——掏鸟获刑10年半！这些法律要是早知道就好了》，以一则引发广泛争议的新闻"大学生掏鸟窝获刑10年半"为引子，为受众普及了八种"看着是'犯错'，但实际是'犯罪'的行为"。

（2）服务性新闻的价值分析。正如上文统计结果，在样本微博中，"趣味""知识"和"其他"三类新闻的占比为27%；而在样本微信中，这三类新闻的占比高达37.6%。在样本微博中，"接近性"强的"趣味""知识"和"其他"新闻仅占这三类新闻总量的32.6%；而在样本微信中，此比例高达60%。服务性新闻占比较高的事实本身无可厚非，但此类新闻在双微上的新闻价值却值得关注和思考。

由样本微信的新闻题材和接近性分析可知，相比于微博，"央视新闻"的微信新闻更注重新闻接近性，"服务性"新闻的整体传播效果较好。比如，11月19日的文章《必看——让你手机1%的电坚持更久的秘诀！不看你就亏了》、12月10日的文章《扩散——喝豆浆竟能喝出人命？这些食物吃得不对有危险》、12月13日的文章《吃惊——媒体曝有人喝出人命有人得癌你真的会喝豆浆吗？》、12月17日的文章《必看——年底，这些骗局你一定要知道！》等，以传播社会生活常用必备小贴士为主要传播目的，用"必看""危险""人命"等"危言耸听"的字词吸引受众注意力，均获得数万的阅读量、上千的点赞数。

再如，在样本微信中，96%的汇编性新闻"早啊！新闻来了！"可以进入"文章Top20"，可见新闻汇编类新闻信息在微信上受欢迎的程度，是微信新闻日常传播的成功模式。但同样的内容，带有强烈"服务性"的新闻汇编长文章，搬到微博平台，却受到截然不同的对待，纵观截至目前"央视新闻"的此类微博，评论数小于转发数，转发数小于点赞数，点赞数的常态仅为三位数，偶尔可达到四位数，但同时部分微博的评论数甚至只有个位数。如此迥异的两种传播效果是对"央视新闻"传播策略不明确的最直接回应。生硬地将相同的传播内容不加区别地发布在两种传播媒介上，而茫然不顾传播效果，不应该是国家级权威媒体应有的对待新媒体的策略和态度。

当然，"央视新闻"的官方微博账号也有成功的"服务性"新闻传播案例。比如，2015年8月7日"央视新闻"发布的一条游泳知识科普微博，借助"2015游泳世锦赛"的话题，《[推荐]9张图，转给爱游泳和想学游泳的TA!#2015游泳世锦赛#》，附9张科普知识图片，最终得到用户的大量关注转发。

再如，2015年8月26日的微博《此刻！一起转发！为搜救犬！为救命之恩！》，借助近期有关"搜救犬"的综艺信息，关注"搜救犬"与人和灾难的关系，展示了媒体人对于"搜救犬"的人文关怀，在传播社会正能量和引导舆论方面展示了一家大媒体的专业和素养，也同样获得高转发和关注。

（3）"非新闻"的新闻分析。1943年，陆定一在《我们对于新闻学的基本观点》一文中提出："新闻是新近发生的事实的报道。"这个定义说明新闻是事实的新闻，是对事实的陈述。但在样本微博和样本微信中，存在诸如"那年今日""夜读"等不具备明显新闻属性的"非新闻"信息，甚至称其为多媒体"散文"可能更合适。但此类"非新闻"往往可以比正宗的"新闻"产生更好的传播效果。

"那年今日"是"央视新闻"官方微博账号的常设栏目，每天帮助受众整理历史上今日发生的有意思的事件，以表缅怀、纪念、致敬或谨记之情，借此显示出传者的人文素养和意识形态输出，如2016年3月5日的微博《#那年今日#今天，发条微博，纪念人民的好总理》，一段话配9张图片，没有新信息，却获得3万多次转发，近10万次点赞，成为当日85条微博中转发和评论数最高的一条。

又如，2015年8月1日的微博《他们，守护着我们！》和《今天你愿发条微博向他们致敬吗？》，在建军节致敬中国军人，成为当天最受关注的两条微博，远远高过社会类新闻《疑似马航MH370航班残骸被运抵法国研究机构》和《#央视快讯#吉林省副省长谷春立被调查》。

"趣味性"新闻是另一类值得关注的"非新闻"类信息。它们抓住人类的好奇心，体现的是信息的新奇性，其社会意义较小，但满足了受众的本能情感需求，往往比很多"硬新闻"取得更显著的传播效果，如8月31日关于熊猫的"趣味"博文，转发、评论、点赞都高于关于公积金贷款购房的"法治"新闻。

【公积金贷款购二套房最低首付降至 2 成】住建部、财政部、央行今天发布新规：对拥有 1 套住房并已结清相应购房贷款的居民家庭，再次申请住房公积金委托贷款购买住房的，最低首付款比例由 30% 降低至 20%。北上广深 4 城市可在国家统一政策基础上自主决定最低首付款比例。

在"央视新闻"的微信公众号上，"非新闻"信息也同样常见，且传播效果更惊人。以样本微信为例，11 月 29 日到 12 月 26 日共 28 篇"夜读"，其中 27 篇进入"文章 Top20"，79% 的文章可以闯进"文章 Top20"的前十名。12 月 4 日的夜读《善良比聪明更难得》位列当周"文章 Top20"第一，12 月 9 日的夜读《只有自己的努力最靠得住》位列当周"文章 Top20"第二，12 月 14 日的夜读《先找到方向，才能拼尽全力》位列当周"文章 Top20"第二，12 月 21 日的夜读《冬至：天时人事日相催，冬至阳生春又来》位列当周"文章 Top20"第一。另外两周的排行榜第一的文章分别是 12 月 10 日的《驾考新规来了！以后学车可以不去驾校》和 12 月 13 日的《今天国家公祭日，10∶01 请驻足默哀》。这些文章的共同点是与用户在某一方面有密切的联系，或心理，或生活。

同样，在没有"夜读"时，与用户接近性强的文章更容易受关注，如 8 月 2 日到 9 月 5 日的"文章 Top20"，按时间顺序每周"文章 Top20"第一的文章分别是《性病实验、人马猴血互换……"东方奥斯维辛"再添罪证》《国务院发话了"周末双休"要增加半天》《阅兵部队为何能走这么齐？动图揭秘》《"9·3"胜利日大阅兵专项演练精彩瞬间》《各国领导人如何评价中国阅兵》，这段时间用户最关注的两件大事就是"8·12"天津港爆炸事故和"9·3"胜利日大阅兵。8 月 9 日到 15 日这周发生的最大的事情就是天津港爆炸事故，上榜文章中有 12 篇与此相关，可见民众对此事件的关注程度之高。8 月 23 日到 29 日这一周，胜利日大阅兵无疑是 8 月末最热的话题，前三强文章均与此相关，一共 9 篇文章与阅兵有关，1 篇文章与天津港爆炸事故有关。8 月 30 日到 9 月 5 日这周，9 月 3 日胜利日大阅兵依然是本周的热门话题，排名前 20 的文章中有 15 篇与阅兵有关。

综合以上信息可以发现，不管是微博还是微信，"服务性"信息因其与受众或用户在某一方面有较强的接近性，常能引起更多关注度，成为"央视新闻"官方双微传播内容中不可忽视的一部分。但也要注意此类信息的数量占比不可过高，以免"央视新闻"的母媒品牌和舆论影响力受损。

（三）官方双微传播策略中存在的问题及改进建议

融合媒介的诞生为视觉传播提供了新的机遇，其发展前景成为目前传媒业全球性的热点话题。如何提升传统传播模式和打造传播个性与价值，融媒时代的视觉传播面临的新机遇与挑战。在媒介本身也逐渐视觉化的时代，视觉传播必将引领新闻转型和传媒变革迈入新阶段。传统的新闻报道遵循"事实第一，新闻第二"的原则，而微新闻一改以事件为核心的传播思想，以看点为中心，彻底颠覆了传统的新闻传播方式。

1. 微博：意见广场上无"意见"

（1）滥用视频图片。在样本微博中，含图片博文占样本总量的96.42%，含视频和动图类微博占样本总量的7.49%。视频和图片是除了文字之外，微博最常用的两种多媒体传播符号。但在传播实践中，"央视新闻"官方微博却存在着滥用视频和图片的情况。

2015年8月2日的微博《[推荐]扩散：8月最浪漫时间表有大型流星雨！》与2016年1月1日的微博《1月天空浪漫"时间表"》中所配9张图片一模一样，但前者报道的是英仙座流星雨和天鹅座流星雨，后者报道的是象限仪座流星雨。真实性是对新闻信息最重要也是最基本的要求，这样随便拿几张流星雨图片就放在新闻报道中的做法不可不称之为新闻失实。退一步讲，即使流星雨与流星雨的直观差别不大，这里的图片只起到点缀修饰的作用，那么能不能在注重图片数量的同时，更注重一下图片的质量呢？流星雨是美丽的天文现象，但这两篇微博新闻中的配图，很难让人与"美"联系起来。

"8·12"天津港爆炸事故发生后，"央视新闻"凌晨1：24发布第一条相关微博，配发5张动图、3张图片、1张"央视快讯"。截至当天晚上23：30，共发布23条原创微博，第一条微博中的第三张图片一共被重复使用了7次。事故发生的头7天中，第三条微博的第3张动图共被使用9次，第二条微博中最后一张图片"受伤的消防员"在每天的伤亡情况报道中都出现。每一次伤亡数字的更新都必须配上爆炸的瞬间动图或者受伤的消防员吗？在突发事件报道中，及时准确是首要原则，但新闻质量也应该重视，不一定是图片越多越好，而大量重复雷同视觉元素也会使受众视觉疲劳，产生腻烦心理。

从样本微博单篇配图数量随时间变化图可以看出，8月13日，7~9张图片的微博数量达到全月最高，这与"8·12"天津港爆炸事故的相关报道密切相关。然而，正如上文分析的那样，大量图片和动图的直接重复使用，大量的自己对自己微博的转发造成的图片和动图的二次重复，使"央视新闻"微博新闻报道给人啰唆腻烦的阅读感受。凡事过犹不及，对图片和视频的使用也一样，重在质量，而不应是数量。

（2）高质量的硬新闻少。新闻时效性和接近性是衡量硬新闻的价值性的两个指标，对样本微博进行统计发现，在"社会""时政""法治""财经"四类硬新闻中,"时效性强"的占比为 64.8%,"接近性强"的占比为 18.1%,"时效性"和"接近性"都强的占比仅为 13.2%。可见,样本微博新闻中有相当大一部分对微博用户来说是"不痛不痒"的事实报道。

"事故"新闻有时效,与网友的距离却很远。例如,8 月 1 日的微博《跨越喜马拉雅的救援》,参与评论不到 200;8 月 2 日的微博《留尼汪岛又发现一疑似 MH370 航班残骸》,有网友评论"疑似第 N 次",参与评论总数不到 150;8 月 13 日的微博《煤矿事故遇难者升至 12 人》,"事故调查组已成立,正在进一步调查事故原因";8 月 17 日的微博《陕西山阳山体滑坡:已搜出 7 具遇难者遗体》,"搜救工作仍在进行";8 月 20 日的微博《四川叙永洪灾致 11 死 13 人失联》,"当地政府仍在全力搜救"……"社会"新闻多事故,事故报道多"伤亡",而造成事故的原因、教训、善后等等却极少出现。

"温暖"的新闻并不是很温暖,受众再多的"眼泪"也经不起天天流,"感动"也会疲劳。例如,8 月 3 日的母媒体新闻《医生为 6 岁病人筹集手术费》,"明年,夏和扎达就可能正常上学了!",评论 147;8 月 5 日的 #正能量# 微博《要女儿活下去》,作为二次转发微博,点赞减少 3/4;8 月 7 日的 #微感动# 微博《能救人,捐得值》,"怕耽误患者几乎天天与当地红十字会联系,近日他成功捐献……河南 39 岁好人耿伟善良是本"转发不到 900 次;8 月 11 日的微博《男子当街发病抽搐民警为其遮雨被淋湿》,"为好民警点",转发不到 500 次;8 月 18 日微博新闻《男孩被困 40 米高瀑布绝壁警民合力绳降救援》,"在大家努力下,被困男孩终被成功救出",转发不到 200 次……这一类"正能量"微博新闻的时效性和接近性都比较弱。

（3）深度报道少。"央视新闻"官方微博账号的影响力低于人民日报的一个重要原因是深度报道较少,"微评论"话语权高地失守。在短消息报道的基础上加入评论,即一句话、一个词、标点符号、表情符号的"事实+评论"的模型,固然容易提升单条微博新闻的传播效果,但缺少了"央视新闻"应有的在舆论的风口浪尖引领事态发展和人心所向的话语力量。以人民日报官方微博"人民日报"为典型的中央级国家媒体,精心打造了人民微评和"你好,明天"两个微博评论栏目,在具有争议性的新闻事件发生时,人民日报的微评帮助博友们认清事实真相,有强大的舆论号召力和话语权。

对比 2016 年 3 月 10 日"央视新闻"和"人民日报"两个官方账号对同一个新闻《10 岁女孩模仿"光头强"拿电锯锯开妹妹鼻子》的报道,前者只是简单陈述了新闻的六要素,而后者在报道新闻事实之后,又专门进行了深度评论——"人民微评",一针见血地指出《熊出没》过于渲染暴力,确实容易误导孩子",进而替观众发问："这样的动画片是如何出笼的？"虽然简短，但是鞭辟入里。2013年"央视新闻"也有类似的评论栏目"央视微评"，也有一定的舆论号召力和话语权，但后来就消失了，到现在已经完全看不到"央视新闻"类似的微评论，这不失为一个遗憾。

如上文所说，"新闻快讯"类的微博新闻，多是一个简单的事件介绍或一组数字，加配一张"央视快讯"或"最新消息"的图片。例如，8月3日的微博《一载29 000吨柴油的油轮发生火灾5人受伤》，"目前已有救援力量到达现场"；8月5日的消息《江苏渔船爆炸5人死亡4人漂流3天后获救》，"预计今晚到达大丰港，将就近安排就医"……除非是天津港爆炸事故等有巨大社会影响力和舆论压力的事件，其他的"快讯"新闻对事故原因、调查进展、经验教训等后续情况，很少进行详细深入报道。这是不正常的新闻报道常态，微博新闻可以给报道大量"快讯"提供条件，但不能仅仅做到"快"就戛然而止，对新闻价值的深度挖掘和评论才是一个媒体应有的对待新闻的严肃态度。

对母媒体已播新闻的转播是"央视新闻"官方微博账号常见的报道。比如，对"7·26"机上纵火事件的报道，文字和图片都来自母媒体，视频链接是央视网的电视媒体报道，其实就是把电视新闻在官方网站和官方微博上分别进行了一次二次传播，但并没有对事件起因进行任何补充报道，仅是又一次宣传了机组人员的尽职尽责。但认真思考一下，机组人员的做法其实只是完成了自己的本职工作而已，反而是像网友追问的"他是怎么过安检的"那样，这或许才是媒体更应该关注的问题。

（4）健康知识、心灵鸡汤、逸闻趣事占比过大。样本微博中"趣味""知识""其他"等题材的微博新闻占三类微博总数的比例为24.4%，约为1/4；其中，时效性"弱"的微博占比为89.8%，接近性"弱"的微博占比为71.2%，时效性和接近性都"弱"的微博占比为62.9%。可见这三类微博新闻是传统的中央级国家媒体极少报道的信息，甚至其中的部分微博根本不能成为"新闻"。

例如，《八月，你好！》《明天，立秋》《今天，处暑》等"日历"微博，紧跟日历更新"那年今日"话题微博《吴冠中说》《如何面对生活的苦楚？》《特蕾莎修女说》《巴尔扎克：苦难是人生的老师》《怀念朱自清》等，以传播"文艺"知识为目的，转发量一般在3位数；知识类微博《遇到碰瓷怎么办？》《摄影师支招：怎样拍好证件照》（与《怎样拍好证件照？摄影师支招》内容一模一样）《山洪来袭哪些方法能助你逃生？》《如何选购儿童太阳镜？》《扩散：陌生人给的东西别乱吃！可能掺毒品！》等，以传播"知识性"信息为目的，转发量最多不超过3 000；趣味类微博《同样的空调温度男热女冷听谁的？》《男子连开3枪打它子弹被弹回击中自己》《看，凤尾祥云》等，以"趣味"博眼球，转发量最多的才2 000多……

新媒体传播要脱掉严肃的外衣，但严肃的内在要保留。否则1/4版面一直被健康知识、心灵鸡汤、逸闻趣事占领的"央视新闻"，还如何以中央级的国家媒体自居。

2. 微信：会客厅里的标题党

标题技巧一直是提高微信传播效果的一项重要技巧。一方面是字数限制，微信升级之后，由于订阅号折叠式的限制，促使公众号在文章标题上面需要更加精简和提炼，在12~17字内，突出主题，抓住用户痛点。一方面是悬念设置，这在第四章第二部分已经讲到过。最后是在字词的使用方面，注意与受众拉近心理距离。有机构对1月Top 500公众号名称进行词频分析，发现受众对幽默、休闲的内容需求旺盛，其次是情感与鸡汤内容。

（1）问好、叹号、省略号频现

如上文提到那样，样本微信文章标题中含"？""！""……"的占样本总量的比例分别为41.23%、35.4%、9.5%。无论是提问法、情景带入法，还是情感刺激法，或者是其中一种与其他悬念设置法相结合使用，往往可以收到不错的阅读量。

常言道"物极必反"，一味地追求"悬疑"就容易沦为为人不齿的"标题党"。比如，文章《福利——多地鼓励2.5天休假看看有你那里吗？》，其实也就河北、江西、重庆三地，占全国34个省级行政区的不到1/11，换句话说，这个标题忽悠了KV11的受众去看"以为是自己的，其实是别人的"2.5天休假，简短的内容，含有欺骗性的标题，是"标题党"的典型案例。又如，文章《一图——"朝阳群众"今年有多忙？我伙呆！！！》，首先它由18张图片加文字组成，并非"一图"；其次，标题中的"我伙呆！！！"与本文的625个赞，形成鲜明对比，小编看到这样的传播效果或许也会有些"呆"吧。再如，《数据——中国上班族日均工作时长出炉最忙的地方是……》，对于这个"悬念"仅仅有490个人觉得赞，转自中国新闻网三天前的文章，再故弄玄虚，倒不如直接改成《全国主要城市上班族日均工作8.6小时广州人最忙》。

（2）你我他：私人对话模式。微信的传播模式具有私密传播、双向对等、强人际互动的特征。用代词来对标题设置悬念，进而引发受众探知兴趣是微信文章标题设置悬念的一种常用技巧。比如，人称代词"你""我""他"等，指示代词"这""那""这些"等。代词是一个语篇级上的语法范畴，其语义功能是信息性或新闻性，包括已知性和非已知性，从而在语篇过程中产生衔接和连贯关系。

样本微信标题中，含"你""我""这"等代词的文章占比高达51.31%。其中"你"和"这"是使用最频繁的两个代词，它们的语义性质都属于特指某类信息的代词。"你"或"你们"等代词在微信新闻报道中的能指和所指都是阅读该新闻的用户（受众"我"或"我们"等代词则指代传者和受者双方；"他"或"他们"等代词指代新闻报道的对象），即传播对象。在日常生活的人际传播中，"你""我""他"等人称代词多用于一对一或一对多的对话性语境中，是"圈子传播"的用语特征。"央视新闻"微信公众号在新闻标题的拟定时，意图通过"你""我""他"等人称代词的使用，营造一个"私密传播"的话语环境，拉近与新闻受众的心理距离。

此外，"这""那""这样""这些""那些"等指示代词，在语法范畴中属于指示代词，在语义范畴属于特指的已知性成分，在语篇中产生衔接和连贯关系。而在微信新闻报道标题中，这些指示代词作为新闻报道正文内容的"特指"提前出现，对于传播者是已知成分，但对于阅读者是未知性成分。这种信息的认知不对称产生求知欲，促使用户（受众）点击文章。

私人对话型的传播模式对于微新闻来说是一种权宜之计，既适应了微信"朋友圈"性质的传播特点，又不失新闻传播的严肃和价值。但是，在微新闻传播实践中，过度追求"私人对话"的现象时有发生。比如，《有医生@你朋友圈问诊很流行不过这些问题要考虑……》，用尽各种网络语言符号和词汇，却并没有受到很多关注，评论数仅300多。

（3）超过20字标题多：制造阅读兴趣。新闻语言的特征是准确、简洁、鲜明、生动。对于新闻标题而言更是如此，传统的新闻媒体——报纸、杂志、电视等，受版面或屏幕的限制，标题的字数均严格受限，一般都控制在20字以内。网络媒体和移动新媒体的出现使网络传媒时代的新闻语言特征发生了变化，在标题字数上的限制逐渐降低，长标题越来越常见，折行越来越常见。比如，在样本微信中，新闻标题超过20个字符的文章共325篇，占样本总量（536）的60.6%。如此大量的长标题出现在"快餐新闻"环境中，其利弊得失值得思考。

为了吸引受众注意力，微新闻的编辑可谓绞尽脑汁，每一个标题都用到一种或多种悬念设置技巧。甚至不惜利用字词的重复、标点符号的重复等制造兴趣点，吸引用户眼球。在"快餐"阅读的环境中，接地气的表达易拉近与受众的距离，但两三行的标题对用户快速获取新闻信息也造成了障碍。

新媒体指数对2016年1月的8.9万篇文章标题字数进行统计，35%的文章标题字数集中在12~17字之间。微信升级之后，由于订阅号折叠式的限制，促使公号在文章标题上面需要更加精简和提炼，在12~17字内突出主题，抓住用户痛点。

此外，特殊"符号"的滥用也是微信文章标题的一个问题。

微信传播需要技巧，标题设悬念有助于增加传播效果，但并不是技巧越多，传播效果就越好。内容为王是任何网络传播的制胜法宝，想通过投机取巧骗取用户的持久关注是不可能的。传统媒体与新媒体的融合，要适应新媒体的传播特点，同时要避免一味迎合，而使微新闻不再是新闻。

3.对官方双微传播策略问题的改进建议

早有学者指出，新旧新闻媒体在进行融合时，要善于利用新媒体传播快的特点及时发出权威解读和声音，将传统媒体自身的品牌优势向新媒体领域延伸拓展，将微博和微信打造成为受众参与的有效途径。此外，传统媒体开设微信，要注重深入挖掘微信信息，增加新闻报道的内容，进行新闻品牌营销，增加新闻报道深度。

（1）注重新闻议题的选择，体现媒体的专业性。对于"央视新闻"官方微博账号来说，首先，要转变社会新闻报道传播效应不如服务信息的尴尬局面。大量突发事件的报道转发、评论和点赞数量都不及一条"明天，你好！"或者"怀念周总理"，这种现象背后的深层原因是多方面的，与用户的兴趣有关，也与新闻传播者的策略失败有关。新旧媒体的融合不等于抛弃传统媒体的话语权，放弃"议程设置"的主动性，尤其是对于国家级的媒体机构，肩负着舆论引导的社会职责，更应该增强社会新闻的接近性。其次，要增强新闻报道的多角度选择，避免形成母媒体新闻的机械搬运。母媒体为"央视新闻"官微提供了丰富便捷的新闻素材，是其新闻报道的重要来源，但二次传播也要注重传播效应，机械地新闻搬运而不做适当创新，不进行有针对性的编排，不做多角度的深入解读，如何塑造传统媒体在新媒体领域的品牌优势。

对于"央视新闻"微信公众号来说，则要进一步做好新闻价值的选择，提高硬新闻的质量和影响力。通过对样本微信中"文章Top20"的文章的题材和WCI进行分析，可以发现，服务性的"软"新闻占绝对优势，而传统形式的"硬"新闻却很难闯进榜单。抢占新媒体的舆论高地，创造传统媒体在新媒体领域的品牌优势，依然需要依靠质量过硬的社会民生、财经法治等硬新闻的报道。

（2）重视深度报道，有效利用双微的传播特点。在微博新闻传播方面，首先，要控制微博发布频次。微博的优势是快，但微博发布的频率也要适当，不是越快越好。比如，2016年3月10日，25分钟内连发7条微博，平均不到4分钟更新一条。这种刷屏式的"暴力"更新，易成为用户屏幕上的信息"垃圾"。明确的传播目的是传播活动的前提，良好的传播效果是塑造品牌优势的前提。"有温度的新闻，有锐度的评论"的宣传语不能只是一句空话。其次，要增加与受众互动。评论是互动的有效形式，不能随意禁用。以 2016 年"两会"报道为例，这是当时最大的社会事件，也是受众最关心的话题，正是微博新闻大展身手之时，而禁用评论功能阻止了与受众的沟通，不利于民意的汇聚与传达。

在微信新闻传播方面，首先，要提高母媒体新闻的二次传播质量，不能只是简单的传播媒介转移。同微博一样，好的新闻传播一定不是源自机械"抄袭"。其次，要增加评论性报道比例，发挥大媒体的舆论引导职能。一家媒体的专业高度和舆论号召力往往是通过"评论"性报道体现的。在媒体类微信公众号中，"人民日报"获得了最多关注，它将功能性与服务性放在首位，最大化利用微信功能，内容精致化，将自身与母媒紧密联合。最后，要控制图片、视频、动图等多媒体传播符号的使用数量，提升传播效应。微信新闻《喵红——没有互联网这些猫是肯定不会红的！》是样本微信中图片使用量最多的，共 33 张，全文几乎都是由图片组成，然而它的关注度却极低，阅读量不到 4 万。图片、视频等传播符号可以优化传播形式，但同时对网速、流量、屏幕等硬件的要求也较高，只有适度地提升多样化，才有助于提升传播效果。

（3）注重媒体职业性，避免被纳入"标题党"。新闻标题过度"娱乐化"是央视新闻双微传播实践中共同存在的问题。新媒体传播对用户的倚重、以用户为中心的传播模式，对传统新闻传播以事实为中心的报道模式产生颠覆性影响。微博中，"此刻！一起转发！为搜救犬！为救命之恩！"之类的情感号召标题随处可见；微信中，"雾霾又双叒叕来了！专家说今年风太小"之类的雷人标题也不罕见。处处讲求悬念技巧，想方设法制造阅读兴趣点，"处心积虑"吸引用户眼球，而对文章的选题价值和内容质量放低要求，是一种本末倒置的传播策略。任何技巧都是为"目的"服务的，不顾"效果"的盲目讨好只会走上新媒体传播的歧途。作为国家级的中央媒体，"央视新闻"要义不容辞地担负起新闻舆论工作的职责和使命，深刻认识微新闻传播活动的艰巨性和复杂性。

二、央视新闻新媒体移动直播的策略分析

（一）央视新闻新媒体移动直播策略分析指标

1. 央视新闻新媒体移动直播策略内涵

对于受众来说，移动直播是一种行为，是一种拍摄发布形式，但是对于媒体机构来说，移动直播是一种新型的新闻表达方式，更是一个新兴产业。一个新兴产业的出现势必会有其胜过旧事物的优势，同时会带有新事物产生初期的缺点和弊端。

本节的策略研究是对央视新闻新媒体移动直播现有运行方法的检验，其现有的运行方法包括成员组成、选题与内容、直播流程、直播技术、发布平台设计等分类。在这些分类中，本节选择直播的选题与内容、直播技术、发布平台设计这几个类别进行重点探讨和研究，对其他的部分做简要说明。

因此，央视新闻新媒体移动直播的策略可以分为两部分来理解，一部分是移动直播在选题策划、直播技术上遵循的原则和使用方法；另一部分是作为央视新闻新媒体移动直播发布的平台，央视新媒体新闻部研发的"央视新闻""央视新闻+"客户端和"央视新闻"微博、"央视新闻"头条号对于直播发布的页面设置，如互动设置、分布格局、发布形式等方面具有的特点属性。而本节的策略研究则是以这些现有属性作为分析指标，总结其运行规律，然后与其他媒体的移动直播做对比分析，发现央视新闻新媒体移动直播策略的可行性，学习其他媒体移动直播策略中的可取之处，为央视新闻新媒体移动直播的后续发展建言献策，同时作为学界和业界对于移动直播的研究做参考。

2. 央视新闻新媒体移动直播策略分析指标

考察央视新闻新媒体移动直播的现行策略是否最佳化，首先要选择其现行策略中的具体分析指标。CCTV 新闻中心有关移动直播的组织成员构成、移动直播流程、移动直播选题来源、移动直播的技术形式、发布形式、互动设置等都是其现行策略中的组成部分。而移动直播属于一种新闻的新型表达形式，其内容、形式、用户体验的优劣会对其发展起决定性的作用，这些部分的现行策略将会决定新媒体移动直播是否能吸引用户的眼球，俘获用户的芳心。

（1）央视新闻新媒体移动直播选题和内容。"内容为王"这个被传媒界所熟知的从业理念之一，在新媒体迅速发展的时代尤为重要。其提出者、维亚康姆公司总裁雷石东认为，传媒企业的基石必须而且绝对必须是内容，内容就是一切。但是在传统媒体与新媒体的融合中应该注意，新媒体的内容不是照搬照抄传统媒体上的内容，而是在符合新媒体传播特点和规律的基础上，利用所在传统媒体的优势，生产出具有原创性的内容。

央视新闻新媒体的移动直播借助 CCTV 雄厚的资源平台和 VGC 全球记者回传平台，独立选题发起直播，既有效利用了电视端的新闻资源，又生产出大量精心制作的原创内容。内容产生之前，选题策划是重中之重。

央视新闻新媒体移动直播选题策略讨论的是适合直播的要素和题材分类。一则新闻是否可以发起直播基于两点，一是是否有新闻价值；二是是否有可供拍摄的新闻现场。具备了这两点，才可以考虑发起移动直播。

根据笔者对央视新闻新媒体发起的部分移动直播节目的统计和分析，可观看的移动直播选题内容可分为时政类、科技类、景观类、社会民生类和交通建设类。由央视新闻新媒体发起的移动直播在选题上具有哪些特点、是否优质、是否符合用户的兴趣等，是总结央视新闻新媒体移动直播选题策略之后应该重点考虑的问题。

（2）央视新闻新媒体移动直播技术和形式。2016年是直播行业迅速发展的一年，其背后的原因离不开技术的进步，包括移动智能终端的普及，4G网络的发展，无线网络的覆盖等条件使得直播的受众越来越多，直播的内容越来越丰富，受众可以直接进行直播的采集、编码，迅速切换成主播的身份。

内容为王，技术为冕。目前，央视新闻新媒体移动直播已从简单的单边移动直播发展到多路信号交互直播；从所有直播由央视新闻新媒体发起到多家媒体入驻矩阵号直播内容共享。现在我们可以在"央视新闻"客户端、头条号、微博中观看到的移动直播发起形式主要分为三种：手机拍摄直播、引用传统媒体直播资源和多路信号交互直播。央视新闻移动网的移动直播发起形式在这三种基础上，还有入驻媒体的直播。多路信号交互直播又可以分成两种，一种是多个新闻现场和一个新媒体演播室，即指多个新闻现场的记者可以同时发起同一主题的新媒体移动直播，通过新媒体演播室导播的切换可以交替出现或者两两同步出现；二是三方互动的实现，一个现场和两个演播室的模式，即记者可以跟电视演播室主持人对话，也可以跟新媒体演播室主持人对话，三方的互动目前应用较少，还在探索磨合当中。

（3）央视新闻新媒体移动直播发布和页面设置。在2017年2月19日"央视新闻移动网"上线后，央视新闻新媒体移动直播发布的平台由原来的三个："央视新闻"客户端、"央视新闻"微博和"央视新闻"头条号增加为"两端一微一网一号"五个平台。由于每个发布平台功能属性的不同，移动直播的发布呈现方式也不同。五个平台里，"央视新闻"客户端有一个专门为直播而开辟的栏目，里面依次展示了从2016年9月1日开始至今的直播节目。"央视新闻"微博中直播的微博和其他的微博按照时间顺序，依次排列，没有统一归类，这是由于借助于微博平台，发布方式还要遵循平台规则，头条号也是如此。"央视新闻移动网"包含"央视新闻＋"客户端和PC端的网页，两个发布平台页面设置大致相同，对于移动直播的发布也基本一致，因此只选择"央视新闻＋"客户端进行说明。

在发布和页面设置中，重点研究"央视新闻""央视新闻＋"客户端直播栏目的页面设置，同时后续再与其他客户端中直播的页面设置做对比，发现客户端在直播栏目的页面设置中可以学习借鉴其他客户端的地方。除了页面设置之外，互动策略、发布形式也是分析的重要指标。

（二）央视新闻新媒体移动直播的现行策略

1. 央视新闻新媒体移动直播的选题策略

（1）选题要具备现场直播的必要性。不同于以人为核心的秀场直播，央视新闻新媒体移动直播做的是新闻事件直播。一个完整的新闻事件往往由六个要素组成：When（时间）、Where（地点）、Who（主人公）、What（发生了什么）、Why（为什么）以及 How（怎么发生的）。这六个要素中的时间、地点、主人公和发生的事件又是最基本的构成要素，缺少了其中的任何一个要素，都会影响新闻的完整性，降低新闻的可信度。但对于一场直播来说，是否有可供拍摄的现场是考虑发起直播的首要因素。

尽管每个新闻事件都有其发生地，但不是每个新闻事件都有做新闻直播的必要性，像国家出台政策、经济增速变化等这些较抽象的结论性新闻信息就没有做直播的意义所在。

因此，有必要对适宜做直播的新闻类型进行归类：①有记者在现场的突发性事件。突发性事件包括地震、水灾、雨雪、重大疾病等不可预见的事件，其破坏性、广泛性等特点决定了其与民众息息相关，新闻价值极高。同时突发性事件的发生现场环境一般比较恶劣，如果使用电视直播的话会受限制，而移动直播的设备简单，因此可以较轻松地完成，实时为受众呈现第一现场的原貌。但是由于突发事件的不可预知性，记者很难恰巧就在现场，这时就用到了央视新闻新媒体移动直播的 UGC 用户内容。在 2016 年 11 月 14 日新西兰发生 8.0 级地震时，央视新闻中心新媒体新闻部联系到了当地的张侃，通过张侃的手机端与央视新闻新媒体移动直播间的信号相连，为观众直播了新西兰地震的现场状况。②可预见的重大新闻事件。这一类新闻事件包括重大会议，如杭州 G20 峰会，重大节日庆祝，如国庆升旗，重大工程项目，如港珠澳大桥、跨海工程的建设等。可预见的新闻可以提前进行新闻策划，选出最佳的直播场景，充分报道前期准备工作，保障直播的顺利进行。③画面赏心悦目的软新闻。这一类新闻题材以社会民生、文体活动和生态景观为主，如认亲活动、龙舟大赛、候鸟迁徙等，选题范围广泛，以百姓喜闻乐见的新闻为主，新闻现场明确且适合视觉输出。

也有很多不适合直播报道的新闻类型：①题材涉及血腥暴力，如命案、动乱等。视频的画面性强、感染力大，再加上直播时有太多不可控因素，因此此类负面新闻不适合利用视频直接传播。②没有去到新闻现场的能力。由于人类能够活动的范围是有限的，所以很多地方发生了新闻即便很有价值，我们也无法拍摄、直播，如极地或太空中发生的事件。③一些抽象性强的新闻或是现场不明确的新闻。这类新闻多以政策文件的出台、数据的统计等为主，没有可供直播的现场和直播的价值。④已发生的事件，现场已没有拍摄价值。对于已经发生的新闻再去直播报道已经失去了时效性，除非现场还有新发现有助于展开跟进报道，否则再去现场直播意义不大。

（2）以时政类等硬新闻为主。在对央视新闻新媒体移动直播选题内容进行分析时，文中选取了"央视新闻"客户端直播栏目中 2016 年 9 月 1 日到 2017 年 1 月 19 日的 248 个直播节目作为样本进行分析。硬新闻包括时政类新闻、突发性新闻、交通项目建设和科技类新闻，软新闻包括百姓喜闻乐见的社会民生类新闻和景观类新闻。样本显示出央视新闻新媒体移动直播的选题以时政类的硬新闻为主。

由于央视新闻新媒体移动直播的技术和研发团队属于 CCTV 新闻中心，因此在选题内容风格上会和 CCTV 新闻中心电视直播选题风格相同。电视直播的选题策略是时政优先，因为中央电视台是国家级媒体，是党和政府的喉舌，而时政新闻是以涉及党和国家重大方针、政策以及国内外时事政治活动为主题的新闻报道，需要央媒对其进行解读和传播，因此时政新闻是中央电视台的优势资源，也是央视的工作重点与核心。央视新闻新媒体也享有时政新闻的报道资源，并且凭借这些独家资源找到了央视新闻新媒体移动直播的优势。

在建党 95 周年的移动直播中，央视新闻新媒体于 4 月启动预热报道，截至 7 月 5 日 17 时，相关报道累计阅读量超过 6 亿。在当天直播报道中充分发挥技术和平台优势，以 9 个红色圣地接力移动端互动直播等多种新媒体传播方式，全方位报道庆祝建党 95 周年，从上午 9 点到 12 点，3 个小时内央视新闻新媒体移动直播触达用户超 400 万。

移动直播的轻量级、便携性让新闻直播报道进一步突破时间和空间的限制，为突发事件的新闻直播报道提供了极大的便利条件。传统媒体在直播报道时代，遇到突发事件时，往往受到拍摄设备准备时长的制约。短时间内，记者、摄像、卫星车很难迅速集合到事件发生地点。因此在遇到突发事件时，为了追求时效性，媒体往往只能进行简单的图文直播，这就很难完全满足受众对于信息的全面诉求。有了移动设备进行新闻直播后，记者能更迅速地进入新闻现场，通过移动直播实时把现场情况直观、全面地呈现给受众。因此，突发性事件报道在央视新闻新媒体移动直播节目中所占比重不容忽视。

2. 央视新闻新媒体移动直播的技术策略

（1）移动直播时代：现场＋新媒体演播室。在技术部门的大力支持下，"央视新闻"有了自己的新媒体演播室，位于海淀区中央电视台方楼二楼。现有的新媒体演播室虽然面积小，只有十几台电脑，但是演播室的基本功能配置它也拥有。

小小新媒体演播室既可以承载信号编码的处理和转换等技术性工作，又可以容纳主播和嘉宾在演播室里为观众答疑解惑，深入解读新闻信息。在"央视记者追忆余旭"的移动直播中，几个与余旭有过交往的央视记者在新媒体演播室的直播镜头前，为观众讲述了飞行员余旭生前的故事。

"现场＋新媒体"演播室是纯新媒体直播，即该直播的发起类型是新媒体直播，发起终端通常为一部手机，发起人是在新闻现场的央视记者，出镜记者通常会佩戴一副耳机，直播过程中与新媒体演播室的导播实时沟通交流，必要时调整直播内容。录制的内容输送到新媒体演播室，经过技术处理，用户在移动端的相应平台上便可以看到画面。新媒体演播室里的导播人员还会根据画面添加、更换新闻标题、新闻发生地等字幕信息。这种直播技术应用于移动终端之间，信息获取来源于现场的移动直播设备，通过新媒体演播室的信号处理，传送到用户手中的移动端。

（2）借助电视平台：引用电视端资源。这一直播技术特点是通过电视端与手机端的信号转换，在新媒体直播平台中引入电视端（通常是央视十三套）的新闻画面，即电视端和手机端同步直播。

在神舟十一号飞船返回地球的直播过程中，电视端和移动端同步直播。两个小时之内，通过"央视新闻"微博观看直播的在线观众人数由下午一点左右的40万人逐渐增长到400多万人，直播结束后，微博中观看过直播的观众人数为574万。这种独家时政资源下的影响力和传播力是其他媒体的移动直播所无法比拟的。反过来新媒体移动直播是否能被电视端引进呢？答案是可以的。

2016年11月24日，江西省宜春市丰城电厂三期在建项目冷却塔施工平台坍塌，造成73人遇难、2人受伤，是近十几年来电力行业伤亡最为严重的事故。事故发生后，中央电视台及时跟进事故进展。除了常规的电视报道之外，首次突破技术制约，利用手机实时直播事故现场，并与"央视新闻"微信、微博和客户端的新媒体矩阵打通，合力进行救援直播。

为了保证信号的稳定和画面质量，以往电视媒体在处理此类突发事件的报道时，都是派驻卫星直播车。而新媒体端得益于轻巧的移动拍摄设备和较低的技术要求，利用手机进行直播。但此次特别重大事故的报道中，电视端引入了手机直播画面，打破了技术影响时效的制约。画质和声质在新闻时效性面前不再那么重要，全面客观地呈现现场画面，及时准确地提供救援信息才是重中之重。

虽然电视端还是较少引用新媒体的移动直播内容，但是随着技术日新月异的发展，更多直播技术形式将会产生，将会为观众呈现越来越完善的视觉体验。

（3）交互性直播：两个演播室或多个现场。交互性直播分为两种，一种是多个新闻现场和一个新媒体演播室，即指多个新闻现场的记者可以同时发起同一主题的新媒体移动直播，通过新媒体演播室导播的切换可以交替出现或者两两同步出现，如多路直播看江山多娇、2017春晚第五次联排主分会场探秘等。另一种是一个新闻现场和两个演播室，即现场记者可以分别跟电视演播室主持人和新媒体演播室主持人对话连线。这时记者要戴着耳机听指挥，通常第一层的导播在新媒体演播室，第二层导播在电视演播室，手机里可以看到新媒体演播室跟记者的互动以及电视演播室与记者的互动。

在杭州G20峰会晚会前的移动直播中，新媒体演播室中的主持人在为观众介绍杭州文化，梳理晚会特点。这时晚会现场的记者与电视演播室连线，介绍现场的准备情况。在现场记者介绍的时候，新媒体的手机端可以把信号切到电视端，与电视共享直播资源。演播室中的主持人也可以跟现场记者连线，对其他问题进行补充。这些来自三个地点的画面通过信号切换，交替出现在用户的移动端中。

（4）资源共享机制：媒体矩阵号入驻。在"央视新闻移动网"上线后，央视新闻新媒体移动直播有了更多的来源渠道。目前已经有37家省级和计划单列市电视台入驻央视新闻移动网矩阵号。央视新闻移动网通过矩阵号的设置为媒体机构、政府及公共服务机构等第三方入驻机构开通内容发布、视频直播等功能，并对入驻内容进行专区类、主页式的展示。

在这种资源共享机制下，央视新闻新媒体与诸多媒体形成了强大的朋友圈。入驻矩阵号的媒体机构可以通过央视的新媒体平台进行内容的输出，拓展央视新闻新媒体的信息来源，还可以使用央视新闻新媒体的报道内容，扩大央视新闻内容的影响力。这种新机制有助于形成平台化的传播矩阵，改变媒体分散的状态，向自主稿源聚合平台跨越，实现内容生产分发的统一，技术手段的统一，品牌推广和版权管理的统一。

除了媒体矩阵号入驻可以发起直播外，用户登录并获得直播执照序列号后，也可以通过"央视新闻移动网"发起直播。同时位置信息共享功能的开通，使央视新闻移动网在突发新闻事件发生后，可以通过定位找到现场的当事人。对其授权后，用户可以把现场情况拍摄下来直接上传到央视新闻移动网，参与直播报道的交互。

为保证UGC的质量，央视新闻新媒体完善信息核查系统，运用技术搜索、人工检索等多种方式，核查媒体矩阵号和用户上传的内容及其身份的真实性，保障信源的权威和信息的真实可信。有了UGC的参与，央视新闻新媒体将会改变过去单向传播的方式、受众处在被动地位的模式，用"智慧社交"构建全新的传受关系。

3.央视新闻新媒体移动直播的发布策略

（1）发布平台：两端一微一号一网。央视新闻移动网的上线，使央视新闻新媒体移动直播的发布平台增加，由"一端一微一号"增加为"两端一微一号一网"："央视新闻"客户端、央视新闻移动网PC端和"央视新闻+"客户端、"央视新闻"微博和今日头条里"央视新闻"头条号。在这五个发布平台中，央视新媒体自主平台"央视新闻"客户端和"央视新闻移动网"对移动直播有较清晰的呈现。

"央视新闻"客户端和"央视新闻"头条号直播界面手机截图打开"央视新闻"客户端的首页，无须进行任何操作，非常直观明显地就可以看到"直播"栏目，当突发事件或重大事件发生时，会在首页要闻页呈现。点击直播栏目，便可以看到纵向排列分布的每一次移动直播内容。这些移动直播都是由CCTV新闻中心新媒体新闻部制作和发布的。

打开"央视新闻+"客户端的首页，会看到一幅世界地图，地图中绿色圈内的数字代表当地的新闻数目，如果是红色圈代表当地正在进行直播。"央视新闻+"客户端与PC端网页统称为"央视新闻移动网"，两者页面与功能设置基本一致，因此在研究中对PC端网页不进行过多说明。由于"央视新闻移动网"开通了媒体矩阵号入驻的功能，其他获得直播权限的媒体和个人也可在"央视新闻移动网"发起直播，所以"央视新闻移动网"移动直播的发起主体不仅有央视新闻新媒体，还包括入驻的其他媒体。

虽然"央视新闻"微博和"央视新闻"头条号里的新媒体移动直播没有划分清晰的直播专栏，但是其受众量不容小觑。

（2）发布状态：正在直播、持续关注、回看。在"央视新闻"客户端里直播状态分为"回看""正在直播""持续关注"三种，在"回看"的直播中，页面上方是已经直播后的完整视频，可以调整视频播放进度，下方是新媒体演播室主持人的图文解说和互动区域；"正在直播"状态下的页面上方是当前直播内容，不可观看之前或之后的直播内容，页面下方是图文解说和互动区域；"持续关注"的页面上方没有视频内容，只有下方的图文解说和互动区域。

"央视新闻"头条号里分为"直播中"和"直播回放"两种状态，两种状态中的视频区域与"央视新闻"客户端设置一致，不过在"央视新闻"头条号里的直播界面的下方，一段话的简介代替了图文直播内容。

"央视新闻移动网"除了在首页对进行中的直播地标红之外，直播界面设置类似于"央视新闻"头条号的界面。

"央视新闻"微博的新媒体移动直播只有正在直播和回看两种状态，微博标题通常有"正直播"字样，结束了的直播在移动端没有回看字样，在PC端需要点击直播链接才可以看到视频左上角的回放字样，只有评论区，没有图文直播，直播简介在微博的正文中。

（3）发布形式：以视频为主、图文为辅。截至 2016 年 6 月，我国网络视频用户规模较 2015 年底增加 1 000 万，增长后规模为 5.14 亿；网络视频用户使用率为 72.4% 与 2015 年底相比略有下降。其中手机网络视频用户规模比 2015 年底增长了 3 514 万，增长率为 8.7%，增长后的规模为 4.40 亿；手机网络视频使用率为 67.1%，相比 2015 年底增长 1.7 个百分点。

视频是电视台天生的优势，视频直播从电视端移到手机端对于有经验的电视人来说不是难事。央视新闻新媒体移动直播主要采用视频直播方式，有时会配以图文解说，为新闻背景等关键信息展开解读。与图文直播以及短视频新闻相比，新闻移动直播呈现的是反映事态原貌的新闻场景，为用户实时、交互地提供新闻现场的影像。

"央视新闻"客户端和"央视新闻 +"客户端是央视新闻新媒体矩阵中独立的产品，没有依托其他平台发布来自央视记者的新闻，虽然受到其下载量的限制，客户端中直播的观看流量或许没有"央视新闻"微博和头条号的多，但是客户端的直播栏目的页面设置比微博和头条号的直观整齐一些。在上文的研究中可以看到，"央视新闻"微博和头条号在新媒体移动直播的发布时只有视频链接，没有图文直播。而在"央视新闻"客户端中的每次直播进行时和结束后，用户可以通过图文介绍了解直播内容的梗概和直播过程中的重点。在央视新闻新媒体移动直播中，也有完全的图文直播，如"图文直播中宣部发布会"，不过这是个例。"央视新闻"主打"看得见的新闻"，正是这种对视频优势的突出，形成了有别于其他央媒的产品矩阵，视频的强势传播使央视新闻新媒体能够从激烈的新闻竞争中脱颖而出。

（4）互动战略：现场 + 同场 + 交互。央视新闻中心新媒体新闻部主任杨继红在接受《中国新闻出版广电报》的采访中谈到，如果电视演播室搭建是以电视观众为核心，那么新媒体演播室的建设则是面向移动端的用户。在直播过程中，记者同步采访，主播和专家同步解答，用户可以随时参与到互动中来，让新媒体演播室成为一个生产高质量 UGC 的场所，成为一个"新闻现场 + 同场感 + 高质量交互"的社交平台。

与以往一对一的视频聊天不同，新闻的移动直播实现了点对多的实时交流模式，用户之间以及用户与传播者之间通过互联网设备实时沟通，用户对社会进程和公共事件的参与感越来越强烈。他们在这个场地中发表自己的观点，参与公共政治，进行其作为一个公民的意见表达。移动直播强调交互性、轻量级、同场感，在直播过程中深耕互动区，提升交互质量，强调从 UGC 到有效 UGC，激励用户参与新闻内容制作，不断发掘用户群体里的有效用户和优质的 UGC 内容。

在菲律宾南海仲裁案之后的一场"中国南海而非南中国海"央视新闻新媒体移动直播过程中，最高在线 100 多万，有 1 400 多万的评论与点赞，评论区不乏专业用户。新媒体演播室的工作人员发现互动区里的一个用户在不断地回答网友问题时非常专业。这位用户解释了 1984 年邓小平提出的"搁置争议，共同开发"的主张——搁置的是什么、开发的是什么。在了解到这位用户是外交研究专家侯毅后，记者带着自拍杆前去采访，就在医院发起了一场约 40 分钟的在线访谈移动直播。侯毅从法理上、历史上、中国人的活动轨迹中证明南海自古以来就是我国的领海。这场直播可以算是用户与主播身份转换的典型案例。互动不只是网友简单的发声、有说话的权利而已，而是要搭建云平台，与其真正发生关联，让用户从舆论场的观众成为舆论场的建设者。

无论是"央视新闻""央视新闻+"客户端还是"央视新闻"微博、头条号，在新媒体移动直播界面都有互动交流专区，只要注册了该平台的账号并登录，无论直播状态是进行时还是回看，用户都可以评论发言，把在场用户和不在场的观众连接起来，寻找同场互动的一种可能，让使用移动端观看直播的用户，也能对新闻现场的状态产生切实感受。

（三）央视新闻新媒体移动直播与其他直播形态的比较

1. 与电视直播相比

（1）突破技术难题，离现场更近。移动直播技术的发展使每个记者都可以胜任摄像师的角色，更加符合成为一名全能型记者的要求。

央视在 2009 年做汶川地震一周年的电视直播时，需要调动多个系统和上百人的工作团队。地面的安保系统、动力系统、通信系统、回传音视频系统，各个系统之间的顺利对接才能保证直播的顺利播出。而到了 2016 年，移动直播技术的迅猛发展，不仅让直播流程变得简单易操作，同时由于设备的简单便利，大大缩短了镜头与现场之间的距离。在 2016 年天宫二号和长征五号发射的报道直播中，负责人董大伟在天宫二号发射的时候，把一台小小的手机绑定到了距离天宫二号只有 200 米的地方，拍到了一个摄像机不可能获得的视角。到长征五号发射时，把一台手机绑定到了长征五号塔架下，获得了 90 度仰拍的视角。未来还可以绑到塔架顶上，获得纯俯拍镜头。

电视直播大多数是固化的，涉及卫星车和所有的摄像机。这些摄像机除非有微波机位，才可以移动拍摄，但是活动范围是有限的。而移动直播的设备——手机就完全不同，根据直播内容需要，可以从香山公园走到天安门，可以长时间的线性直播。

（2）呈现事态原貌，让过程立现。充满未知性的事件往往会令受众产生很强的关注欲望。事件的进展怎样、结果如何都会引起用户的高度关注，移动直播便可以满足用户探寻未知事物的需求。传播学理论认为，传播层次的数量与人们在接受信息传播时的信任程度成反比。移动直播记者通过在新闻现场的亲身采访活动，向受众"零时差"同步呈现新闻现场，将新闻事件的最新资讯和进展呈现给观众，减去了中间转述层次，因此增加了新闻事件的可信度。

伴随信息传播载体的改变，手机成为用户接触信息的重要终端。同时用户对信息阅读的需求发生了改变，用户已不满足于对新闻主体的关注，新闻背后更深层的真相才是关注点所在，这正是当下移动直播风生水起的原因。和用户切身的现场感相比，电视媒体中强调的画面质量、构图以及剪辑生成内容的起承转合已经不再那么重要。新闻移动直播的拍摄设备在画面质量上明显逊于专业摄像机，但是非专业设备和拍摄方式下产生出的抖动画面、忽明忽暗的光线反而营造出一种现场感，因为它们最"真实"。

在2016年"十一"期间的"看大国工匠直播品匠心"的直播中，一个意外的插曲让直播变得生动有趣、真实自然——管道焊工未晓朋在接受采访过程中，由于到了该睡觉的时间，自己的儿子在镜头前哭闹了起来，未晓朋的妻子不得不把孩子带到了小屋。这个细节在过去电视直播里可以算是一次播出事故，但在新媒体平台上却是观众眼中有趣的真实日常。央视新闻新媒体移动直播的镜头将视角放低，距离拉近，为观众呈现了新闻最接近原始的状态。

（3）注重受众反馈，增强互动性。传统媒体的单向传播属性使受众在传受关系中处于被动地位，受众很难直接参与到传统媒体的新闻生产过程中来。在当今日臻成熟的技术支持下，央视新闻新媒体移动直播可以让用户与传播者之间通过文字等形式产生互动。用户不仅可以自由表达观点，与其他用户交流，甚至可以影响新闻播出的内容。这种互动模式改变了用户被动接受的状态，让用户真正参与到信息生产过程中。这种交互关系使新闻报道更为立体，互动过程中的双方可以实现观点的直接交锋。

直播平台的社交功能成为促进信息流动的一个重要动因。通过用户的反馈，新闻工作者才能知道用户真正想要什么。同时在直播过程中，用户的留言反馈得到回应，会大大满足用户被关注的诉求，增强参与感的同时，也是对用户互动行为的鼓舞。

央视新闻新媒体移动直播麋鹿转运时，观众评论说想看麋鹿在车上的状态，导播便把这一"群众诉求"告诉记者，于是记者做出直播调整，为观众拍摄麋鹿的画面。记者在直播时有时能看到评论，有时看不到，这时需要新媒体演播室里的导播通过耳机告诉记者，让其及时调整直播内容和信息。

（4）扩大选题范围，改变叙事方式。受到节目时长的限制，在传统电视新闻直播的选题中，往往以时政类新闻、突发新闻为主，强调新闻的时效性与重要性。但是新闻移动直播的出现使软新闻也在直播选题中占据重要位置。通过对央视新闻新媒体移动直播选题的248个样本分析，虽然硬新闻占比大，但是包括景观类和社会民生类在内的软新闻节目量也不容小觑。景观类直播令人赏心悦目，极强的画面代入感让观众身临其境，实现了新闻的趣味性；社会民生类新闻与百姓生活息息相关，紧贴实际，接地气，实现了新闻的接近性。

过去受众接收到的新闻往往是以第三人称的转述为主，事件发生后，媒体向受众转达信息。新闻移动直播的出现最大化地实现了媒体与受众共同见证新闻发展变化的过程。观看直播的受众不再是被动接受信息的角色，而是与出镜记者合二为一，以第一人称"我"的视角去见证新闻的客观发展，实现了视觉的延伸。同时新闻的叙事结构也颠覆了以往媒体常用的"倒金字塔式"，完全按照顺时叙事结构呈现。信息价值不再由后期编辑主观筛选，事态原貌和发展过程实时呈现到受众眼中。

2. 与其他媒体移动直播相比

（1）时政类直播受众量较大。央视新闻新媒体移动直播依托央视丰富的资源，在重大时事政治类报道中有优先或独家报道的权利，因此与其他新闻媒体移动直播的题材相比，会更偏重时政类的硬新闻。同时因为重大新闻的关注度较高，这类直播更加具有受众优势。

在杭州G20峰会移动直播期间，累计触达用户突破3.38亿，观看人数逾1.14亿，微博最高在线人数1 672.5万；在《中国态度：谈判解决南海问题——专家解读白皮书》直播中推出大小屏互动，与新闻频道同步直播发布会现场，会后第一时间邀请专家解读，观看用户1 939万，触及用户4 484万，数据均创移动直播的巅峰；2016年"七一"建党节当天，"央视新闻"推出大型独家多点移动视频直播《忠诚·誓言》：从9个红色圣地集结到庆祝建党95周年大会现场，持续推出长达2个半小时的大型多点移动直播，触达用户超过1 000万。

（2）题材严肃化，表达多样化。在当前泛娱乐化的媒介环境下，受众虽然主要通过上网达到娱乐消遣的目的，但是仍然保持着对严肃话题的关注，并且渴望获得具有思考性和启发性的内容。因此，让一条信息同时兼具重要性、接近性和趣味性，是对媒体工作者一个不小的考验。

2016 年 9 月 3 日至 5 日，杭州 G20 领导人峰会举行。根据央视新闻新媒体移动直播的主要播放平台"央视新闻"微博、"央视新闻"今日头条可查阅数据显示："央视新闻"推出的《G20 全天候》48 小时移动直播，微博最高在线人数为 1 672.5 万；微博、今日头条客户端累计触达用户 3.07 亿；观看人数 1.01 亿。央视新闻新媒体矩阵的报道分别刷新了微博、今日头条的历史观看数据，并领先于该专题下所有的新媒体报道。这次移动直播靠什么吸引观众？答案是丰富多彩的内容。

直播中既包含了领导人杭州峰会的主要时政活动转播等重要性的硬新闻，也包含了自制的人物访谈、杭州典故、现场探访、实时景观等趣味性十足的软新闻，甚至还有当地知名主播的定制化网络节目的直播。电视常用的直播、精彩回放、在线分析等手段，也在移动直播中充分地表现出来。除了对峰会新闻中心的公共信号提供转播外，央视新闻新媒体移动直播还对马云、张艺谋等大咖进行直播采访。例如在 9 月 4 日晚 8 点对张艺谋的现场采访同时出现在央视的大小屏中，并且有所侧重地介绍着即将开始的文艺演出。移动直播镜头不仅满足了用户实时关注现场的需求，还能与出镜记者一起用第一视角感受现场，关注进程，进行采访，最大化地实现了用户的同场体验。

软硬新闻结合，多种手段表现，使杭州 G20 领导人峰会的专题直播报道获得了骄人的成绩，也让央视新闻新媒体的工作人员对媒体融合发展增添了更多信心。

央视新闻新媒体移动直播与其他媒体移动直播的不同点在于：①定位的不同。市场利润是商业背景的媒体平台运营最主要的目标，因此这类媒体的新媒体平台的选题紧随热点，内容更为丰富多元，表现形式更为生动活泼。相比之下，央视新闻新媒体则更为严肃和正统，无论是在选题还是表现形式的设计上严格遵守传统媒体的标准。②传播的侧重点不同。商业背景的媒体平台在内容生产与发布中多采用新闻聚合发布的方式，具有更多元的传播符号、更精细的分类和更大的信息量。而央视新闻新媒体依托中央电视台强大的视频优势和资源优势，以直播严肃化的硬新闻为主要类型。

正如杨继红主任所说，"央视新闻"给移动直播带来的全新赋能不是所谓的网红，不太直播吃饭、上厕所、睡觉、化妆，这些内容固然有欣赏者，但不是新闻该办的事情。如果央视有一个人格符号，应该是一个端庄的中年男子的形象，背景神秘，严格自律，从来不被别人允许犯错，心里有幽默感但不擅长开玩笑。

（3）直播平台页面设置有待完善。由于"央视新闻"微博和头条号都是借势发力，借助其他媒体平台发布央视新闻新媒体移动直播，所以在页面设置上没有太多自主权。而主打看得见的新闻的"央视新闻"客户端和"央视新闻+"客户端是央视新媒体新闻部自主研发的新媒体平台，"央视新闻"客户端设有"直播"专栏，因此我们主要研究"央视新闻"客户端和"央视新闻+"客户端直播栏目的页面设置。通过对央视新闻新媒体移动直播发布策略的研究和探讨，发现央视新闻新媒体移动直播栏目的页面设置过于简单。因此把直播栏目的页面设置与其他五个有代表性的新闻客户端直播栏目的页面设置作比较，寻找央视新闻新媒体移动直播栏目的页面设置可供借鉴的地方。

从"腾讯新闻"客户端直播栏目的专题归类页面手机截图可以看到每个专题下都归类好已结束的直播节目，如"新年新气象集锦共9场直播""各类民间春晚你最爱哪款共7场直播"。这种页面设置可以统一部分繁多的直播节目，用户在收看回放时会更方便操作，不会让自己想要观看的直播节目在繁多的节目中被淹没。

从"网易新闻"客户端直播栏目的页面设置手机截图可以看到在直播的节目分类中，有15个种类。这种分类方式可以让用户便于选择自己感兴趣的题材，同时分类也是另一种归类，把不同的主题分门别类，把相同的主题归结汇总，大大增加了页面设置的实用性。

（4）对直播预约等功能的添加。为了方便比较，通过对五个主流媒体客户端的直播栏目进行分析，文中用表格形式对其特点进行汇总。

表9-1　五个新闻客户端直播页面设置对比

客户端名 称	直播栏目名 称	页面设置特点
新华社	现场	直播预告；弹幕；视频剪辑分类；动态封面
人民日报	直播	直播预告、预约；观看人数显示
网易新闻	直播	分为"热门""分类""订阅"三部分；15个主题分类；可订阅、入驻直播号；弹幕
新浪新闻	直播	生活娱乐主题为主；直播预告
腾讯新闻	直播	广告、系列直播结束后归类；由不同直播平台构成

表格中五个客户端的页面设置都较有特色，如多个客户端有直播预告，用户可以提前预约想看的直播，通过客户端推送直播提醒，积累用户数。通过对其特点进行总结，可以为央视新闻新媒体移动直播栏目设置提供借鉴。

3.与秀场类移动直播平台相比

（1）直播内容是事件而不是人。目前媒介市场中的移动直播平台以秀场直播为主。秀场直播的主体是人，整个直播围绕主播展开。主播做的事也是衬托人，事件为人服务。而新闻类的直播平台则是围绕事件展开。央视新闻新媒体每场移动直播的主体是场景或事件。出镜记者只是串联整个事件的解说者，人为事件服务。

相比较而言，基于媒体网站、新闻客户端的移动直播中的出镜主播多为具有新闻专业素养的记者或较为权威的专业人士。较强的专业性和比较严格的审核发布机制，使得生产内容几乎不会触犯法律底线，并且普遍具有较高的权威性和公信力。直播内容的选题多为社会新闻事件或公共性活动，具有较强的公益性、社会性和开放性，与当下偏向自我展示的秀场直播平台的内容有着显著差别。

（2）直播目的是传播信息而不是谋利。随着移动直播平台不断地涌入媒介市场，个人通过互联网进行直播的门槛越来越低。只需简单登录注册后，人人都可以切换成主播的身份。在这种移动直播监管缺失和直播机会泛滥的情况下，直播的内容质量也变得参差不齐，突破价值底线的直播节目时有发生。为了吸引观众眼球，许多主播的行为对社会秩序造成了严重影响，比如直播"假公益"、直播破坏公共设施等。这种求"火"求"关注"行为的背后是利益的驱逐。庸俗甚至挑战法律底线的内容不仅损害了公序良俗，还会在包括青少年在内的网民群体中产生错误的价值引导。

而新闻移动直播多是由媒体组织发起，其内容价值和主播的专业素养有着良好的保障。新闻媒体尤其是"央视新闻"这种主流媒体的移动直播是为了给受众呈现事实、传递信息、传播文化，不会被少数庸俗的内容和畸形的价值观颠覆传统的新闻价值判断，不会因为商业利益而抛弃职业道德，忘记背负的使命，因此具有较强的权威性和良好的导向作用。

移动直播的出现为用户提供了一种新的观看体验，但不同内容的直播所传递的价值也大相径庭。新闻媒体合理利用新型报道方式的行为有助于加速扩大信息的触达范围，推进新闻事业的发展。

（四）发展前景分析

1. 央视新闻新媒体移动直播团队的专业化保证了策略的合理性

（1）优厚的媒体共享资源。CCTV新闻中心成立于1988年，承担着中央电视台第一套和第十三套节目新闻资讯提供及新闻频道采、编、播整体运营和管理。下设有社会新闻部、时政新闻部、经济新闻部、地方记者部、国际新闻部、军事新闻部等若干部门，新媒体新闻部属于其中之一。新媒体新闻部分为四个科组，技术与研发组、统筹组、微博微信组和客户端组。央视新闻新媒体移动直播的技术研发和应用是由技术与研发组的工作人员负责，移动直播的选题策划主要由整个新媒体新闻部的工作人员负责，而直播出镜则是由新闻中心的记者负责。因此，整个新媒体团队都是 CCTV 的在职工作人员，其多年的电视从业经验为新媒体移动直播打下了坚实的基础。

除了专业记者和电视内容等原有媒体的共享资源外，央视新闻新媒体移动直播内容在"央视新闻移动网"上线后，有了更多的来源渠道。目前在"央视新闻移动网"中已经有 37 家省级和计划单列市电视台入驻矩阵号。在这种资源共享机制下，央视新闻新媒体与诸多主流媒体形成了强大的资源共享圈。入驻矩阵号的媒体机构可以通过央视的新媒体平台进行内容的输出，拓展央视新闻新媒体的信息来源，还可以使用央视新闻新媒体的报道内容，扩大央视新闻内容的传播力和影响力。

（2）权威的信息内容来源。作为中国国家电视台的新媒体平台，央视新闻新媒体在工作中严格遵守党的新闻舆论工作的职责和使命，明确规定了新媒体生产内容真实、信源权威、紧随热点拒绝炒作、理性引导和不跟风的"五大原则"。在"五大原则"之外，还有严格的三大举措。严格的管理办法保障了信源的可靠性，信息的真实性，报道的客观性。

杨继红主任认为，移动直播的核心内容在于权威发布、同场感、有效交互和有效引导，而权威发布是核心中的重点。现在中央电视台拥有世界范围内的 31 个记者站，全球 70 多个海外分台和记者站。央视得天独厚的资源优势，使其有着近 100% 的重大事件的报道率，领先的抓取新闻的技术和专业组织化的生产能力保障了对纵深内容的挖掘。

（3）领先的移动直播技术。杨继红主任在 2017 央视校园招聘新媒体移动直播节目中表示，目前央视新闻新媒体的直播设备在全国处于领先水平。截至 2016 年 12 月 14 日，"央视新闻"已发起 400 余场移动直播，累计观看人数超过 8.2 亿。

央视新媒体新闻部依据自身所具有的严肃新闻的特点和新媒体传播互动的需求，通过优化生产流程和评价机制，引入 TVU4G 信号背包等先进技术手段，自主研发打造出"央视新闻"VGC 内容生产平台。从最早的电视互动，到后来的视频回传、云直播接入，以及搭建新媒体演播室等方式实现报道的快、准、真。在 2016 年两会报道中，首次试验性使用自主研发的 VGC 平台，记者可以通过手机直接将拍摄素材上载回传，实现视频稿源的拓展。每逢重大新闻事件，央视新闻新媒体都会有大动作出现，这也是央视新闻新媒体 VGC 平台不断升级发展的机会。目前，VGC 平台凭借超强的开放性与互动性，实现了各种信号源的自由接入，例如大疆 Osmo、手机 APP "央视新闻+"信号等，为央视新闻新媒体的报道提供了强有力的技术支撑。

在 2016 年 G20 领导人杭州峰会的移动直播中，央视新闻新媒体将 G20 领导人杭州峰会新闻中心的公共信号、央视在湖畔居设立的新媒体演播室信号、杭州电视台演播室信号、全景网演播室信号进行有序的调度和编排，使 48 小时不间断播出顺利进行。之所以能将如此多的信号调度到平台上，不仅仅得益于平台自身的开放接口，此次投入的央视新闻转播盒也发挥着巨大的作用。

央视新闻转播盒运用央视新闻新媒体移动直播独创的 SDK+ 编解码技术，将电视的 SDI 信号转换为网络 IP 信号。正是由于这一转播盒的强大功能，诸多演播室的信号才能迅速推送到 VGC 平台，再与前端的手机移动信号一起，经由 VGC 云平台进行包装处理，第一时间推送至央视新闻新媒体的移动直播平台，实现多平台在线同步直播。杨继红主任在第十五期网络传播沙龙中曾为观众畅谈央视未来的新媒体移动直播：在全球我们有直播状态时样图，红色是正在直播，打开任何一个地点，这个地点发生的直播呈现给您。黄色是寻找 UGC，谁能在现场，为我发起直播，谁能为后台与后方发回你的手机信号直播报道，把用户刷存在的主观能力变为我们向他发起云镜计划，启动他的镜头，通过云端回传信号，我们叫云镜计划。在这种情况下，你与在场的每一位都是合作者，都是版权共有的合作者、分享者。绿色是刚刚播完的直播内容，变成一个媒资包，你想写文章、做评论可以调用一个媒资，我们通过积分制分享媒资。2017 年 2 月 19 日，央视新闻移动网的上线使杨继红主任的"畅谈"成为现实。

（4）专业的记者队伍。互联网技术的变革推进了移动直播的发展，多家媒体已经认识到，新闻移动直播的使用日益成为媒体融合发展的关键举措，因此纷纷加入了新闻移动直播大军。

央视新闻新媒体移动直播在新闻移动直播市场中占有的优势除了核心资源、领先的抓取新闻的技术和专业组织化的生产能力外，身经百战的专业记者团队也成为央视优质内容生产的保障。这些同时兼有电视媒体直播经验和新媒体移动直播经验的记者告诉我们如何成为一名合格的新媒体移动直播的出镜记者，如何合理利用直播环境实现"在现场"的效果最大化。

记者直播前的准备和演练。记者要提前了解直播的内容梗概。直播之前，要通过各种手段和渠道获知跟直播有关的内容。比如交通直播，可根据前一年同期出现的问题进行推断和分析，再从交管部门得到一些预测信息，利用好可以预知的信息，为直播做好充分准备。比如升旗仪式，记者须新媒体演播室提供相关资料，包括升旗仪式的观众组成、仪式流程、仪仗队的准备情况，以及现场的更多细节，要跟后期提前沟通好，他们会根据记者提前给的标题适时的更新内容，把要直播的主要部分提前告诉他们，遇到突发情况在原有的基础上修改即可。出镜记者一定要提前明确在直播时段大概要谈的主要内容是什么，如果实在无法提前获知，就多掌握背景资料，包括与日期、活动、节目有关的信息。记者在直播中所介绍的中心内容是固定的，如果想知道在现场表达时，是否能语言流畅，哪部分容易忘掉，哪部分容易卡，一定要提前演练。演练不是提前把词背好，而是调整记者本人的情绪和状态，为直播打基础，测试下用词是否合适，报道是否完整。所以，记者在除了突发事件之外的直播之前一定要腾出充裕时间演练，通过演练发现问题，在最短的时间内把问题解决掉，在直播时能得到最好的发挥。对任何一场直播都要事先做到心里有数。

记者的逻辑要清楚。现在人们对广播、电视尤其是声音传送的内容的吸收往往是片段式的。广播作为伴随式媒体，其搭载的媒介往往可以随身携带，或者车载，观众处于移动过程中，不一定会从头听到尾，如果对内容感兴趣，会认真多听一会。所以要求记者在报道时表达的逻辑要清楚，千万不要说半截话，表达逻辑混乱会让受众失去听下去的欲望。以交通直播为例，先说现场，再说问题和措施，最后是交管部门的预测。现场怎么样，车比较多；问题出在哪里，问题在于有些路口相对拥堵，路由宽变窄；解决方案是什么，现在有绕行路线可供选择；最后预测一个小时以后这里将会更堵；等等。把每部分说清楚，不要循环往复。

记者情绪的把控和语言的使用。播音员、记者和主持人，尤其是出镜记者在出镜的时候一定要根据现场调整情绪。大型活动或会议报道时，表达用于要积极向上一些。对于一些灾难现场，要收敛情绪，庄重沉稳一些，报道时不能过于急躁。语言随性、随意、接地气的语态成为移动直播"新主流"，这就要求出镜记者在软新闻的直播节目中可以适当改掉高冷播音腔，在不影响央视发声的权威性的前提下，增加有米风趣的内容，带动直播节目的氛围。

出镜记者是每次直播的核心，而幕后团队的整合操作更是关键的一环。由于直播审查具有一定的滞后性，突发事件来临时考验难度加倍，因此记者、编辑都要有预案思维，自备应急方案，在严格遵循发稿流程的同时，保证突发性直播的迅速开展，每次直播的顺利进行。

（5）严格的直播审核机制。先进的直播技术、专业的直播团队、优秀的记者编辑保证了央视新闻新媒体移动直播的内容质量。同时严格的直播审核发布流程也为直播的顺利进行保驾护航。

在央视新闻新媒体直播选题申请过程中，每一次直播的申请都有明确的责任人和责任部门，同时注重对直播内容价值的判断和审核，注意事项的第三条和第四条"直播过程中，直播部门对直播内容予以把关，所有直播内容均视为直播部门审核通过，新媒体新闻部在发现直播内容不妥时，可自动终止直播"更是明确指出了新媒体新闻部对每次直播的审核监督责任，保障每次直播的质量和可靠程度。

2. 央视新闻新媒体移动直播策略的优化与改进

通过对央视新闻新媒体移动直播策略的具体分析和与其他媒体移动直播的对比分析，可以发现央视新闻新媒体移动直播策略在选题策略和技术策略上有着独特的优势：在选题上，依托央视丰厚的时政资源，采取独家时政报道为主的策略，打造严肃派风格；在技术上，小小新媒体演播室除完成技术研发、数据处理、编码转换等技术性工作外，还具有编、导、播一体化功能。在与其他媒体的移动直播对比分析之后，发现央视新闻新媒体移动直播的发布策略存在很大的改进空间，同时其选题策略与技术策略等方面也有待优化。因此，本章重点讨论央视新闻新媒体移动直播策略有待改进的地方以及具体措施，对央视新闻新媒体移动直播在移动直播中的后续发展建言献策。

（1）优化页面设置，改善用户体验。在"央视新闻新媒体移动直播与其他直播形态的比较"这一章节中比较了"央视新闻"客户端和其他媒体移动直播客户端的页面设置，发现"央视新闻"客户端直播栏目的页面设置过于简单，实用性较差，尤其在节目分类和归类设置上有很大的上升空间。

用户的持续关注基于内容的持续生产。许多移动直播属于系列报道，系列报道的直播可以统一归类为同一专题。而央视新闻新媒体的系列直播报道很多，例如 2016 杭州 G20 峰会系列移动直播多达数十场，但是直播发布后并没有对其归类，每次直播无论是否是专题直播都按照发起直播的时间顺序从最新一次开始依次纵向排列。这种分散的排列方式使页面设置过于简单，不方便用户操作，且影响直播节目的二次价值的传播。

"腾讯新闻"客户端的直播栏目的节目分类与归类设置相对完善一些，由"精选""资讯""财经""娱乐"等 10 个专题构成，首先对直播节目做了详细的专题分类，接着在每个专题下又有相同主题的节目归类，例如"财经"专题下的"谁来赴宴"系列直播共有 5 场；"文艺"专题下的"海外艺宴"系列博物馆直播共有 10 场；"科技"专题下的"中科馆大讲堂"系列直播共有 7 场。这样分类与归类可以让为数众多的直播节目有一个清晰明确的归属，方便用户选择自己喜欢的类型和查找要想收看的节目。在节目分类与归类设置中，"央视新闻"客户端的直播栏目可以参考"腾讯新闻"客户端的直播栏目设置，加以优化调整。除了节目分类与归类外，央视新闻新媒体移动直播预告和封面设置也有可改进之处。

直播重在实时性，直播期间触达用户越多，收到的有效 UGC 也会越多。但是，直播是一个短时间的过程，无法保证用户可以随时打开直播平台观看正在直播的节目，更无法保证直播中临时进入的用户会对已经不完整的直播节目产生兴趣，因此直播预告和订阅直播节目的功能很关键，既可以积累一定的有效用户，又能最大限度保证用户观看到完整的直播节目，实现传播和互动价值双赢。央视新闻新媒体移动直播的预告在"央视新闻"客户端中鲜有体现，一些突发性新闻或者重大时政类新闻的直播会在首页上预告，但直播栏目中没有直播预告这一功能设置。央视新闻新媒体移动直播的微博用户较多，但是只有关注了"央视新闻"微博的用户登录了微博，才会在微博页面顶端看到央视新闻新媒体移动直播预告和正在直播的标志。因此，央视新闻新媒体移动直播在直播预告和节目订阅的功能设置上可以参考"新华社"客户端、"网易新闻"客户端和"人民日报"客户端。

"央视新闻"客户端直播栏目可以借鉴以上客户端的直播预告模式，在原有三种直播状态"直播中""持续关注""回看"基础上，增加"直播预告"状态，嵌入直播节目中，或将所有直播预告集中在页面上方显示，点击预告集合进入新页面，实现直播预约功能。直播预告和预约功能的设置，有利于提高"央视新闻"客户端直播节目的观看率。

（2）突出重要片段，深挖内容价值。在当前越来越快的社会节奏和信息冗杂的网络环境中，用户在观看新闻内容时越来越倾向于碎片化的阅读形式，这种阅读习惯的养成会让用户疲于观看过程较长的报道。而重在发掘事件发生过程的新闻移动直播内容以时间为序展开，直播过程涉及事件开始前、过程中和结束后。因此，在移动直播中为了保障事件的完整性，同时受到技术的限制，直播时间免不了相对较长。

在传统的电视直播中，拍摄设备是摄像机，一个场景由远及近或由近及远通过镜头调试几秒内就可以完成。但是，在移动直播中，拍摄设备多为手机，像素极为有限，当场景需由远及近时记者要手持手机走过去，所耗时间较长。如果记者在这个过程中不能通过语言留住受众，那这部分相对乏味的内容则会成为受众的"尿点"和退出直播观看的"易发区"。虽然与文字相比，视频更具有生动性和感染力，但是长时间的视频直播也会让那些想短时间内获得更多信息的受众中途放弃。

直播的生命力并不仅限于事件发生的当下，新闻媒体应充分利用自己的内容生产优势，为移动直播的生命力长久续航。每场直播的视频资料中所包含的信息量不容小觑，但直播过程中的触达范围则会受到多种因素的限制。这就需要后期编辑在直播结束后迅速进行拆分与组合，突出重点片段，不断细化，使碎片化的内容在不同平台上多次分发，实现内容价值的二次深挖。

央视新闻新媒体演播室在移动直播结束后没有很好地进行后期编辑处理，除了在图文直播中插入视频截图外，没有对移动直播内容进行剪辑。"央视新闻"客户端可以借鉴"新华社"客户端的视频拆分模式，把相对漫长的直播过程拆分成多个价值凸显的小视频，在直播结束后，实现内容价值的深挖和二次利用。

（3）改进直播技术，提高声画质量。目前移动直播技术还处在探索发展阶段，受 4G 信号的影响和制约较大，视频画面质量有待提升。在直播报道中有时会出现信号不稳定的情况，尤其在偏远地区或遇到重大灾害的新闻现场，直播信号弱且干扰因素多，视频直播过程中常出现信号不稳定或中断的现象，这都会影响直播的连续性和用户的观看体验。

除了画面质量，声音质量也容易受到外界的影响。受信号和天气等外界因素影响，直播过程中出镜记者的声音会出现断断续续、音量微弱的情况，用户无法听清记者的解说，直播的传播效果会大打折扣。

联盟合作、协同发展是当前新媒体融合发展的潮流与趋势。央视已与中国移动签署了战略合作协议，共同建设 4G 视频传播中心，积极开展业务合作。除了信号处理技术的优化改进外，新媒体演播室也应不断优化直播平台的降噪、高清画质等功能系统。

（4）紧随热点舆论，抢占一手资源。虽然央视新闻新媒体移动直播充分借助了央视得天独厚的时政新闻资源，但是其节目风格可以更加丰富，选题策略仍需不断改进优化。从央视新闻新媒体移动直播现行的选题策略看，选题类型侧重于时政类和突发事件类的硬新闻报道，软新闻则以人文景观和自然景观类为主，选题缺乏对社会热点舆论的追踪。当今，社交依然是雄踞传播高地的风口，社交带来的价值是用户单体贡献率聚集起来的最大化。因此，在选题上，新闻媒体可以充分利用社交平台为自己提供丰富多样的选题，紧跟热点话题和舆论，先声夺人，追求首发，主动进行议程设置。

2016 年 11 月份，一篇名为《罗一笑，你给我站住》的文章刷爆朋友圈。这篇文章是一位父亲写给罹患白血病的女儿的，意在鼓励她坚强地与病魔斗争。人们被父爱和小女孩感动，纷纷打赏文章。后来，事情出现反转，批评罗某借女儿的病进行营销的舆论越来越激烈。"网易新闻"紧随热点，对罗某进行直播专访，让当事人发声，回应了有关房产和医疗费用的质疑，此次直播获得了大量的关注和转发。如果"央视新闻"把社交热点作为一大选题类型，既可以让事件当事人有一个有力的发声平台，也可以收获更多的关注和粉丝。

第二节 案例：新闻 + 监督 = 无锡"作风面对面"

一、加强媒体融合发展提高舆论引导能力——无锡广电的探索与实践

中国共产党第十八次全国代表大会召开以来，习近平总书记对新闻舆论宣传工作发表了一系列重要论述。特别是党的新闻舆论工作座谈会上的重要讲话，从全局和战略的高度，提出了新的时代条件下党的新闻舆论工作的职责使命，就推动媒体融合发展提出新的明确要求，强调要从"相加"到"相融"，着力打造新型主流媒体。这对于无锡广播电视集团（台）（下称"无锡广电"）这样的城市主流媒体转型发展、创新发展，具有极其重要的现实指导意义。

一直以来，无锡广电始终按照中央、省委和市委的决策精神，坚持新闻立台，尤其以本土新闻立台，一以贯之、坚持不懈。无锡广电以构建现代传播体系、打造新型主流媒体为目标，着力推进新闻资源有机整合，推动传统媒体与新兴媒体融合发展，开展了一系列探索实践。

（一）我们的导向：新闻立台，坚守新闻舆论主阵地

1. 主动担当，引领意识形态主导权

无锡广电举全台之力，通过推进新闻资源的整合和新老媒体的融合，做强做大做优新闻资讯这一内容传播的核心板块。

其一，持续推动新闻资源整合。形成了时政与民生相补相融、主频道（率）和专业频道（率）分工协作的新闻资讯传播格局，新闻节目的规模、容量和质量大幅提升，"十二五"末与"十一五"初相比，自办新闻资讯类节目时长猛增了5倍。以组建融媒体新闻中心为抓手，实施广播、电视、平面、网络、微博微信以及移动客户端"六位一体"统筹运作，实现新闻生产流程再造和新闻资源在同一平台上的"化学反应"。

其二，持续推动新闻体系建设。形成了完备的新闻传播体系和原创自办节目架构，具备全国地市级城市台最强的媒体资源实力。创优节目实现了国家级大奖大满贯。在充分融合的基础上，打造贯通全天全时段的全媒体"新闻流"。全台日均自办新闻播出时长超过40小时，新媒体平台日均新闻更新量超过400条，通过新媒体平台点击，收听收看无锡广电新闻节目日均超过120万条（次），实现了"主流声音"全平台、全时段覆盖。

其三，持续推动重大新闻行动。围绕全市中心工作和重大新闻事件组织全媒体新闻行动，以直播连线、专家访谈、背景解读等形态作全方位、立体式报道，第一时间满足受众的新闻资讯需求。以"和你在一起"为标志的无锡广电公益宣传品牌深入人心。目前，无锡广电每年推出主题报道和新闻行动 50 多个、大型新闻直播报道 20 多场。

2. 内容为王，增强多元媒介竞争力

其一，始终追求鲜明的新闻导向。一方面紧扣市委、市政府重大决策部署，营造良好舆论氛围；另一方面坚持"三贴近"，深耕本土，服务民生。讲求"上接天气，下接地气，汇聚人气"，打造各类新闻节目的影响力和感召力。其二，始终追求"三贴近"的资讯服务。既播出《誓言今生》《太湖画脉》《不肯去观音》等具有大台风范的大投入、大制作节目，也注重做好具有本土特征的自制节目。从《扯扯老空》《阿福聊斋》，到为移动人群打造的《欢乐直通车》《都市直播车》，再到以"无锡博报""智慧无锡"引领的广电新媒体矩阵，多元立体、组合呈现的内容品牌实现了传播效应的最大化。其三，始终追求高雅的人文品质。持续推动节目转型，挖掘地域文化，弘扬核心价值，推出的《发现》《悦谈》文化类栏目分别获评江苏省广电"十大名栏目"和 2014 年度江苏省政府奖电视社教优秀栏目一等奖。

3. 技术创新，强化互联网格局传播力

其一，以技术保障服务节目播出。依托广电传媒中心建设，构建多媒体、信息化、智能化的广电基础技术新平台。仅"十二五"的技术投入就达到 2 亿元，全面实现了节目传播制作的数字化和网络化，在全国城市台中处于领先水平。其二，以技术创新提升节目品质。全面迈入电视高清时代，无锡新闻综合频道成为国家广电总局批准开播的第一个城市台高标清同播频道。构建起由高清节目制作网、高清演播室、高标清同播总控播出系统、高清转播车等组成的高清电视制播平台。其三，以"互联网 +"变革推动传播现代化。全面引入大数据、云计算等新技术，构建国内领先的集融媒体编播控制、新闻资源集散、全媒体资源共享等功能于一体的"融媒体数据交互中心"，成为媒体融合创新的"无锡模式"。构建起"两微一端"新媒体技术平台，目前无锡广电的新媒体载体已超过 100 个。

（二）我们的实践：媒体融合，提高舆论引导能力

1. 打造全媒体、全天候、全覆盖的新闻传播体系

突破传统传播路径，改变单一封闭模式，打造全媒体运作、多媒体融合的新型传播体系。已形成贯通早间、午间、晚间全天，覆盖广播、电视、公交及地铁

移动电视、平面、网络、"两微一端"全媒体的完整新闻传播体系。广播、电视、新媒体"三个新闻流"互通互联，优势互补，实现全媒体、全天候、全覆盖传播。对进行报道时，无锡广电充分利用全媒体运作优势，精心策划，推出了一系列主题突出、观点鲜明的报道，并统筹运用各类媒体资源，将市委的声音以丰富多样的报道形态进行有效传播，提升了到达率和知晓度。2016年全国"两会"期间，无锡广电组织了全媒体报道团队，并首次在北京设立全媒体演播室，设置访谈区和微信大屏互动区，嘉宾与网友线上线下实时互动，加上后方的配套报道和图文解读，增强了传统媒体的内容表现力，也通过"两微一端"提升了新媒体的影响力和渗透力。

2. 打造"六位一体"的融媒体运作格局

打破部门藩篱、介质壁垒和机制屏障，推进媒体运作和节目生产的全方位融合，打造"六位一体"的融媒体运作模式。整合广播、电视、平面、网络等新闻媒体和"两微一端"社交新媒体，互联互通，统筹运作。

《政风面对面》成为率先运用这一运作模式的节目。每周三广播版的直播节目打前阵，每周五《无锡新周刊》等平面媒体跟进报道，每周六电视直播节目形成宣传高潮，网站、微博微信、手机客户端作为内容发布和节目互动的平台，六位一体、立体交叉、融合互动、复合传播。在融媒体运作模式基础上，建立"前端采集一体化、终端播出多样化"的新型新闻生产流程，有效解决了媒体力量分散、功能重复、内容同质等问题，实现了科学配置、集约运行的"化学反应"。

3. 打造移动互联网新媒体矩阵

坚持新老媒体融合创新，协同发展，打造定位明确、特色鲜明、功能互补、覆盖广泛的新媒体矩阵。广播电视主要栏目运用微博、微信等新媒体载体，向目标受众推送与频道（率）相关的新闻和活动资讯，形成线上线下整合覆盖、互动传播的新格局，稳固传统受众，吸引潜在受众。2016年5月，"无锡博报"新闻客户端推出微信新闻产品"博报早安"，针对本土目标受众，集纳本地及国内外最新新闻，配以适时的实用信息和生活导引，配有品牌主持人的语音播报等，视听兼备，为市民提供全方位的新闻资讯服务，成为新闻传播中运用移动互联网思维创新的典型范例。无锡广电旗下18家影响较大的微信公众号共同推出"谁是'一只鼎'"，寻找无锡工匠达人新媒体新闻行动，同一天分梯次推出同一篇稿件，传统媒体在广播电视栏目中进行推荐阅读，发挥集成优势。共推出54篇稿件，每篇平均阅读量保持在1万以上。策划推出"无锡广播温暖声音计划"，由主持人诵读名家经典作品，并向社会征集好文章，在微信公众平台进行音频发布，先后发布了300余篇作品。

4.打造"大数据"基础的融媒体技术平台

坚持以先进技术为支撑,推动媒体内容与技术的融合,打造国内领先、具有无锡广电特色的"大数据"融媒体技术平台。"融媒体数据交互中心"和"融媒体高清制播装备体系"运用移动互联、多屏互动、高清电视等前沿信息技术,装备水平和效能在国内城市台中居于领先地位。在"无锡新闻"栏目中增设"'数'说无锡"板块,937新闻广播也在早晚新闻节目中同步推出。通过"数据共享"与"数据可视",呈现观点、论证观点,增强新闻报道的科学性和说服力,提升舆论引导的有效性和针对性。

5.打造深耕本土、紧贴民生的融媒体服务云平台

利用移动互联网技术打造平台化产品,探索媒体移动客户端运作模式,打造深耕本土、紧贴民生的融媒体服务云平台。从2012年起着力打造集新闻资讯、社交娱乐、生活服务于一体的城市公众信息云平台——"智慧无锡"。一方面保持传统媒体优势、整合广电内部资源,提供可互动的音视频直播点播、报料及海量图文资讯;另以方面努力突破传统业务局限、整合城市公共信息资源及第三方应用,为市民提供诸如公交、路况、航班、天气、地铁、旅游等各种服务。已开发33个功能模块,下载量达350万,注册用户超40万。

6.打造宣传与经营深度融合的一体化发展平台

坚持把社会效益放在首位,推动新老媒体在宣传内容和经营产业上的深度融合,打造更具影响力和竞争力的传媒新业态。以无锡广播电视台为例,无锡广电下属15家全资控股子公司,已构建起融媒体广告、影视内容、演艺会展、新媒体、动漫创意、金融服务、资本运营等协同运作,跨区域、跨媒体、跨终端、跨渠道的大格局、大体系。广告经营通过深度融合实现稳定发展,经营规模居于全国城市台领先地位。2016年,无锡广播年创收突破2亿,仅交通频率一个频率就达1亿元。无锡电视创收突破5亿,仅都市频道一个频道就突破2亿元。同时,通过代理江苏、浙江、安徽、上海、湖北等地区的平面广告业务实现跨区域发展。移动电视、影视内容生产、演艺会展、新媒体等相关业务不仅是本地区的行业龙头,在国内同类城市中也首屈一指。以"车博会""智慧无锡"为代表的会展、新媒体等还实现了品牌和管理输出,为国内同行提供运营的规范和模板。无锡广电是江苏有线、江苏银行两大上市公司大股东,通过资本运作不断提升自身竞争力、影响力,旗下广通传媒股份于2016年成功登录新三板,成为江苏省内传媒第一股、城市台传媒第一股。2015年,华盈基金等资本运作收益超8 600万元。有序推进无锡数字动漫创业服务中心、无锡国际影视文化交流中心、"智慧无锡"文化创意产业园等重点项目建设运营。无锡广电资产总额超31亿元,2015年利润总额超2亿元。

（三）我们的追求：全面突破，构建融媒体发展新体系

1.完善融媒体信息发布体系

其一，打造新闻中心 3.0 工程。升级融媒体数据交互中心，全面打通内部新闻生产系统、互联网、第三方平台间内容与技术集成通道，实现宣传主题策划、宣传项目组织、宣传效果反馈智能化、指向型、全互动。其二，打造"六位一体" 3.0 工程。提升和完善"六位一体"传播模式，在平台、渠道、技术、人才、管理以及产业等资源上实现更大范围、更深层次的融合，在更高层面上实现"化学反应"。其三，打造全媒体新闻客户端矩阵。以"智慧无锡"云平台和"无锡博报"客户端为主平台，进一步整合、扩展、融合全台新闻资讯和服务信息，集中人力、技术资源，以一体化的组织架构和传播体系为支撑，打造全媒体新闻客户端和民生服务客户端。

2.完善融媒体舆情管控体系

其一，强化舆情引导全过程控制体系建设。围绕"紧贴中心工作，紧贴基层实际，紧贴群众意愿"要求，进一步提升策划水平，提升服务能力，提升媒体资源集约度，实现从宣传主题确定、宣传形态呈现、宣传资源调配、宣传规范管理到宣传效果评价全过程的有效把控。其二，强化信息发布全过程控制体系建设。全面构建主动型、即时型、精准型信息发布和舆论导向机制，构建重大主题报道和大型新闻行动常态策划和组织实施机制，构建新型节目管理编审、播出、评价机制，持续提升在区域宣传与向上对外宣传中的主导效应和品牌效应。其三，强化宣传安全全过程控制体系建设。坚持党性原则，守纪律，讲规矩，始终牢牢把握意识形态工作主动权，牢牢把握新闻宣传时、度、效，通过强化新闻从业人员在采编播全过程中的把关意识、风险意识和责任意识，确保新闻宣传质量安全。

3.完善融媒体技术保障体系

其一，搭建全媒体技术支撑"云"。一方面实现"共享"，使新老媒体在技术资源、内容资源、媒体运营等方面无缝对接；另一方面突出"特色"，根据高清频道、广播频率、新媒体运营等各自特点，通过大数据管理，提供个性化技术服务。整合多年来积累的丰富数据资源，建设和完善专业化、规模化、现代化的内容数据库，充分挖掘大数据背后潜藏的新闻价值、内容价值、服务价值和产业价值。其二，搭建全媒体运营支撑"云"。积极推动传统媒体传播运营渠道拓展，努力实现"十三五"期间所有自办电视频道的高标清同播，实现自办广播电视节目的无线数字覆盖。以"两微一端"为主导，助推媒体融合发展，进一步深化移动互联领域的拓展，为全面切入"互联网＋"电商领域提供强有力的技术引擎。其三，搭建跨区域信息融合服务"云"。发挥中国视协城市台委员会会长台优势，联合国内 200 余

235

家城市台及中科大洋、南京厚建等知名运营商，开展市场化合作，资源共享，信息互联，构建以资本为纽带、技术为渠道的跨区域城市资讯服务全国"云"平台。

二、立体送达抢占传播高地，内容为王吸引本土受众

在此大格局下，无锡广播顺应媒体环境变化，积极探索，大胆尝试，摸索出一条多渠道传送、多方位挖掘、多角度贴合的新闻立台之路，新鲜及时的本土新闻资讯，丰富立体的多渠道传播，使无锡广播在本土市场上一枝独秀。2017年，CMS调查的32个城市中，无锡广播市场份额达87.24%，位居城市台第二。

（一）加速媒体融合，丰富新闻发布渠道，新老媒体齐头并进

新媒体时代，人人都可以通过微博、微信实现新闻的即时传播，这使得媒体生态发生了巨大变化，传统媒体一家独大的地位一去不返。此外，收听终端的改变，正蚕食和分流原有的广播受众，因此广播走融媒体之路显得十分必要。媒体融合不是简单地将传统媒体的内容平移到新媒体上，也不是另设传播路径，与传统媒体平行发展。媒体融合的最佳状态应是相交相融，优势互补。与纸媒相比，传统广播的时效性、伴随性以及互动性，都与新媒体时代人们对新闻资讯的获取需求相契合，这使得广播与新媒体的融合更具优势。

无锡广播从2012年起积极探索新闻资源的有效整合，确定了采访一体化、发布多样化的发展路径。这对广播记者提出了新的要求，除了文字、音频，广播记者还需要拍摄图片资料、视频资料。经过几年的实践摸索，新媒体思维正逐步占据主导地位。同样的采访，发布渠道较之前更加丰富。除传播广播节目的连线、录音报道外，记者通常还要完成微博发布和微信的推送，突发事件、重大题材还需进行视频直播。多渠道的信息发布使广播在巩固居家收听、车载收听的同时，争取到手机网络等收听终端的移动人群，让传统广播在新媒体阵营中占据了一席之地，提升了无锡广播的整体影响力。

2017年6月30日晚间，无锡公安多警种联合开展"夜鹰行动"严查各类高危交通违法行为。为更好地完成此次报道任务，无锡广播记者深入各整治点进行现场报道，除了现场连线、录音报道外，记者在整治现场通过智慧无锡客户端进行视频直播，把整治点的现场情况第一时间真实地呈现给广大市民，共有超过120万粉丝进行了围观，引起强烈反响。目前在无锡广播，单一途径的新闻传播已越来越少，记者综合完成广播、网络、微博、微信等发稿已成常态，必要时还需同步完成网络视频直播。多渠道的传播使新闻生产效率显著提升，同时也使传统广播在新媒体上的影响力稳步提升。

在新老媒体共享新闻信息资源的同时，作为新闻节目的生产者，无锡广播也努力保持不同媒体的个性特点和风格，同一个新闻事件的报道，广播仍突出声音特质，用现场音效、人物语言传递新闻资讯，新媒体呈现则以文字、图片和音视频文件相融合的方式进行表达。无锡经济广播7月推出的系列报道"高温表情"在微信推送时，对文字进行大量压缩，使用劳动者顶着骄阳酷暑坚守工作岗位的现场图片，直观展现高温酷暑下地铁建设者、共享单车维护人员、交通警察等普通劳动者的辛苦和不易，更具说服力。

（二）优化新闻内容的选择，本土化、接地气是地方台抢占市场的不二选择

新媒体平台也好，传统媒体介质也罢，不过是一个传播渠道，夺人眼球的依然是新闻内容。正所谓"内容为王"，传统广播要在新媒体时代站稳脚跟，依然需要苦练内功，优化新闻内容，提高新闻品质，为受众提供可听性强的优质节目内容，才能实现长远发展。城市广播在信息爆炸的互联网时代，转得再快，摘编得再好，也是别人的东西。而本地消息、本土资讯与当地受众的关联度更高，更容易被关注，所以做出本土特色鲜明的新闻节目对占领本地市场有着非常积极的作用。同时作为传统媒体，广播也有责任有义务"发挥长期以来积淀的影响力和公信力，运用高质量的信息生产能力，为媒体大环境树立标杆，从而净化媒体大环境"。因此，做原创新闻，从现实生活中挖掘新闻素材，讲本土的新闻故事，制作本土化的新闻节目，传播正能量，弘扬真善美是城市台广播记者必须做好的功课。近年来，无锡广播各频率越来越实现日常节目中的新闻策划，深耕本土，深入生活，发现、挖掘与百姓生活息息相关的新闻题材，牢牢抓住本土受众。2017年春节期间，无锡新闻广播策划了"无锡人的年味儿""锦绣吴文化"等具有浓郁地方特色的广播节目；无锡经济广播则从百姓的经济生活入手，策划了"我家的大数据""幸福在身边，新春走基层"等节目，从身边人身边事说起，把百姓关心的内容通过传统广播和微信平台推送出去，使得无锡本土受众在电波丛林中，依然能锁定无锡广播。

实现重大新闻的本土化勾连，找准与本土的内在关联及结合点，并对它进行本土化解读，也是新闻节目生产本土化的重要方式。神舟十一号载人飞船成功发射，举世瞩目。无锡经济广播记者及时捕捉到飞船的很多部件是无锡制造这一线索，深入企业采写了《遨游太空的无锡制造》，拉近了无锡市民与神舟十一号的距离，吸引了本土受众的注意力，让很多无锡市民引以为豪，这则报道也因此获得了2016年度江苏省优秀新闻奖。"神威·太湖之光"超级计算机成为世界上首

台运算速度超过每秒十亿亿次的超级计算机,而国家超级计算中心落户无锡,更激起了无锡市民对超级计算机的浓厚兴趣。无锡广播抓住这一新闻素材,进行多角度、全方位的报道,在无锡市民中掀起了一股"超算热"。无锡梁溪之声广播利用这一题材制作的广播节目《太湖之滨的"神算子"》获得了2016年度江苏省优秀广播节目一等奖。

需要强调的是,新闻的生产者对内在关联度的找寻不应只停留在某些吸引眼球的大事件上,小事件上也能做出大文章。2016年初夏,河南新乡一家医院推送的一条微信引起了无锡广播记者的关注,80高龄扎根河南新乡行医53载的妇产科医生钱惠茵即将告老还乡,回到家乡无锡。记者查阅相关资料了解到,钱惠茵凭借高超医术和良好医德在当地享有盛誉,便与之联系制定采访计划,对钱惠茵回无锡进行了跟踪报道,并在微信上进行同步推送。无锡新闻广播还把钱老夫妇请进了直播间,引起了社会的强烈反响。新媒体时代信息繁复,鱼龙混杂,更需要传统媒体还新闻以本来面目,"不断攀登正能量的高峰,而弘扬正能量不是节目里的语言、口号讲得多么高大上,而是节目里有知识的能量,给人以知识;有思想的能力,让人深刻思考;有道德的能量,引导人们去做好人。"

(三)改进新闻节目编排,化整为零,碎片化播出,满足新媒体时代受众的收听习惯

新媒体时代,人们的收听习惯已经发生了极大的改变。索福瑞2017年第一波调查数据显示居家收听份额出现明显下降趋势,而车上收听则保持了平稳发展的态势,车上收听依然是传统广播的主阵地。这种收听状态对广播的伴随性、碎片化提出了更高的要求。节目设置转型是新媒体时代广播节目必须面对的问题。格式化广播、短小精悍的设置更适合现在听众的收听习惯,并有利于传统广播与新媒体的嫁接。即便是大板块的节目框架,也需要通过小栏目的设置,将其分割为一个个可以独立成章的单元,满足车载收听的需求。

早晚高峰是广播新闻的主要集散地,也是广播的必争时段,顺应移动人群的收听习惯,就必须改变原有高峰时段大板块的编排方式,化整为零,设立个性明晰的小栏目,并实现栏目间的有效过渡串联,既可独立成章,又能有机融合,从而满足移动人群碎片化收听的需求,也不会影响居家大时段收听。无锡新闻广播从2012年开始探索新闻格式化播出路径,对原有的新闻节目编排进行了大胆革新,形成了贯穿全天的新闻链条。格式化、碎片化的节目编排也使广播与新媒体的融合更加便捷。晚间新闻栏目"无锡晚高峰"因此获得2015年度江苏省优秀新闻栏目奖。新闻广播节目"新闻非常道"每天都会邀请资深媒体人、律师等走进直播室担任嘉宾，就某一热点事件进行讨论点评，评论员的精彩点评都被剪辑成短小精悍的音频文件在新媒体上进行发布，使传统广播的触角在新媒体上实现有效延伸。新闻编排的创新为无锡新闻广播注入了新的活力，近年来收听率、市场份额明显提升。

（四）细化节目播出流程，去粗取精，挤掉水分，把好节目播出的最后一道关

口水泛滥是很多广播节目的通病，在收听碎片化、收听市场竞争白热化的今天，广播节目要借新媒体平台延伸触角，争取更广泛的传播，就必须以精细、精致为目标，把好节目播出的最后一道关口，让好的策划、编排以及精彩的内容能有完美的呈现。要挤掉节目里的水分，除了做好稿件编辑、节目编排以外，播出过程必须注意以下两点。

1. 点评精炼，恰到好处

现在很多新闻节目在单条新闻资讯后会有主持人的评论，很多时候主持人点评啰唆细碎，拖沓冗长。主持人如果不具备深入分析评论的能力，还不如三言两语，点到为止，说多了反倒露怯。新闻点评如果没有编辑捉刀，主持人应事先做好功课，切忌信口开河。

2. 话题抛送，干净利落

互动性是广播的特色，也是广播的长项，可以增加广播与受众的黏合度，丰富节目内容。互动话题也已成为很多广播节目的标配。对于节目而言，话题互动只是节目茶点，不是主菜，所以话题抛送务必干净利落，切忌拉拉扯扯。因为我们需要的是听众的观点，听众想听到的也是其他人的看法。新媒体时代听众的收听选择范围广，收听耐心也非常有限，所以广播节目必须言之有物。

无锡广电打造内容建设新优势的因应之策有很多。

（一）策略一：融媒体下的新闻立台——变中求胜

新闻立台，特别是本土新闻立台是城市广电媒体的立身之本。城市台的自办节目中，新闻节目所占比重往往最大。无锡广电约70%的节目是新闻或资讯类节目，构成了内容传播的主要支撑板块。这些新闻节目，特别是本土民生新闻节目，具有贴近性和关联性特点，很受当地目标受众的欢迎，对收视份额的贡献率有逐年拉升的趋势，有的新闻品牌栏目在整体收视表现上甚至超过热门电视剧。因此，坚持新闻立台，不仅是坚守宣传舆论主阵地、提升主流舆论引导能力的客观要求，也是满足受众对本土新闻资讯需求的题中应有之义。

然而，新媒体的崛起也为新闻资讯的传播提供了多种选择和可能。传统主流媒体如何在新的传播竞争中突围，实现华丽转身，最佳途径就是寻求融合之道，在融合中推动媒体传播方式、渠道和形态的转型，在移步换形中获得新生。无锡广电较早意识到推进媒体融合发展的重要性和紧迫性，通过对新闻资源的有机整合，打破各种媒体介质间、新老媒体间的壁垒，优势互补，互通联动，科学配置各类媒体资源，发掘释放新闻生产力。

一是建立全媒体机制，新闻生产实现一体化运作。无锡广电把原先分散在广播、电视、平面、微博和微信等新媒体载体中的新闻资源进行全面整合，组建全媒体新闻中心和全媒体采编团队，前期采访队伍同后期编播平台统一，再造"前端采集一体化，终端发布多样化"的新闻生产运行流程，形成梯次性联动传播新格局。同一个新闻事件通过新媒体、广播、电视、平面的错时传播、复合传播和互动传播，既保持了各自媒体的个性，又体现了整合传播的叠加效益。2014 年，围绕无锡地铁一号线开通运行组织的"地铁来了——'和你在一起'"大型新闻行动，连续 12 小时全程全媒体直播，各媒体呈现的内容和形态同中有异，又相互勾联，达到立体式传播的最佳效果，社会反响热烈。

二是打通全天的新闻流，新闻节目容量和深度同步拓展。在整合的基础上，挖掘资源潜力，盘活运作机制，开办电视早间新闻"早安无锡"、午间新闻"新闻午间道"，并对晚间黄金段各类新闻节目进行改版，重新确定各档新闻节目的定位、风格和类型。"无锡新闻"是重大时政新闻权威发布窗口；晚间主打民生栏目"第一看点"关注社会民生热点；"早安无锡"网罗各类实用资讯；"新闻午间道"侧重新闻话题的评述；"服务车"专门为百姓排忧解难；"晚间新闻"则以新闻杂志的样式梳理全天新闻。这些新闻节目依托统一的新闻信息集散平台，实行资源共享，分工协作，不仅提高了资源的利用效率，也丰富了新闻节目的品种和形态。目前，无锡广电日均播出新闻时长超过 80 小时，新媒体平台新闻日均更新量超过 400 条。

三是构建全方位的新闻体系，各类媒体间形成有效良性互动。强化本土特色，打造广播、电视、平面和新媒体的新闻特色栏目，如电视的"看点"系列和"阿福"系列、广播的"937 新闻"系列和"104 新闻"系列等，成为各自频道频率的主要节目构架和形象标识。强化服务功能，整合各类社会资源，开办"政风面对面"全媒体政民对话节目，围绕市民关心的民生话题与政府主管部门直接对话，及时沟通，化解矛盾，达成共识。开发建设"智慧无锡"民生服务移动客户端，将市民生活所需的各类服务资讯按模块分类导引，截至 2015 年 9 月下载用户量已达 190 万，已成为无锡广电主流新闻的重要传播渠道之一。强化互联网思维，线上线下的良性互动已成为包括新闻节目在内的广电节目的运作常态。目前，无锡广电各栏目的新媒体载体已达 50 多个，粉丝总数突破 100 万。无锡广电原创新闻客户端"无锡博报"2015 年年中上线，致力于打造立足本土的新闻与思想平台，与主频道（频率）共同成为主流舆论宣传和全媒体资讯发布的主窗口。

（二）新格局中的制播分离——重点突破

城市台的内容生产受到资源、平台、人才等多方面的制约，即便如无锡台这样国内同类城市台中领先的广电媒体，在节目研发制作中，也必须因地制宜、量力而行。推进制播分离改革是激活节目创新能力、提升节目原创水平的有效途径。在节目类型化、细分化趋势日益明显的当下，如何借助制播分离这一机制创新上的关键点，寻求丰富广电节目样态、繁荣荧屏声频的途径，是城市台面临的一大课题。无锡广电提出立足本土、借势而为、统筹规划、重点突破的原创节目创新研发思路，深化栏目、频道（频率）、社会等多个层面的制播分离改革，先行先试，稳妥有序，成熟一个推出一个，逐渐形成具有无锡广电特色的原创节目群。

一是以项目制、工作室等方式，招标定制特色栏目。2010 年，无锡广电目剧《大话阿福》首次通过委托制作、节目招标的方式制作了栏目剧《大话阿福》，并制定了操作办法和实施细则，形成内部市场化的内容提供和购买机制。经过几年的探索和实践，这一机制得到完善和推广，无锡广电陆续推出了一批具有本土特色的原创节目，如反映历史人文传承的纪实类栏目《发现》，以制片人负责制为核心，根据拟定的拍摄计划，定时定量完成，并由专门组织的节目质量评估组对每部成片进行打分，结合播出后的收视率表现综合评价确定节目的收购价格，定向划拨，实现制播费用的动态滚动投放。栏目自 2012 年开播以来，由最初的每周 1 期扩充到目前的每周 2 期，以文化视角展示无锡丰厚的历史积淀，记录发展变迁中的城市，受到观众和业界的肯定，获评江苏省广电"十大名栏目"。2014 年推出的《悦谈》是一档音乐人文访谈栏目，以无锡籍或与无锡有渊源的音乐文化界人士为采访对象，通过与他们的对话表达人文情怀和艺术之美。该栏目制作工作室的主创人员来自无锡广电各部门，节目在广播、电视、网络等平台播出，形成了全媒体运作、全媒体发布的节目传播新模式。栏目获 2014 年度江苏省政府奖电视社教优秀栏目一等奖，另获 3 个二等奖。另外，婚恋服务节目《不见不散》、大众才艺季播节目《梦想舞台》《无锡好声音》等都采用了项目制管理，以较低的制作成本获得了较高的收视收益。

二是以内部公司化运营等方式，培育节目制作市场主体。推动频道频率整体制播分离改革，无锡广电下属产业公司通过竞标获得电视专业频道运作权，广播相关专业频率模拟公司化运行。如广新影视动画技术有限公司负责无锡经济频道的运营，并以此为平台，以专业化和市场化手段打造原创精品节目。目前，无锡经济频道每天的自办节目播出量达到 200 多分钟，在原本以播放电视剧为主的时段，抢抓自办节目的收视份额，进行差异化竞争，创造频道新的增长点。方言资讯节目《扯扯老空》、集纳公众话语的评论栏目《非常观点》、品牌主持人特色栏目《商奇闲话》等，以鲜明的个性特色和独特的表达语态赢得观众。依托栏目的引领作用，频道的影响力也迅速拓展。

三是以跨区域协作、定向定制等方式，拓展合作制片新渠道。谋势借力，"借船出海"是城市台拓展节目源、扩大节目影响力的有效途径。无锡广电以当选中视协城市台工作委员会会长台为契机，牵头组织"人文中国"系列作品征集评选活动，以《城市纪实》等栏目为依托，构建跨区域电视节目交易平台和各类媒体平台的核心内容供应商；与央视纪录频道、科教频道合作推出反映无锡城市文化特色的专题片、纪录片；并以承揽外包、定向定制的方式，制作推出符合国家级平台播出水准的内容精品。如大型人文纪录片《太湖画脉》2015 年初登录央视，构思精巧，制作精良，以影像方式再现无锡千年画史传奇，受到广泛好评。纪录片《阿炳传奇》《寻找 1972》《黄鹄》和真人秀节目《周末去哪儿》等具有地域特色和文化韵味的作品，都赢得了良好的社会和经济效益。

（三）策略三：大视野中的品牌建构——文化为魂

传媒的内容建设必须树立文化精神的标杆，通过各类文化资源的整合，建构鲜明的媒体品牌，并赋予其价值观和文化之魂。无锡广电在影视剧投拍、媒体文化活动举办和创意产业培育上，始终坚持立足大视野，体现高起点，精心谋划，精准发力，力争做一件成一件，不断充实广电品牌的内涵和价值。

一是推动影视精品生产，实现品牌经营的战略延伸。无锡广电作为第一出品方的主旋律电视连续剧《誓言今生》在央视一套黄金档播出，获得了全国"五个一工程奖""飞天奖""金鹰奖"等大奖。在该剧的运作中，集团投资 1 000 万元，采用股份制形式组建项目团队，带动 4 000 余万元的实际拍摄成本，并始终掌控产品投资、出品的主导权。与中影集团联合出品的电影《不肯去观音》以慈悲大爱的正能量感染人心，获加拿大蒙特利尔国际电影节"优秀电影奖"，并在影片取景地浙江普陀山驻场放映，成为继《庐山恋》在著名风景区常年放映的又一范例。无锡广电还完成原创动画片《木头村》第一、二季共 52 集制作，并在央视少儿频道播出，打造自主动漫品牌和衍生产品。

二是组织社会文化活动，实现品牌形象的有效传播。迄今已连续举办 12 年的无锡广电文化活动周，推出数百项演艺和媒体活动，成为无锡市民每年一度的文化嘉年华；连续举办 3 年、被称为"无锡春晚"的《和你在一起》迎春特别节目，发掘本土文化元素和草根演艺明星，为普通人展现自我风采搭建梦想舞台；举办无锡广电"名栏目、名主持人"评选和"明日之星"选拔大赛，从不同层面创新人才培养和使用机制，拉近主持人与观众之间的距离；组织主持人走进社区、捐资助学、义务助教、广播温暖声音计划等公益行动，搭建爱心平台，展示良好形象；连续举办 8 年的中国（无锡）国际汽车博览会已成为华东地区最有影响力的大型车展之一，被评为"中国十佳品牌展览会"，与无锡住文化节、家装博览会、结婚产品博览会等广电品牌展会一起为市民提供全方位品牌增值服务。

三是建设文化创意园区，实现品牌产业的集聚融合。依托无锡广电存量土地和设施等，以媒体融合为主题，搭建开放的传媒科技文化产业平台。园区占地110亩，将重点引进新型媒体技术开发、大数据分析服务、品牌文化内容创意制作等产业形态，并与资本市场对接，开发媒体融合平台孵化、移动传播模式论证研发、"创客"团队孵化等形态，构建文化创新创意"众创空间"，为无锡广电打造内容建设新优势注入强劲动力。

第三节　案例：长兴县级融媒模式"长兴新闻"

一、"融"出来的长兴模式

2018 年 9 月 20 日至 21 日，中宣部在长兴县召开县级融媒体中心建设现场推进会，对在全国范围推进县级融媒体中心建设做出部署安排。现场会选择在长兴召开，无疑是对长兴传媒集团这些年所取得成绩的肯定和褒奖。

（一）融合创新，成就长兴模式

长兴传媒集团的新媒体发展之路，始终贯穿着"融合"整合机构，创新运作模式。长兴传媒集团自成立以来，一直致力于改革创新、转型发展，成立了包括采访部、广播部、电视部、报刊部、新媒体部、外联部、活动部、制作部、技术部等多部门在内的融媒中心；培养了一支能采会说、能写会编、能拍会摄的全媒体记者队伍，他们冲锋在新闻一线，采集各类信息，供各平台使用；形成了信息互通、资源共享的集约化融媒体运作模式。

聚合渠道，重塑采编流程。为适应媒体融合发展要求，长兴传媒集团重塑采编生产流程，将传统媒体和新媒体互为流量导入口，实现传统媒体与新媒体的渠道整合、内容共享。新闻事件尤其是突发新闻发生后，采访部派出全媒体记者赶往现场，途中第一时间连线广播、发送"即时报"在网站上推送；抵达事发现场后第一时间传送图片文字，再发"即时报"再次连线广播，口播最新情况；采访完成后提供影像、图片、文稿至各刊播平台，供广播、电视、报刊、新媒体选用，一次采写、多次编辑、多平台使用，实现了不同媒介对同一信息进行不同形式的差异化报道。

融合媒介，打造五位一体平台系统。推进全媒体运作，核心是推动各媒体平台充分融合，为此，长兴传媒集团与传媒技术公司合作开发了融合广播、电视、报纸、网络、移动端五位一体的"融媒眼"指挥平台系统。在"融媒眼"上，从记者出发，到现场采集，到发送稿件，再到各平台采用状态以及刊播后的收视阅读点击情况，一览无余。系统分为电脑端和手机端，即使不在办公室，依然可以实现云端办公，使信息充分互通，内容充分共享，大大提高了生产效率。

统合营销，创新经营方式。近年来，传统媒体广告经营严重下滑。长兴传媒集团迅速转变思路，创新经营方式，将营销与产品生产相融合，变以往卖"硬广"为卖产品、卖服务。

融媒中心的活动部是承办各种营销活动的部门。相比社会上的广告公司，长兴传媒优势明显，除了具有专业属性外，服务更是到位，乡镇企业的节庆活动、商家开展的商业庆典等都愿交给长兴传媒集团来做。纪录片拍摄服务也是长兴传媒集团的重要创收渠道，近年来吸引了长沙、湖州、安吉等地的单位前来寻求合作。

（二）全渠道传播，新媒体初展锋芒

长兴传媒集团第一件影响力较大的新媒体产品是 2015 年 4 月其巧妙利用网络热点事件策划的长兴旅游推介视频：《浙江知性女县长隔空喊话河南任性女老师》，传播量超过 1 100 万。该条微信视频实现了传统媒体和新兴媒体遥相呼应、互动推广、全方位宣传的效果，既迅速提升了长兴的知名度和美誉度，又展现了长兴政府官员的新形象，网民纷纷为这一绝妙的创意和快人一步的营销点赞叫好。

近年来，长兴传媒集团新媒体发展紧跟"潮流"，各类产品异彩纷呈。

"两微一端"。长兴传媒集团旗下的"掌心长兴"微信公众号及 26 个托管运营号总关注量超 50 万，长兴新闻网、长兴发布两大官方微博账号粉丝数均超过17 万。"两微"内容"短而精"，客户端内容相对"大而全"，集团重点打造"掌心长兴"客户端，以新闻资讯为牵引，发展政务服务和生活服务。

H5 产品。长兴传媒集团的 H5 作品采用动漫、游戏、绘画、音乐等多种艺术表现形式，让人耳目一新。有的作品注重参与、互动性，如《加入长兴文明创建群，和书记县长做朋友》，以平等互动的方式交流，邀请粉丝加入讨论。有的作品注重趣味性，寓教于乐，如《秸秆漫游记》，通过一根秸秆的"游历"引出"环境保护、循环经济"话题。

短视频。集团 2017 年 8 月开始尝试制作短视频，目前已制作发布短视频百余部，内容丰富，风格各异，有大片型，气势恢宏、画面震撼；有快闪型，格调轻快、画面简洁；有解说型，让术语通俗化，语风幽默搞笑。网民反响热烈对其表示认可并广泛传播。

短音频。集团对微广播剧进行二度包装制作后通过掌心音频传播，这些包装后的音频涉及题材广泛，内容丰富。其中《红色信使》和《秋香办证》获微剧大赛三等奖；《狄家斗的故事》点击量超 57 万。

微直播。2017 年，集团共开展微直播 100 场，收视效果出乎意料得好。微直播内容主要有四个方面：时政要闻类、民生监督类、突发事件类、主题宣传类。《直击问政》对电视问政的现场通过手机端进行直播，问政代表和嘉宾揭短亮丑，动真碰硬，切中被问政单位要害，让官员脸红冒汗。真刀真枪的现场"舌战"直播，有很高的收视率。

VR 作品。集团制作了《春华秋实看丰收》《空中看长兴》《空中看和平，共赏家乡美》等 VR 系列作品，360 度全景俯瞰，让静止的照片"灵动起来"，创出视觉新高度。

此外，集团还在今日头条、蓝莓、大鱼、抖音以及新华视频等新媒体平台上注册账号，多渠道宣传长兴。同时，代理运营 26 个乡镇部门的托管号，打造政务微信矩阵。目前，"矩阵"总粉丝量超 10 万。其中，"文明长兴"号取得全国文明系统微信公众号排行第一的好成绩。

（三）"万物生长"，培养融媒专业人才

集团要发展，人才是关键。长兴传媒坚持"引进"和"培养"两手抓，致力打造一支政治强、业务精、纪律严、作风正的传媒队伍。面向全国招聘优秀人才已成常态，几年来，共引进优秀人才数十名，进一步提升了集团的竞争实力。同时，长兴传媒集团注重队伍的培养，鼓励员工积极参加继续教育，开展师徒结对等活动。对特殊人才给予"特殊"待遇，把他们放在重要的岗位上，提供创业干事的舞台。

2017 年 4 月起，长兴传媒集团投入百万元资金，启动"万物生长"学习提升

计划第一季,制定了"七个学",鼓励员工不断学习成长。

第一是自学。集团采购了《人工智能》《未来简史》等传媒前沿书籍,组成三人一组的学习小组进行学习,撰写学习心得、分享学习体会。

第二是专题学。即周一夜校的业务学习,会前各部门要提交学习主题,班子成员随机旁听,参与学习讨论。

第三是回校学。参加由复旦大学开办的定向学习班,每期派出12人前往学习。

第四是办班学。成立浙江大学高级研修班,"点名"邀请业界专家前来开展业务培训。

第五是上挂学。派出采编人员到中央电视台、中国青年报、新京报等主流媒体长时间驻地学。

第六是开小灶学。即单独邀请同行精英来授课。

第七是互联网学。集团派出考察团队,走进今日头条、梨视频等互联网公司,学习别人的先进经验。

一路走来,长兴传媒集团的融合发展、新媒体长兴模式的形成,并非一帆风顺,经历了许多"成长的烦恼"。比如,原电视台的记者不擅长写新闻稿,原报社的记者不擅长拍视频,快节奏、跨界业务很多人一时不适应,曾出现一波离职潮。

尽管如此,长兴传媒从没有停止过探索、前进的步伐。集团成立至今,已荣获省以上奖项70余个,其中省级新闻一等奖20多个,获奖总量和质量位列全省县级媒体前茅。

二、长兴传媒集团的分析

(一)我国传媒集团化背景下的长兴传媒集团述略

从1996年开始,我国正式拉开了传媒集团化的号角,广州日报报业集团的成立表明我国传媒行业进入了报业集团化阶段。1999年,无锡广播电视集团的成立表明我国的传媒集团化从报业延伸到了广播电视。从1996年到2010年,我国已建成49家报业集团;从1999年到2004年,我国已建成23家广播电视集团。

在我国传媒集团化的背景下,浙江省长兴县的传媒开始步入集团化的时代。在长兴传媒集团创建以前,长兴县原有具备新闻传播职能的单位主要是县宣传信息中心和县广播电视台。县宣传信息中心的前身是长兴报社,主要负责做好内部信息《长兴新闻》的采编和发行,管理长兴新闻网等。县广播电视台主要负责广电系统的新闻宣传、广电节目管理、广电资源开发等。

由于新闻资源有限、体制分割等问题，两家单位独立运作，彼此没有形成便利的资源共享平台，这给县级媒体进一步良性健康发展带来了一定挑战，也造成了新闻资源的浪费。与此同时，随着时代的发展进步，传统媒体受到新兴媒体的冲击越来越大，如何发挥优势、整合发展、做大做强，成为传统媒体必须面对的课题。集团化就是一种解决手段。

2011 年 4 月 15 日，浙江省长兴县召开全县新闻单位职工大会，县委县政府做出决策，将长兴广播电视台、原长兴宣传信息中心、县委报道组、"中国长兴"政府门户网站（新闻版块）等进行跨媒体整合，创建长兴传媒集团。那一天，中国传媒领域中诞生了一个全新的事物：长兴传媒集团。传媒集团已经屡见不鲜，而县级传媒集团仍然屈指可数，融合了报纸、电视、广播、杂志、网站、移动终端的全媒体县级传媒集团更是全国首家。

长兴传媒集团与长兴广播电视台合署办公，对外继续保留长兴人民广播电台、长兴电视台、《长兴新闻》报、《画溪》杂志、长兴新闻网、"中国长兴"政府门户网站、长兴网视的牌子。集团目前共有声、屏、报、网、刊五大类十四种媒体形式，分别是长兴人民广播电台太湖之声，新闻交通之声，长兴电视台新闻频道、文化频道、家庭频道、《长兴新闻》报，《太湖晨报》《画溪》杂志，《财智》杂志，长兴新闻网，长兴汽车网，"中国长兴"政府门户网站，长兴网视，"无线长兴"手机台。

（二）长兴传媒集团发展的宏观环境

长兴传媒集团的出现是一场融合了政治因素、经济因素、社会因素以及技术因素等多方面因素的集体变革，因此，分析长兴传媒集团之前，有必要对其宏观环境进行分析。笔者将用 PEST 分析法对长兴传媒集团外部环境进行分析。

PEST 分析法是宏观环境分析模型，PEST 即政治（political）、经济（economic）、社会（social）和技术（technological），这些都是长兴传媒集团的外部环境，不受集团掌控。

1. 政治因素

（1）全国传媒行业政策的放开。2008 年，时任国家新闻出版总署署长的柳斌杰在接收英国《金融时报》的采访时表示："允许任何一家新闻出版业传媒的整体上市，而不是局限于过去将报纸的采编业务与广告等商业经营剥离开来的做法。"这种完全不同于过去传媒发展传统观念的新思路，给长兴传媒集团的创建提供了政治环境。

从我国传媒行业的历史看，传媒行业有其特殊的双重属性，它既有宣传喉舌的意识形态属性，又有盈利的经济属性，既是政治实体又是经济实体。从 20 世纪

90年代开始，传媒业就开始实行事业单位企业化管理，实行自收自支，自负盈亏。中共中央和国务院在1992年发布的《关于加快发展第三产业的决定》中，首次将报刊经营纳入其中。新闻出版总署在1993年发布的有关决定中，首次明确了传媒的集团化发展，拉开了传媒集团化的序幕。2012年2月，为了充分贯彻"十二五"期间发展新闻出版业的要求，新闻出版总署发布《关于加快出版传媒集团改革发展的指导意见》，提出要充分认识加快出版传媒集团改革发展的重要性和紧迫性，进一步深化出版传媒集团体制改革，积极推进出版传媒集团战略性改组，鼓励和扶持出版传媒集团走出去。全国范围内传媒行业政策的放开给长兴传媒集团的创建带来了较为稳定的政治环境。

虽然全国传媒行业政策已经放开，但由于长兴传媒集团身份认定上存在问题，政策的开放有可能对集团的发展起不到保护的作用。

（2）长兴县委县政府的大力支持。2006年，长兴县委书记章根明第一次正式调研当时的长兴县广播电视台，提出了"精致、大气、特色"的六个字要求，同时，章书记在当时的长兴报社也提出"做一个有思想的新闻记者，办一份有灵魂的地方党报"。从那时候开始，长兴县委就开始谋划如何发展长兴县传媒业，章根明随后也多次正式调研长兴媒体发展状况。

在创建过程中，县委县政府对长兴传媒集团的改革给予了足够支持。县委宣传部对宣传舆论导向进一步加强管理，保证集团在进行合并创建并且走上产业化经营的同时能够坚持正确的舆论导向。

在县委县政府的大力支持下，长兴传媒集团在创建之初就明确了产业化、市场化的运营体制，这使集团的发展走上快车道，既提高了长兴传媒集团的新闻宣传质量，又增加了长兴县的财政收入，既为长兴县的经济建设和精神文明建设提供了非常有利的舆论环境，又促进了长兴县整体事业的全面发展。

2.经济因素

传媒集团的发展离不开所在地方经济的支撑，如果没有腹地经济基础作为后盾长兴传媒集团就不可能成功创建，也不可能得到有效的发展。

2010年，浙江省城镇居民人均可支配收入27 359元，农村居民人均纯收入11 303元，城镇居民人均可支配收入连续十年居全国第三位，农村居民人均纯收入连续二十六年列各省区第一位。浙江省2012年全省生产总值34 606亿元，全国排名第四，人均GDP为63 266元。

浙江省是中国省内经济发展程度差异最小的省份之一，浙北的经济发展程度高于浙南。2012年，占浙江省人口54.7%的浙北六市经济总量占浙江省的67.5%。

湖州市位于浙江省北部，现辖德清、长兴、安吉三县和吴兴、南浔二区。2012

年，湖州全市生产总值 1 661.97 亿元，人均 GDP 为 57 210.67 元，全省排名第六。

3. 社会因素

社会的信息需求是推动传媒行业发展的重要因素，人口数量结构、受教育程度是衡量传媒市场潜力的重要指标。长兴县位于浙江省最北端，全县面积 1 430 平方公里，常住人口 64.2 万。《长兴县第六次全国人口普查主要数据公报》显示，长兴县高中及以上文化程度人口占全县常住人口的 18.5%。文盲率 5.12%，城镇人口占 48.97%。伴随着浙江省以及长兴县经济的发展，大量劳动力从农村涌入城市，从外地涌入本地，这些新增的社会需求增大了长兴县传媒行业的市场潜力。

长兴传媒集团得以成功创建的一个重要原因是走出长兴县，集团在发展中也逐渐按照这一策略推进。长兴县周边城市，乃至浙江省良好的媒介基础和巨大的市场潜力都将给长兴传媒集团带来有力的发展条件。

喻国明在《中国传媒发展指数报告（2012）》一书中指出，浙江省传媒发展情况良好，在全国位于上游位置。根据中国传媒发展指数 CMDI（2012）计算结果，浙江传媒发展总指数得分为 70.51，全国排名第四。

2012 年浙江省出版报纸 70 种，报纸平均期印数 1 131.36 万份，2012 年浙江报纸发行收入达 5.42 亿元，位居全国第二，慧聪研究媒体监测数据表明，2012 年浙江省报纸广告刊例额为 58.27 亿元。2012 年浙江千人日报拥有量达 64.79 份，在全国排第十一位，报纸单位广告承载为 177.96 元，报纸单位广告承载力强。2012 年，浙江百户拥有彩电 343.44 台，根据央视索福瑞监测数据显示，2010 年浙江卫视在外省收视观众人数为 2 647.8 万人，本省电视媒体在省内观众收视人数达 3 712.9 万人，共 6 360.71 万人，居全国第五位。2012 年，浙江省百户拥有电脑 277.56 台，互联网消费时长为 83.8 小时，在全国居于上游水平。电视收视人数在全国排名第五位表明浙江省电视媒体有较强竞争力，长兴传媒集团在发展中可以通过向浙江卫视以及其他地方卫视学习，从而提升自身的节目水平和电视台管理水平。全国上游水平的电脑拥有量以及互联网消费时长也为长兴传媒集团发展互联网相关产业奠定了基础。

根据以上数据，笔者可以得出浙江省传媒发展情况的一些特点，这些特点也可以适当地反映出长兴县传媒发展的总体情况以及在全国各个县中的地位。其特点是总体发展水平较高，属于媒介比较发达的地区；报纸发展状况良好，报纸单位广告承载力强；电视收视人数较大；互联网硬件基础较为优越。

4. 技术因素

进入新时代以来，信息技术日新月异、快速发展，技术创新层出不穷。新技术为传媒集团的生产革新创造了有利的条件，传媒集团可以运用先进技术，改变传统的生产方式，实现报纸产品的数字化以及排版系统的升级。

在新技术环境下，传媒集团服务受众的方式也得到了改变，传媒集团纷纷建立自己的新闻网站，为受众提供数字化的信息服务。随着互联网技术的广泛应用，无线通信技术的发达和移动终端的普及，受众可以实现随时随地接收信息，这对传媒集团产生了巨大的影响。

新技术是一把双刃剑，一方面，它给传媒集团的发展带来了威胁。新媒体的出现给传统传媒行业带来了翻天覆地的变化，并且以迅雷不及掩耳之势抢夺着传媒市场这块蛋糕，有一大批受众被新媒体吸引，收看电视节目、看报读报的总人数正在下降。另一方面，新技术也给传媒集团的发展提供了新的业务点以及技术保障。例如，长兴传媒集团的长兴新闻网是现有的网络阵地，其随后开发的"无线长兴"手机终端、"全媒体即时报"等新业务都与技术的发展分不开。

（三）创建期长兴传媒集团的困境

在长兴传媒集团的创建过程中，最大的困难是职工的不配合。在创建之初，许多人对新集团充满了疑虑，一方面，他们对原有的制度弊端有一定的认识，希望可以通过改革、新集团的成立规避这些弊病，但另一方面，他们对新集团又充满了不信任，担心新集团的成立会损害自己的既得利益。广电、报纸等机构是事业单位，员工们都是捧着"铁饭碗""吃财政饭"的，旱涝保收，现在如果成立一个全新的传媒集团，走上集团化和产业化的道路，完全进入市场，取消了国家的财政拨款，那么新集团能不能养活自己？自己的收入还有保障吗？新事物的出现自然伴随着风险，习惯在舒适、悠闲环境下工作生活的人对改革不能理解。他们会认为：为什么我们放着好日子不过，非要创建一个新事物？面对职工们的种种疑问和阻挠，长兴传媒集团表现出了极大的勇气和决心。

长兴传媒集团董事长、党委书记许劲峰告诉笔者："如果真的动，我们就要动真格，不能是小打小闹，面对全国乃至全世界媒体发展的大环境，不作为并不能保证安全。集团创建的种种困难我们都想过，但并不能因为有这样那样的困难，我们就畏手畏脚，停滞不前。"

不仅仅是职工们不配合，集团的领导层对集团的创建也无从下手，当时全国的传媒集团一般为中央级或者省级，市级传媒集团屈指可数。长兴传媒集团领导们谁也不知道一个县级的传媒集团应该如何创建，创建方案迟迟无法出台。

董事长许劲峰告诉笔者："解决困难，我们主要遵循这样一个规律，集中精力面对一个困难，解决一个矛盾，打攻坚战役，不打全面战争。""虽然方案是一整套的，但是一步一步走，一个部分一个部分琢磨总能出台。"

（四）创建期长兴传媒集团的困境突围

面对职工的疑惑和从无到有创建一个新生传媒集团的困惑，长兴传媒集团领导主要从以下几个方面做出了努力，一步一步将集团的框架确定下来。

1.同行学习，做好创建准备

长兴传媒集团领导先后到杭州日报报业集团、浙江广电集团、东方卫视、南京广电集团、上海复旦大学走访请教了一些专家、学者。同时，集团领导也与佛山传媒集团和黑龙江牡丹江新闻传媒集团进行了电话、网络的联系。此外，集团选派业务骨干分批次前往杭州日报报业集团、浙江卫视学习深造，并与杭州日报报业集团签署战略合作协议，杭报专家指导团常驻集团进行业务指导、培训，在新闻采访、编辑、策划、排版、广告营销等方面提供全方位的帮助。

2.完善结构，建立科学管理机制

在机构设置上，集团领导尽量多参考其他传媒集团的做法，"但是，我们发现，一些传媒集团只是形式上创建集团，采访、编辑还是老一套，所以我们主要从建立合理治理结构，建立矩阵式组织结构上做出了努力。"许劲峰告诉笔者。

经过调研和学习，长兴传媒集团确定了一条机构设置的基本思路，即在完善党委、董事会领导下的事业法人治理结构中，坚持正确的舆论导向，坚持先进文化的前进方向，充分发挥媒体的宣传功能和社会功能，按照做强媒体主业、拓展文化产业的思路，打造一流的区域性全媒体，不断提高社会效益和经济效益，确保国有资产的保值增值。

机构设置的基本思路落到实处，主要设党委、董事会、编辑委员会和经营管理委员会。整个方案得到了传媒集团筹备领导小组的认可。最后，集团领导在广泛听取意见、建议的基础上，制定了《长兴传媒集团机构设置方案》。

3.岗位竞聘，实现人员流动

在完成机构设置后，长兴传媒集团马上进行了岗位竞聘。长兴广播电视台的岗位竞聘从2004年就已经正式开始，随后用7年的时间进行了规范。传媒集团对这次岗位竞聘采用了稳妥的方式，集团创建初期，一共有60多个中层岗位，竞聘者的演讲分数必须进入前80名。竞聘演讲实行打分制，党委领导30分，中层干部互评35分，职工35分。集团领导把更多的评判权交给中层和群众，在很大程度上做到了公平公正。

在这次竞聘中，传媒集团充分考虑了全媒体的整合。"比如，报纸采编部和电视采编部必须有多少人要交叉，不交叉的话两种文化融合不起来。"许劲峰告诉笔者，这种整合具体体现在竞聘岗位的设置上，以及竞聘者的专业出身和工作经历要求等。

成立初期的岗位竞聘为集团内部的人员流动提供了一个有效的途径，在集团创建两个月后，"三位中层干部下到了基层，两位中层干部主动提出吃不消离开了团队，没有发生任何的不愉快。"许劲峰告诉笔者。

4.公平效率，实行分配制度改革

长兴传媒集团创建以前，长兴广播电视台的薪资一共分成5档，最高档是最低档的2~3倍，最低的一档年薪只有2.8万元。传媒集团探索分配制度改革，最大的亮点是降低高收入，并且将薪酬与工作积极性和工作完成程度挂钩。在最初的分配制度改革中，长兴传媒集团一次性降低了七名员工的高收入。集团对报社整合的人员也采用了同样的分配制度，与电视台人员实行完全一样的标准。长兴传媒集团的分配制度改革顺利完成。

（五）长兴传媒集团组织结构的创新与存在的问题

1.组织结构创新

长兴传媒集团在组织结构上最大的创新为一改以往的直线职能式的组织结构，实行矩阵式管理结构。

在台局管理挂钩、政产合一的时期，媒介机构作为事业单位存在，组织结构底层是最基层的职工，往上则是不同级别的领导，每一个领导都享受相应的行政待遇，从科长、处长到局长，一级一级往上。一项决策的敲定需要逐级申报、审批。这类结构最大的好处在于易于管理，每一层级均有一个把关人，可以很快明确哪一层级没有做好工作或者取得了成绩。但传媒集团化后，随着人员的增加，经营范围的扩大，直线式的管理结构就会显现出效率低下、权力过于集中的弊病。

长兴传媒集团实行矩阵式的组织结构。集团创建以后，进入多元化发展战略阶段，从单一媒介的经营过渡到多媒介的经营，从单纯的媒介经营过渡到社会资源的管理，以前的直线式的组织结构已经不能满足集团的发展要求。矩阵式组织结构由各个不同的职能模块组成，如新闻采编业务全部由编辑委员会统筹管理，广告等经营业务则由经营委员会全权负责，党委、董事会并不对具体业务负责，只需关注管理全局。这种管理模式改变了以往"逐级请示"的局面，提高了管理的效率和业务的专业性。即使很多项目同时展开，管理上也不会混乱，调整后的组织结构多元化战略的发展起到了积极的作用。

2.存在的问题

（1）缺乏第三方监督。通过对长兴传媒集团组织结构的分析，笔者发现，其整个组织结构中没有有效的监管委员会，在三大会、三大系统中，集团强调的是

"决策"和"管理"，缺乏有效的制约体制，没有形成"三权分立"的局面，这就容易造成党委、董事会的盲目决策。

从全国范围看，牡丹江新闻传媒集团在完善权力主体方面有一定的创新，值得长兴传媒集团学习。牡丹江新闻传媒集团设立了董事会、党委会和监事会，并且明确了各自的职责，董事会与党委会的职责与长兴传媒集团的党委、董事会职责类似，均属于"决策层"。两者之间最大的区别在于牡丹江新闻传媒集团设有监事会，其监事会为牡丹江市国有资产管理委员会的派出机构，职权是对集团公司的国有资产、财务、经营运行和管理实施监督。

（2）领导属性不明。目前，长兴传媒集团与广播电视台合署办公，董事长许劲峰也是长兴县委宣传部副部长，且大多数领导层成员都属于政府任命。这样的领导层往往给人以政府主管部门的延伸的感觉。虽然长兴传媒集团在实际运营中与政府主管部门的联系并不大，且始终坚持以市场为导向，走产业化道路，但领导层的行政属性需要改变。

与长兴传媒集团的情况类似，牡丹江新闻传媒集团在成立之初也与广播电视局实施"两套班子，一套人马"的模式，集团董事长张宝才兼任广播电视局局长，集团副总经理兼任广播电视局副局长。随着牡丹江新闻传媒集团的进一步发展，2004年，董事长张宝才辞去广播电视局局长一职，主动放弃公务员的待遇，集团副总经理也不再兼任广播电视局副局长，从此，牡丹江新闻传媒集团上至董事长、总经理，下至新闻采编一线工作人员一律取消公务员、事业身份，牡丹江新闻传媒集团与广播电视局实现了正式脱离关系。长兴传媒集团如果希望继续将集团"做大做强"，则更应该学习牡丹江新闻传媒集团，做到政产分离，与长兴县委县政府脱离关系。

（六）长兴传媒集团产业和产品分析

1.打造多元产业链

我国现行的传媒集团并不是所有都建立在传媒产业化基础之上，很多只是简单的"翻牌"，长兴传媒集团从成立之初就确定了产业化发展的大目标，但由于受到原有事业单位产权不明晰的困扰，加之集团成立仅仅三年时间，虽然在产业化发展的道路上有决心，但仍没有很成功地走出产业化之路。

长兴传媒集团的主流产业资源包括电视、广播、报纸、杂志等，以及与之相配套的有线电视网络资源和广告资源。长兴传媒集团的主流产业主要有广告产业和有线电视网络产业。其他相关配套产业主要有有线电视网络增值产业、印务以及其他展会经济等。

（1）广告产业。长兴传媒集团在对广告业务实施严格管理的同时，还着力提升广告质量。一方面，积极引进优秀广告专业人才，选派制作人员赴省级以上媒体或企业培训学习，借鉴上级媒体的好经验，并力求创新，打造具有长兴传媒特色的广告作品，同时更新换代包装制作设备，从硬件上提供制作保障；另一方面，注重广告策划，针对一些广告和大型活动的特殊要求，制作团队适时召开策划会，注重创意。此外，与市、县工商部门加强联系，邀请当地工商部门领导授课，对广告制作进行相关指导。集团还与长兴县工商部门合作，由工商部门派人在长兴传媒集团常设一个办公室，专人监管广告。

（2）有线电视网络产业。"翻牌"是传媒集团化中存在的问题，具体指的是成立传媒集团之前与之后，集团在体制、经营、采编流程、新闻产品质量上并没有发生实质性的变化，仅仅是"牌子"变了。

国家广电总局规定广告容量不得超过20%，集团在具体实践中高于这一标准，基本做到了黄金时间内控制在15%，其中，2011年、2012年非黄金时段广告控制在15%以内，黄金时间控制在12%以内。

（3）其他产业。近年来，集团不断拓展产业经营范围，进一步壮大传媒综合实力，努力拓展网络增值业务（视频监控、视频会商系统等），开拓电视营销加盟店、户外电子显示屏等。

"集团要在前两年的基础上，用三年的时间创造1 000万元的利润，再带动1 000万元的广告，全面延伸传媒产业。"许劲峰对集团未来的产业发展有较大的信心。

（4）长兴传媒集团产业链的思考。通过分析笔者发现，长兴传媒集团产业链存在的最大问题为盈利模式单一，集团的主要利润来源于有线电视网络以及广告。有线电视网络属于垄断产业，排除这一部分经济来源，集团的经济来源基本来自广告，盈利模式单一，如果广告市场发生波动或者广告客户经营上出现了问题，那么这种单一的盈利模式将会受到较大的影响，从而使传媒集团的经济收益下滑。

传媒集团作为传媒产业链上的一个支点，其盈利模式应该是多元化的，可以作为内容制造商，通过卖自制节目或者同其他内容制造商进行互换盈利，为网络电视、手机电视、移动电视等新媒介业务提供内容。同时，集团应立足于新闻媒介的优势，与其他产业或行业进行联合，实行多元化经营，开发新业务、新市场，如与旅游产业、教育产业等进行联合开发。单纯以广告创收模式作为盈利模式会使长兴传媒集团的抗风险能力减弱，更严重的是，它将抑制传媒人的创新思维，有可能导致故步自封，不思进取的结果。

牡丹江新闻传媒集团作为我国第一家产业型传媒集团，在发展过程中极为注重多元化经营。牡丹江新闻传媒集团在坚持做好新闻产品生产、广播电视节目生产、报刊出版、新闻网站产品生产、有线电视网络和广告产业的基础上，将产业延伸到了动漫、数字图书馆、技术设备经营、电子商务、管理咨询、传媒教育等方面。

2.形成协同联动的产品群

长兴传媒集团的产品群主要有《长兴新闻》报、《太湖晨报》《财智》杂志、《画溪》杂志、电视台新闻频道、文化频道、广播电台太湖之声、新闻交通之声。

（1）电视台以及广播产品。电视台以及广播电台是长兴县固有的传媒形式，集团在接手这两大块业务后，积极进行了改版。电视台新闻频道的产品主要有《长视新闻》《小彤热线》《观点致胜》《红绿灯前见文明》等。《长视新闻》为新闻播报类节目，通过笔者的观察，内容以及包装均中规中矩。《小彤热线》为市民爆料、维权类节目，从一开播就在长兴市民中影响较大，反映良好。在良好的市民基础上，集团成立了"市民督导团"，队员为长兴县各地热心公益的普通市民，最初名为"文明小分队"，成立于2011年4月28日，目前督导团共发现和调查不文明现象2 000多起。《小彤热线》是长兴电视台影响力最大、口碑最好的新闻产品。《观点致胜》为新闻评论类节目，其内容和包装也并没有太大的创新。《红绿灯前见文明》由集团和长兴县公安局共同推出，节目内容为主持人与交警在演播室通过交通电子眼直播全县交通情况，曝光违规违章交通行为。该节目是全国县级媒体首个交通违章直播节目。

电视台文化频道除了正常播放电视剧以及自制节目以外，最鲜明的特点是直播或者转播长兴传媒集团在每年夏天举行的大型活动，如"男声女声"电视歌手大赛、"我想上春晚"才艺选拔大赛、"春节联欢晚会""太湖之星"选秀大赛等。

广播电台原有太湖之声，频道定位为类型化音乐频道。2012年12月28日新增一个频率，即新闻交通之声，定位为新闻交通类频道。太湖之声有"音乐踏歌行""爱乐团""音乐爱月色"等节目，新闻交通频道有"阳光早报""新闻大厨房"等节目。广播电台的产品受众定位准确，内容也根据定位选编，"我们频道的受众定位为有车一族，现在听广播的人不再是抱着收音机的人，而是经济上的中流砥柱人员，是社会上有消费能力的一个阶层。我们频道自己做过一个受众调查，在长兴县有车一族人群中，我们的听众人数和比例都还是相当不错的。"广播编辑部主任朱宁晖告诉笔者。

（2）报纸杂志类产品。《长兴新闻》报为中共长兴县委机关报，一周出刊五期。2011年7月1日改版，报型设计采用对开八版套叠大报规格，分设时政新闻、综合新闻、民生新闻、国际国内、文体新闻、全媒体互动、商业新闻和广告专刊八个版面。《长兴新闻》报没有刊号，为赠阅。

《太湖晨报》创刊于 2012 年 9 月 10 日,为长三角地区唯一一份县级都市报。晨报从试刊期间的一周两期到正式出刊后每周一、三、五出刊;2013 年 8 月 15 日,每周四期;2013 年 9 月 10 日,在晨报创刊一周年之际,晨报正式实行一周五期,每期均为 16 个版面。正如前文所言,《太湖晨报》总编张瑞为集团引进的高端人才,他曾任《南方都市报》和《现代快报》的中层领导,有良好的办报素养。在他的带领下,《太湖晨报》从一创刊就获得了广泛的关注,社会影响力不断扩大。

3. 长兴传媒集团产品群的思考

(1)长兴传媒集团电视台的发展中规中矩。电视台播出内容多为购买版权的节目,集团自制内容不足,但值得称赞的是,电视台新闻频道实现了真正的"新闻"频道构想,并且,集团在推广电视台节目上做了努力,电视台新闻频道和文化频道均已经登录"小米盒子"。在集团网站"长兴网视"上也可以收看到新闻频道和文化频道的节目。

(2)广播电台在发展上与集团的全媒体战略紧密联系。新闻交通之声频道实行"全媒体广播连线",即广播在特定的时间段与记者直接电话连线,播报最新的新闻事件,直播新闻现场,广播共在 8 个时间段、每次与 3~5 名记者进行连线。太湖之声和新闻交通之声定位明确,产品差异大,能吸引不同类型的受众。广播电台也依靠集团做活动,举办了业务节目主持人大赛。但就整体发展而言,广播电台的产品仍然缺乏创新。

(3)《长兴新闻》报总体新闻深度欠缺,新闻策划的意识有待加强。由于《长兴新闻》报本身的党报性质决定了其报道内容的严肃性以及复杂性,笔者通过访谈和观察发现,《长兴新闻》报采编人员缺少游刃有余地应付日益复杂的新闻形势的能力,并且满足于平常工作的完成,创新意识、精品意识以及学习的积极性、主动性有待加强。另外,《长兴新闻》报采编人员中新人较多,有经验的老员工多已经走上了中层领导岗位,坚持在采编一线岗位的多为年轻人,老员工对年轻人的指导多为宏观层面上的教育,没有具体到采访技巧和写稿用词上,因此没有形成很好的"传帮带"局面。这也造成了《长兴新闻》报总体质量的欠缺。

(七)长兴传媒集团核心战略分析

1. 长兴传媒集团核心战略

长兴传媒集团垄断着长兴县的传媒市场,在一个封闭的行政区域内,没有其他有力的竞争对手,这种寡头垄断的情况,一方面可以让集团独享市场利润,而另一方面也带来了发展的局限。长兴县毕竟只是一个地级市,传媒资源非常有限,如果仅限于在当地发展,必然会陷入后劲不足的困境。在传媒市场产品过剩、媒介产品差异逐步缩小的情况下，如何以自己鲜明的个性吸引受众，如何立足主流产业推动有层次、多元化的产业发展，是所有传媒集团面临的压力考验，解决这些问题的重要选择就是打造独特的集团战略，提升核心竞争力。因此集团提出了自己的核心发展战略，即全媒体战略、"走出去"战略和"新闻立台"战略。

（1）全媒体战略。2012年是长兴传媒集团成立的第二年，集团将这一年定位为"全媒体探索年"，并将2013年定位为"全媒体推进年"。全媒体战略的一项重要内容是全媒体采访部的成立。全媒体采访部于2011年5月成立，由集团编辑委员会委员直接领导。全媒体采访部是时政要闻、深度报道、调查评论的负责部门，其职责是将新闻供给集团广播、电视、报纸、网络各个平台，充分发挥资源整合与优质资源高效运转优势，实现各大平台新闻资源要素的融合提升。集团对全媒体采访部的记者要求是，完成一篇稿件以后，根据不同的供稿平台对原稿件进行修改加工，以适应不同的平台要求。

集团全媒体战略的另一个重要内容是"全媒体即时报"，于2013年7月9日正式推出。"全媒体即时报"的构想是读者遇到身边的新闻事件时，只要在第一时间、第一现场将新闻内容通过手机"@长兴新闻网"新浪官方微博，集团新媒体部的网编就经过筛选采纳、修改编辑后迅速推送至长兴新闻网首页。截至笔者调研完成，"全媒体即时报"日均推送新闻量超过30条。

"全媒体播报员"是集团正在实行的另一项全媒体方案。集团将发展广大读者加入"全媒体播报员"行列，实行星级制管理，一共有五个星级，五星级（最高）"全媒体播报员"提供的新闻等同于集团记者采访的新闻，四星级"全媒体播报员"提供的新闻需要核实，三星级需要与记者共同采写，一星、二星级提供的内容属于爆料。五星级播报员一条新闻给予稿费最高为50元。

"当五星级有100个人的时候，这100个人都是我们的记者。今年（2013年）我们拿出50万元的费用在支持全媒体播报员方案。我打个比方，50万元可以支持50个五星级播报员，一人一年一万元，他们就会很高兴了，因为他们都是有工作的。原本50个记者我需要花四五百万元，但现在只要50万元就够了。"许劲峰对这个方案信心十足。

（2）"走出去"战略。"走出去"战略是传媒集团发展的一个重要战略举措，长兴传媒集团是县级传媒集团，要扩大影响和发展自身，更需要实施"走出去"战略。

2013年11月25日，浙江省体育局副局长李期华、体坛报社总编辑程士庆与长兴传媒集团签订了合作意向书。根据合作意向书，长兴传媒集团将独立承担2014年《体育大周末》的采编运营工作。体坛报社是浙江省体育局直属事业单位，

《体坛报》拥有被称为国内唯一体育类新闻周刊的《体育大周末》。

"今年（2013年），我们打算跟浙江省一家杂志社合作，把他们一份全国发行的杂志给拿下，但他们就给采编权，那不行，要拿就要连运营权一起拿下。我们正在谈，希望还是很大的。"许劲峰告诉笔者。传媒集团要"做大做强"，就必须"走出去"，跟全国的高手过招。"要有敢做的信心，要四处闯，幸运的是，我们没有撞得头破血流。"

（3）"新闻立台"战略。传媒集团做好主流业务，最主要的是做好新闻产品的生产。长兴传媒集团从一开始就制定了"新闻立台"战略。集团电视台新闻频道从2013年4月份开始，全天不播出电视剧，实现晚间6小时新闻节目的连续播出，其中3小时为自制新闻。

"可能是我孤陋寡闻了，但据我所知，全国所有地级以下，包括地级电视台中，我们是唯一一家敢这么做的电视台。"许劲峰告诉笔者。

集团的"新闻立台"战略要求集团尽最大的努力和限度采集新闻，不仅仅是来当地新闻，长兴传媒集团将视野放在了全国范围内。2013年4月20日，四川省雅安市发生7.0级地震，长兴传媒集团第一时间派出记者前往雅安，但由于种种原因，集团记者始终无法进入地震现场。本着"新闻立台"原则，集团采用各种方法联系在地震现场的记者，从一个到三个，到最后总共联系了七个现场记者，为集团每天发回最新的新闻报道，这其中包括中央电视台记者、东方卫视记者、浙江卫视记者、南方都市报记者以及总编助理、南京电视台记者。长兴传媒集团也与雅安电视台记者进行了直接电话连线，播报新闻。

长兴传媒集团做好了新闻本职工作，坚持"新闻立台"战略，取得了不小成绩。2011年，其稿件数量并列全省县级台第一；2012年，中央电视台《新闻联播》节目播发长兴传媒集团稿件25篇，再列县级台第一，仅次于杭州台；集团广播获全省新闻协作特等奖；集团电视获全省新闻协作一等奖；三年来，集团荣获省以上奖项近40个，其中仅省级新闻奖一等奖就达14个，获奖总量和质量位列全省县级台前茅。

2.存在的问题

长兴传媒集团的全媒体战略给人以耳目一新的感觉，"全媒体即时报"以及"全媒体播报员"方案都具有一定的创新性，值得其他媒体同行学习。集团的"走出去"战略也是顺应传媒集团发展的需要，是扩大自身影响力，提高自身水平的重要措施，且集团的"走出去"战略实施较为稳健，有步骤，一步一个脚印。"新闻立台"战略是坚持做好老本行的要求，但集团的新闻频道确实做到了敢为人先。

笔者通过访谈和观察发现，在集团实施的各种核心战略中，全媒体战略存在较大问题，目前的发展仍处于初级水平，实际效果与预期设想还有较大的差距。

　　首先，全媒体采访部的成立初衷在于给报纸、电视、广播等多种媒介平台供稿，但在实际操作中，全媒体采访部多采访长兴县的政治新闻、领导新闻，更像是领导们的御用报道团队，同时并没有太多根据不同平台修改稿件的举动。以《太湖晨报》为例，报纸中几乎见不到全媒体采访部记者的稿件，仅在大型政治会议或政治活动中可以看到相关稿件。全媒体采访部对记者的要求是摄像、摄影、文字、录音等多种媒介手段综合运用，但在实际操作中并不多见。

　　其次，"全媒体即时报"是想让广大读者通过手中的新媒体都能参与到新闻采编上来，但在现实中笔者发现，编写"全媒体即时报"的"读者"基本为长兴传媒集团员工，并以记者所占比例最高，真正由普通读者编写的"即时报"数量并不多。在最初推广"全媒体即时报"的时候，新闻中心拿出每位采编人员每月150元到200元的工资进行硬性考核，每位采编人员只有在完成"全媒体即时报"发稿任务的情况下才能拿回原本属于自己的那部分工资。虽然"全媒体即时报"的发稿数量得到了保证，但难免存在部分采编人员为了完成任务而发布"即时报"，以次充好，浑水摸鱼。

　　最后，集团目前管理的116名全媒体播报员全部为县级机关各部门、乡镇及有关单位负责宣传工作的工作人员，真正的民间播报员目前还没有得到有效发展。这与"全媒体播报员"方案刚刚实施有关，为了保证"全媒体播报员"方案的顺利实施，集团应吸收一些有文字功底和宣传写作技能的人员，随着方案的进一步深化，人员结构应做更好的调整。

　　虽然集团的全媒体战略有一些问题，但仍然可以看出集团敢想敢做的自信以及想要做好的决心，新事物从出现到为人们接受需要一段时间，"全媒体即时报"和"全媒体播报员"就属于新生事物，当人们都习以为常的时候，参与其中也就是理所应当的事情了。

（八）长兴传媒集团 SWOT 分析

　　根据前述内容对外部环境的阐述和集团各个重要发展部门的分析，这里将对影响长兴传媒集团发展的内外部关键因素进行综合分析，进而形成长兴传媒集团的 SWOT 矩阵，并根据矩阵提炼出适合长兴传媒集团的发展战略。

　　SWOT（strength，weakness，opportunity，threat）分析是一种企业战略研究的工具，通过把公司的内部因素分析和外部环境分析结合起来，形成结构化的研究体系。SWOT 分析广泛应用于企业战略制定管理、市场分析、竞争对手分析等方面，并且具有鲜明的结构化和系统性特点。结构化特点表现在建构 SWOT

矩阵，并且给每个区域赋予相应的意义，强调从企业的内外部因素入手，分别进行分析。SWOT 分析法的系统性特点在于给企业制定发展战略提供了系统指导思想，将 SWOT 矩阵中不同区域的独立因素进行综合分析，从而提供战略制定的科学依据。

SWOT 分析法的前提在于正确识别优势、劣势、机会和威胁，而正确地分析这四类因素，必须从行业环境基础分析出发。要在现在或者未来的一段时间内观察行业环境可能存在的，或者可能出现的，将影响企业和竞争对手的重大因素。

1. 内部优势分析（S）

（1）集团规模效应逐渐显现。长兴传媒集团成立三年以来，通过有效的资源重组，不断扩大集团的业务范围，新增业务内容，目前已经形成了 3 报 2 刊 1 网 3 台 2 广播 5 公司 1 工厂的规模，各项业务互相扶持前进。集团业务涉及传媒行业的大部分领域，为以后更好地涉足多元化经营创造了条件。集团的规模效应也表现在面对市场冲击以及竞争对手的挤压时，集团有更强的抵抗能力。

（2）品牌优势突出。长兴传媒集团注重打造品牌，通过几个不同的方法进行经营，目前集团已经具备一定的品牌优势。首先，集团通过新闻节目树立自身的品牌，正如上文所说的《小彤热线》，这个节目已经成为长兴电视台新闻频道的招牌，某种程度上，也已经成为长兴传媒集团品牌优势的代表。《小彤热线》在长兴市民中影响较大，影响力也从荧幕前延伸到现实生活中。其次，集团通过活动打造品牌，"五博会""我想上春晚"活动也已经形成常态，成为长兴市民娱乐生活中的一部分。最后，《太湖晨报》后来居上，在全县纸质媒体中占得重要一席，同时在周边地市县的影响力也不断扩大，知名度不断提高。

（3）有一定的自我治理能力。由于长兴传媒集团创建之前各个单位长期处于事业化的管理模式和思维中，传媒的市场活动带有明显的行政支配特点，传媒是政府的一个职能部门，两者是上下级的管理 – 附属关系，这就使"管得住"和"走出去"成为一对矛盾。任何一个政府都希望处于意识形态层面的传媒表现出可以控制的状况，但传媒集团和事业集团的最大区别在于传媒集团的经济性因素更重要一些。政府的角色不应该是"办传媒"，而应该是"管传媒"，行政化的管理方式更多倚重行政权力体系的覆盖，是和行政区域高度融合的管理模式。政府的管理手段应该是宏观政策调控和产业市场环境的监管，在这样的环境下成长起来的传媒集团，其自我治理能力将有很大程度的提高。长兴传媒集团的发展环境就是这样的状况，长兴县委县政府对集团的"管理"仅仅是宏观层面上的把控，对其自我治理很少插足，并且在一定程度上支持集团的"变革"和创新。

长兴传媒集团从成立到现在，仅仅过去三年不到的时间，虽然目前还只是局限于县域层面，缺少打破传媒业发展区域限制的方法，但集团也已经具备了一定的自我治理的能力。在"管得住"和"走出去"这对矛盾上，长兴县政府和长兴传媒集团有一定的共识，集团接管《体育大周末》就是迈出去的第一步。

（4）硬件条件优越，资金充足。为了提升长兴传媒集团的硬件实力，集团先后投资 2 亿元建设传媒中心，2009 年，传媒中心正式建成，投入使用。传媒中心拥有 600 平方米综艺演播室、开放式演播室以及先进水平的非编系统和硬盘播出系统。集团还投资 1 100 多万元添置了 8+2 讯道电视转播车和电台直播车，以及堪称全国一流的采编播设备等。目前集团的收入情况良好，收入逐年增加。2013 年，集团的收入达到 1.3 亿元左右，目前集团的固定资产有 7 亿元左右。充足的资金供应为集团后续发展提供了强大的保证。

2. 内部劣势分析（W）

（1）身份的尴尬，有实无名。正如笔者在前文中所叙述的那样，长兴传媒集团与长兴广播电视台合署办公，对外继续保留长兴人民广播电台、长兴电视台、长兴新闻网、"中国长兴"政府门户网站的"牌子"，虽然长兴传媒集团实际存在，并且得到了较好的发展，但它也有一个最大的隐患，即没有一个合法的身份。长兴传媒集团从成立到发展，均由长兴县委县政府、长兴县文广新局一手促成，并没有得到国家新闻出版广播电影电视总局的正式批文。

2003 年 7 月 15 日，中共中央办公厅、国务院办公厅下发了《关于进一步治理党政部门报刊散滥和利用职权发行，减轻基层和农民负担的通知》（以下简称《通知》），《通知》中明确规定，县（市、旗）和城市区不再办报刊，已办的要停办。长兴县由此也撤销了县报的刊号，并且以《长兴新闻》报原班人马组建长兴县信息中心以及县委报道组。2011 年，长兴传媒集团成立以后，《长兴新闻》报、《太湖晨报》《画溪》和《财智》杂志等刊物，均没有正式刊号，全部属于赠阅。

虽然没有正式的身份认定，但上级部门仍多次到长兴传媒集团调研，了解集团发展情况，长兴县委书记章根明、县长吕志良多次到集团调研，浙江省广电局局长张宝贵，浙江广电集团总编辑程蔚东，国家广电总局宣传管理司副司长李宗达，中央电视台分党组副书记、副台长魏地春，中国记协党组书记、常务副主席翟惠生等上级部门领导也曾到集团调研，并对集团做出了不同程度的肯定。

从长兴传媒集团接管《体育大周末》一年的采编运营工作来看，长兴传媒集团尴尬的身份并没有给它在实际业务中带来阻碍，但集团仍应考虑这个问题，应尽量解决该问题。笔者认为，有实无名是长兴传媒集团发展最大的隐患。

（2）资金来源结构过于单一。资金对公司机构的发展是至关重要的，但不难发现，民间资本以及外资在传媒行业所占的资金份额极少，主要是因为进入体制的缺乏。目前，长兴传媒集团的资金来源主要是自给自足，其文化产业的经营领域单一，影响不大。

从 2011 年集团创建至今，其部门的扩张、业务的新增几乎没有引入业外资本投入，基本上是长兴传媒集团的自筹资金，这对于集团而言有一定的风险。同时，由于集团资本的国有属性，事业与产业属性的混合，很难监管集团的市场行为，极容易演变成轰轰烈烈的政绩工程。

上海《青年报》在引入业外资本方面取得了成绩，它的改版几乎没有动用政府投资，5 000 万元业外资本的进入对报纸的发展形成良好的市场约束，使濒临退出市场的报纸获得了生机，并以"新闻纸"的品牌成为上海报业市场的轻骑兵。

（3）人才问题。长兴传媒集团的人才问题主要有两类，一是集团管理人才缺乏，二是集团人才流失过大。目前从全国范围看，媒体从业人员超过百万，如果包括网络编辑数量，这个数字将翻一番，而媒体经营人员所占比例很小。长兴传媒集团就存在管理人才缺乏的问题，缺少懂得研究受众、懂得经济学和管理学具体实践技能的人才。虽然集团从成立之初就大量招兵买马，吸引全国范围内的优秀人才，但引进的人才基本属于具体业务型人才，多为记者和编辑，管理类人才引进不足。

集团负责媒体经营管理的高层领导出身于各个具体业务部门，这些领导对自己从事的部门业务较为熟悉，调入集团后也会相应地分管熟悉的业务，但他们对全局工作的管理意识不强，有一定的"偏科"现象。

在集团人才的外部流动上，人员流失问题较为显著。"在 2012 年，集团董事长就率队招聘了近 50 人，2013 年集团招聘人员数量也不小。大量的招聘也会导致新进员工素质的参差不齐，难以管理。集团一年的离职员工人数在 40 人左右。"长兴传媒集团董事人力资源部主任稽和英告诉笔者，"人员流失问题需要解决，在进入的同时，更加需要注重留人，从而才能保证集团业务的流畅以及继承性。"

3.外部机会分析（O）

（1）临近南京、宁波、杭州等发达城市，高速铁路穿城而过。宁杭城际铁路选址长兴县作为一个站点，使长兴县与杭州、南京的铁路时间只有半小时，长兴县与相邻发达城市的联系更加密切，媒体间的合作学习也更为便利。长兴传媒集团有条件将"触角"延伸到相邻城市，媒体从业人员的流动性也更强，可以实现白天在杭州市区上班，晚上回长兴的有利局面。

（2）长兴县 CBD 和总部经济园风生水起。根据长兴县委县政府的部署，长兴县新区开始新建总部经济园以及配套的基础设施，目前已经有南方机电、南方水泥、惠丰工贸、万通商务等 70 余家知名企业入驻总部经济园。总部经济园将打造成制造业、高新技术产业、信息产业和重要物流产业基地。知名企业的入驻将有力发展长兴经济，长兴经济的发展将给长兴传媒集团的发展提供更大的支持。总部经济园物流业的发展也有利于长兴传媒集团扩宽发行渠道、构建信息网络。

（3）长兴县居民消费能力稳步提升。正如前文所言，长兴县 2012 年地方财政收入 35.51 亿元，城镇居民人均可支配收入 33 439 元，增长 12.5%；农民人均收入 17 462 元，增长 11.6%，无论是数额还是增速都明显超过全国平均水平，在东南发达地区也能处于中上游地位。良好的居民消费能力为长兴传媒集团提供了有相当潜力的消费市场，为集团发展提升了后劲。

（4）长兴县委县政府的大力支持。长兴传媒集团的创建得到了长兴县委县政府的大力支持，集团目前也是长兴县最重要的新闻宣传机构。长兴县委县政府从债务免除、资金投入以及土地等方面都给予了长兴传媒集团政策上的优惠。

4. 外部威胁分析（T）

（1）在向外扩张过程中，竞争对手实力强劲。长兴传媒集团在"走出去"的过程中，遭遇到浙江广播电视传媒集团、浙江日报报业集团、杭州日报报业集团等一系列强有力的竞争对手，长兴传媒集团无论从现有规模、人员还是集团综合实力上都无法与这些对手抗衡。

（2）经营成本的增加。经营成本的增加主要有两个方面，一是原材料成本，二是人力资源成本。在国际金融危机以后，纸张等原材料价格不断上涨，新闻纸的价格更是从以前的 4 000 元每吨上涨到 6 000 元每吨，增长了 50%。集团的新闻产品除了电视台之外，都属于赠阅的方式，经营压力增大，利润空间减小。长兴县经济的发展同时影响着物价水平的升高，集团用于人力资源维护的成本不断增加。这些对集团未来的发展都有一定的威胁。

（3）传统媒体优势在逐渐削弱。新媒体时代，人们的生活、工作、学习等方方面面都离不开网络，离不开移动互联网终端。全国的网民数量激增，大量报纸读者"转投"网络，电视受众数量也在下降。2011 年，长虹电视曾发起一个电视受众数量的调查，结果显示，当时北京地区 100 部电视的开机率为 38%，而 3 年前这个数据是 75%，北京地区的调查数据同样可以反映出长兴县的电视媒介情况。虽然长兴传媒集团也相继推出网站、论坛、移动互联网终端软件等新媒体媒介，但其核心业务收入仍是传统媒介，包括报纸广告、电视广告以及数字电视使用费。

（4）"撤县并区"的威胁。2012 年，长兴县本级公共财政收入 35.5 亿元，占到了湖州市全市公共财政收入的 25.6%。根据中郡县域经济研究所《2012 县域经济与县域发展监测评价报告》，长兴县的财政收入全国排名第 53 位，在湖州市三县两区中居首位。2011 年，长兴县本级公共财政支出 24.3 亿元，当年湖州市本级公共财政支出为 57.1 亿元，仅为长兴县的 2.35 倍。这是典型的"强县弱市"。

2013 年 5 月 8 日，一份由长兴县委、县政府办公室联合署名的通报披露，"湖州市委、市政府对我县行政区调整工作已经派出由市委领导带队的调研组进驻长兴，现正在听取方方面面的意见"。此通报一出，长兴县的商会和部分乡镇干部就开始高调抗议撤县并区。长兴县多地也发生公开集会表示抗议。

2013 年 5 月 8 日下午，长兴县政府行政中心的广场前，分管维稳工作的长兴县委副书记许小月通过扩音喇叭向拥挤的当地民众喊话，"我受书记、县长委派，在这里向大家喊话，经市委市政府、县委县政府研究，认为长兴撤县建区条件不成熟……"。

至此，长兴县撤县并区风波结束。这是长兴县的一件大事，关乎方方面面，当时就有传闻说，如果长兴县并入湖州市，长兴传媒集团的存在将岌岌可危，很有可能将被直接拆分，并且将会有大量的裁员，集团员工对此事也是十分关注。"如果长兴县变成了湖州市的一个区，那湖州市不仅仅要从财政上剥削我们了，更有可能要控制我们，首当其冲的肯定是行政上的问题，再接下来，我觉得就到我们了，你想啊，湖州市肯定不会允许一个区的媒体行业比自己的市来得更响一点，它（湖州市）现在是管不太着我们，你真让它管管看就知道了。"长兴传媒集团职工方俊斌（化名）告诉笔者。

虽然此事经过各方论证目前暂缓，但对于集团而言，这仍是一个不小的威胁。集团的成立是由行政力推动而成，那么集团的拆分是不是也会如此？况且，对行政上的压力，集团并没有太多应对的办法。

5. 长兴传媒集团 SWOT 矩阵分析

从前文的分析中可知，长兴传媒集团在发展过程中，在外部环境中既面临机遇，又遭遇着威胁，在内部环境中既有自身优势，也有劣势。根据长兴传媒集团的 SWOT 分析制作出 SWOT 矩阵。根据长兴传媒集团面临的不同机遇、威胁以及自身的发展优劣势，可以从 SO、WO、ST、WT 四个方面制定具体的战略，从而应对未来可能发生变化的行业基础环境。

（1）SO 战略。长兴传媒集团目前已经有一定的优势积累，无论是政府支持，还是资金能力等方面，长兴传媒集团都有可能在本地区内继续"做大做强"，但不应仅仅局限于媒体主流产业以及周边附加产业，建议采用多元化扩张战略。多元化战略试图在现有传媒集团中增加不同的产品以及不同的业务部门，以使传媒集团能够重拾更广泛业务领域的经营。多元化战略又可以分为相关多元化以及非相关多元化两类。相关多元化，顾名思义，指的是发展与传媒集团现有的业务有价值关联或者存在某种互相配合关系的产业，如娱乐产业、动漫产业等。而非相关多元化指的是依靠现有的品牌优势和资金，另辟蹊径，涉足与集团现在业务关联性不高的产业，如房地产、餐饮、旅游等。严格意义上说，只有非相关多元化才是真正的多元化。同时由于交通、物流行业的便利，建议长兴传媒集团可以适当实行跨地区扩张战略，以长兴县为大本营，走向周边县市区，以接管经营权、资金入股、技术人员入股等方式参与其他地区的媒体产业发展，在守好阵地的前提下，将树枝延伸到更广阔的区域。

虽然长兴传媒集团没有明确提出这两项具体的战略，但在实践中，它正在按照两项战略的要求逐步实施。

（2）WO战略。长兴传媒集团要善于利用外部有利环境规避自身不足，建议采用合作联盟战略，与浙江省几大传媒集团实行联合，学习对方先进的管理方法，引进对方现有的成熟技术条件，实现人员上的相互流动，并且在引进人才的基础上，做好集团自身人员的培训提高工作。长兴县较为优异的城市环境和气候条件，交通上的便利，以及长兴县委县政府对集团合作联盟的政策优惠，都将给予这一战略以重要帮助。

（3）ST战略。面对新媒体的冲击经营成本的上升以及撤县并区的压力，建议长兴传媒集团实行差异化战略，差异化战略是指传媒集团提供的产品或者服务要价值独到，以形成在目标市场上独具特色的东西。该战略的目标在于回避自身发展所面临的劣势，试图通过新闻产品的价值吸引读者。采取差异化战略要求传媒集团就目标受众广泛重视的一些方面提供独到的价值。长兴传媒集团实行差异化战略，前期需要有充分的调研材料，要了解读者对新闻信息类产品的关注点在哪里，要了解长兴县以及杭州市读者对晨报以及体育类报纸的期待是什么。掌握了这些前期资料以后，《太湖晨报》以及《体育大周末》就可以抓住这些期待，满足读者需求，增加自身价值。

（4）WT战略。从长兴传媒集团的自身劣势出发，同时考虑到不利的外部环境，集团要明确自身的最大劣势，即身份合法性的问题。集团在向上级领导部门积极提出该问题，寻求解决途径的同时，要有一定的防患措施，集团可以通过固定资产、资金入股的方式，与浙江省几大传媒集团保持法人上的依属性，即在合法性问题上，依靠现有的强大传媒集团，放弃长兴传媒集团法人的独立性。但是长兴传媒集团在具体的经营权上独立，不受所依附传媒集团的控制这一战略属于无奈之举，因为这将从根本上丧失长兴传媒集团的独立性，属于万不得已之计。

三、从创建到成长：长兴传媒集团的启示

长兴传媒集团作为全国第一家县级全媒体传媒集团，其带来的实践价值是十

分巨大的,它的探索之路对县级媒体如何发展,甚至对我国传媒集团的发展都有一定的借鉴意义。而长兴传媒集团做得不足的地方同样可以给其他传媒集团敲响警钟。

(一)展会经济是县级媒体的突破口

在全国经济疲软的大环境中和新媒体的冲击下,县级媒体广告收入减少,又由于覆盖面小、技术条件有限等原因,目前县级媒体生存困难。但是县级媒体不应该自怨自艾,这并不是说大家都要盲目做大,纷纷创建传媒集团,但是应该有做好的信心,主动做出变革。以长兴传媒集团的发展经验为例,县级媒体要拓展经营理念,扩大经营范围,其中比较有效的办法是做好展会经济。县域是民间资本最为活跃的地区,县级媒体应发挥好固有平台优势,做好展会经济。在前期调研的基础上,县级媒体可以推出车展、家装展、服装展等展会。展会对于县级媒体而言,成本投入不大,展会需要的主持人、设备均为县级媒体现有的。除了展会经济,主办活动也是县级媒体发展的有效手段。例如,长兴传媒集团联合政府,每年推出集团的大型活动,并在活动中寻找优质赞助商。2013年,长兴传媒集团推出"太湖之星"大型选美活动,由即将在长兴县推出别墅项目的地产商冠名,此举为长兴传媒集团扩大知名度和增加创收都带来了好处。县级媒体也可以根据自身情况,提前与当地厂商、商家联合策划主办活动。同时,县级媒体应与当地政府合办活动,邀请领导出席仪式,由政府出面协调场地、租金等事宜,可以大大降低活动成本。

(二)全媒体战略是新闻媒体的发展趋势

新技术、新媒体对传统媒体的冲击已经不言而喻,正在改变传统媒介的生态环境。从全国范围看,不仅仅是长兴传媒集团实施了全媒体战略,其他媒体也不同程度实施了全媒体战略。例如,解放日报报业集团经过积极探索,目前已制定了完整的以 i-news(手机报)、i-book(电子杂志)、i-paper(电子报纸)、i-strect(公共新闻视屏)为内容的"4-i"新媒体战略;杭州日报报业集团设立网络中心和滚动报道组,并创建了由10人组成的"全媒体记者"队伍;宁波日报报业集团成立全媒体新闻部,以全媒体数字技术平台为依托,以视频多媒体为主要报道方式;广州日报报业集团也建立了3G门户,积极探索新的传播途径。

长兴传媒集团从全媒体战略出发,进而推出"全媒体即时报""全媒体广播连线"和"全媒体播报员"等一系列手段,并在全集团范围内,从体制、思想观念、组织架构等方面进行创新,吸引了大量外地同行前来调研学习。这些有效的方案值得全国传媒集团学习。但是全媒体战略并不是完全照搬照抄,而是应从自身出发，从当地出发，结合本地受众群体目标，开发适合自身的媒体形态，找准切入口进行突破。

（三）主动改革，措施要配套

要发展，就必须改革，传媒集团化改革是为了发展传媒行业，最大限度满足人民群众的精神文化需求。继续沿用原来的计划经济时代的管理宣传的思路和方式经营和管理传媒集团，这种僵化的思维定势和思维习惯阻碍了我国传媒集团的发展。对于传媒行业而言，由于其具有较高的垄断程度较好的政策保护以及特殊的喉舌功能，从某种程度上讲，改革的内在驱动力并不是很强，更多的动力来源于行业外的竞争和系统内部自上而下的推动。尽管长兴县经济发展情况良好，传媒等各项事业的发展也较为发达，但县委县政府和集团领导层仍要强调发展思路，要积极摸索新路子，主动改革。

对主动改革，我们需要有一个清醒的认识：改革是一个系统工程，需要全方位的考虑。任何一场改革都需要配套的措施，传媒集团化改革也是如此。

改革需要处理好利益分配，解决公平和效率问题。处理好利益分配问题可以让改革参与者的各方都有收益，这样有利于改革的进一步推进，也可以化解改革中出现的矛盾，为长远发展打好基础。建立一个合理的分配制度，解决好公平和效率的问题，可以极大提高员工的积极性和对改革与发展的支持度。

改革还要有制度上的保证。这种制度上的保证是建立一个科学合理有效的集团制度。和传媒产业相适应的传媒经济组织形式是公司制和集团化，而成立传媒集团正是为了合理优化配置集团内部资源。但是，正如上文所言，长兴传媒集团在组织结构建设上并没有做到十全十美，这也是长兴传媒集团需要改正的地方。

（四）树立先进的经营媒体观念

经营媒体的观点是从业界提出来的，《天津日报》总编辑张建星在他的《传媒的运营时代——从媒体经营到经营媒体30讲》一书中提出了经营媒体的观点。

从媒体经营到经营媒体，虽然只是两个词语调换了顺序，但反映的却是观念的改变。媒体经营是以媒体为依托，进行一些相关的经营性活动，是传统的经营观念例如，广播电视台出租演播大厅，广告直销商或者报社的印刷厂承揽一些外部的印刷任务，这样的媒体经营是最初级的经营，虽然这种经营方式也面向了市场，但只是资源的简单利用，并且市场空间不大。而经营媒体则是把媒体当作一个整体来经营，通过媒体内部资源的整合和优化配置，媒体内部各部分之间的配合，达到经营的最佳收益。

媒体经营多适用于单一的媒体，并且不可能产生规模效益，而经营媒体就会具备规模效益。对于长兴传媒集团这样的综合性传媒集团而言，有报纸、电视、广播、杂志、网站等各种媒体资源，把这些媒介资源当作一个整体经营就会产生比各部分单独运行更好的效果。但是，目前长兴传媒集团并没有很好地将现有资源整合成一个整体进行经营，虽然有一些资源的配合和互补，但仍然是最初级别的配合，仅仅局限在"帮助"以及信息共享的层面。例如，长兴传媒集团推出一系列展会活动，长兴电视台、由《太湖晨报》、《长兴新闻》报以及广播、网站等配合进行宣传。长兴传媒集团现在还并不具备经营媒体的观念。

经营媒体理论的提出者——张建星所领导的天津日报社就对经营媒体观念做出了很好的实践。2001年，天津日报报业集团与其他几家不同领域的公司共同成立了一家新的传媒公司，天津日报报业集团以其报业集团的无形资产获得了公司的控股权。按照经营媒体的思路，天津日报报业集团还将经营范围延伸到了培训产业。张建星用经营媒体的理念将其领导的党报集团实现了增值。这种实践方式值得长兴传媒集团和全国传媒集团学习。

传媒产业是一个高投入高产出的产业，同时也是一个高风险的产业，经营媒体达到规模经济可以降低传媒经营的风险，达到资源的最大限度利用，也能收到最好的经济效益。

（五）实现传媒集团的产权多样化

笔者通过研究认为，产权单一、资金结构单一是阻碍长兴传媒集团发展的一个较大因素，产权制度是现代企业的基石，也是传媒产业化的基石。长兴传媒集团的产权全部属于国有，资金来源主要依靠自身经营发展，通过广告以及有线电视网络等几大部分支撑集团的发展，没有任何引进民间资本的举措。

真正实现传媒产业化就要改革传媒集团的产权制度。在运营过程中，真正的产权所有者是"缺位"的，由于国家和政府并不具体参与到传媒的经营中去，因此就很少有人从媒介产业资产增值的角度关注媒介产业的发展。在一定的历史时期内，由于集团按事业单位模式管理，国家对媒介产业不仅没有资产增值的要求，反而还有相当数量的补贴和较大程度的政策优惠，而这样的老观念老思想仍然在多多少少地影响着媒介的经营者。

世界传媒经济学术会议（World Media Economics Conference）的创始人罗伯皮卡特（Robert G·Picard）教授曾这样说过："中国传媒业和国外传媒业最大的差别在于所有权结构。传媒业是一种信息产业，拥有各种有形资产，也拥有大量的专营性质的无形资产，在市场经济条件下，这些生产要素和资产都是资本，应该允许它们到资本市场上实现价值，从而调动传媒业产权所有者的积极性。"在我国，也不乏成功的例子。1994 年，上海广电总局下属的东方明珠股份有限公司上市，成为第一家由媒体发起设立的股份有限公司。目前，在我国，资本进入传媒集团的主要方式：一是传媒集团将经营性的业务与母公司相分离，成立由母公司控股的新闻类子公司，然后直接申请上市，如东方明珠、电广传媒、歌华有线；二是传媒集团采取借壳上市的方式，通过收购上市公司直接进入资本市场，如博瑞传播、赛迪传媒；三是一些上市公司利用现有资源与传媒集团进行整合，利用资本使传媒集团达到多元化经营的目的。长兴传媒集团以及其他传媒集团一样，应考虑产权单一带来的问题，学习现有经验，为自己所用。

四、长兴传媒集团创新发展的分析

长兴传媒集团是全国县级台中第一家整合所有媒体资源的全媒体传媒集团。近年来，集团创新务实，全力打造全国一流区域性全媒体，在新闻宣传、产业发展、队伍建设等方面均取得了明显成效。同时，集团在优化资源配置、推动传统媒体与新兴媒体融合发展等方面进行了积极探索，媒体融合步伐走在了前列。从数量和成绩方面看，长兴传媒集团"两微一端"用户数在全国县级媒体中遥遥领先，已经超过 65 万，电视用户也还能维持 20 万户左右。集团媒体融合的做法被国家新闻出版广电总局列为全国 2016 年推广的 17 个典型案例之一。不仅如此，全国区域媒体融合研究发展中心在长兴传媒集团挂牌成立。2016 年 8 月，长兴县域全媒体平台荣获"全国广电媒体融合创新案例 20 佳"，是全国县域媒体唯一获此殊荣的单位。①技术先行，内容为王。长兴传媒集团提出的"中央厨房"全媒体采编机制和生产系统三大中心已经建成。整合所有采访资源，信息互通资源共享，打造适合地域特色的全媒体运作模式。②借船出海，积极探索产业发展新思路。加快各产业板块融合，推进从传统的电视信息传播转型为全媒体融合的县域综合服务方向努力，全力打造全链条的产业经营。③多领域跨区合作。长兴台目前已与全国 50 多家媒体达成了不同形式的项目合作。复制输出成功的经营模式进行跨区域合作。笔者从长兴台的发展看到了县级电视媒体转型发展的丝丝曙光。

（一）借助融合契机，布局全媒体格局

1. 成立传媒集团，跻身媒体竞争

近几年，全国各地的传媒集团纷纷成立，它是媒介竞争也愈演愈烈。2011 年，长兴传媒集团成立，融合了报纸、电视、广播、杂志、网站、移动终端的全媒体县级传媒集团，在全国当属首家。长兴传媒集团在竞争中越战越勇，越竞争越成

功，年收入不断增加，走上了一条辉煌的发展道路。一方面，多元化与规模化并存。成立传媒集团后，使原本在新环境的挤压下发展势头薄弱的县级传统媒体更"齐心协力"，包括电视、报刊、电影、广播、网络的传播媒介与包括新闻、影视音乐制作、游戏在内的信息源的大汇流与合作，形成能够充分满足人们多方位信息需求的大传媒，壮大了自身的发展。另一方面，市场化提升竞争性。在媒介融合时代，兼具外部强大的竞争压力和内部发展需求不断扩大的境况，传媒集团的成立使县级电视媒体的发展更具市场化、活跃性和竞争性，降低生产成本，增加核心竞争力和竞争实力，以求得规模效益。

2. 顺应融合态势，实现全媒体布局

2012 年是长兴传媒集团成立的第二年，集团将这一年定位为"全媒体探索年"。集团在各方面做了全媒体战略的部署，包括成立"全媒体采访部"和"全媒体即时报"。集团除了依托广播、电视、报纸、"两微一端"等全媒体平台，还对事件进行媒体全覆盖、形式立体化、宣传全方位的报道。

在多途径的拓渠方面，长兴传媒集团进行了大量的探索。在广播电视媒体方面，长兴传媒集团坚持"新闻立媒"。实行"移动化"的广播和互联网媒体资源联合播报，坚持每个整点进行直播连线。长兴新闻网"全媒体即时报"专栏的构想是当读者遇到身边的新闻事件时，可在第一时间、第一现场将新闻内容通过手机传回集团的全媒体中心，再进行信息的筛选。2015 年上半年，集团尝试让几十名员工根据各自喜好注册了 70 多个微信公众号、微博账号，对自己喜欢内容展开运营，并给予运营较好的账号奖励。运行初期，不少员工通过亲戚朋友介绍拉粉，或通过到闹市区、车站、会展区的部分人流量大的区域地推增粉。经过几轮运作，集团将粉丝数量、活跃度前 10 名的账号保留下来，形成新媒体矩阵。例如，长兴拍客、长兴吃客等，各有特色，且拥有一定的知名度和影响力。不仅如此，App "无线长兴"可以随时随地掌握本地吃穿住行等各类精彩资讯，还有便民信息一键查询业务等。在举办的近 3 个小时的"环太湖国际半程马拉松赛"中，长兴新闻网 PC 端和微信客户端同步开设全媒体直播界面，将电视、报纸、广播、新媒体即时报等内容统一嵌入到一个移动互联网手机端出口，用户只需要进入直播界面就可以选择自己喜欢的媒介形式观看实时直播，很大程度上留住、拉回了各种用户。据尼尔森收视调查软件得出数据，整个直播收视率较平时平均收视率上涨52%。同时，该直播网页总访问量破 5 万，在常住人口 62 万的长兴取得了较高的浏览量。

（二）打造本土化内容，做好品牌声誉的嫁接

1. 亲民的本土内容，邀请本地居民互动参与

县级电视媒体是最接地气的当地媒体，有着天然的近地区位优势，作为民众与基层管理部门的沟通桥梁，起到了上传下达信息咨询、协助县域社会管理、提供民生服务的重要作用。长兴传媒集团以"智慧长兴"项目为突破口进行产业升级，就是在业务实践层面切实创新传媒产业的内容生产，优化"智慧城市"业务的传播路径，使内容和路径能在业务融合中互促互利，享受来自产业融合创新的红利。现在，集团正在大力发展"智慧长兴"的信息化项目，其可充分将回收到的数据用于用户的分析、节目的分析中，更好地做好本地化服务，打造本土化的内容。集团不仅要做最"土"的新闻和服务，而且要做最快、最高科技的"土"新闻。可以相信，这些分布在乡镇、街道、乡村、社区的智慧数据探测终端，将会24小时无间断地向云中心传送数据，为内容生产平台提供来自基层最鲜活的素材，让记者足不出户就可以在第一时间采写新闻，极大地提升和丰富了时政、民生、方言、评论、公益、新闻等各类节目的生产。与此同时，"智慧长兴"业务板块还可以借助于长兴传媒集团的舆论宣传与信息发布优势，利用全方位覆盖的媒体网络，面向全体民众和用户及时反馈可靠数据信息，帮助长兴百姓在衣食住行等各个领域改善体验，享受高品质的智慧生活。正是最"土"的内容才赢得了众多的受众，"智慧长兴"平均每天推送信息达40条以上，多个公众号日均阅读量在8 000以上，其中仅长兴新闻网微信公众号日均可达20 000；"无线长兴"客户端和"长兴帮"两个App分别从新闻和电商两个层面满足长兴人的本地资讯需求。除此之外，"智慧长兴"以特殊时间节点出发策划主题活动，链接本地用户参与，建构了"县域共同参与"的情境，让永华感受到"身在热点，参与热点"，这样才能最大程度增进县域用户对本地媒体的关系黏性。"语音微信抢万元红包"活动引爆全城。活动过程中，长兴广播微信公众号的后台语音信息量以每分钟过万的消息量递增，万元红包在短短2分钟便全部被抢完。据统计，在活动前后十分钟内，微信公众号接收到超过十万条语音信息。整个活动为兴广播微信号增粉达到3 000多人次，吸引和拉回了大量用户。长兴传媒集团在移动互联网时代的运营中，制作了本地居民喜闻乐见的节目，达到了本地居民互动参与的氛围。

2. 凸显品牌优势，做好品牌声誉的业务嫁接

在一个封闭的行政区域内，县级电视媒体往往垄断着一个县的传媒市场，没有其他有力的竞争对手，这种寡头垄断的情况，一方面可以独享市场利润，而另一方面也带来了发展的局限。仅仅将长兴县看作一个县域整体，其传媒资源是非

常有限的，如果仅限于在当地发展，必然会陷入后劲不足的困境。纵观全国的传媒市场，不难看出传媒产品其实是过剩的，特别是新媒体诞生之后，各种媒介产品都在不断改革，媒介产品的差异化越来越小。长兴传媒集团注重打造品牌，提出了自己的核心发展战略，即全媒体战略、"走出去"战略和"新闻立台"战略。通过对几个不同的方法进行经营改革，集团已经产出了一批具备品牌优势的节目。《小彤热线》等几档新闻频道节目已经成为频道的招牌，也是长兴传媒集团品牌优势的代表，在长兴市民中影响较大，影响力也从荧幕前延伸到现实生活中。另外，集团通过活动打造品牌，博览会、春晚选拔活动已经形成常态，成为长兴市民娱乐生活中的一部分。近来，长兴传媒集团正在发展"智慧长兴"的应用业务，百姓对"智慧"服务，较为陌生，对"智慧应用"还不太了解，甚至存在或多或少的疑虑。但是，长兴传媒集团已经很好地将"长兴传媒"的品牌元素有效整合到"智慧"业务当中，可以显著降低受众和用户的认知障碍，缩短心理距离，以较强的品牌信赖感接受"智慧"服务。以此案例的深刻道理推广到全国各县级台，我们不难看出：各县级电视媒体将自身品牌打响，并将品牌元素植入到相关产业链中开展活动和其他业务，更具说服力和公信力。例如，在相关业务中嵌入县级电视媒体的标识，让台里的主持人担当业务代言人和形象大使，等等。

（三）建设区域智慧城市，提高本地服务性

1.借力数据推手，发展智慧长兴

2016 年以来，长兴传媒集团以长兴县打造信息经济核心产业体系，以实施"智慧长兴"创新工程为契机，开拓了长兴传媒集团"智慧城市"的建设项目。目前，在长兴县委县政府的支持与指导下，长兴传媒集团正通过组建实体公司，搭建基础业务平台，规划特色智慧项目等举措，有序推进面向智慧产业的市场开拓与业务创新。其中，长兴传媒集团主要负责平台的建设和信息的维护。收集回来的云数据在业务上要充分利用，供政府职能部门使用和做群众的贴心服务。以大数据推进为抓手，构建全县"智慧枢纽"，整合全县各类数据并让数据服务于政务应用和各类民生应用，打造长兴政务服务平台和长兴城市综合服务平台。面向集团内部业务方面，挖掘用户行为，充分分析数据，探索一条为受众和用户提供分众化服务和体验的媒体发展之路，使之成为长兴传媒对外竞争的强有力武器。引入全新的信息生产和传播方式，融合大数据，实现长兴传媒集团从传统信息时代向数字化智能时代的跃迁。

2.增进内容本身及衍生产品的服务性

内容于媒体就如衣服于服装店，它可以被看作是产品，具有一定的产品属性。

生产一件产品就要突出它的实用性，也就是要利用它来服务用户。长兴传媒集团不仅致力解决内容生产链的局限性，还积极的探索如何延长内容产品价值链的问题，服务好本县。集团每年为用户量身定制会展、车展活动300余场，会场现场及时道80多条，将内容衍生到与内容相关的服务，整合各行各业的产业链，推动了内容衍生产品和县域经济的发展，对媒体本身带来了巨大的影响力。除此之外，县级电视媒体已不仅仅将优秀的内容作为唯一的砝码，它们从对用户单方面的内容吸引转变为培养用户多维度的寄托和依赖，解用户之难，供用户之需，激发观众的情感归属。APP"无线长兴"开设热门的服务板块"小新帮忙"，在最短的时间内提供一对一的答疑解惑。集团还通过上线专题事件，让用户深度参与，共享互助。2014年5月推出爱心专题"一元捐"的公益活动，帮助烧伤女子募集救治款。这一专题事件通过互联网吸引了超过2 000名用户"身体力行"捐款，还收到了海外10个国家的华人华侨在第一时间通过网络微信平台献出的爱心，"一元捐"的巨大效应折射出网络媒体强大的凝聚力。

（四）产业转型升级，多元化经营发展

1.多产业联动，盘活县域经济

媒体产业链，是指传媒贯穿在整个经济布局中，使不同地区、不同产业之间或相关行业之间构成具有链条绞合能力的经济组织关系。在今天媒介融合的环境下，媒体充当了贯穿产业链的重要角色。在多元化经营方面，媒体整合各种资源，完成相关产业链连接，促进县域产业经济的增长。

过去县级电视媒体包括长兴传媒集团在内，它们的产业链存在的最大问题是盈利模式单一，主要利润来自广告和有线电视网络收费。一旦广告市场低迷或者是广告客户经营不善，这种单一的盈利模式将会失效，导致传媒集团的经济收益下降。单一的盈利模式使媒体抗风险能力弱，依赖于传统固定的模式也会让整个组织创新思维受阻，故步自封，不思进取。

长兴传媒集团针对这一现状进行了改革，实施基于产业链的纵向融合发展战略。这一战略基于新闻媒介的公信力，联合其他产业实行多元化经营，开发新业务、新市场，先后推出会展、电商、地方政府债、活动、少儿产业等经营项目，进军保险、农业、医疗服务、商业服务等领域。"媒体＋电商"、"媒体＋活动"的模式已取得了初步的成功，不仅取得了可观的经济效益，还赢得了广泛的社会赞誉。

2.线上线下联通，创新经营创收

今天移动互联网的发展已经整合了各种社会、市场资源，重新配置资源，内

容的生产和消费、媒体的运营和传播都发生了天翻地覆的变化。近地性的绝对优势方便了县级电视媒体与本地企业搞战略合作、策划公关行动和媒体宣传方案。产品最怕"宣传难打开,销路难打通",而县级电视媒体恰恰能帮助企业实现线上品牌传播与线下品牌活动的联动,打通产品广告和销售的途径,提高品牌知名度。自 2011 年集团成立以来,长兴传媒集团施行大胆的改革,在广告营收方面近年来均为增长的势头。

目前,多元化经营模式主要有两种:一种是 T2O(TV to Offline)模式,要求传媒自身内容要与营销深度融合,服务适配也更注重用户线上至线下服务的体验。在这一方面除了长兴传媒集团,其他县级媒体也已经有了相关成功的案例,如湖北垄上传媒集团经营的 T2O"垄上场景",线上播出节目内容,建立优质的对农节目品牌;线下通过销售农资、提供农村信息咨询及经营农村保险业务等,建立起贯通线上线下的传媒农业产业链。另一种是 T2O(TV to Online)模式,从本质上看,T2O(TV to offline)是 O2O(Online to Offline)电子商务中的一个分支,通过线上的操作完成产品的购买。例如在观看节目的过程中,通过手机扫码定制节目同款产品。但不管是哪种模式,电视构建的场景都促使我们重新思考内容与产品、观众与用户、收视率与流量、电视和电商之间的关系:内容即产品,用户可以转化为消费者,除了广告之外,电视还可以通过电商平台、社交媒体销售产品,实现商业化的赢利。随着时代的发展,更完整的商业模式应该是 T2O2O(TV to Online to Offline),即先以电视节目为观众入口,再将互联网平台设为另一展示橱窗,最后利用线下的产品、展会等直接产生经济收益。"媒体 + 活动 + 电商 + 移动端"的 T2O2O 模式,形成了传统媒体、电商平台、产业实体三者闭合的产业价值链。

(五)借力规模和群集效应,突破区域限制

如今的移动互联时代,已经越来越模糊了区域与区域之间的界限,"地球村"和"全球通"的发展趋势日益明显。在这个时代影响下的县级媒体,不论大小,都可以跨越原有的行政区划限制进行抱团,互通有无,"移动化"的跨区场景给予县级电视媒体一次重新扩大发展的良机。分布在全国范围内数量庞大的县级电视,单从个体来看实力普遍薄弱,反凭一己之力很难在移动互联的生态下壮大自己的规模。县级电视媒体跨区抱团,既可以采取联办栏目、联办活动等方式来互通有无,各取所需,又可以联手构建移动化的县级电视的"全媒体一体化"发展平台,交流经验、改革技术、开阔视野。避免只在自家的一亩三分地里折腾,积极地将各种优势的合作资源请进来,带着自己的特色资源走出去。总之,突出特色、联

合发展是当前县级电视媒体发展的一个方向。

长兴传媒集团在广电媒体自身运营模式成熟的基础上，大胆尝试"走出去"。2015 年底，与浙报传媒集团股份有限公司签订资本合作协议，双方共同出资成立新公司并打造环太湖新媒体集群，依托优质平台开展"媒体＋项目"来实现跨区域的联合创收新模式，走出一条符合区域媒体特性的融合发展之路。2016 年 4 月 22 日，全国区域媒体融合研发中心在长兴挂牌成立，研发中心依托长兴传媒融合发展的优势，联合区域媒体，转变传统思维，研发新型产品，推动全国区域媒体共同发展。同年 9 月 10 日，长兴传媒集团与浦江县广播电视台正式签订战略合作协议，将为对方提供内容采编、广告经营与管理、绩效考核管理、线下活动、项目创收、互联网技术开发等方面的服务。

长兴传媒集团作为全国第一家县级全媒体传媒集团，其实践带来的价值是十分巨大的，它的探索之路对于县级媒体如何发展，甚至对于我国传媒集团如何发展都有一定的借鉴意义。

五、长兴传媒集团对县级电视媒体发展的启示

媒介融合的背景下，县级电视媒体想要发展就要打通运营上的各个连接关节，完整的布局好整个发展生态。要拓宽渠道，就要加强媒体与技术的连接，顺应时代发展的规律；要赢取用户，就要解决媒体与人的连接，想用户所想、投用户所好；要产生价值，就要解决媒体与商业的连接，资本化改革创新运营；要增强效应，就要解决好媒体与媒体的连接，打破区域界线。那么，究竟该如何布局发展呢？就县级广电媒体而言，借助长兴传媒集团发展战略的分析，投射到全国其他县级电视媒体的发展，笔者总结出了以下四个方面的连接策略：（1）媒体与技术的连接。更迭传统的理念，提供给受众多样化的终端和渠道，力争在多个时间维度和空间维度上扩大自身的传播效力和影响力；（2）媒体与人的连接。电视媒体在媒介融合环境下的职能已经变得丰富，它不仅进行内容的生产，还借助技术力量提供适配的服务，配合互动体验让用户对服务产生依赖感；（3）媒体与商业的连接。打造 T2020 模式，跨平台、跨行业进行连接，具备从开发到运营的整体商业思路，使内容成为产品，联动产业，完成运营闭环，运作必然带来价值；（4）媒体与媒体的连接。行政区域的界限越来越模糊，不同媒体间通过合作，互通有无，使自身的快速壮大。

在前文分析的基础上，本文建构出媒介融合环境下县级电视媒体四个连接发展示意图（图 9-1）。

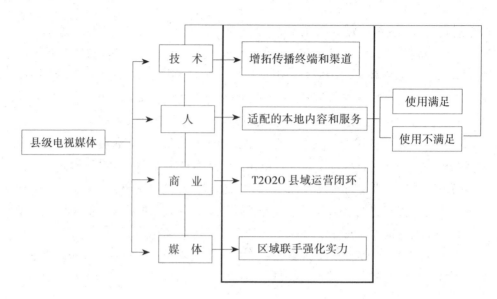

图 9-1　媒介融合环境下县级电视媒体发展的四个连接

　　在上述策略中，提出了如下观点：（1）在县域目前的实际情况下，主要是做好媒体与技术、媒体与人、媒体与商业、媒体与媒体等四个方面的连接，在发展过程中，这四方面因素共同影响县级电视媒体的发展；（2）电视媒体在媒介融合环境下的发展必须进行多终端、移动化的布局，对用户数据进行挖掘；（3）在体验参与中，注重区域特色制造本土化的氛围，首先着眼于本地区用户，将他们卷入"众人狂欢"式的互动中，配合提供服务，用户如果在体验过程中得到满足，将会保持对电视媒体及相关产品的关注和使用，有机会发展为长久忠实用户，反之，用户将淡化对电视媒体及相关产品的关注。淡化关注的用户，他们的数据会重返大数据库进行分析处理，媒体会建构新的场景重新圈黏并资本化运用这部分用户。（4）顺应发展、多元化的商业运作使用户变现盈利，给自身带来经济收益。（5）这是一个讲求规模和群集效益的年代，县级电视媒体自身力量单薄时，还要加强与其他县级媒体的跨区合作。上述策略中，终端渠道、内容服务、商业运作、县域联合是四个重要的因素，四者环环紧扣、相互促进、关联影响，构成了我国县级电视媒体创新发展的核心策略。

（一）媒体与技术的连接，摆脱陈旧的传播技术

　　媒介共生生态下，电视的转型变得更加迫切。都说"技术改变着时代"，随着媒介融合时代的到来，技术的革新也深刻影响着县级电视媒体理念、设备和传播渠道等的发展。县级电视媒体巧妙地将电视、手机、电脑等移动终端、传感器、用户

等连接起来实现媒体与用户、内容与用户、用户与用户之间的多屏实时互动。这其中不可取少的就是技术的运用。我们的时代在不断进步，县级电视媒体不能固守成规，应该主动的拥抱新的环境、新的技术。技术的运用是媒体提高运作效率、赢取受众、实现改革发展的第一步。通过数据的回收反馈，更好地掌握受众的心理和行为诉求，与受众为伴，才能发挥出县级电视台生长于县域、扎根县域的第一地段优势，在产品和服务的设计和营销上增强氛围感、代入感、体验感，媒体才能并从中挖掘和生成价值，这同时也是县级电视媒体增强自身辨识度的重要方式。

（二）媒体与人的连接，提供适配的本地内容和服务

实现媒体与人的连接，就要从内容上和服务上有所突破。县级电视媒体在运中要提供的适配的信息和服务是基于高科技的平民化的超前深度服务，在这样的背景下，县级电视媒体的运营不只是生产用于不同媒介终端的节目，还应是基于用户习惯行为数据分析并得出一套适合受众需求的服务方案，打造具有差异化、本土化的节目和服务，实现县级电视媒体的品牌战略。

将理论运用到实际运营当中，我们不妨借助传播学的"使用与满足理论"试分析受众使用电视媒体所提供的产品情况。移动互联时代，我们把受众当成用户，用户与媒介的接触起初都是带着"需求"动机来"使用"媒介的，他们渴望使用媒介的过程也是需求满足的过程。给这个过程进行分解，可以得出其中的因果联系：媒介期待—媒介接触—需求满足。需求的满足是多方面的，移动互联时代，更加凸显的是人在使用情境中身体整体性延伸后的各种体验感的需求满足。移动设备中安装有大量的传感器，以手机这一移动设备为例，它将人的眼睛视觉、耳朵的听觉、手指的触觉等感官感受延伸出来进行产品的设计，满足了用户的使用需求。这启示了县级电视媒体在进行内容生产、传播途径和互动方式的选择时，要充分发挥感官智能。人在不同的时空中活动，感官在变，需求也在变，因此要做好不同空间与环境的衔接：用户从哪来、用户在哪里和用户到哪里去，构建环环紧扣、无缝衔接且具"实效服务"的县级电视媒体，主动为自己贴标签去黏住受众，使受众能一起互动参与，享受"可用的""好用的""管用的"的服务。

（三）媒体与商业的连接，完成T2O2O县域运营闭环

媒介融合环境下，县级电视媒体要在本地区内继续"做大做强"，不应仅仅局限于媒体主流产业以及周边附加产业，还应采用多元化扩张战略。多元化战略试图在现有传统广告投放经营的基础上，增加不同的产品及业务部门，以使县级电视媒体能够进行更广泛业务领域的经营。而这一切的买单者总归来说还是受众

和用户，所以扩充产业链、多元化的经营首先要牢牢地抓住用户，包括对受众的时间、空间、情感、需求等。

从前媒体运营受众的前提是"速度至上"，抢占用户的时间，如今移动互联时代运营受众的前提是必须抢占受众不同的空间、满足用户的情感和需求，才更有针对性地开展多产业、多元形式的经营。县级电视节目作为媒体的产品，必须基于受众特定的和鲜活的生活和娱乐等饭的使用情景。县级电视媒体除了正常的获取广告收入外，以节目为链头，打造 T2O2O（TV to Online to Offline）模式，以电视节目为入口，通过网络平台的互动参与，引导到线下活动，在线下与用户搞好互动，做好公关，树立起品牌影响力，实现电视传播影响力与产品销售，展会及各项地推活动等的无缝链接。传统广电媒体联合产业实体和电商平台等，突破了电视节目的价值回报一直是广告回报的局限，同时也拉动了旅游业、会展业等周边产业的共同发展，打造集内容生产、传播、销售、用户服务等于一体的运营闭环。通过上述的方法，电视中的情景、场面能够还原到现实的具体生活场景中，使电视优势资源多次变现，创造新的营收增长点，在实现应有的宣传效应的同时，实现经济效应，实现县级本地电视发展的生态再造。

（四）媒体与媒体的连接，区域联手强实力

在这样一个高度融合、互联互通的时代，区域与区域之间的界限已经雨来越模糊了，我们更提倡团队和协作，更突出整体与部分的唯物辩证关系，"地球村"和"全球通"的概念日益明显。在这个时代影响下的媒体，不论大小，都可以跨越原有的行政区划限制，这反倒给原来被局限在一个县域范围内的县级台一次互联互通、跨区域联合发展、做大做强的良机。县级广电虽然遍布全国，数量众多，但个体实力普遍薄弱，仅凭一己之力很难在新媒体生态下做成大事。媒介环境下，全国的县级电视媒体跨区联合抱团应做到两点。一方面，采取联办栏目、联办活动、联合采访等方式，合理布局，互相输送，各取所需。另一方面，善于利用网络优势、技术优势、管理优势、政策优势去提升、改造县级各台之间的传统合作方式，共同打造推动县级广电"一体化发展"的制度平台，加强各自经验交流的政策平台，反对地方保护主义的开放平台，深化经济技术合作的发展平台，推动互联互通的联接平台。这样不仅使有限的资金发挥最大效用，而且比单独发展更快、更上档次，发展起来的县级台必将是一支任何一家新媒体都不可小觑的力量。除此，还要扩大合作视角，突出地域性。所谓扩大视角，就是要适应媒体发展规律，积极请进来、走出去。目前，很多县级电视媒体只能在自家的一亩三分地里折腾，覆盖范围具有严重的局限性，县级台的发展不仅要顺应"本土"还要将"本

土"扩大到更广阔的范围。县域中极富特色的风土人情、历史文化等都是县级台竞争的筹码，是增强县级电视媒体吸引力的关键。总之，突出特色、联合发展是当前县级台发展的一个方向。

媒介融合如今已经不可逆转的成为大势所趋，新媒体在媒介融合的环境下对传统媒体造成一定的冲击，但是也要看到传统的县级电视媒体仍可以借融合之势抓住腾飞契机、实现创新发展。这也是本文撰写的目的，即通过调研分析为县级电视媒体创新发展提出有价值意义的策略。

长兴传媒集团在当今媒介融合时代创新发展的成功是具有行业范本意义的。它是全国县级台中第一家整合所有媒体资源的全媒体传媒集团。近年来，集团创新务实，全力打造全国一流区域性全媒体，在新闻宣传、产业发展、队伍建设等方面均取得了明显成效。同时，集团在优化资源配置、推动传统媒体与新兴媒体融合发展等方面进行了积极探索，媒体融合步伐走在了前列，始终坚持技术先行，内容为王；坚持借船出海，积极探索产业发展新思路；坚持多领域跨区合作。笔者从长兴台的发展看到了县级电视媒体转型发展的丝丝曙光。

长兴传媒集团的成功实践也为电视媒体在媒介融合时代创新发展带来了一定的启示。县级电视媒体在媒介融合的环境下发展最重要的还是打通筋脉，笔者认为要做好四方面的连接：通过媒体与技术的连接，实现县域媒体的数据化运营；媒体与人的连接，提供本土化的适配内容和服务；媒体与商业的连接，改革经营，实现资本化运作；媒体与媒体的连接，通过区域间的联盟，强大自身发展。

媒介融合是一个递进变化、发展立体的过程，所以对它的发展研究也应该是理论和实践的不断结合，从实践到理论，再从理论到实践，不断深入，本文的探讨只是为县级电视在媒介融合时代的发展提供一个思路，读者只有长期持续关注县级电视媒体的发展，才能对整个县级电视媒体做出全面洞察和分析。

第四节　融媒体时代公共新闻理论在我国的创新应用

一、电视新闻节目的视听构成及发展

（一）电视新闻的画面美感与声音形象

电视新闻是由语言、声音、图像三种要素构成的，表现为"为看而播"。在这三中要素中，语言文字是基础，但不一定是新闻的起始点，因为"看"的要求常常使电视新闻记者在新闻现场抓拍图像，然后在后期制作时进行文字稿写作，并使之与声音、画面对应，声音与画面是电视新闻的点和载体，观众最终要通过声音与画面来获得电视新闻的信息。

电视新闻节目视听兼备，决定了电视新闻必须充分利用连续的活动画面的优势，画面是电视的最重要的要素之一。美国传播学家施拉姆指出，电视具有直观、形象的特点：电视"一幅画是一种完整的传播。——飞机左翼的红灯无须配以文学的说明，愤怒的拳头也无须说明"❶。如果说广播新闻依托的是声音符号系统，那么电视新闻依托的就是它自己独特的图像符号系统。图像符号系统给观众的最大感受就是它的活动性和现场感，因此，电视新闻以视觉逻辑为主，以语言的听觉逻辑为基础，画面的多样性和空间性突出电视新闻的特点。对于电视观众来讲，选择看电视而不是听广播、读报刊，是因为他们最期待的就是电视新闻的画面传达了新闻内容，能够亲耳听到、亲眼新闻现场的一切。为了更充分地发挥电视新闻节目这种"零距离接触""身临其境"的优势，如今各电视台对新闻的技术更新更多的是在对新闻画面的更新。比如，原来的新闻画面是一个视窗，现在已经在同一个银屏上出现双视窗、三视窗，在同一时间展示多种空间、多个画面、多条新闻信息，形成巨大的信息流。

电视新闻以其与新闻事实发生几乎是同时传播图像而强调"为看而播"，强调电视新闻时空交叉、弥合差距的传播语境及由此带来活动图像的画面美感，但这并不意味着忽视语言文字和声音。电视新闻节目必须是画面、语言、声音这三大要素的和谐统一，必须是视听合一、声画对位的，这就是"声画双主体"的结构。只是"声画双主体"一个是表达的基础，另一个是电视本体的优势。从电视的媒体形式特性来看，语言文字和声音应统一在画面的内容中，语言文字通常要"写画面"，声音的出现通常要起到显示画面的背景的真实性、情景生动和可感性作用。但不能因为电视画面如此重要就否定语言解说的基础性，更不能造成"声画两张皮"，导致电视新闻结构的分裂。这样的电视新闻结构的分裂在许多电视台的新闻中都存在。例如，有一些电视台在播出反映某厂或某地生产发展的电视新闻的语言表达是明确的，具有鲜明的指向性，然而画面与这条新闻的内容没有联系或联系不紧密，是一些"通用"的甚至可以说是"陈旧"的画面资料罗列，与语言的指向性基本不相干。在旅游黄金周里，有些电视台的旅游新闻，声音与画面同样如此，观众一看就知道记者并没有去现场采访，而是用有关部门提供的文字稿，然后拼凑一些常态的旅游画面组合而成，声画并不统一。这样的"声画两

---

❶ 施拉姆.传播学概论[M].京：新华出版社，1984：17.

张皮"的电视新闻能传达出多少新意，对观众又有多少吸引力？

还有一种导致电视新闻节目结构分裂的倾向，就是过分重视画面图像，而忽视语言解说的作用。的确，就电视新闻的内容来说，画面非常重要，是电视的本体和独特优势，但没有语言文字的说明，图像能完全独立存在吗？我们所看到的现实是，没有语言文字作为电视新闻信息传达的基础，大部分图像会失去意义。有人曾做过测试，他看中央电视台的《新闻联播》时，把声音关掉，只看图像，结果他只完全看懂了四条新闻，其他的新闻内容不知所云；当他只避开图像时，他感觉就像听广播，虽然脱离了电视的语境，不知道现场的具体场景，但他几乎全部能够听懂。因此，电视以活动图像的直观性对观众产生其他媒体不可能有的巨大感染力，但要提示新闻主题，点明新闻人物的身份和事件发生的时间、地点，都要靠语言文字的作用。电视新闻的连续性活动画面固然是电视传播的特性，电视新闻采编人员要想方设法扬其优势无可非议，但我们认为"画面决定一切"的说法是非常不切合实际和有害的，容易让电视新闻工作者不重视语言文化学习、语言功力的提高、积累文化知识、提升修养、提高播出稿写作质量。如今，电视新闻节目中的声画结构分裂的现象非常严重，主要就表现为轻视语言文字的得体运用和有声语言的贴切表达，过分重视画面，甚至主张唯画面论。我们常见有些新闻节目（特别是新闻系列报道和新闻专题片）画面编排得不错，但一旦抽去画面，其语言干瘪、枯燥、幼稚，甚至语法与语言常识出现错误。这样的电视新闻有多少美学价值和信息交流价值？

（二）电视新闻现场化与叙事化

就新闻媒体运用的时态而言，纸质媒体（如报纸）由于其传播新闻不能与新闻发生的时间同步，至少要晚几个小时，所以报纸新闻稿一般都采用过去完成时态，告知某新闻事件已经发生了，产生了什么样的后果，等等。但广播电视有其传播的巨大优势，能够通过电子技术甚至卫星技术与世界各地正在发生的新闻同步传播，即现场直播，力争让全球电视观众同步了解新闻内容。这决定了电视新闻在时间上具有现在进行时态的特点，新闻事实正在进行着，广播电视的新闻传播也正在同步进行着。这一点在新闻现场直播中充分地体现出来。

新闻现场直播之所以能成为当今广播电视新闻传播的主流，成为电视新闻播出的最重要、最普遍的样式，甚至可以说是电视新闻未来的唯一发展趋势，一个重要的原因就是它具有"电影叙事"的效果。这样的现场性和叙事性的新闻"故事"和混合着流行文化的"讲叙"过程把观众的好奇心完全激发出来，使观众不可避免地产生期望心理和对新闻未知结果的关注，并使其随着新闻事件的进程而产生情感的波动和变化。

电视新闻节目现在进行时态的特点不仅仅表现在新闻现场直播上，即使没有条件现场直播，而是播出已经发生过的新闻事实，但在处理上通常也要用现在进行时态，让观众关注其发生的过程、最新的进展情况。

如何让播出的、刚刚过去的新闻在过程上处于故事化的状态？一般广播电视台都采用了三种方法。

第一种是让新闻戏剧化，就是充分利用电视特别是电视画面所具有的动态感的优势，运用同期声、解说词、现场音响和现场气氛，在保持新闻真实性的前提下，讲究新闻的画面叙事及语言表现技巧。用故事性的情节、细节、人物行动、悬念等来结构新闻，使其在传播过程中让观众产生一种悬念美、一种急切想知道事件因果的期待心理，使观众情不自禁地觉得这条新闻正在发生着。中央电视台提出，许多新闻专题栏目应在新闻故事化、故事情节化、情节细节化、细节人物化上做透文章。这正是抓住了用现在进行时态结构新闻的这一问题的关键。这样的故事化的新闻在《焦点访谈》《新闻调查》《东方时空》中非常多。

第二种是连续的追踪报道。这种广播电视新闻的时态在综合性新闻中运用得最多，这种追踪报道本身就构成了一种现在进行时态。一个新闻事实虽然在发生后才播出，但它的发展如何，有些什么背景，它最终的结果怎样，这一系列的发展变化都是构成现在进行时态的客观因素，也是电视新闻最能发挥其传播与现场新闻事件同步性的优势。所以，我们常常看见这样的新闻画面有些"悬念"，听见播音员或者主持人说"这件事情究竟朝什么方向发展，问题该如何解决，我们将做追踪报道"等话语。

第三种是24小时滚动播出新闻。24小时滚动播出使电视新闻话语本身一直处于进行时态，电视台的记者始终处于新闻事件的场域中，观众始终能在打开电视机后就进入新闻现场，获知最新的新闻事实。即使新闻信息没有与新闻事实的发生同步播出，但由于24小时滚动播出，把新闻事实的发生与播出的时差减少到最低程度，甚至接近同步，使观众在感觉上仍然有现场介入感，仍然会感觉到新闻事实正在进行着。特别是在处理突发新闻事件时，这样大密度的滚动播出为立即向观众播出新闻，不间断地跟踪新闻的进程提供了最好的条件。所以，24小时滚动播出与现场直播一样，成为今天各大广播电视台与其他强势媒体争夺"话语权"的最有力的武器。比如，2003年，中央电视台对伊拉克战争实行不间断的新闻滚动播出后，仅几天时间，其收视率立即大幅度提升。当时的收视调查显示，仅在伊拉克战争爆发后的几天时间里，中央电视台第一套综合频道、第四套国际频道、第九套英语频道的收视率分别达到 21.26%、25.69%、26.77%，是平时收视率的 4 倍。所以，中央电视台新闻频道、凤凰卫视资讯台才把新闻的 24 小时滚动播出作为立台的最重要的支柱，任何节目不得冲击对世界各地新闻的 24 小时滚动播出。

（三）电视新闻的语言表达效果

人们都说新闻传媒从性质上说是大众文化，这样的性质决定了新闻传播语言必须大众化，不能用太书面、太深奥的语言。但同样是要求大众化的语言，纸质媒体是以印刷作为传播中介、以新闻纸作为语境、以读者的读作为对象的，所以对语言表达的要求与电视的语言要求有很大的区别。纸质媒体（特别是报刊）是大众化的书面语，文章的结构要求是书面语的形式，语言的规范也是用书面语的规范。这样的报刊一般不会强调甚至避免用日常生活中的口语。但电视新闻节目是以电子作为传播中介，以接收器（收音机、电视机）作为语境，以听众、观众的听与看作为对象的，故对语言运用的要求是强调口语，避免书面语，要求播出的新闻，即使是非常严肃的、事关国计民生的天下大事，也要用日常生活的口语播出，除非是播出重要文件、重要讲话的全文。因此，电视新闻节目的语言就具备了口语化的特征。

电视新闻评论的语言能否完全表情达意，一个重要的方面就是讲究评论语言的表达效果，因为从视觉和听觉方面展现出来的新闻事实最终需要文字语言来解说图像、总结问题、深化主题、表达观点。但是，广播电视新闻评论的语言受到听众、观众文化水平的制约，也受到节目本身的声音、图像的制约，受到听众、观众听广播、看电视的"一次而过""瞬间即逝"的制约，这就决定了广播电视新闻评论节目的语言必须明白通畅，强调激情。从总体上说，电视新闻评论节目的语言个性和声音表达与其他新闻节目一样，注重实用大众化口语，强调口语化的谈话效果。但是，严肃性的、思想性较强的、文化层次相对较高的节目，有自己独特的要求，要大众化、口语化，又要有严密的逻辑性和易听的清晰性。

在用大众化口语"讲话"的范围内，有两种形式成了现在电视新闻节目的主流，即传统的"播音"方式和现在更多采用的比较时尚的"谈话"和"对话"方式。如果说"播"属于比较传统的"单向传播"，是因为播音者（主持人）对新闻内容有全面的掌握，显得无所不知，其新闻叙述是线性的。这样的无所不知的"播音"可称为新闻播报的"全知叙述"。这样的"全知叙述"的新闻常用在综合新闻播报节目中，电视台和听众、观众对信息的要求基本上以知晓更多的信息为满足。现在的新闻访谈的面对面对话和热线问答方式可称为"谈话"或"对话"。

在"谈话"或"对话"中，播音者（主持人）对新闻对话和访谈的内容只掌握整体进程，因为他们只是新闻叙述中的一个方面、一个角色，被访问者的回答或热线问题不可预料，他们无法对具体内容无所不知。这样的新闻播音者（主持人）的视角受到了新闻访谈和问题的限制，这样的"谈话"或者"对话"可称为"有限叙述"。这样的"有限叙述"的新闻常用在专题新闻报道、新闻深度报道、新闻访谈栏目中，广播电视台和听众、观众的要求不只是信息量，更多的是想知道新闻事实背后的东西，想得到"为什么"的解答，想听到、看到新闻当事人、现场参与者或新闻分析评论员的话语和面容。这正如中央电视台新闻访谈节目主持人王志所说的，"在做访谈节目时，我没有先入为主，但是我会表明我的态度，表明我的观点。我认为你是说真话，我会赞赏你；我认为你是说假话，我就揭穿你"。

传统的"播音"和时尚化的"谈话"与"对话"都是电视新闻独具特色的语言风格，关于这两种形式的运用，目前虽然有一些争论和不同看法，但大多数还是认同并采用这两种形式。总结起来，它们都必须遵守的口语化规律如下：多用口语句式，力求精简；多用直叙句，少用形容句，强调清晰和流畅；要删除那些不是重要信息的文字和一些不易让观众听清楚甚至可能产生误解的语言，把复杂的事实用简单的语言叙述出来；要突出现场感，使观众在听觉中也能获得新闻信息的形象、生动的效果。

（四）电视新闻主持人的创造性

电视新闻节目主持人的创造性对节目的视听构成非常重要。新闻节目主持人在主持节目前，通常都有一个节目策划文稿。但这样的节目策划文稿只是为主持人提供了一份粗略的节目进程、背景资料、主体信息等，并不能完全表达出新闻节目的每一个步骤和发展细节。特别是新闻专题节目和新闻现场直播，在主持人主持的过程中会有许多预想不到的事情发生。这就给了主持人一个现场发挥的空间，要求主持人的表达要有创造性，要有快速应对突发事情和语言应变表达的能力。这样的创造性最能体现主持人的知识修养、文化积累和快速应变能力。没有这样的创造性，主持人就不可能主持好新闻专题节目与新闻现场直播节目。

其他综艺娱乐类节目的主持人可以事先做好一切策划和文案、体态姿势的准备，而新闻节目主持人不能要求编导把所要播出的新闻专题特别是新闻现场直播事无巨细地为准备好。新闻事件发展瞬息即变、不可预见，主持人不能因为事先没有案头准备、语言准备就慌了神，没了主意。是不是优秀的、有创造性的新闻节目主持人，在这时就显现出来了。比如，在1997年6月30日，中央电视台新闻节目主持人白岩松在主持香港回归祖国的新闻直播时，我国驻港部队离营赴港誓师大会开始前一个小时，天空突然下起了大雨。这是一场事先谁也没有想到的大雨，到大会快开始时，大雨才停下来。对于这样的突发事情，主持人面对全国甚至全世界观众如何表现，如何调动观众的激情，就显得非常重要。白岩松没有回避这场来得并不是时候的大雨，而是在直播现场就着这场突如其来的大雨说了一段很精彩的话："一场大雨洗刷的是中国百年的耻辱，而风雨过后，是中国晴朗的天空。"这段即兴的语言很有创造性，得体而准确，也非常符合当时的情景，又有深刻的内涵，立即赢得了观众的称道。

新闻节目主持人的创造性还表现在演播室的口播新闻中。主持人拿到新闻稿，不能就此照本宣科地念新闻稿，如果那样，再精彩的新闻可能也显得平淡如水，对观众没了吸引力。从这个角度讲，口播新闻看似简单，实则也是对主持人是否有表达创造性的考验。优秀的新闻节目主持人会在充分领会新闻稿内容的基础上，以自己的气质和主持方式把握好播出稿件的感情基调，找准新闻稿的核心和"新闻眼"，化稿件的语言为自己的语言，化稿件的书面语为自己的口语，用自己的表情、姿势，有重点、有分寸地准确表达稿件内容。如果不发挥主持人自己的创造性，完全照本宣科，无论主持人有多好的"语言功力"，都会显得生硬和平淡，达不到很好的传播效果。所以，近几年来，中央电视台和国内许多省级电视台都强调新闻节目主持人要参与新闻稿的撰写，修改导语／串联词，设计出符合自己风格的播出姿态，充分发挥主持人的主观能动性和创造力。

电视新闻节目主持人的创造性还表现在新闻采访时的现场调度上。对于新闻访谈类节目主持人来说，这一点特别重要。在这方面，中央电视台新闻访谈栏目《面对面》节目主持人王志的经验对我们具有很大的启发和借鉴意义。王志在谈到他成功的新闻访谈时说：（作为采访者）"我跟对方谈话，不管他谈到哪儿，都不可能把我带到歧路上去，我会把他拉回来的，因为毕竟是我在采访。我很清楚我的逻辑线索，清楚我的路线图是什么。这种采访的控制要做到不显山不露水。不是以身体姿态去压迫对方，也不是用语言去控制别人而取得一个强势的地位，而是要将思维的逻辑顺序运用得巧妙一点儿。你要会听，你要盯住，你要不轻易被人改变，你首先要不被迷惑，要始终保持清醒。当你用话题的逻辑顺序控制被采访者时，他往往能够用很新鲜的语言、用很新鲜的素材来表达他自己最权威的答案，而这正是我们要达到的目的。"可见，在新闻采访、新闻对话的现场，主持人的语言和姿态对采访对象的表现、采访现场的调控具有至关重要的作用。主持人在采访者或对话者面前既要有效地控制采访话题，又要调动对方的情绪；既要有自己的主见，不被接受采访的人的情绪所控制，又要以自己的体态语言显出亲切友好，让被采访者或对话者感到自己可亲可信，与之建立良好的沟通关系，使他们乐于接纳自己，吐露心声。比如，主持人一声亲切的问候可以让被采访者或对话者放弃对主持人的戒备；主持人一个鼓励、关怀的眼神可以消除被采访者的紧张心理；在采访过程中，主持人如果表现出专注、尊重、耐心、关切的神态，会很快激发对方与自己交谈的欲望，建立持续的交流关系。这些都是新闻访谈和专访类节目主持人在新闻现场调度创造性房名的表现，也是新闻访谈节目主持人必须达到的境界。

二、从央视《看见》栏目看公共新闻理论在我国的应用与创新

关于"公共新闻"概念的界定，学术界并没有给出明确的定义，但是这样一个描述性的定义可以大致展现出"公共新闻"的含义："公共新闻，在美国又称为'公民新闻'，其特点是新闻报道与媒介活动相结合，新闻报道者在报道新闻事实的同时，还以组织者的身份介入公众事务中，发起公民讨论，组织各种活动，寻求解决问题的对策，使公共问题最终得到解决。"我国学者孙旭培教授把公共新闻概括成四句话："培育和营造公民社会，监督和构建公共领域，报道和指导公共事务，交流和引导公共意见。"[1]虽然公共新闻的概念在西方和中国都没有确定，但对该理论的讨论过程却为新闻报道实践总结出了新视角和新技巧。从大众传媒传播者的角度看，新闻媒体和新闻记者的职能已经不仅仅是报道新闻、传播信息，更重要的是积极参与公共事务，引导受众进入公共领域。传播的内容不再取决于事件，而是新闻中的人，把重点从表层的叙述事件双方的冲突上升到客观呈现双方观点，对事物发展的多样性、复杂性进行充分阐述，从而全面、深刻地把握事物的本质。在传播方式上，强调媒体与受众之间的"互动"和"对话"意识，重视个体的主观能动性和参与性，让受众来设置新闻报道的议程。从受众角度看，公共新闻理论不再将受众仅看作购买媒介产品和服务的消费者，而是将受众看作享有权利并拥有自我管理责任的公民，他们可以在公共讨论中发表意见，而这种意见将对社会公共事务产生影响。

（一）公共新闻理论在我国践行的现实条件

十八届四中全会后，我国大力提倡依法治国，建立社会主义法治国家，但目前我国的公民意识水平还不高。在这样的现实条件之下，必须看到随着社会的发展、法律的进步与完善，对公民权利的保护和公民意识正逐渐深入人心。1954年中华人民共和国制定的第一部宪法的颁布为我国从根本上确立公民的法律地位和

❶ 严英，王琛.公共新闻与受众公民意识的提升[J].井冈山大学学报，2008（1）：22.

最广泛的民主权利奠定了基础。1954 年宪法规定了各项具有中国特色的政治制度、经济制度和其他基本制度，为我国后来的民主建设与制度建设奠定了基础。经过改革开放，我国的政治、经济建设取得了巨大成就，为确保人民当家做主和公民的平等地位与权利不受侵犯准备了条件。法律的完善、计划经济体制向社会之一市场经济体制的转变逐渐强化了作为市场主体的不同社会成员共同的基本身份，即公民的角色。市场经济要求资源的优化配置，按价值规律办事，必须建立适者生存的竞争机制，这也是我国公民意识赖以生存和发展的摇篮。

"公共新闻"正是在这种以公民意识为代表的国家公共意识日益强化的大背景下对党和政府执政理念新的阐释和传播。新闻媒体在我国开始对公共生活领域进行导向与介入，通过搭建起公共平台，塑造人民的公民意识，协调公共生活，提高公众应对社会问题的行为能力，缓解矛盾，化解冲突。公共新闻以倡导"公共利益"为最高原则，这正契合了新时代党和政府提出的"权为民所用，利为民所谋，情为民所系"的工作宗旨。❶应该承认，现实已经为"公共新闻"在我国的良性发展提供了基础。

公共领域的概念最早是由学者汉娜·阿伦特率先提出的，后经过尤根·哈贝马斯于 20 世纪 60 年代初在《公共领域的结构转型》中对此理论进行了深入分析后，使其不断成熟。哈贝马斯指出，公共领域也称公共性，它是"我们的社会生活的一个领域，在这个领域中，像公共意见这样的事物能够形成"。❷在《公共领域的结构转型》一书中，哈贝马斯进一步阐释公共领域的内涵：在市民社会与国家分离的基础上，原则上向所有公民开放，是介于私人领域与公共权威之间的中间地带。在这个领域内，作为私人的个体以独立的身份进行自由表达，本着理性的原则就公共事物进行批判、达成共识，以民意来监督和影响公共权力机关。哈贝马斯"公共领域"的三个要素就是"公众""公共意见"和"公众媒介"。

我国的新闻体制也为"公共新闻"提供了更广阔的生存与发展空间，我国新闻媒体作为党和政府的喉舌，承担着政治监督和舆论引导的功能，这与"公共新闻"中所要求的媒体角色是契合的，"公共新闻"并不排斥舆论导向，其引导能力具体表现在对选题的议程设置能力、评论说服效果等方面。新闻媒体在保证其"喉舌"性质的同时，具有传播信息、反映舆情、引导舆论、凝聚公众意识、表达

❶　肖遥遥.公共新闻理论初探及其在大众媒体中的运用研究[J].山东大学学报，2011（3）：23.

❷　尤根·哈贝马斯.公共领域的结构转型[M].曹卫东，王晓珏等，译.上海：学林出版社，1999：22.

公共利益等功能，越来越多地具备了"公共领域"特性。我国公共新闻的特性不完全等同于西方的"公共领域"，从单纯的"宣传工具"到中介角色，从仅仅是"喉舌"到自觉地充当协调者、调停人，我国新闻传媒具有监督、制约功能。

（二）央视《看见》栏目对电视公共新闻的应用与创新

对公共新闻的现实条件进行深入反思，趋利避害，勇于创新，才能找到一条适合我国国情、符合我国传媒环境、适应我国新闻改革的公共新闻实践道路。2010年12月6日起，中央电视台一套综合频道推出全新午间专题栏目《看见》。

《看见》栏目的创新探索正是我国主流媒体对公共新闻理论深入反思的结果。一方面，作为媒介产品，《看见》自觉搭建公共话语表达平台，在参与公共事件的讨论和舆论监督平台的搭建中，除了报道事件本身以外，还为公众与政府之间架起了一座沟通的桥梁，其媒介身份从单纯的"喉舌"向更主动意义的协调者转变。《看见》从话题选择、策划谋篇到详细报道，协调参与公共事件的公众比例和观点，考虑好传播的时机，同时保持着政治敏锐性。另一方面，《看见》注重加强公民媒介素养培养，旨在提高公众对公共事件的参与意识。在现有制度保障的基础上，让具有理性和思辨能力的公民成为公众主体，保证公共新闻议题的高度代表性和及时性，节省媒介资源，又从根源上解决了公共问题。

《看见》栏目一经问世，便表现出了在探索"中国式公共新闻"方面的与众不同，受众不再是单纯的接受者，而成为具有理性精神的公民，拓宽了对新闻专业主义的理解，践行了媒介的社会责任理论。其以"人"为中心视角的思路打破了"选题基本上无所不包，几乎涵盖整个社会的方方面面，所有的生活空间"的泛而无章的藩篱，重塑社会共识的价值诉求，为冲突的利益双方找到了对话的平台，这些元素合力共同构建了一档高品质的栏目，堪称社会转型期探索"中国式公共新闻"的典型案例。

选题以人为本、多元化。2010年12月6日《看见》首播，2011年8月7日起，节目扩展为日播版和周末版，节目在不断改进中，逐渐取消日播版保留周末版，周末版原则上每期两个选题，各个选题20分钟左右，每期共40分钟。笔者对《看见》改版以来的样本——从2011年8月7日至2012年12月30日共92期节目，进行分类归纳，总结出以下五大类别：第一类，公共关注、政府关心、有条件解决的或可望解决的社会问题；第二类，被遗忘的弱势群体的生存环境、儿童教育、家庭、城市边缘人员等社会"冰点"；第三类，道德文明建设、公民素质建设等有助于提高社会整体精神文明建设水平的事件、人物；第四类，转型期涌现出的优秀人士；第五类，其他人文题材。由于社会转型，利益冲突复杂，《看见》选题力求多元，管窥时代风云。

《看见》尊重新闻中的"人"，深入新闻中的"人"，这条主线从未改变。为什么把"人"作为关注的中心？主持人柴静说，一方面我们对热点事件中的人物很容易评价，另一方面对底层的小人物要么过高颂扬、符号化，要么不屑一顾。我们要真正进入他们的生活，甚至不去强调"平视"这种概念，而是浸泡进他们的生活，在生活中自然而然地反映事实。例如，在《专访药家鑫案双方父母》那期节目中，两个本应该彼此仇深似海的家庭在悲痛中为彼此的悲痛而心存怜悯，化解了冲突。当媒界普遍对药家鑫进行"媒介审判"时，柴静努力走进双方的世界，还原真实的两个家庭，摘下了药家鑫网络传言的"富二代"标签，并在节目中呈现出原本应该相互仇视的两个家庭流露出对彼此的关切和体恤的一面。受害者张妙的父亲："我还有一个儿子，而药家无后了。"药家鑫的父亲："愿意承担张妙弟弟以后读书的所有费用。"柴静在节目最后说，我们感谢两个家庭在创伤中向我们袒露内心，让我们看到张家在无辜的女儿逝去后仍能持有宽谅与善良，看到药家鑫父母在儿子伏法后继续救赎与反思。柴静用她的特有方式宣讲常识，传达对人的权利的尊重。观众在"看见"事实的同时，也看见了"柴静"作为新闻人的良知和使命。

《看见》在实践探索过程中注意将尊重受众的自主表达和媒体的舆论引导功能相结合。

《看见》的受众定位面向以公众身份出现的市民，受众不再是单纯的接受者，而是具有理性精神的公民。公众作为群体，与个体、私人相对，这就意味着《看见》要将老百姓的身边事、眼前事、困难事上升到公众的长远利益、公共权益的高度来予以关注。

《看见》不只为报道而报道，而是会选择一个恰当的新闻由头切入，通过节目的全方位解读和公众的探讨，引发公共思考并树立公共意识。《少女抗暴杀人事件辨析》中，原告律师对少女行为的不解得到释疑，公众对法院的判罚有了法理上的认识，揭示了人性，培养了公民法律意识。

随着中国社会转型逐渐进入深水区，探索公共新闻的节目越来越多，《看见》作为一档颇有影响力的栏目，一直围绕"喉舌"功能，将"党的声音""政府的声音"和"民众的声音"有机地整合为"公共的声音"。

《看见》的制片人王开岭在谈及节目创办初衷时说，《看见》强调人物、故事和影像叙事，在新闻中发现日常的力量，定位成一档具有人文品质、理想情怀、社会思考性和生命关怀力的栏目，进而为这个时代提供某种精神主张。它引导舆论，揭示人性，寻求化解，达成共识，使人们树立正确的道德观，其价值诉求是一种社会诉求。正如《自贡救狗事件调查》那一期的结尾所说：在这个社会转型的时候，人群之间不一样的观念和体验往往是冲突的来源。冲突呼唤着规则，其实在采访中我们发现，冲突本身也酝酿了规则。当冲突的双方在摩擦中不断地摸索边界，并进入理解对方的体验阶段，才能尽可能地寻找共识。

（三）"中国式公共新闻"的发展之路

《看见》作为一档记录现实题材的专题节目，观察变化中的时代生活，用影像记录事件中的人，刻画当今中国社会中人们的冷暖、感知、思想与渴望，带领观众一起去了解陌生，认识彼此，以理性、平衡、深入的精神内核诉说着时代的故事，让围观的个体成为宏观大历史背景中最真实的注脚。观众在见证"他者"的同时获取一种精神内省，从而集聚成一股改变社会现实的力量。《看见》通过小人物的故事折射出中国社会转型期存在的问题，在选题、叙事技巧、视听元素、记者采访、人文色彩、价值诉求等多方面，都体现了其独特的新闻专业主义精神。

《看见》对公共新闻理论的探索性实践使我国的新闻媒介能发挥出更大的作用，在社会转型期成为化解社会矛盾、凝聚社会力量、培养公民意识、搭建国家和社会成员之间的对话平台的主要力量之一。同时，由于种种因素，《看见》栏目也存在一些局限与不足，主要体现在以下两个方面：一是节目的播出环境限制节目作用的深度发挥。要把一个完整新闻事件的调查采访过程搬到演播厅，并且要在有效的时间内做到有效传播，这的确是很难达到的目标。此外，如果该新闻事件在节目播出的过程中有了新的发展动态，由于时间和空间的限制，节目就不能在第一时间将最新、最正确的新闻动态传播给大众，无疑会影响节目的真实性。如果最新动态所反映的新闻事实与已经播出的出现了偏差，就极有可能误导广大受众对该事件的认识，产生不良的社会效应。二是节目播出后受众的反馈不及时，对观众的引导作用还有待加强。在节目播出之后还应及时了解受众反馈，通过民意调查了解栏目在同类节目中受大众喜欢的原因和需要改进的环节，只有与受众站在一起，才能取得真正的进步。

虽然"中国式公共新闻"还存在显而易见的困扰与问题，但它的发展并没有因此而停滞。特别是随着媒介技术的不断革新，博客、微博等新媒体成为信息传播的载体和新闻的生产者。如今的信息社会俨然已进入一个以微博、微信为媒介代表，强调分享个体的"微观世界"以及追逐短小精悍文化的新时代，也即人们通常所说的"微时代"。

自媒体时代公共新闻何去何从？美国学者坦尼·哈斯对公共新闻的未来做了阐释，他认为新型的由公众自主发布的公民新闻，其实质是深化了公共新闻的民主理想，而不是取代它。微博、微信等新媒介所创造的"微时代"并非不利于公共新闻的发展，但是由于公众参加公共新闻的门槛降低了，公共领域容易出现混乱、无序。因此，笔者认为相关部门必须规范公共领域的大环境，加强对公共领域的管理，才能为公共新闻提供健康发展的土壤。如果媒体记者能因势利导，信任和调动公众民主决议的能力和意愿，"微时代"中的各种媒介变革因素同样可以成为推进公共新闻事业的积极因素。甚至新媒体将进一步拓展"公共领域"中公共新闻的报道空间。

总之，随着公民意识的崛起、公共领域的扩展、舆论引导功能的强化，公共新闻发展的政治、社会、媒介生态环境得以改变，再加上媒介技术革命，都会带来公众强烈渴望参与公共事务的愿望。伴随着我国加快推进依法治国，对公民权利保护程度逐渐加大，这些都将为中国式公共新闻步入新的阶段创造不可多得的条件。同时，中国的国情和媒介生态环境决定了照搬别国模式的做法最后都只能欲速则不达，中国式公共新闻的发展方向有利于我国社会的稳定、发展、改革和创新。

第五节　融媒体时代电视新闻节目的发展趋势与展望

随着科技发展日新月异，尤其是互联网时代的到来，传统媒体与新媒体之间日益融合互通，网络、手机短信、移动电视、博客、微博、微信等各种新媒体层出不穷，传播方式不断丰富。综合运用多种媒介和终端，以文字、图片、声音、影像等元素全天候、全方位、立体化地展示传播内容的全媒体时代加速到来，电视新闻节目的报道内容、生产方式、传播渠道、受众需求和管理格局都会发生变化，各大电视台电视新闻节目无论是在传播理念上还是在内容、形式上，都将进行大的变革。

一、媒介融合与资源整合

随着媒体技术的发展和数字化进程的推进，人们对电视新闻节目的要求越来越高，全媒体时代的到来使受众的生活方式、艺术体验方式、审美体验方式等都发生了很大变化，电视新闻节目的报道内容、生产方式、传播渠道、受众需求和管理格局都将会发生变化。我们需要重新对电视新闻节目进行角色定位和资源整合，以迎接新的机遇和挑战。

凤凰卫视总裁刘长乐说过：全媒体是媒体发展的必然趋势，全媒体化不仅是一种新闻报道形态，还是媒体在业务运作的整体模式和策略上的一次变革。传统媒体和新媒体将实现融合，构建大传媒的信息传播、互动、服务平台，传统媒体在全媒体化时代应提前布局。多种媒体的融合是在外力驱动和内在需求的互相促进下生成的动力，这种融合从组织结构的改变开始，促进了新闻资源的大融合。美国新闻学会媒介研究中心主任 Andrew Nachison 将"融合媒介"定义为"印刷的、音频的、视频的、数字媒体组织之间的战略的、操作的、文化的联盟"。他同时强调，"融合媒介"最值得关注的不是集中了各种媒介的操作平台，而是媒介之间的合作模式。利用不同类型媒介的介质差异，在新闻信息传播上实现资源共享，而又产品各异，推动新闻资源的进一步整合，不仅能使新闻资源得到更加深入的开发和利用，还可以直接带动媒介影响力的增强和经济效益的增长。

我们不难发现，当下很多电视新闻节目已经或者正在尝试着将自身的节目制作和传播方式与其他媒体相结合，电视新闻节目中已经开始大量地融合报纸、广播、互联网、手机、微博等的内容，既有报纸的解读、广播现场连线，又有网络论坛的互动参与，更有手机视频直播、微博播报等内容，打造多向度、多视角的节目内容成为电视新闻节目的发展方向。在观看电视新闻节目时，人们都有切身实际的体会，例如，在各类电视新闻节目中，都会制作属于自己节目的二维码，通过微信、微博平台引发关注。另外，电视新闻节目还通过开发各种相关手机App 进行传播，通过线上和线下的讨论，产生良好的互动感，保持观众的参与度和持续关注度。

新闻资源是新闻媒介从事新闻传播活动的社会资源，具体包括：

（1）新闻信息资源。新闻媒介拥有的新闻信息渠道及其产品，包括新闻提供者、新闻合作者、新闻线索、新闻稿件、新闻资料等。

（2）新闻媒介资源。新闻媒介拥有的新闻传播资源，包括资金、人才、设备、技术、载体、品牌、社会关系等。

（3）新闻环境资源。新闻媒介所依存的社会环境为新闻传播活动所提供的资源。❶

（4）新闻受众资源。新闻媒介的受众对象，主要是事实上已经作为读者、听众、观众存在的社会公众。

新闻资源整合是媒介主体根据多种新闻资源之间的内在联系，进行统筹利用的一种行为，其目的是使这些资源发挥整体效果大于部分之和的系统效应，对新闻资源的开发利用直接关系到媒介的产品竞争力。

全媒体时代电视新闻节目从节目生产前新闻线索和新闻素材的选择到前期节目的策划和采访，再到后期节目的编排和制作，都应考虑全媒体化的节目生产，

---

❶ 刘长乐．全媒体时代的思维转变与战略实施[J]．中国记者，2011（5）：13-15

深度整合电视台节目资源以及其他媒体新闻资源，逐步实现电视与新媒体等其他媒体在节目存储、媒体管理方面的互联互通、资源共享。就目前的趋势而言，新媒体的不断兴起和发展能使受众更好地互动交流，受众具有更多的选择和主动参与能力，短信、电话、网络、微博等为观众搭建了一个相互交流的空间，倘若电视新闻节目能够充分吸收借鉴新媒体等其他媒体的优势资源，其在制作和传播方式上都将会有历史性的飞跃与突破。

二、传播方式的双向互动

传统电视新闻节目存在形式单一、内容性差，传播单向、互动性差，观众无话语权、参与度低，播出时段固化、时效性差等缺点。近年来，新媒体的出现、数字技术的发展、受众需求的转变等正在悄然改变着电新闻节目的传播方式和传播理念，信息从单向流动开始向多向、立体、全方位互动转变，互动也由"技巧化"向"体验式"转变。电视新闻节目需要有全新的传播理念和发展思路，针对受众的个性化信息需求，构建面向全媒体的大播出平台，实现跨媒体、跨终端的节目分发和传播。

新媒体的出现为电视新闻节目的互动提供了可能。一方面，在电视新闻节目传播的过程中，充分利用微信、微博以及各种手机 App 应用等新媒体，建立专门的网络讨论平台，让受众可以使用相关的新媒体工具，直接对新闻事件或者新闻节目发表意见和建议。另一方面，随着现代通信技术的快速发展，受众在观看节目的同时，可利用现代通信工具将自己的意见和看法告知节目组，互动更加及时，过程更具操作性和直观性。这种互动是一种双向的过程，具有同步性、同时性的特征，观众的意见可以通过新媒体平台第一时间显示出来，电视节目可在最短的时间内接收到观众的反馈信息。这种双向交流的过程被缩短到几乎可以是同步的时间，而且是没有进行加工和处理的。新媒体能使受众更好地互动交流，受众具有更多的选择和主动参与能力，短信、电话、网络、微博等为观众搭建了相互交流的平台，电视新闻节目的传播方式实现了从单向传播向双向互动传播的跨越。

凤凰卫视 2005 年 2 月开通的《网罗天下》是国内电视新闻节目中第一次出现以网络资讯为主要内容的节目形式。《网罗天下》全面而彻底地整合网络信息，传递民间声音，例如，中日足球比赛前后中国网民和日本网民的观点以及其他国家的网民对该事件的看法等。主持人每天从网上搜索全球各地的网站、网页和论坛，包括来自网站的独家信息、BBS 论坛上的公众声音、热门的网络话题，用电视平台展现网络世界的动态面，如网上聊天、MP3 下载乃至 Flash 动画分享。传播者和受众在这种良好的互动性氛围的推动下，各取所需，从而达到极佳的新闻传播效果。

三、内容为王，提高竞争力

"内容为王"是电视媒体生存和发展的根基，优质的、稀缺的内容才是电视新闻节目竞争的核心资源，只有不断地在内容上下功夫，新闻报道高举"内容为王"的旗帜，打造出定位准确、特色鲜明、制作精良的精品节目、品牌栏目，才能在全媒体时代提高电视新闻节目的核心竞争力。

全媒体时代的电视新闻节目应该善于将优质的内容与移动互联网结合起来，积极拥抱移动互联网，实现跨媒体化，并在其中仍然坚持其优质的内容，观众不会因为一个电视台级别有多高而看节目，而是因为节目内容好才关注。

2013年央视也推出了自己的新闻客户端——央视新闻，与传统门户网站新闻客户端相比，央视新闻客户端的最大优势莫过于央视优质\高效的新闻资源。央视新闻客户端不仅根据新闻类型划分了要闻、军事、体育、财经、社会频道，还加入了央视栏目、图解新闻、话题投票和热点纵深等央视新闻客户端的特色频道。例如，在"央视栏目"频道中，央视新闻为用户提供了CCTV各频道特色栏目的订阅，新闻联播、焦点访谈等节目的各期都可以直接订阅，通过视频观看。实时性是新闻资讯的最大意义，结合央视强大的新闻资源，央视新闻客户端的实时性也相当高，不仅各分类频道第一时间更新新闻信息，在首页左滑进入的最新资讯界面中，用户也可查看最新新闻资讯，了解最新新闻动态。文字、音频和视频全方位的信息传播方式也让央视新闻客户端显得与众不同，结合自身强大的资源，央视新闻在几乎所有文章中都添加了央视相关节目视频，在首页中还添加了"听电视"功能，可以实时播放CCTV-13新闻频道音频，用户可直接进入收听新闻频道的广播。

总体来看，以"内容为王"的标准来衡量，央视新闻客户端可以称为目前最强大的一款移动新闻客户端，央视强大的新闻资源不仅覆盖了各类型新闻资讯，还提供了央视特色栏目新闻，实时性的新闻推送可以让用户接收到最新高质量的实时资讯，文字、音频和视频的信息传递方式也尽显立体化优势。

四、转变思维，打造创新力

"创新是媒体获取活力的必经之路，创新力决定竞争力，没有创新能力的媒体是不能适应如今这个大环境的。"当今伴随着以微博为代表的新兴传播媒介的迅速崛起，越来越多的电视观众开始转向网络和微博获取即时新闻。此外，微博等新媒体成了新闻的策源地，甚至引领着新闻话题和事件的走向，给电视新闻带来巨大的冲击和挑战。

在这种新的传播生态下，唯有创新才是电视新闻发展的不竭动力。只有创新，电视新闻才能有活力；只有创新，电视新闻才能追求尽可能大的新闻信息量和尽可能高的新闻价值。

电视新闻节目遵循传播规律，与新媒体相结合，创新思维，更新其内容和形式，才能得到较为稳定、长久的发展。第一，在内容选题、叙事方式、资源开发上开拓创新。鼓励记者进行调查性报道，网络具有快捷迅速、碎片化、零散的特点，而传统媒体可以做到深入调查、深度解析，深入调查是电视新闻确保权威性和专业性的重要前提。第二，强化新闻评论的力量。通过表达意见占据话语制高点，提高电视新闻的敏锐度，是电视新闻彰显权威性的需要。在即时互动和便捷沟通不及新媒体的情况下，电视评论的作用日显重要，独家的意见表达正日益成为传媒新的增长点。凤凰卫视较早启用了阮次山、何亮亮、邱震海等电视评论员，2010年央视在电视新闻深度评论方面也做出了积极尝试，涌现出国内新闻评论员杨禹、国际新闻评论员宋晓军等较有影响的评论员。第三，新闻直播常态化。当重大事件发生时，第一个声音是由谁最快发出来的，这是全世界判断媒体的一个重要尺度。我们注意到，现在央视新闻频道已把直播从"周常态"推进到"日常态"，不但每天都有，而且经常是多个事件多条新闻线同时直播跟进。"新闻零时差"已被作为"追求的更高境界"。第四，新闻传播立体化。在媒体融合的大背景下，电视作为内容提供商介入新媒体，新媒体又变为传播平台介入电视，电视新闻生产方式和传播方式发生重大变革，电视新闻实现影响力的提升，必须主动适应立体化的传播方式。第五，在电视新闻报道中还要考虑形式的创新。要使电视新闻的表现形式多样化，就要充分利用各种电视元素，如画面、解说词、字幕等，把图表、漫画、动画等形象性的东西加入其中可以让新闻更加生动形象，使其更易被观众接受。

全媒体时代的电视新闻节目只有"及早谋划，及早转型，及早融入"，才有可能抢占未来电视新闻发展的制高点。

参考文献

[1] 范宇航.社交时代资讯短视频的发展现状及问题——以梨视频为例[J].新闻传播，2017（13）：13-14.

[2] 单学刚，高心碧.群雄争霸抢滩移动客户端市场——2016年移动新闻客户端发展浅析[J].新闻与写作，2016（12）：12-15.

[3] 郭嘉，王莹璐.纸媒新闻客户端的生产创新策略[J].传媒，2016（19）：73-74.

[4] 高春梅.报纸新闻客户端的发展现状及趋势[J].青年记者，2016（28）：52-54.

[5] 邓俐.四方面发力，传统媒体新闻客户端如何后发制人[J].中国记者，2016（9）.

[6] 孙芳.手机新闻客户端内容经营的"长尾"策略[J].青年记者，2016（18）：77-78.

[7] 周云倩，夏琳.新闻客户端融合之道探略[J].中国出版，2016（14）.

[8] 冯锐.论新媒体时代的泛在传播特征[J].新闻界，2007（4）：27-28.

[9] 张海涛.电视新闻生产如何实现流程再造[J].记者摇篮，2007（4）：60-62.

[10] 陈徐彬."碎片化"全景下的新媒体发展[J].经营者，2008（2）：12-13.

[11] 原阳.新媒体与传播分众化[J].编辑之友，2008（1）：56.

[12] 汪家驷.论新闻策划[J].当代传播，2008（4）：106-107.

[13] 孙凤毅.浅析央视新媒体发展创新模式[J].当代电视，2009（8）：70-71.

[14] 栾轶玫.融媒体时代新闻生产的流程再造[J].视听界，2010（1）：30-31.

[15] 牛小游.新媒体环境下电视新闻的生存与发展从新媒体冲击角度看央视新闻频道[J].改革大舞台，2010（9）：45-46.

[16] 郭之文.全媒体背景下的电视新闻创新[J].广播与电视技术电视研究，2011（3）：54-56.

[17] 邵明华.电视频道品牌的维系与提升策略研究——以山东齐鲁电视台为例[J].中国电视，2012（5）：79-82.

[18] 卫锋 . 广播电视全媒体业务发展趋势与思考 [J]. 广播与电视技术，2013（2）：44.

[19] 金莉萍 . 全媒体时代电视栏目创新的支撑点——以南京广电集团为例 [J]. 中国广播电视学刊，2013（2）：106-107.

[20] 高红波 . 大数据时代电视平台的战略转型 [J]. 南方电视学刊，2013（3）：24-27.

[21] 童鹏程 . 浅析新媒体时代电视新闻的发展趋势——以凤凰卫视新闻节目为例 [J]. 视听，2013（6）：28-29.

[22] 周建青 . 全媒体时代电视新闻报道如何异彩纷呈 [J]. 中国出版，2013（11）.

[23] 张丽 . 当前我国电视新闻发展的现实困境 [J]. 现代传播，2013（6）：41-57.

[24] 刘朝霞 . 全媒体时代电视媒体和电视新闻的发展 [J]. 中国广播电视学刊，2013（6）：65-67.

[25] 许炜 . 浅谈电视新闻记者的特殊思维方式 [J]. 才智，2014（28）：289.

[26] 邵明华 . 媒介融合背景下我国影视文化消费的趋势与对策 [J]. 现代传播（中国传媒大学学报），2014，36（5）：13-16.

[27] 李良荣，周宽玮 . 媒体融合：老套路和新探索 [J]. 新闻记者，2014（8）：16-20.

[28] 栾轶玫 . 建议用"融媒体"代替"全媒体" [J]. 新闻论坛，2015（1）.

[29] 陈国权 . 避免新闻自恋 [J]. 中国报业，2015（1）：90-90.

[30] 杨振武 . 把互联网的基因注入媒体 [J]. 新闻战线，2015（11）：8-9.

[31] 胡占凡 . 媒体融合：问题和趋势 [J]. 中国广播电视学刊，2015（12）：14-16.

[32] 张君昌 . "互联网 +"时代电视营销策略解读 [J]. 电视研究，2015（6）：7-9.

[33] 陈昌凤 . 媒体融合中的全员转型与生产流程再造——从澎湃新闻的实践看传统媒体的创新 [J]. 新闻与写作，2015（9）：48-50.

[34] 李建国，李艾蓉 . 全媒体时代地方电视台如何与新媒体融合 [J]. 西部广播电视，2016（2）：188.

[35] 何宁 . 融合媒体平台建设思考与实践 [J]. 现代电视技术，2016（1）：50-54.

[36] 喻国明，潘佳宝 . "互联网 +"环境下中国传媒经济的涅槃与重生——2015 年中国传媒经济研究的主题与焦点 [J]. 国际新闻界，2016（1）.

[37] 赵树清 . 深度融合与生态重构一广电媒体转型升级之道与未来趋势 [J]. 新闻与写作，2016（10）：5-10.

[38] 李良荣 . 传统媒体仍然有强大生命力 [J]. 青年记者，2016（10）：36-36.

[39] 肖永泽 . 广播电视与新媒体融合的发展模式 [J]. 中国有线电视，2016（12）.

[40] 彭洋 . 新媒体时代新闻生产方式的变革——"中央厨房"中央厨房模式的融合路径 [J]. 新媒体研究，2016（24）.

[41] 清博大数据新媒体指数团队 . 中国传统媒体新闻客户端发展报告 [J]. 青年记者，2016（4）：9-14.

[42] 喻国明 . 关系赋权范式下的传媒影响力再造 [J]. 新闻与写作，2016（7）：47-51.

[43] 唐敏敏 . 从微信摇电视看大数据时代电视商业模式的创新 [J]. 声屏世界，2016（8）：52-54.

[44] 张巍瀚，汪洵 . 广电媒体思维变革与媒体融合 [J]. 理论观察，2017（1）：79-81.

[45] 李良荣 . 新闻学概论 [M]. 北京：清华大学出版社，2009.

[46] 孙宝国 . 中国电视新闻节目形态研究 [M]. 北京：新华出版社，2008.

[47] 熊忠辉 . 广播电视节目形态解析 [M]. 北京：化学工业出版社，2007.

[48] 曾祥敏 . 新媒体背景下的电视分众化传播 [M]. 北京：中国广播电视出版社，2010.

[49] 叶子 . 电视新闻节目研究 [M]. 北京：北京师范大学出版社，1999.

[50] 袁靖华 . 电视节目模式创意 [M]. 北京：中国广播电视出版社，2010.

[51] 杨凤娇 . 中国电视新闻传播格局的变迁 [M]. 北京：中国广播电视出版社，2009.

[52] 雷蔚真 . 跨媒体新闻传播理论与实务 [M]. 北京：中国人民大学出版社，2012.

[53] 熊高 . 电视新闻节目学 .[M]. 武汉：武汉大学出版社，2011.

[54] 石磊 . 新媒体概论 [M]. 北京：中国传媒大学出版社，2009.

[55] 蔡雯 . 媒介融合与融合新闻 [M]. 北京：人民出版社，2012.

[56] 胡正荣，赵树清，马谠宇 . 媒介融合时代的电视新闻创新：省级地面频道发展战略研究 [M]. 北京：中国传媒大学出版社，2011.

[57] 吕正标，王嘉 . 电视新闻节目理念、形态与实务 [M]. 北京：中国广播电视出版社，2004.